U0106463

新中國 憲法發展70年

韓大元 主編

責任編輯　　陳多寶　周貝貝
封面設計　　周安迪

書　　名　　新中國憲法發展70年
主　　編　　韓大元
出　　版　　三聯書店（香港）有限公司
　　　　　　香港北角英皇道499號北角工業大廈20樓
　　　　　　Joint Publishing (H.K.) Co., Ltd.
　　　　　　20/F., North Point Industrial Building,
　　　　　　499 King's Road, North Point, Hong Kong
香港發行　　香港聯合書刊物流有限公司
　　　　　　香港新界大埔汀麗路36號3字樓
印　　刷　　美雅印刷製本有限公司
　　　　　　香港九龍觀塘榮業街6號4樓A室
版　　次　　2019年12月香港第一版第一次印刷
規　　格　　16開（170×240 mm）416面
國際書號　　ISBN 978-962-04-4550-7
　　　　　　© 2019 Joint Publishing (H.K.) Co., Ltd.
　　　　　　Published & Printed in Hong Kong

本書中文繁體字版本由廣東人民出版社有限公司授權三聯書店（香港）有限公司
在中華人民共和國大陸以外地區獨家出版、發行。

目錄

序言

　　憲法是一部生動而豐富的歷史教科書，承載着一個國家的記憶，凝聚着一個社會的共識。70 年來，伴隨新中國社會的變遷，中國人民創造了豐富的憲法生活，形成了偉大的憲法實踐。憲法確立了一國政治正當性的基礎，也確保了社會正義，是人民權利、尊嚴與自由最堅實的保障。閱讀中華人民共和國憲法的文本，我們可以感受到這一字一句來之不易，感悟到文本背後的價值共識。憲法制定、修改與實踐的背後無不是中國社會與人民生活的巨大變遷。現行憲法的修改，包含"一國兩制"的偉大實踐也都彰顯了中國憲法的生命力。基於此，我們感到有必要記述下這段歷史，為基於憲法的價值判斷提供事實的支撐，為凝聚憲法共識提供歷史材料，為憲法解釋的實踐提供幫助。

　　我們所生活的現代社會是複雜多元，但又講求包容與團結的社會。基於憲法的共識乃是在人權保障、民主法治基礎上產生的最具正當性基礎的共識。各種觀點、各種利益，哪怕是激烈的政治訴求都應該在憲法確立的框架內經由商談，得到充分溝通與平衡，並受到憲法規範與精神的約束。可以說，憲法是人類治理國家的偉大發明，也是現代文明社會的道德與倫理約定。我們希望透過了解憲法的歷史，可以讓我們面對未來擁有更為成熟的思考，也可借助歷史的經驗，共同營造更為美好的憲法生活。

　　本書是在 2009 年廣東人民出版社出版的《新中國憲法發展 60 年》的基礎上修訂出版的，較為系統地從憲法學的視角，展現了新中國社會變遷與憲法發展的狀況。此次經由廣東人民出版社與香港三聯書店的合作，得以在香港與讀者見面。希望本書為讀者了解中華人民共和國憲法的歷史發展以及憲法實踐提供一個可參考的讀本。

韓大元

2019 年 11 月 15 日

引言：新中國社會變遷與憲法發展

在新中國 70 年的社會變遷中，憲法發展經歷了建國、革命、建設與改革的不同歷史時期，體現了具有鮮明中國特色的憲法發展邏輯與途徑。以 1978 年改革開放為標誌，也可以把 70 年的憲法發展分為改革開放以前的 30 年與改革開放以後的 40 年。

一、新中國成立與《中國人民政治協商會議共同綱領》

新中國的成立賦予憲法制定權以新的生命力，人民依靠其獨立的制憲權與修憲權，在社會變遷中不斷地尋求更為多樣化的憲法發展途徑。中華人民共和國 70 年的發展歷程是不平凡的，其間有曲折、有挫折，甚至出現過倒退。這種發展的不平衡性與憲法在新中國成立以後的發展命運是息息相關的。憲法是特定社會環境的產物，它為社會的有序發展提供統一的價值體系與制度基礎。

1949 年 9 月 29 日，中國人民政治協商會議第一屆全體會議通過了起臨時憲法作用的《中國人民政治協商會議共同綱領》（以下簡稱《共同綱領》），為新中國成立提供合法性與正當性基礎。新中國成立前夕，中國共產黨邀請各民主黨派、各人民團體、人民解放軍、各地區、各民族和國外華僑等各界人士，通過協商、推舉方式產生代表 635 人，組成中國人民政治協商會議，臨時行使國家最高權力。1949 年 9 月 29 日，中國人民政治協商會議第一屆全體會議通過了《共同綱領》。

《共同綱領》除序言外共七章 60 條，確立了我國國體與政體，規定了公民的基本權利，以及國家在經濟、文化、教育、軍事、外交和民族等各方面的基本政策，發揮了臨時憲法的作用。

二、新中國憲法體制奠基與 1954 年憲法

《共同綱領》頒佈後，經過幾年的發展，國家生活的各方面都發生了巨大變化，抗美援朝取得勝利，土地改革及 "三反"、"五反" 等一系列運動提高了人民群眾的民主素質，為制定正式憲法提供了成熟條件。1954 年 9 月 20日，第一屆全國人民代表大會第一次全體會議通過新中國第一部憲法。1954 年憲法體現了民主原則和社會主義原則，為新中國憲法的發展提供歷史基礎，確立了新中國基本的政治、經濟、社會與文化體制。1954 年憲法除序言外共四章 106 條。

1954 年憲法是新中國歷史上人民第一次行使制憲權而制定的根本法，是 "我國有史以來第一個人民自己制定的憲法"，為新中國憲法體制的建立發展提供了基本框架與基礎。1954 年憲法的基本特色在於：確立了憲法體系、內容與程序上的 "中國特色"，力求在憲法的民族特色與國際經驗之間尋求平衡；在憲法觀念的確立、憲法體制的安排、制憲技術等方面借鑑了國外憲法的經驗；在憲法結構和規範方面，提供了具有中國風格的體系，確立了調整憲法關係的基本範疇與調整領域，即國家與公民之間的關係，國家、社會與

國家機關之間的關係，國家機關之間的關係，國家機關與各個企事業單位等社會關係。可以說，以憲法關係的五大板塊理論與體制為基礎的憲法體系源於 1954 年憲法。

　　自 1954 年制定新中國第一部社會主義憲法以來，我國根據國家政治、經濟與文化發展的需要，先後進行了 1975 年、1978 年和 1982 年三次全面修改及 1979 年、1980 年、1988 年、1993 年、1999 年、2004 年和 2018 年七次局部修改。

三、憲法秩序的恢復與 1978 年憲法

　　1978 年 3 月 5 日，第五屆全國人大第一次會議通過 1978 年憲法，它是對 1975 年憲法的全面修改。1975 年憲法是特殊歷史時期通過的一部憲法，在指導思想、憲法內容等方面存在着嚴重的錯誤，肯定了"文化大革命"，否定了 1954 年憲法確立的基本體制。1978 年力求糾正 1975 年憲法的錯誤，憲法確定新時期的總任務是"……在本世紀內把我國建設成為農業、工業、國防和科學技術現代化的偉大的社會主義強國"，既體現國家價值觀的轉變，也表明規範體系的變化。這部憲法的序言正式宣佈"我國社會主義革命和社會主義建設進入了新的發展時期"[1]。

　　1978 年憲法回應了民眾對法律秩序建立的期待，通過恢復設立人民檢察院等制度，使國家政權運行趨於正常化；在基本權利方面，恢復 1954 年憲法規定的一些基本權利，在一定程度上完善了基本權利體系；在治國理念上，雖然在憲法上沒有完成指導思想上的徹底撥亂反正，但宣佈"文化大革命"

1　　1978 年憲法序言第四自然段規定："第一次無產階級文化大革命的勝利結束，使我國社會主義革命和社會主義建設進入了新的發展時期。根據中國共產黨在整個社會主義歷史階段的基本路線，全國人民在新時期的總任務是：堅持無產階級專政下的繼續革命，開展階級鬥爭、生產鬥爭和科學實驗三大革命運動，在本世紀內把我國建設成為農業、工業、國防和科學技術現代化的偉大的社會主義強國。"

結束，力求在憲法框架內為即將開始的改革開放提供憲法依據。當然，1978年憲法的局限性是無法克服的，特別是仍將"無產階級專政下的繼續革命"作為憲法指導思想，這也成為1980年啟動全面修改憲法的動因。

1978年憲法存在着歷史局限性，但發揮了憲法秩序轉型的過渡性功能，為制定改革開放所需要的重要法律提供了憲法依據。黨的十一屆三中全會的召開奠定了改革開放理念與基本格局，沒有十一屆三中全會，就不會有40年改革開放的成就。

四、改革開放與 1982 年憲法

1982年12月4日，第五屆全國人民代表大會第五次會議通過了現行憲法——1982年憲法。37年來，在中國社會的改革開放進程中，1982年憲法成為國家與社會生活的重要內容，奠定了國家治理體系的基礎，確立了國家與社會的價值觀與目標，推動了中國社會的發展與進步，凝聚了社會共識，維護了國家統一與社會穩定。

在凝聚社會共識方面，1982年憲法回應民眾的心聲，使之成為社會共識的基礎。通過修憲來確認共識，賦予國家發展以新的規範與正當性基礎是此時社會成員的普遍訴求。10年"文化大革命"最直接和沉痛的教訓就是民眾缺乏自由與尊嚴的保障，連人類生存基本前提——個體生命的尊嚴也得不到有效保護，導致整個社會治理的扭曲與社會共識的缺失。1982年憲法的頒佈是全社會呼籲人性的一種制度性的回應與價值的訴求，構成了憲法正當性的意識基礎，也是擴大社會共識的依據。

在國家與個人關係上，1982年憲法凸顯對人格尊嚴和人格價值的尊重。對人文精神的尊重首先體現為對人格尊嚴的保障。"文化大革命"使得個人的人格尊嚴遭到嚴重侵害，從普通公民到國家主席均無倖免。因此，對該時期的國家政治生活和法律生活進行反思，並在制度上保障個人的人格尊嚴成為現行憲法修改時的重要共識。1982 年憲法對人格尊嚴的保障給予了高度重視，第三十八條規定："中華人民共和國公民的人格尊嚴不受侵犯。禁止用任何方法對公民進行侮辱、誹謗和誣告陷害。"[2] 憲法還明確禁止非法拘禁和以其他方法非法剝奪或者限制公民的人身自由、禁止非法搜查公民的身體、禁止非法搜查或者非法侵入公民的住宅，這些規定都是在總結歷史教訓、出於對人的主體性尊重的基礎上作出的。

在確立國家的主流價值觀方面，1982 年憲法既為社會治理提供基礎，同時通過憲法規範不斷調整社會治理的方式。在憲法與社會的互動中，通過實施憲法體現問題意識和現實關懷，發揮憲法對執政行為的調整功能，使國家決策更好地體現憲法理念、憲法意識和憲法路徑。

1982 年憲法把四項基本原則寫進憲法，根據不同時期的歷史發展要求，通過修憲的方式不斷豐富和發展憲法的指導思想體系，使憲法的發展與時俱進。1999 年修改憲法，將鄧小平理論寫入憲法，2004 年將"三個代表"重要思想寫進憲法，在 2018 年修憲中，將科學發展觀與習近平新時代中國特色社會主義載入憲法，使之成為新時代中國社會發展的指導思想。

在推進依憲治國方面，2012 年 12 月 4 日，習近平總書記在紀念現行憲法公佈施行 30 週年大會上的講話中指出，"憲法的生命在於實施，憲法的權威也在於實施"，並將憲法實施上升到了與國家前途、人民命運息息相關的高度。習近平總書記強調，"依法治國，首先是依憲治國；依法執政，關鍵是依憲執政"，並要求"必須依據憲法治國理政"，以"履行好執政興國的重大職責"。2014 年，習近平總書記在全國人民代表大會 60 週年的紀念大會講話中再次提出："憲法是國家的根本法，堅持依法治國首先要堅持依憲治國，堅持

2　　1982 年憲法草案的報告特別強調"人格尊嚴不受侵犯"條款的意義，並為擴大"人的尊嚴"解釋空間提供了基礎。參見韓大元主編：《公法的制度變遷》，北京大學出版社，2009 年版，第 352 頁。

依法執政首先要堅持依憲執政。"[3]

在改革開放進程中,中國共產黨積極將法治的理念引入執政活動,高度重視並要求充分發揮憲法作為國家根本法的作用。不僅從政策和法律調整轉向以法治為主導的社會治理,同時從法律調整逐步轉向以憲法為主導的社會治理模式。這對於增強黨執政的正當性基礎、規範公共權力運行、保障公民權利無疑具有重要意義,同時標誌着在憲法調整下中國社會治理模式進入第三階段,即依憲治國的階段。

五、新中國憲法發展的基本經驗

新中國成立 70 年來,根據改革開放與國家發展的客觀需要,憲法在總體上保持穩定性的同時與社會發展保持一致,形成了憲法發展的特色,積累了一定的經驗。

(一)堅持黨對憲法實施的領導

中國共產黨的領導是中國特色社會主義的最本質的特徵。在中國憲法發展中,始終堅持黨的集中統一領導,把黨的領導貫穿於憲法發展的全過程,確保憲法發展的正確政治方向。從 1954 年制憲開始,形成了中國共產黨領導制憲、修憲的制度。如在制定 1954 年憲法時,先由中共中央成立憲法起草小組完成憲法草案初稿的起草工作,再由中共中央把通過的草案初稿提交中華人民共和國憲法起草委員會討論,後形成《中華人民共和國憲法(草案)》,並提交中央人民政府委員會審議,經過廣泛的民主討論,最終提請第一屆全

---

3   習近平:《在慶祝全國人民代表大會成立 60 週年大會上的講話》,《人民日報》2014 年 9 月 6 日,第 2 版。

國人大審議通過。在隨後的歷次修憲工作中，逐漸形成了在黨的統一領導下，既符合憲法精神，又行之有效的修憲工作程序和機制。

（二）豐富國家指導思想

國家指導思想是憲法制定、憲法修改、憲法解釋以及憲法實施的整個過程中的思想原則和行動指南，一般被稱為"憲法的靈魂"。一部憲法是否科學，首先看指導思想是否正確。1954 年憲法確立了民主原則和社會主義原則，使它成為新中國第一部憲法的基本精神。1975 年憲法和 1978 年憲法的指導思想是"無產階級專政下的繼續革命"，使憲法存在着歷史局限性。從 1982 年憲法確定把"四項基本原則"作為憲法指導思想以來，經過 1999 年、2004 年的修改，把鄧小平理論、"三個代表"重要思想寫入憲法，使之成為國家指導思想。在 2018 年修憲中，把科學發展觀、習近平新時代中國特色社會主義載入憲法，在國家的指導思想上實現了又一次歷史性的飛躍。特別是習近平新時代中國特色社會主義思想入憲，它將成為我們未來中國憲法發展的思想指導與理論指南。

（三）明確國家發展目標

新中國成立以來，特別是改革開放以來，憲法通過對國家發展目標的豐富與完善，明確了國家發展目標，豐富了國家治理體系。1988 年以來的五次修改憲法，注重對憲法序言第七自然段中有關國家指導思想、基本路線、根本目標等內容的修改。在歷史階段方面，1999 年憲法作出"我國正處於社會主義初級階段"的判斷，2004 年進一步明確"我國將長期處於社會主義初級階段"。在國家目標方面，1993 年"高度文明、高度民主的社會主義國家"被改為"富強、民主、文明的社會主義國家"，2004 年則在此基礎上增加了

“物質文明、政治文明和精神文明協調發展”的要求。2018 年的憲法修改中，憲法第三十二條修正案將序言第七自然段中“推動物質文明、政治文明和精神文明協調發展，把我國建設成為富強、民主、文明的社會主義國家”，修改為“推動物質文明、政治文明、精神文明、社會文明、生態文明協調發展，把我國建設成為富強民主文明和諧美麗的社會主義現代化強國，實現中華民族偉大復興”，從而將黨的十九大提出的“五位一體”的總體佈局與“兩個一百年”的奮鬥目標加以憲法化，使之成為清晰的憲法規範表述，從而在根本法中確立了國家發展的方向。

（四）樹立依憲治國理念

1982 年憲法適應健全社會主義法制的要求，在憲法第五條規定“國家維護社會主義法制的統一和尊嚴”，明確“一切國家機關和武裝力量、各政黨和各社會團體、各企業事業組織都必須遵守憲法和法律。一切違反憲法和法律的行為，必須予以追究”，確立了憲法的最高法律地位。1999 年通過的憲法第十三條修正案提出“中華人民共和國實行依法治國，建設社會主義法治國家”，以動態的治理體系代替了靜態的制度體系，深化了我們對法治的認識，明確了憲法規範中國家形象的建構目標。在 2018 年修憲中，將“健全社會主義法制”修改為“健全社會主義法治”，在思想上進一步明確法治的重要地位。同時，本次修憲將“全國人大法律委員會”修改為“全國人大憲法和法律委員會”，賦予該專門委員會以合憲性審查的職能，有助於推動憲法監督，有利於在制度實踐中推進法治國家建設。

（五）保持憲法的穩定性與適應性的良性互動

新中國憲法發展有自身的邏輯，保持長期穩定性是憲法作為根本法的基本屬性與特徵，任何情況下不能削弱或者否定憲法應有的穩定性，這是國家長期穩定的基礎。

比如，在憲法修改與憲法穩定性關係上，歷次修憲實踐始終堅持憲法穩定性與適應性的辯證統一，在修憲原則上堅持對憲法作部分修改、不作大改，"可改可不改的不改"的原則，力求保持 1982 年憲法的穩定性。又如，在憲法修改中盡量保持條文序號的不變。2004 年憲法修改加入的"國家尊重和保障人權"，與原憲法第三十三條規定的公民資格、平等原則、權利義務相一致原則等內容彼此間有明顯的差異性，但並沒有單獨設為一條，而是納入第三十三條作為其第三款，從而避免了因為加入一項內容而可能導致從第三十四條直至最後一條都要改寫序號。再如，本次憲法修改徵求意見的過程中，不少方面提出在憲法序言中增加"市場經濟在資源配置中起決定性作用"的表述。但有關部門研究後認為，在憲法已經規定了社會主義市場經濟的情況下，市場經濟的地位問題可以通過憲法解釋完成，屬於可改可不改的問題，因此決定不作修改。

六、新時代中國憲法發展的未來

中國特色社會主義進入新時代，對推進依憲治國、依憲執政提出了新的更高要求，憲法在新時代承載着人民實現美好生活的期待。

（一）憲法實施與國家發展

憲法實施是維護社會共同體價值的基礎與過程，憲法實施狀況決定了轉型時期能否在根本價值層面上維護國家的穩定和社會的良好發展。只有認真貫徹實施憲法，堅持和完善憲法確立的各項基本制度和體制，才能保證改革開放和社會主義現代化建設不斷向前發展，保證最廣大人民的根本利益不斷得到實現，保證國家統一、民族團結、經濟發展、社會進步和長治久安。國家發展要以憲法為基礎，將憲法精神體現在國家生活的各個領域，保障憲法作為國家根本法的地位。

（二）國家尊重和保障人權

70年來的憲法發展經驗表明，人們對憲法的功能、意義有了更為明確的認識，逐步形成立憲主義價值立場上的憲法理念。特別是改革開放以來的實踐表明，法治是國家生活的最大共識，要逐步實現從人治向法治的轉變，實現由依法治國到依憲治國的發展，其基礎和方向都是圍繞人的尊嚴和主體性而展開的。合理配置並有效約束國家公權力、切實維護和實現公民的基本權利已成為全社會的基本共識。要逐步提升個人面對國家的主體地位，凸顯人權價值，使保障"以人為本"，保障人的尊嚴、自由與平等成為立法與制定國家政策的價值取向。

（三）強化公職人員的憲法意識

提高公職人員，特別是領導幹部的憲法意識是憲法實施的重要環節。通過憲法宣傳與憲法實施，改變以政策、具體辦法或領導指示來變通執行法律、法規的傾向。在執行和遵守憲法方面，公職人員基本明確了兩方面觀念：一是人本觀念，即尊重和保障人權、維護公民基本權利，在制定和執行政策、作出重要決策時必須考慮民眾的權利訴求，尊重人的生命價值；二是規則觀念，按照憲法和法律、法規規定的程序和標準處理問題，做到公平、公正、公開，經得起公眾的質疑和批評。突出公權力行為的人本性與規範性是未來憲法發展的重點領域，也將成為國家和社會和諧發展的保障。

（四）落實"依憲治國、依憲執政"理念

新中國憲法發展史告訴我們，什麼時候執政黨確立了正確的政治路線，尊重憲法，那麼憲法的實施就會取得良好的社會效果；什麼時候執政黨脫離了正確的政治路線，不重視憲法權威，其結果必然導致憲法與現實的衝突。

由依法執政到依憲執政的昇華，是執政活動正當性的基礎。執政黨活動的根本依據是憲法，這一點已經成為執政黨和全社會的共識。未來的憲法發展要從落實依憲執政着手，理順憲法與執政黨活動的關係，認真落實"黨在憲法和法律範圍內活動"的原則。要把憲法精神體現在執政活動之中，使依憲執政成為執政黨的自覺行動，它將決定着社會價值觀的統一和執政基礎的穩定。

（五）完善憲法實施保障制度

隨着社會的變革，憲法需要確立完善的適應社會變化的應變機制，靈活地運用憲法修改、憲法解釋等手段，進一步增強憲法的社會適應性，強化憲法的社會調整功能。從憲法發展的經驗看，並不是所有的問題都經過憲法修改才能彌合憲法規範與社會現實之間的縫隙，憲法解釋是基本的途徑之一。對於規範與現實生活的衝突，應當逐步實現從"修憲型"模式轉向"解釋型"模式，積極發揮憲法解釋功能。

黨的十八大以來，黨中央從全面依法治國的戰略高度，提出完善憲法監督體制機制的目標與理念。特別是黨的十九大提出"推進合憲性審查工作，維護憲法權威"。2018 年 3 月 11 日，第十三屆全國人民代表大會第一次會議通過了《中華人民共和國憲法修正案》，正式將"全國人大法律委員會"更名為"全國人大憲法和法律委員會"。憲法和法律委員會是全國人大的專門委員會，是合憲性審查與法律草案的審議功能有機結合的混合型與綜合性的機

構，主要承擔憲法監督與實施的職能。憲法和法律委員會在繼續承擔統一審議法律草案功能外，應建立綜合的功能體系，為積極開展合憲性審查提供制度與規範基礎。

完善憲法和法律委員會運行機制，有助於加強憲法實施與監督，有助於建立立法與憲法監督職能綜合協調、整體推進的新機制，提高合憲性審查的實效性，有效解決憲法爭議和違憲問題。同時，通過合憲性審查機制，發揮公民以及其他社會組織提起違憲違法審查建議的積極性，強化法律規範體系的內在統一性，建立合法性與合憲性審查的互動機制，不斷完善中國特色憲法監督制度。

（六）提煉憲法發展的中國經驗

回顧憲法發展70年來的歷程，我們認識到，憲法發展需要處理好穩定性與適應性、本土性與國際性的關係，把法律性作為認識與解釋憲法現象的邏輯基礎與出發點。憲法發展要維護憲法至上性與實效性，使憲法成為一切國家機關、社會團體與政黨活動的最高準則與根本準則。落實依法治國、保障人權的國家價值觀，就要認真實施憲法。

未來中國憲法發展的總體趨勢是，立足中國、放眼國際，以中國問題的解決為使命，運用憲法原理解釋憲法現象，探索憲法規範和制度的良性互動途徑。同時，憲法發展需要將傳統文化與憲法發展的普遍性相結合，使中國憲法發展成為關心人類發展命運、參與解決人類面臨重大問題的制度體系。

七、研究新中國憲法發展史的意義

研究新中國憲法發展史的意義主要在於：

（1）有助於對歷史事實的客觀描述與再現。憲法是人類在社會共同體中尋求共識並建立共同體價值的最高規範。圍繞憲法制定所發生的歷史事實，無疑是構成共同體歷史的重要組成部分。因此，任何一個國家的歷史都與憲法制定和發展過程有着密切的關係。只有對制憲當時的歷史背景、歷史事實的準確把握，才能客觀地認識歷史，合理地解釋歷史發展過程中出現的各種事件，確立合理的歷史方位。

（2）有助於讓民眾真實地感悟一個國家憲法歷史的正當性。在法治國家建設中，人們生活在憲法治理下，而接受憲法統治的前提之一是認識自己國家的正當性，即體制的歷史基礎與淵源。沒有對自己歷史的認識與把握，不可能產生維護正當性的信心與責任。在憲法史的豐富知識體系中，我們可以發現歷史的真實，能夠自覺地確立共同體與自我的合理關係，從歷史與價值中體驗憲法作為共同體的意義，擴大憲法存在的社會基礎。

（3）有助於以憲法史為基礎建立不同學科和知識體系之間的對話與交流平台。歷史發展中發生的各種事件的性質與功能的評價，往往藉助於憲法史所提供的知識與經驗。因為，在政治史、經濟史、社會史等領域發生的事實與知識的變化，與當時憲法的發展狀況有着密切的關係。很多專門史研究中遇到的難題可以在特定環境產生的憲法中得到答案。

（4）有助於我們建立具有本土性的憲法學知識體系，使憲法學知識成為能夠解釋和解決本國憲法問題的知識，有助於改變憲法學領域中長期存在的"西方中心主義憲法學"傾向，確立憲法學的主體性。同時，憲法史的研究有助於人們正確認識現實的憲法制度，培養人們的憲法歷史觀，以歷史事實為基礎思考憲法問題，尋求不斷改進憲法體制，預測未來發展目標。

總之，新中國憲法發展史是新中國 70 年社會發展的一個縮影，給人們展現豐富而生動的憲法變遷史，使人們能夠從憲法發展的客觀事實中感受憲法價值。

本書的寫作意圖是通過對新中國憲法發展 70 年歷史的客觀描述，介紹憲法發展的客觀進程，力求挖掘憲法發展的史料，為關注、研究新中國憲法發展的人們提供不同歷史階段的背景材料，便於讀者了解憲法變遷的社會背景。在本書中，作者們關注憲法與社會生活的相互聯繫，力求客觀地描述憲法存在與發展的特定環境。以憲法發展的具體背景材料為基礎研究憲法，使人們在變革的社會中感受憲法，提高維護憲法權威的自覺性，推進依憲治國進程，加快建設社會主義法治國家。

第一章

臨時憲法：
《共同綱領》

一、特定的歷史條件

　　新中國的法律是在廢除國民黨政府 "六法全書" 的基礎上建立起來的。這是中國人民根據馬克思主義關於無產階級領導革命必須廢除舊法律、創建新法律的原理與中國革命具體實踐相結合而得出的科學結論,是中國人民革命實踐經驗的總結。

　　在新中國成立前夕,國民黨政權即將全面崩潰之時,蔣介石為了達到保持國民黨殘餘勢力以便東山再起的目的,曾於 1949 年 1 月 1 日發出了元旦求和文告,提出了願意與共產黨進行和平談判的建議,但必須以保存偽憲法、偽法統[1]和反動軍隊等項條件,作為和平談判的基礎。為了揭露蔣介石玩弄和談、欺騙人民的反革命陰謀,1949 年 1 月 14 日,中共中央主席毛澤東代表中國共產黨發表《關於時局的聲明》。在該聲明中,毛澤東揭露了蔣介石提出和談建議的虛偽性,指出: "這是因為蔣介石在他的建議中提出了保存偽憲法、偽法統和反動軍隊等項為全國人民所不能同意的條件,作為和平談判的基礎。這是繼續戰爭的條件,不是和平的條件。"[2] 蔣介石之所以提出保存偽憲法、偽法統,實質上是企圖繼續維持地主、買辦官僚資產階級的反動統治。因此,在《關於時局的聲明》中,中國共產黨針鋒相對地提出了廢除偽憲法、廢除偽法統等八項條件,作為和平談判的基礎。這個聲明表達了全國人民決心徹底推翻國民黨反動統治,將革命進行到底的要求和願望,粉碎了國民黨反動派妄圖保留偽憲法、偽法統以維持其統治的陰謀。因此,廢除國民黨政府的法律,是中國人民革命的一項重要內容。

1　1949 年 2 月 16 日《人民日報》、新華社曾經發表《關於廢除偽法統》一文,其中對 "偽法統" 的含義作了比較明確的界定。該文指出: "國民黨政府的所謂 '法統',是指國民黨統治權力在法律上的來源而言。國民黨反動派欺騙人民説:他們的反人民的統治是 '合法' 的 '正統'。他們欺騙人民説:國民黨的統治權力,是根據一九四七年元旦國民黨政府頒佈的 '憲法';這個 '憲法',是根據一九四六年十一月國民黨政府召開的 '國民大會';這個 '國民大會',是根據一九三一年六月國民黨政府公佈施行的 '訓政時期約法';如是等等,並向上追溯而一直至於國民黨的成立。" 參見中國人民大學法律系國家與法權理論教研室理論小組、資料室編:《國家與法的理論學習資料》,1982 年版,第 4 頁。

2　《毛澤東選集》(第四卷),人民出版社,1991 年版,第 1388 頁。

　　1949 年 1 月，根據中國革命實踐的需要，總結革命鬥爭的經驗，《中共中央關於接管平津司法機關之建議》明確指出："國民黨政府一切法律無效，禁止在任何刑事民事案件中，援引任何國民黨法律。法院一切審判，均依據軍管會公佈之法令及人民政府之政策處理。" 1949 年 2 月，中共中央發佈了《關於廢除國民黨的 "六法全書" 與確定解放區的司法原則的指示》，這個指示為革命戰爭在取得全國勝利後，廢除舊法律，建立新法律，奠定了理論基礎和政策依據。這個指示的基本內容是：

　　（1）深刻分析了國民黨政府法律的反動本質，指出 "國民黨的 '六法全書' 和一般資產階級法律一樣，以掩蓋階級本質的形式出現，但是實際上既然沒有超階級的國家，當然也不能有超階級的法律。'六法全書' 和一般資產階級法律一樣，以所謂人人在法律方面一律平等的面貌出現，但是實際上在統治階級與被統治階級之間、剝削階級與被剝削階級之間、有產者與無產者之間、債權人與債務人之間，沒有真正共同的利害，因而也不能有真正平等的法權"[3]。所以，國民黨全部法律只能是保護地主與買辦官僚資產階級反動統治的工具，是鎮壓與束縛廣大人民群眾的武器。

　　（2）指出 "在無產階級領導的工農聯盟為主體的人民民主專政政權下，國民黨的 '六法全書' 應該廢除。人民的司法工作，不能再以國民黨的 '六法全書' 為依據，而應該以人民的新的法律作依據"。因此，"在人民新的法律還沒有系統地發佈以前，應該以共產黨政策以及人民政府與人民解放軍所已發佈的各種綱領、法律、條例、決議作依據"[4]。在人民的法律還不完備的情況下，司法機關的辦事原則應該是：有綱領、法律、命令、條例、決議者，從綱領、法律、命令、條例、決議之規定；無綱領、法律、命令、條例、決議者，從新民主主義政策。

3　　中國人民大學法律系國家與法權理論教研室理論小組、資料室編：《國家與法的理論學習資料》，1982 年版，第 1 頁。

4　　中國人民大學法律系國家與法權理論教研室理論小組、資料室編：《國家與法的理論學習資料》，1982 年版，第 2-3 頁。

（3）指出人民的司法機關應該經常以蔑視和批判"六法全書"以及國民黨其他一切反動的法律、法令的精神，以學習和掌握馬克思列寧主義、毛澤東思想的國家觀、法律觀以及新民主主義的政策、綱領、法律、命令、條例、決議的辦法來教育和改造司法幹部。"只有這樣，他們才能夠為人民服務，才能與我們的革命司法幹部和衷共濟，消除所謂新舊司法幹部不團結和舊司法人員炫耀國民黨的'六法全書'和自高自大的惡劣現象。"[5]

關於即將成立的新中國的立法問題，1949 年 6 月 4 日和 10 日，中共中央法律委員會和華北人民政府司法部連續召集了兩次立法問題座談會。中共中央法律委員會、華北人民政府司法部、華北人民政府法院、北平市人民法院各負責人及沈鈞儒、李達等專家共 40 餘人參加了座談會。會議由華北人民政府司法部部長謝覺哉主持。中共中央法律委員會負責人先概括說明了新民主主義的中華人民民主國家的立法需要、立法觀點、立法方法及立法方式等問題。與會者在兩次座談會上廣泛地交換了關於新中國立法的各種意見。經過熱烈討論，大家一致認為，新民主主義革命即將在全國範圍內勝利，國民經濟的恢復工作正在積極進行，國民黨的反革命反人民的"六法全書"已經被廢除，新民主主義國家必須有保護自己的政治制度、經濟制度與文化制度的各種法律。當前司法機關和人民群眾感到迫切需要的法律是：刑法、刑事訴訟法、民法、民事訴訟法、法院組織法、檢察制度條例、新的監獄或犯人改造條例等；司法機關和工商界感到迫切需要的法律是：公司法、票據法、商業登記法、交易所法、商標法、海商法。此外，婚姻法、勞動法、土地法等也是人民所需要的法律。新法理學的研究、新憲法與行政法的研究、法學史和法制史的研究也很有必要。

在談到如何以新的觀點和方法來進行立法工作的問題時，與會者一致認為：首先，新立法應該從新中國的現實生活的實際出發，並使理論與實際相

5　中國人民大學法律系國家與法權理論教研室理論小組、資料室編：《國家與法的理論學習資料》，1982 年版，第 3 頁。

結合，因此，最完滿、最集中反映中國現實和最正確指導中國革命的毛澤東思想，應成為立法工作的指導原則。具體說，第一，應該認清中國新民主主義革命和新民主主義國家的性質，也就是說，認清這個革命的對象是帝國主義、封建主義和官僚資本主義；這個革命勝利建立起來的國家是工人階級領導的、以工農聯盟為基礎的人民民主專政的國家。認清這些才能在立法工作中確切地反映出這個革命和這個國家的階級本質和社會內容。第二，應該清楚地了解新民主主義的政策特點，是毛主席所指示的“四面八方”政策，以便用法律形式恰當地反映出“公私兼顧、勞資兩利、城鄉互助、內外交流”政策的特點。第三，應該認清新民主主義中國發展的前途，認清新民主主義中國是社會主義中國的準備階段和過渡階段，以便在立法中把中國人民當前奮鬥與將來目的有機地體現出來。第四，應該研究中國共產黨、中國人民政權與中國人民解放軍 20 餘年立法工作和司法工作的經驗，把這些經驗總結起來和提高起來，成為較完備的立法內容。其次，與會者一致強調，要搞好立法工作，必須認真地了解中國人民的生活和需要，必須詳細地研究中國革命的政策和經驗，必須認真地和系統地去學習馬克思列寧主義和毛澤東思想。同時，與會者還認為，新時期的立法工作必須一方面以蘇聯和各人民民主國家的法學理論和法律作為主要參考資料和借鑑對象，另一方面以中國過去各種舊法律與歐美資本主義國家各種法律作為附屬參考資料和批判對象。所以，大家建議，應立即進行各種法學、法律圖書資料的搜集、編譯和整理工作。最後，與會者認為，在目前的條件下，立法形式應以各種大綱及簡易條例形式為主，同時，各種法律的內容繁簡與條文多少，應具體看需要和可能而定。隨着人民民主國家各種建設進程的進展，各種法律的內容和形式也將逐漸補充和發展。今後法律文字方面也須力求科學化、大眾化，使法律從所謂法律專家專有的工具，變成為人民服務和為人民所用的工具。

　　會議同意立即組織法理學、憲法（包括行政法）、民事法規、刑事法規、商事法規、法院組織法規、執行法規、檢察條例、國際法與法制史等 10 個研究組，由各人自願參加一個至兩個組，負責進行研究工作。[6]

　　總體上來說，在新中國成立前夕，中國共產黨在法律領域裏所開展的工作主要是廢除國民黨反動政權的舊法律，並結合中國新民主主義革命的特點，以馬克思列寧主義和毛澤東思想作為指針，在批判舊法和借鑑國外法制建設經驗和教訓的基礎上，制定適應中國新民主主義革命需要的新法律。在一系列需要重新制定的新法律中，憲法作為根本法首先應當予以制定並應該在法制實踐中得到遵循，成為當時立法工作者和司法工作者的共識。在着手新中國法制建設的過程中，《共同綱領》的起草和通過成為新中國成立前夕人民民主政權立法工作的中心環節。

二、制定《共同綱領》的過程

　　《共同綱領》於 1949 年 9 月 29 日由中國人民政治協商會議第一屆全體會議通過。此時解放戰爭已至尾聲，但國家統一尚未完成，在已經取得解放的地區，也仍有舊政權的殘餘勢力蟄伏，將佔中國人口最大多數的農民從被壓迫、被剝削中解放出來的土地改革也還在繼續，新中國尚不能廣泛地組織普選的人民代表大會。因此也還不具備條件發動全民討論、制定正式憲法。在這種情況下召開的中國人民政治協商會議，其 600 多位與會代表代表着全中國所有的民主黨派、人民團體、人民解放軍、各地區、各民族和國外華僑，彰顯了全國人民大團結，獲得了全國人民的信任和擁護，會議因此具有代表全國人民的性質。中國人民政治協商會議由此宣佈其具有代行全國人民代表大會職權的資格，它制定的《共同綱領》因此也起到了臨時憲法的作用。[7]

　　《共同綱領》是中國憲法史上第一個比較完備的新民主主義性質的憲法

6　《人民日報》1949 年 6 月 18 日。

7　毛澤東：《中國人民站起來了》（1949 年 9 月 21 日）。

文件，它的制定對於確立新中國成立初期的大政方針，鞏固新生的人民民主專政政權起到了非常重要的法律保障作用，是新中國憲法體制的基石和出發點。《共同綱領》從開始起草到經中國人民政治協商會議第一屆全體會議通過，隨着中國革命形勢的發展變化，曾三次起草、三次命名。[8]

（一）第一次起草稿：《中國人民民主革命綱領草案》

中共中央和毛澤東主席在發起召開新的政治協商會議之時，就提出制定《共同綱領》的問題。1948 年 "五一勞動節口號" 發表之前，4 月 27 日，毛澤東主席在給中共北平市委書記劉仁的信中，即讓他明確告訴北平的民主人士，中國共產黨準備邀請他們來解放區參加各民主黨派、各人民團體代表會議，討論的事項包括："（甲）關於召開人民代表大會成立民主聯合政府問題；（乙）關於加強各民主黨派各人民團體的合作及綱領政策問題。""會議的名稱擬稱為政治協商會議。" 這裏把加強與會各民主黨派、各人民團體的合作及為加強這一合作而制定為各方所認同的 "綱領政策"，作為新的政治協商會議的兩大任務之一。4 月 30 日，中共中央發佈 "五一勞動節口號" 共 23 條，其中經毛澤東主席改寫的第五條，正式向全國各民主黨派、各人民團體、各社會賢達發出 "迅速召開政治協商會議，討論並召集人民代表大會，成立民主聯合政府" 的口號，由此揭開了籌建新中國的序幕。

為了促進召開新政協主張的實現，毛澤東主席於 5 月 1 日致信民革主席李濟深和民盟負責人沈鈞儒，徵求他們的意見。毛澤東主席在信中説："在目前形勢下，召集人民代表大會，成立民主聯合政府，加強各民主黨派、各人民團體的相互合作，並擬訂民主聯合政府的施政綱領，業已成為必要，時機亦趨成熟。""但欲實現這一步驟，必須先邀請各民主黨派、各人民團體的代

8　本書對《共同綱領》起草過程的描述參考了《胡喬木回憶毛澤東》一書，人民出版社，1994 年版，第552、568 頁。

表開一個會議。"毛澤東主席提議,由民革、民盟和中共"於本月內發表三黨聯合聲明,以為號召"。他還親自擬了一個聯合聲明的草案,由當時中共駐香港負責人潘漢年一併送達。

中共的號召,得到了各民主黨派、無黨派民主人士和海外華僑的熱烈響應,一次規模巨大、推動新中國誕生的新政協運動在全國興起。1948 年 9 月,中共中央決定,將中央城市工作部改為中央統一戰線工作部,負責管理國民黨統治區工作、國內少數民族工作、政權統戰工作、華僑工作及東方兄弟黨的聯絡工作。統戰部在毛澤東、周恩來的領導下和李維漢的主持下,為籌備新政協和擬定《共同綱領》做了大量具體工作。

1948 年 8 月、9 月,已有部分民主黨派代表及無黨派民主人士陸續到達華北解放區河北平山縣李家莊(中共中央統戰部所在地)和東北解放區哈爾濱。為了更具體地與這些民主人士商談召開新政協的各項事宜,毛澤東主席向周恩來同志提出:"似宜將名單及其他各項組成一個文件,內容字句均需斟酌。"周恩來同志和中央統戰部在同到達李家莊的民主人士商討後,擬定了《關於召開新的政治協商會議諸問題草案》。這個草案經毛澤東主席審改後,於 10 月 8 日由中共中央電發東北局。中央指示高崗、李富春約集在哈爾濱的民主人士"會談數次",並告訴他們這是中共中央提出的"書面意見",請各民主人士"過細加以斟酌"。其後,中共中央通過華南分局徵求在香港的各民主黨派負責人和著名無黨派民主人士的意見。11 月 25 日,高崗、李富春代表中共中央與在哈爾濱的民主人士達成了《關於召開新的政治協商會議諸問題》的協議。該協議第二項第五款規定:新政協應討論和決定兩項重要問題:"一為共同綱領問題,一為如何建立中華人民民主共和國臨時中央政府問題。共同綱領由籌備會起草,中共中央已在起草一個草案。"這是正式使用"共同綱領"一詞較早的文獻。其中所說的"中共中央已在起草一個草案",就是指中共中央第一次起草的《中國人民民主革命綱領草案》。

《中國人民民主革命綱領草案》第一稿是在李維漢主持下,於 1948 年 10

月 27 日寫出初稿的。該稿除簡短的序言外，分總則、政治、軍事、土地改革、經濟財政、文化教育、社會政策、少數民族、華僑、外交等 10 部分，共 46 條。該稿雖然比較簡單，但它還是把即將誕生的新中國應實行的最基本的綱領、政策規定出來了，草稿的着重點是 " 人民民主革命 " 方面。例如，該稿規定，綱領的基本原則，即新政協各成員 " 共同奮鬥的準則 "，是 " 新民主主義亦即革命三民主義 "；" 人民為國家的主人，國家的一切權力出自人民大眾，屬於人民大眾 "；" 中華人民民主共和國各級政權的構成，不採取資產階級民主的三權鼎立制，而採取人民民主的民主集中制 "；國家各級權力機關和行政機關，是各級人民代表大會及其選出的各級人民政府；實行耕者有其田的土地制度；沒收官僚資本歸國家所有，" 國有經濟為全部國民經濟的領導成分 "；" 發展生產，繁榮經濟，公私兼顧，勞資兩利，應定為全部國民經濟建設的總方針 "；有計劃、有步驟地發展工業，爭取若干年內 " 使中國由農業國地位上升到工業國地位 "；" 發展民族的、科學的、大眾的文化與教育 "；各民族一律平等，建立民族自治區，等等。這些規定，反映了中國共產黨長期以來形成的新民主主義的立國思想。因此，該稿大都為後來各個稿本所採納。

　　1948 年 11 月，《中國人民民主革命綱領草案》形成第二稿。第二稿的結構不同於第一稿，它分為人民解放戰爭的歷史任務、建立人民民主共和國的基本綱領、戰時具體綱領三大部分。第一部分敘述人民解放戰爭的歷程、主要經驗及其要完成的推翻三大敵人和國民黨反動統治的歷史任務，號召全國人民 " 繼續支持人民解放戰爭直至解放全中國的徹底勝利 "；第二部分規定中華人民民主共和國的新民主主義的性質以及它的國家構成、政權構成、經濟構成、文化教育、外交政策；第三部分就全力支援人民解放戰爭、鞏固人民解放區、建立臨時中央政府三個方面作了 34 條規定。這一稿對成立中華人民民主共和國臨時中央政府的程序作了新的規定。該稿明確規定：由新政協直接選舉臨時中央政府。但此稿帶有明顯的宣言色彩，是宣言與綱領相結合的一個文件。1949 年 2 月 27 日，經周恩來作文字修改後，與《關於新的政治協商會議諸問題的協議》、《新政治協商會議籌備會組織條例（草案）》、《參加新政協籌備會各單位民主人士候選名單》、《中華人民民主共和國政府組織大綱（草案）》一起編印成冊，名為《新的政治協商會議有關文件》。

（二）第二次起草稿：《新民主主義的共同綱領草案》初稿

　　從 1948 年中共中央發佈 "五一勞動節口號" 到 1949 年春，隨着人民解放戰爭的進展，革命政權在全國迅速建立和發展起來，在人民即將取得全國政權的情況下，各民主黨派和無黨派民主人士中的絕大多數人，在徹底推翻國民黨反動統治和建立新民主主義中國這兩個基本問題上，與共產黨取得了共識。這為《共同綱領》的正式制定創造了必要的條件。1949 年 3 月召開的中共中央七屆二中全會和 6 月底毛澤東主席發表的《論人民民主專政》，進一步豐富了中國共產黨有關革命和建國的理論，從而為《共同綱領》的制定奠定了堅實的理論基礎和政策基礎。

　　1949 年 6 月 15 日，新政治協商會議籌備會在北平成立。籌備會由 23 個單位、134 人組成，以毛澤東為常務委員會主任。常務委員會下設六個小組，分別進行各項籌備工作。每組人員均自願報名參加。負責起草《共同綱領》的是第三小組，由周恩來、許德珩擔任正、副組長。6 月 18 日，第三小組成立。周恩來在成立會上説明了起草《共同綱領》工作的重要性以及以往工作的情況。周恩來指出，起草《共同綱領》任務繁重。這個綱領決定聯合政府的產生，也是各民主黨派、各人民團體合作的基礎。中共中央曾先後兩次起草了草案，但由於革命形勢的發展，這兩個草案都已不能適應新的革命形勢的要求，因此，必須重新起草。會議決定委託中共中央再次草擬初稿，而小組成員則按照自願參加的原則分為政治法律、財政經濟、國防外交、文化教育、其他（包括華僑、少數民族、群眾團體、宗教等問題）五個分組進行討論和擬定具體條文，供起草人參考。參加新政協籌備會的各單位、各代表及第三小組各成員亦可提出自己的書面意見。至 7 月上旬，各分組均擬定了具體條文。中共中央在周恩來的領導下再次草擬初稿，並用兩個月的時間，寫出一個草案初稿。由於即將成立的新中國是一個新民主主義性質的國家，所以，把題目定為《新民主主義的共同綱領》。8 月 22 日，周恩來將初稿交毛澤東審議。毛澤東仔細審讀了初稿，並對一些段落作了刪改。

《新民主主義的共同綱領》初稿，除了簡短的序言外，分一般綱領和具體綱領兩個部分。同《中國人民民主革命綱領草案》相比，它刪除了 "人民解放戰爭的歷史任務" 部分，在具體條文的規定上，也增添了不少內容。一般綱領中規定：參加政治協商會議的各個單位，要以 "奉行新民主主義" 作為 "長期合作的政治基礎"，新民主主義是 "統一戰線的綱領"；"新民主主義的國家制度，是工人階級領導的以工農聯盟為基礎的團結各民主階級及中國境內各民族的人民民主專政的國家制度"；"新民主主義的政治制度，是民主集中制的人民代表大會的政治制度"，"在整個新民主主義制度期間，既不是一個階級專政，也不是一黨獨佔政府"，而應當是各民主黨派及人民團體在新民主主義綱領之下的聯合政府。此外，規定了 "新民主主義的國防"、"新民主主義的經濟"、"新民主主義的文化"、"新民主主義的國際關係"。具體綱領部分，按 "解放全中國"、"政治法律"、"財政經濟"、"文化教育"、"國防"、"外交僑務" 六個方面共列 45 條。這份初稿即成為此後不久提出的《中國人民政治協商會議共同綱領草案》的基礎。

（三）第三次起草稿：《中國人民政治協商會議共同綱領》

進入 1949 年 9 月以後，《共同綱領》的起草工作進入最後階段。第三次起草稿綱領的名稱隨着政協名稱的變動而改為《中國人民政治協商會議共同綱領》，其結構也作了改動，不再分一般綱領和具體綱領，而是在序言之後平列七章。在這個階段，毛澤東代表中共中央直接參加了草稿的修改工作。

從 9 月 3 日至 13 日，毛澤東至少對四次草案稿進行了細心修改，改動總計有 200 餘處。不僅如此，他還親自校對和督促印刷。

《共同綱領》最後階段的修改，是同籌備會及所有出席代表的討論結合在一起進行的，從中共中央提出草案初稿，到政協全體會議召開，共進行了七次討論，即：由到達北平的政協代表五六百人分組討論兩次，綱領起草小組討論三次，籌備會常委會討論兩次，此外，政協各參加單位還組織各自成員進行了討論，廣泛吸收了各方面的意見。然後將草案提交籌備會第二次全體會議作了基本通過，提交政協全體會議討論。[9] 在草案徵求意見的過程中，代表們集思廣益、暢所欲言，對草案提出了大量中肯意見。主要的修改意見有：

（1）關於國名及國名簡稱問題。本來，在發出召開新政協號召前後，在中共中央文件和中共領導人著作中，即多次有 "中華人民共和國" 的提法（《新民主主義論》中稱 "中華民主共和國"），如 1948 年 1 月 19 日毛澤東主席為中共中央起草的黨內指示《關於目前黨的政策中的幾個重要問題》、2 月 15 日完稿的《中共中央關於土地改革中各社會階級的劃分及其待遇的規定草案》、8 月 1 日毛澤東主席覆函香港各民主黨派與民主人士電等，都把新中國定名為 "中華人民共和國"。但是，在 10 月上旬提出、11 月 25 日達成協議的《關於召開新的政治協商會議諸問題》及隨之起草的《新政治協商會議籌備會組織條例（草案）》和《中華人民民主共和國政府組織大綱（草案）》中，又改用 "中華人民民主共和國" 的名稱，直至新政協籌備會召開。籌備會期間，黃炎培、張志讓等主張用 "中華人民民主國"，張奚若等主張用 "中華人民共和國"，最後決定採用後一種意見。關於國名的簡稱問題，引起了熱烈的爭論。最初起草的《中華人民民主共和國政府組織大綱（草案）》中有 "中華人民民主共和國簡稱中華民國" 一條。籌備會召開後，該大綱草案改稱為《中

9　周恩來：《關於〈中國人民政治協商會議共同綱領〉草案起草的經過和綱領的特點在中國人民政協全體會議上的報告摘要》，1949 年 9 月 25 日，見《新華月報》1949 年第 1 卷第 1 期，第 24-25 頁。

華人民共和國中央人民政府組織法（草案）》，簡稱一説仍保留着。代表們對
要不要保留這個簡稱以及是否把簡稱寫入《共同綱領》展開了熱烈的討論。
一些代表主張，不僅在政府組織法中應注明"簡稱中華民國"，而且要把這一
簡稱寫入《共同綱領》，因為《共同綱領》要有照顧統一戰線中各個組織的意
義，應該沿用習慣了的稱呼。更多的代表認為，不應簡稱"中華民國"，因為
"中華民國"並不是一個簡稱，而是代表舊中國統治的一切，國民黨政權標
榜"中華民國"，而人民已經對它產生反感，人民的新中國是新民主主義性質
的，不能與之混同，如果要用簡稱，就簡稱"中國"。還有的代表主張，既不
應簡稱"中華民國"，也不必在綱領條文中注明簡稱"中國"，因"中國"是
習慣用法，不是簡稱。最後，所有政協文件均未寫簡稱。

（2）關於社會主義目標問題。一部分代表認為，既然我們將來的目標是
實現社會主義，那就應該在綱領中把這一目標寫出來，使全國人民了解未來
社會的遠景以及共同奮鬥的最終目標。另一些代表則認為，在今天的政協中
提出社會主義問題還為時過早，《共同綱領》是新民主主義性質的，以不寫社
會主義為好，而且新民主主義本身就預示着社會主義方向。中共中央和毛澤
東主席支持了後一種意見。劉少奇、周恩來等都在大會上對這一問題作了説
明。其中主要的原因是：第一，《共同綱領》是屬於國家政權在現階段的施政
綱領，是從客觀實際出發，為現階段需要而制定的，它不應去描繪現階段尚
不能實現的理想。新中國成立以後，中國人民面臨的任務就是建設新民主主
義，如在《共同綱領》中過早地寫進社會主義目標，就很容易混淆現階段的
實際步驟與將來的理想。第二，新民主主義的《共同綱領》是在各民主黨派、
各人民團體和無黨派民主人士對新民主主義取得共識的基礎上制定的，要把
共產黨的第二步奮鬥目標——社會主義寫進國家的基本文件中，也必須經過
一個解釋、宣傳和實踐的過程，只有全國人民通過實踐認識到這是唯一的最
好的前途，才會真正承認它，並願為它而奮鬥。所以，暫時不寫上社會主義
目標，並不是否定它，而是更加鄭重地看待它。第三，綱領的經濟部分已實

際保證了向社會主義前途邁進。

（3）關於人民政協的性質和歷史使命問題。在討論中，曾經出現過兩種想法：第一種，以為等到了人民代表大會召開之後，就不再需要人民政協這樣的組織了；第二種，以為由於各黨派這樣團結一致，推動新民主主義很快地發展，黨派的存在就不會很久了。後來大家在討論中認為這兩種想法是不恰當的，因為它們不合於中國革命的發展和建設的需要。首先，普選的全國人民代表大會的召開，固然還需要一個相當時間，就是在普選的全國人民代表大會召開以後，政協會議還將對中央政府的工作起協商、參謀和推動的作用。其次，新民主主義時代既然有各階級的存在，就會有各黨派的存在。舊民主主義國家的統治者是資產階級，其所屬黨派必然是相互排擠，爭權奪利。新民主主義的各階級在工人階級領導下，雖然各階級的利益和意見仍有不同之處，但是在共同要求上、在主要政策上是能夠求得一致的。人民民主統一戰線內部的不同要求和矛盾，在反帝反封建殘餘的鬥爭面前，是可以而且應該得到調節的。

（4）關於“愛國民主分子”問題。有的代表提出，序言裏“中國人民民主專政是中國工人階級、農民階級、小資產階級、民族資產階級及其他愛國民主分子的人民民主統一戰線的政權”一句中的“愛國民主分子”應刪去，因為這裏講的是階級，愛國民主分子也屬於四個階級之內。劉少奇在參加小組討論中對此作了解釋：有些愛國民主分子不屬於四個階級，例如地主、官僚資產階級中的開明分子，單獨提出“愛國民主分子”，就是要讓這些人加入進來。

（5）關於“人身自由”問題。《共同綱領》初稿規定：“中華人民共和國人民有思想、言論、出版、集會、結社、通信、居住、遷徙、宗教信仰及示威遊行的自由權。”其中未提“人身自由”。許多代表對此提出意見，認為人身自由是最根本的自由，如無人身自由，其他自由都將談不上。因此，應該在各種自由權中加上“人身自由”這一項。這個意見在下一個印稿中即被採納。

　　(6) 在外交方面，有的產業界代表出於同外國做生意的考慮，認為關於外交政策的條文不必突出聯合蘇聯的內容。這一意見未得到響應。中國國民黨革命委員會、三民主義同志聯合會、中國國民黨民主促進會三個國民黨民主派的政協代表就這個問題進行了專門討論。他們的意思是："本黨十三年改組時提出聯合以平等待我之民族，就是指蘇聯，今天應該明確説出來。""聯蘇的口號非公開提出不可。"綱領草案保留了"首先聯合蘇聯、各人民民主國家和各被壓迫民族"的條文。

　　除上述重要的修改意見外，代表們還提出了其他一些有益的意見。如在第二章政權機構開頭一條應加上"中華人民共和國主權屬於全國人民"；政協組織成分中的"知識界"應改為"知識分子"；"反對貪污、浪費"的提法太輕，應改為肅清貪污、嚴禁浪費；調劑五種經濟成分的關係，應加上金融政策、技術政策兩個方面，等等。這些意見被後來的修改稿所採納。另外還有一些建議，如文字改革、對日和約等，均屬不是現在所能做到和不必立即準備去做的事項，故沒有列入條文。

　　經各方反覆討論的《共同綱領（草案）》，於 1949 年 9 月 17 日經新政協籌備會第二次全體會議基本通過。9 月 21 日，中國人民政治協商會議第一屆全體會議開幕。22 日，周恩來就《共同綱領（草案）》的起草經過向大會作報告。大會組成包括《共同綱領（草案）》整理委員會在內的六個分組委員會，已最後完成各項文件的起草工作。《共同綱領（草案）》整理委員會由出席政協的 45 個單位和特邀代表派人組成。中共方面為周恩來。45 個單位中，只有民盟派出兩人：章伯鈞、羅隆基，其他均為一人。28 日，政協各單位及《共同綱領（草案）》整理委員會分別舉行會議，對《共同綱領（草案）》進行最後一次討論。29 日，政協全體會議一致通過《共同綱領》。10 月 1日，剛剛當選為中華人民共和國中央人民政府主席的毛澤東發佈公告，宣佈中央人民政府"接受中國人民政治協商會議共同綱領為本政府的施政方針"。

至此，具有臨時憲法性質的《共同綱領》誕生了。

三、基本內容分析

　　《共同綱領》包含《序言》和《總綱》、《政權機關》、《軍事制度》、《經濟政策》、《文化教育政策》、《民族政策》、《外交政策》等七章，共八個部分，總計 60 條，7,000 餘字。《共同綱領》是全國人民意志和利益的集中體現，是革命鬥爭經驗的總結，也是中華人民共和國在相當長的時期內的施政準則。它規定中華人民共和國為新民主主義即人民民主主義的國家；政權是中國工人階級、農民階級、小資產階級、民族資產階級及其他愛國民主分子的人民民主統一戰線政權，而以工農聯盟為基礎，以工人階級為領導；目標是反對帝國主義、封建主義和官僚資本主義，為中國的獨立、民主、和平、統一和富強而奮鬥。它確立了新中國的政權機構、軍事制度以及經濟政策、文化教育政策、民族政策、外交政策的總原則。它規定人民享有廣泛的民主權利和應盡的義務。《共同綱領》的制定和通過表明，中國共產黨的最低綱領即新民主主義綱領，已被集中代表各民主黨派、各人民團體、各民主階級、各少數民族、海外華僑及其他愛國民主分子意志的中國人民政治協商會議所一致接受，成為新中國的建設藍圖。

（一）《共同綱領》保障了人民的權利

　　《共同綱領》序言和第一條明確規定，新民主主義即人民民主主義是中華人民共和國的政治基礎，中華人民共和國實行工人階級領導的、以工農聯盟為基礎的、團結各民主階級和國內各民族的人民民主專政，反對帝國主義、封建主義和官僚資本主義，為中國的獨立、民主、和平、統一和富強而奮鬥。該規定明確了中華人民共和國人民民主專政的國體性質，為團結絕大多數人民群眾共同反對帝國主義、封建主義和官僚資本主義，為建設新民主主義的中國創造了良好的政治條件。《共同綱領》以此為基礎，在總綱中強調了人民作為國家主人所享有的基本權利，這樣的文本安排體現了新中國加強人民民主、尊重人民權利的意旨，也符合現代憲法以"人"為中心的基本理念。在 1982 年的全面修憲中，這一理念得到繼承，"公民的基本權利和義務"一改 1954 年憲法和此後兩次全面修憲被置於"國家機構"之後的格局，被作為總綱的補充和繼續，前提為緊接總綱的憲法章節。[10]

《共同綱領》中規定的基本權利包括三個方面：

①中華人民共和國人民依法有選舉權和被選舉權。（第四條）

②中華人民共和國人民有思想、言論、出版、集會、結社、通訊、人身、居住、遷徙、宗教信仰及示威遊行的自由權。（第五條）

③中華人民共和國廢除束縛婦女的封建制度。婦女在政治的、經濟的、文化教育的、社會的生活各方面，均有與男子平等的權利。實行男女婚姻自由。（第六條）

在保障人民權利的同時，《共同綱領》還強調了對人民的敵人實行專政的要求。如《共同綱領》第七條規定：中華人民共和國必須鎮壓一切反革命活動，嚴厲懲罰一切勾結帝國主義、背叛祖國、反對人民民主事業的國民黨反革命戰爭罪犯和其他怙惡不悛的反革命首要分子。對於一般的反動分子、封建地主、官僚資本家，在解除其武裝、消滅其特殊勢力後，仍須依法在必要時期內剝奪他們的政治權利，但同時給以生活出路，並強迫他們在勞動中改造自己，成為新人。假如他們繼續進行反革命活動，必須予以嚴厲的制裁。

《共同綱領》體現了權利與義務相一致的原則，在保障人民權利的同時，也確立了國民的基本法律義務，即第八條所規定的：中華人民共和國國民均

10　1982 年全面修憲對憲法文本結構的討論，可參見《我所知道的胡喬木》，當代中國出版社，1997 年版，第 6-7 頁；《鄧小平年譜（1975—1997）》（下），中央文獻出版社 2004 年版，第 799 頁。

有保衛祖國、遵守法律、遵守勞動紀律、愛護公共財產、應徵公役兵役和繳納賦稅的義務。

此外,《共同綱領》第九條規定:中華人民共和國境內各民族,均有平等的權利和義務。

(二)《共同綱領》確立了國家政權組織形式

《共同綱領》確立了我國人民代表大會制度的三項最基本的原則,即國家權力屬於人民原則、人民代表大會為國家權力機關原則和民主集中制原則。

《共同綱領》第十二條規定:中華人民共和國的國家政權屬於人民。該規定實質上宣告了新中國為人民主權的國家,而不是像舊中國那樣的國民黨實行一黨專政或者是以黨代政。將國家權力建立在人民所有的基礎之上,這就保障了中華人民共和國的合法性。

關於人民通過何種組織形式組織國家政權,《共同綱領》第十二條還明確規定:人民行使國家政權的機關為各級人民代表大會和各級人民政府。各級人民代表大會由人民用普選方法產生之。各級人民代表大會選舉各級人民政府。各級人民代表大會閉會期間,各級人民政府為行使各級政權的機關。國家最高政權機關為全國人民代表大會。全國人民代表大會閉會期間,中央人民政府為行使國家政權的最高機關。

《共同綱領》特別強調了國家政權機關開展工作的民主集中制原則。第十五條對這一原則的內涵作了詳細的說明:人民代表大會向人民負責並報告工作。人民政府委員會向人民代表大會負責並報告工作。在人民代表大會和人民政府委員會內,實行少數服從多數的制度。各下級人民政府均由上級人民政府加委並服從上級人民政府。全國各地方人民政府均服從中央人民政府。民主集中制原則還適用於處理中央與地方之間的關係。第十六條規定:中央人民政府與地方人民政府間職權的劃分,應按照各項事務的性質,由中央人民政府委員會以法令加以規定，使之既利於國家統一，又利於因地制宜。

考慮到新中國成立初期的具體情況，《共同綱領》第十三條規定：在普選的全國人民代表大會召開以前，由中國人民政治協商會議的全體會議執行全國人民代表大會的職權，制定中華人民共和國中央人民政府組織法，選舉中華人民共和國中央人民政府委員會，並付之以行使國家權力的職權。在普選的全國人民代表大會召開以後，中國人民政治協商會議得就有關國家建設事業的根本大計及其他重要措施，向全國人民代表大會或中央人民政府提出建議案。為了保證中國人民政治協商會議的人民性，《共同綱領》第十三條還規定：中國人民政治協商會議為人民民主統一戰線的組織形式。其組織成分，應包含有工人階級、農民階級、革命軍人、知識分子、小資產階級、民族資產階級、少數民族、國外華僑及其他愛國民主分子的代表。

此外，《共同綱領》第十四條規定：凡人民解放軍初解放的地方，應一律實行軍事管制，取消國民黨反動政權機關，由中央人民政府或前線軍政機關委任人員組織軍事管制委員會和地方人民政府，領導人民建立革命秩序，鎮壓反革命活動，並在條件許可時召集各界人民代表會議。在普選的地方人民代表大會召開以前，由地方各界人民代表會議逐步地代行人民代表大會的職權。

為了鞏固人民民主革命的成果，《共同綱領》還對廢除舊法律、制定新法律作出了明確規定。第十七條要求：廢除國民黨反動政府一切壓迫人民的法律、法令和司法制度，制定保護人民的法律、法令，建立人民司法制度。

對國家政權機關的工作作風以及履行自身職責的監督，《共同綱領》也作了明確的規定。例如，第十八條規定：中華人民共和國的一切國家機關，必須厲行廉潔的、樸素的、為人民服務的革命工作作風，嚴懲貪污，禁止浪費，反對脫離人民群眾的官僚主義作風。第十九條規定：在縣市以上的各級人民政府內，設人民監察機關，以監督各級國家機關和各種公務人員是否履行其職責，並糾舉其中之違法失職的機關和人員。人民和人民團體有權向人民監察機關或人民司法機關控告任何國家機關和任何公務人員的違法失職行為。

(三)《共同綱領》確立了國家的軍事制度

《共同綱領》對中華人民共和國武裝力量的性質、軍隊的構成、民兵制度和義務兵役制度、革命烈士與軍人的家屬以及人民軍隊的建軍原則都作了明確規定，充分保證了武裝力量和人民軍隊掌握在人民手中以及為人民服務的國防建設宗旨的實現。

關於武裝力量的性質，《共同綱領》第十條規定：中華人民共和國的武裝力量，即人民解放軍、人民公安部隊和人民警察，是屬於人民的武力。其任務為保衛中國的獨立和領土主權的完整，保衛中國人民的革命成果和一切合法權益。中華人民共和國中央人民政府應努力鞏固和加強人民武裝力量，使其能夠有效地執行自己的任務。

《共同綱領》在第三章中對軍事制度加以詳細規定。其主要內容涉及中華人民共和國建立統一的軍隊，即人民解放軍和人民公安部隊，受中央人民政府人民革命軍事委員會統率，實行統一的指揮、統一的制度、統一的編制、統一的紀律。(第二十條)人民解放軍和人民公安部隊根據官兵一致、軍民一致的原則，建立政治工作制度，以革命精神和愛國精神教育部隊的指揮員和戰鬥員。(第二十一條)中華人民共和國應加強現代化的陸軍，並建設空軍和海軍，以鞏固國防。(第二十二條)中華人民共和國實行民兵制度，保衛地方秩序，建立國家動員基礎，並準備在適當時機實行義務兵役制。(第二十三條)中華人民共和國的軍隊在和平時期，在不妨礙軍事任務的條件下，應有計劃地參加農業和工業的生產，幫助國家的建設工作。(第二十四條)革命烈士和革命軍人的家屬，其生活困難者應受國家和社會的優待。參加革命戰爭的殘廢軍人和退伍軍人，應由人民政府給以適當安置，使其能謀生立業。(第

二十五條）

（四）《共同綱領》規定了國家的經濟政策

　　毛澤東曾在中共七屆二中全會的報告中，根據中國的經濟狀況闡述了中國共產黨的經濟政策，指出新中國的經濟主要由五種成分構成，"國營經濟是社會主義性質的，合作社經濟是半社會主義性質的，加上私人資本主義，加上個體經濟，加上國家和私人合作的國家資本主義經濟，這些就是人民共和國的幾種主要的經濟成分，這些就構成新民主主義的經濟形態"。七屆二中全會以後，毛澤東主席提出"公私兼顧、勞資兩利、城鄉互助、內外交流"的經濟方針，以此照顧四面八方的利益，達到"發展生產、繁榮經濟"的目的。至此，"五種經濟成分"理論和"四面八方"政策構成了《共同綱領》經濟政策的基本內容。

　　為了貫徹中國共產黨提出的新民主主義經濟政策，《共同綱領》專設一章，對新民主主義中國的經濟政策作了詳細的規定。首先是"五種經濟成分"理論和"四面八方"政策作為新中國經濟政策的基礎和前提被明確肯定在《共同綱領》之中。《共同綱領》第二十六條規定：中華人民共和國經濟建設的根本方針，是以公私兼顧、勞資兩利、城鄉互助、內外交流的政策，達到發展生產、繁榮經濟之目的。國家應在經營範圍、原料供給、銷售市場、勞動條件、技術設備、財政政策、金融政策等方面，調劑國營經濟、合作社經濟、農民和手工業者的個體經濟、私人資本主義經濟和國家資本主義經濟，使各種社會經濟成分在國營經濟領導之下，分工合作，各得其所，以促進整個社會經濟的發展。

　　為了確定新民主主義中國經濟制度的基礎，《共同綱領》對五種經濟形式的性質作了明確規定。其中，國營經濟為社會主義性質的經濟。凡屬有關國家經濟命脈和足以操縱國民生計的事業，均應由國家統一經營。凡屬國有的資源和企業，均為全體人民的公共財產，為人民共和國發展生產、繁榮經濟的主要物質基礎和整個社會經濟的領導力量。（第二十八條）合作社經濟為半社會主義性質的經濟，為整個人民經濟的一個重要組成部分。人民政府應該扶助其發展，並給以優待。（第二十九條）凡有利於國計民生的私營經濟事業，人民政府應鼓勵其經營的積極性，並扶助其發展。（第三十條）國家資本與私人資本合作的經濟為國家資本主義性質的經濟。在必要和可能的條件下，應鼓勵私人資本向國家資本主義方向發展，例如為國家企業加工，或與國家合營，或用租借形式經營國家的企業，開發國家的富源等。（第三十一條）

針對新中國成立初期所面臨的土地改革，《共同綱領》規定有關土地改革的一般政策。（第二十七條）明確提出：土地改革為發展生產力和國家工業化的必要條件。凡已實行土地改革的地區，必須保護農民已得土地的所有權。凡尚未實行土地改革的地區，必須發動農民群眾，建立農民團體，經過清除土匪惡霸、減租減息和分配土地等項步驟，實現耕者有其田。

對於在企業中的勞動者的合法權利，《共同綱領》第三十二條明確規定：在國家經營的企業中，目前時期應實行工人參加生產管理的制度，即建立在廠長領導之下的工廠管理委員會。私人經營的企業，為實現勞資兩利的原則，應由工會代表工人職員與資方訂立集體合同。公私企業目前一般應實行八小時至十小時的工作制，特殊情況得斟酌辦理。人民政府按照各地各業情況規定最低工資。逐步實行勞動保險制度，保護青工女工的特殊利益。實行工礦檢查制度，以改進工礦的安全和衛生設備。

對於涉及國民經濟根本的經濟計劃，《共同綱領》第三十三條規定：中央人民政府應爭取早日制定恢復和發展全國公私經濟各主要部門的總計劃，規定中央和地方在經濟建設上分工合作的範圍，統一調劑中央各經濟部門和地方各經濟部門的相互聯繫。中央各經濟部門和地方各經濟部門在中央人民政府統一領導之下各自發揮其創造性和積極性。

此外，《共同綱領》對新民主主義中國有關財政、金融、工業、交通、商業、農林漁牧業以及合作社等方面的經濟事項確定了具體和明確的經濟任務。關於財政，《共同綱領》要求建立國家預算、決算制度，劃分中央和地方的財政範圍，厲行精簡節約，逐步平衡財政收支，積累國家生產資金。國家的稅收政策，應以保障革命戰爭的供給、照顧生產的恢復和發展及國家建設的需要為原則，簡化稅制，實行合理負擔。（第四十條）　關於金融，《共同綱領》規定，金融事業應受國家嚴格管理。貨幣發行權屬於國家。禁止外幣在國內流通。外匯、外幣和金銀的買賣，應由國家銀行經理。依法營業的私人金融事業，應受國家的監督和指導。凡進行金融投機、破壞國家金融事業者，應受嚴厲制裁。（第三十九條）　關於工業，《共同綱領》規定，應以有計劃有步驟地恢復和發展重工業為重點，例如礦業、鋼鐵業、動力工業、機器製造業、電器工業和主要化學工業等，以創造國家工業化的基礎。同時，應恢復和增加紡織業及其他有利於國計民生的輕工業的生產，以供應人民日常消費的需要。（第三十五條）　關於交通，《共同綱領》規定，必須迅速恢復並逐步增建鐵路和公路，疏浚河流，推廣水運，改善並發展郵政和電信事業，有計劃有步驟地建造各種交通工具和創辦民用航空。（第三十六條）　關於商業，《共同綱領》要求保護一切合法的公私貿易。實行對外貿易的管制，並採用保護貿易政策。在國家統一的經濟計劃內實行國內貿易的自由，但對於擾亂市場的投機商業必須嚴格取締。國營貿易機關應負調劑供求、穩定物價和扶助人民合作事業的責任。人民政府應採取必要的辦法，鼓勵人民儲蓄，便利僑匯，引導社會游資及無益於國計民生的商業資本投入工業及其他生產事業。（第三十七條）　關於農林漁牧業，《共同綱領》規定，在一切已徹底實現土地改革的地區，人民政府應組織農民及一切可以從事農業的勞動力以發展農業生產及其副業為中心任務，並應引導農民逐步地按照自願和互利的原則，組織各種形式的勞動互助和生產合作。在新解放區，土地改革工作的每一步驟均應與恢復和發展農業生產相結合。人民政府應根據國家計劃和人民生活的需要，爭取於短時期內恢復並超過戰前糧食、工業原料和外銷物資的生產水平，應注意興修水利，防洪防旱，恢復和發展畜力，增加肥料，改良農具和種子，防止病害蟲，救濟災荒，並有計劃地移民開墾。保護森林，並有計劃地發展林業。保護沿海漁場，發展水產業。保護和發展畜牧業，防止獸疫。《共同綱領》還對合作社的組織原則作了規定，即鼓勵和扶助廣大勞動人民根據自願原則，發展合作事業。在城鎮中和鄉村中組織供銷合作社、消費合作社、信用合作社、生產合作社和運輸合作社，在工廠、機關和學校中應盡先組織消費合作社。(第三十八條)

可以說，《共同綱領》對新中國的各項經濟政策的規定，充分體現了新中國成立初期恢復和發展國民經濟的要求。這些規定既考慮了新中國成立初期我國社會存在的各種經濟成分，團結了絕大多數工商界人士，尤其是具有愛國主義傳統的民族資產階級，共同建設新民主主義中國；同時，也兼顧了新民主主義中國的發展社會主義經濟制度的長遠目標。《共同綱領》所規定的各項具體經濟政策，尤其是土地改革、農林漁牧業、合作社等政策都帶有強烈的過渡性色彩，也在一定程度上決定了《共同綱領》的臨時憲法性質。總體而言，由於《共同綱領》對新民主主義中國的經濟政策作了較為全面的闡述，為新中國成立初期經濟的迅速恢復和發展奠定了政策基礎，也為 1954 年憲法關於經濟制度的規定提供了最直接的憲法依據。

(五)《共同綱領》確立了國家的文化教育和外交政策

《共同綱領》第五、第六和第七章對新民主主義中國的文化教育政策、民族政策和外交政策作了較為具體的規定。這一系列政策為新民主主義中國的文化教育事業的建立和發展，為保護各民族平等的法律權利以及為新中國拓展國際舞台提供了有力的法律依據。

關於文化教育政策，《共同綱領》首先明確了新中國文化教育的性質，即新民主主義的，也就是説，民族的、科學的、大眾的文化教育。人民政府的文化教育工作，應以提高人民文化水平，培養國家建設人才，肅清封建的、買辦的、法西斯主義的思想，發展為人民服務的思想為主要任務。《共同綱領》在規定文化教育政策時一個最顯著的特點就是保障公民的各項文化教育權利，同時反對一切封建的和腐朽的、沒落的文化思想和意識形態。第四十九條規定：保護報道真實新聞的自由。禁止利用新聞以進行誹謗，破壞國家人民的利益和煽動世界戰爭。發展人民廣播事業。發展人民出版事業，並注重出版有益於人民的通俗書報。《共同綱領》崇尚科學精神，鼓勵發展科學事業。如第四十三條規定：努力發展自然科學，以服務於工業、農業和國防的建設。獎勵科學發現和發明，普及科學知識。第四十四條又規定：提倡用科學的歷史觀點，研究和解釋歷史、經濟、政治、文化及國際事務。獎勵優秀的社會科學著作。關於教育事業，《共同綱領》要求新中國的教育方法應當理論聯繫實際，人民政府應有計劃、有步驟地改革舊的教育制度、教育內容和教學法；應當有計劃有步驟地實行普及教育，加強中等教育和高等教育，注重技術教育，加強勞動者的業餘教育和在職幹部教育，給青年知識分子和舊知識分子以革命的政治教育，以應革命工作和國家建設工作的廣泛需要。關於文學藝術事業，《共同綱領》提倡文學藝術為人民服務，啟發人民的政治覺悟，鼓勵人民的勞動熱情。獎勵優秀的文學藝術作品。發展人民的戲劇電影事業。《共同綱領》還提倡國民體育，推廣衛生醫藥事業，並注意保護母親、嬰兒和兒童的健康。《共同綱領》對中華人民共和國全體國民的公德作了基本要求，即愛祖國、愛人民、愛勞動、愛科學和愛護公共財物等。

關於民族政策，《共同綱領》首先確立了各民族一律平等的原則。第九條規定：中華人民共和國境內各民族，均有平等的權利和義務。第五十條進一步對民族平等原則作了更為詳細的規定：中華人民共和國境內各民族一律平等，實行團結互助，反對帝國主義和各民族內部的人民公敵，使中華人民共和國成為各民族友愛合作的大家庭。反對大民族主義和狹隘民族主義，禁止民族間的歧視、壓迫和分裂各民族團結的行為。關於少數民族的發展政策問題,《共同綱領》確立了各少數民族聚居的地區,應實行民族區域自治,按照民族聚居的人口多少和區域大小,分別建立各種民族自治機關。凡各民族雜居的地方及民族自治區內,各民族在當地政權機關中均應有相當名額的代表。《共同綱領》還規定,中華人民共和國境內各少數民族,均有按照統一的國家軍事制度,參加人民解放軍及組織地方人民公安部隊的權利。各少數民族均有發展其語言文字、保持或改革其風俗習慣及宗教信仰的自由。人民政府應幫助各少數民族的人民大眾發展其政治、經濟、文化、教育的建設事業。

關於外交政策,《共同綱領》首先表明聯合以蘇聯為代表的世界上一切愛好和平、自由的國家和人民,並確定中華人民共和國的外交政策是,為保障本國獨立、自由和領土主權的完整,擁護國際的持久和平和各國人民間的友好合作,反對帝國主義的侵略政策和戰爭政策。與此同時,《共同綱領》明確了新中國的建交原則,即凡與國民黨反動派斷絕關係,並對中華人民共和國採取友好態度的外國政府,中華人民共和國中央人民政府可在平等、互利及互相尊重領土主權的基礎上,與之談判,建立外交關係。對於國民黨政府與外國政府所訂立的各項條約和協定,中華人民共和國中央人民政府應加以審查,按其內容,分別予以承認,或廢除,或修改,或重訂。中華人民共和國可在平等和互利的基礎上,與各外國的政府和人民恢復並發展通商貿易關係。對於華僑和外國僑民的權利,《共同綱領》規定,中華人民共和國中央人民政府應盡力保護國外華僑的正當權益,保護守法的外國僑民。對於外國人民因擁護人民利益參加和平民主鬥爭受其本國政府壓迫而避難於中國境內者,《共同綱領》規定,中華人民共和國應予以居留權。

四、《共同綱領》的運行過程

《共同綱領》是在中國人民政治協商會議第一屆全體會議上通過的。參加該會議的各黨派代表、區域代表、軍隊代表、團體代表、少數民族及華僑代表、宗教界代表共 662 人，會議行使了全國人民代表大會職權。《共同綱領》是中華人民共和國歷史上一個極其重要的綱領性文件，它總結了中國革命的經驗，確定了中華人民共和國的政體以及政治、經濟、文化等各方面的經濟政策。在中華人民共和國憲法頒佈之前，《共同綱領》作為中央人民政府的施政方針，具有臨時憲法的作用。

根據《共同綱領》的規定，中國人民政治協商會議第一屆全體會議選舉了中央人民政府，毛澤東為中央人民政府主席，朱德、劉少奇、宋慶齡、李濟深、張瀾、高崗為副主席，陳毅等 56 人為中央人民政府委員會委員，組成中央人民政府委員會。林伯渠為中央人民政府秘書長。周恩來為中央人民政府政務院總理，董必武、郭沫若、黃炎培、陳雲、鄧小平（1952 年 8 月增補）為中央人民政府政務院副總理。譚平山等 15 人為中央人民政府政務院政務委員。李維漢為政務院秘書長。沈鈞儒為最高人民法院院長，羅榮桓為最高人民檢察署檢察長。此外，還產生了政治法律委員會、財政經濟委員會、文化教育委員會、人民監察委員會、國家計劃委員會、內務部、外交部、公安部、財政部、貿易部、重工業部、燃料工業部、紡織工業部、食品工業部、輕工業部、鐵道部等。在第一屆中央人民政府以及中央人民政府政務院的組成人員中，民主黨派人士佔了一定的比重，這充分反映了《共同綱領》所要求的體現各民主黨派、各人民團體、各民主階級、各少數民族、海外華僑及其他愛國民主分子意志的新民主主義中國的國體規定的精神。[11]

1949 年 10 月 1 日下午 2 時，中央人民政府委員會在首都北京就職，由

11　中華人民共和國大典編委會編：《中華人民共和國大典》，中國經濟出版社，1994 年版，第 6 頁。

毛澤東主持第一次會議，宣告中華人民共和國中央人民政府成立，接受《共同綱領》為中央人民政府的施政方針。下午 3 時，首都 30 萬軍民在天安門廣場集會，舉行了隆重的開國大典。毛澤東主席在天安門城樓莊嚴宣告，中華人民共和國中央人民政府已於今日成立。一個新民主主義的中國在莊嚴雄壯的《義勇軍進行曲》中誕生了。新中國的誕生，開創了中國歷史的新紀元，標誌着中國已從半殖民地半封建社會進入了新民主主義社會，具有偉大的歷史意義。

新中國成立後，中央人民政府積極地推行《共同綱領》所規定的各項基本國策。首先，在軍事上，中國人民解放軍遵照朱德總司令的命令，發起了向全國的大進軍。到 1949 年 12 月 31 日，中共中央發表《告前線戰士和全國同胞書》，宣佈 1949 年內已經解放了除西藏以外的全部大陸。在經濟戰線上，中央人民政府面臨着迅速醫治戰爭創傷、恢復國民經濟的任務。戰爭的破壞和龐大的軍費開支以及市場投機勢力的盛行，造成了新中國成立後物價的大幅度上漲。1949 年 4 月、7 月、11 月和 1950 年 2 月，先後出現了四次物價大幅上漲，嚴重威脅着人民生活，加劇了整個財政經濟的困難。為此，中央人民政府採取了一系列果斷的措施，穩定市場物價，打擊投機勢力，贏得了經濟戰線上第一仗的勝利。為了保證國民經濟的健康發展，新中國成立後，依照《共同綱領》的規定，人民政府對官僚資本進行了接收工作。新中國成立前，四大家族的官僚資本佔舊中國資本主義經濟的 80%，佔全國工業資本的 2/3 左右，佔全國工礦、交通運輸固定資產的 80%。新中國成立後，人民政府沒收了以前在國家經濟生活中佔統治地位的全部官僚資本企業，包括大銀行、幾乎全部鐵路、絕大部分黑色冶金企業和其他重工業部門的大部分企業，以及輕工業的某些重要企業。由於沒收了官僚資本，社會主義國營經濟壯大起來。1949 年，國營經濟在全國大型工業總產值中所佔比重為 41.3%，國營經濟在全國五種經濟成分中居於領導地位，是對國民經濟進行社會主義改造的物質基礎。

從 1949 年 9 月 29 日中國人民政治協商會議第一屆全體會議通過《中國人民政治協商會議共同綱領》起，到 1954 年 9 月 20 日第一屆全國人民代表大會第一次會議通過《中華人民共和國憲法》為止短短的五年時間裏，《共同綱領》作為具有臨時憲法作用的綱領性文件，成功地指導了新中國成立初期中國法制建設的各項實踐。以《共同綱領》為基礎，中央人民政府以及中央人民政府政務院發佈了一系列法律和法規，初步建立了新民主主義中國法制建設的基本框架，形成了新中國成立後第一個法制建設的高潮。這一系列法律、法規圍繞着《共同綱領》所確立的基本國策，為恢復國民經濟、穩定社會秩序和進行生產資料的社會主義改造提供了有力的法律武器。

新中國成立初期，首先面臨的任務是盡快恢復國民經濟，消滅國民黨殘餘勢力，穩定社會秩序，保障人民革命的勝利成果。因此，從 1949 年 10 月中華人民共和國成立至 1952 年底，中央人民政府以及中央人民政府政務院在貫徹《共同綱領》這一施政方針時，工作重心集中在恢復國民經濟、穩定社會秩序上。這一時期的立法和法制建設也充分體現了以下特點：

（1）建立和組織國家政權機構，保障人民民主權利，維護革命秩序。新中國成立後，根據《共同綱領》的規定，首先要建立一個反映人民意志、保障人民民主權利的新民主主義的國家政權。早在《共同綱領》頒佈之前，中國人民政治協商會議第一屆全體會議就通過了與《共同綱領》相配套的建立新民主主義國家政權機構的《中國人民政治協商會議組織法》和《中央人民政府組織法》。這兩個法律與《共同綱領》一起確立了新民主主義中國國家政權機構建設的組織原則，為新中國的政權建設奠定了堅實的法律基礎。根據這三個法律的規定精神，為了建立各地方國家政權機關，中央人民政府又先後頒佈了一系列有關地方國家政權機關建設的法律、法規，如頒佈了省、市、縣的《各界人民代表會議組織通則》（1949 年），大城市市區、區、鄉（行政村）的《人民代表會議組織通則》（1950 年），《大行政區人民政府委員會組織通則》（1949 年），省、市、縣、大城市市區、區、鄉（行政村）的《人民政府組織通則》（1950年）。此外，還制定了《政務院及其所屬各機關組織通則》（1949年）、《人民法院暫行組織條例》（1951年）、《中央人民政府最高人民檢察署暫行組織條例》（1951年）、《各級地方人民檢察署組織通則》（1951年）等。這些法律、法規根據《共同綱領》所確立的新民主主義國家的政權組織原則，以實現人民民主權利為宗旨，按照民主集中制原則，建立了從上到下的反映人民意志和利益的新民主主義國家政權機構體系，為組織新中國的各項政治、經濟和文化活動提供了最有效的組織保障。

（2）沒收官僚資本歸國家所有，建立新的社會主義經濟。舊中國的經濟命脈主要掌握在以蔣介石、宋子文、孔祥熙、陳立夫為代表的四大家族手中，它是國民黨反動政權的經濟基礎，也是舊中國最腐朽的生產關係的代表。新中國必須摧毀舊的官僚資本主義經濟體系，才能構建新民主主義性質的經濟制度。因此，沒收官僚資本成為新中國經濟建設的首要任務。《共同綱領》第三條也明確宣佈："中華人民共和國必須取締帝國主義國家在中國的一切特權，沒收官僚資本歸人民的國家所有。"在《共同綱領》的指引下，新中國成立後，首先對官僚資本進行了社會主義性質的改造，並以官僚資本為基礎，建立了作為國民經濟基礎的國營經濟，從而保證了整個新民主主義的經濟命脈掌握在人民的手中。

封建的土地所有制是舊中國地主階級剝削農民的經濟基礎，也是造成中國農村貧富差距的主要經濟根源。《共同綱領》確立了土地改革的基本原則，目的就是要保障廣大農民擺脫封建土地所有制的束縛，獲得經濟以及人身的解放。從1950年起，為了貫徹《共同綱領》關於土地改革的政策，1950年6月中央人民政府頒佈了《中華人民共和國土地改革法》。該法律明確了土地改革的各項具體方針和政策，明確宣佈土地改革的目的是"廢除地主階級封建剝削的土地所有制，實行農民的土地所有制，藉以解放農村生產力，為新中國的工業化開闢道路"。為了保證土地改革法的貫徹實施，中央人民政府政務院又先後頒佈了《農民協會組織通則》（1950年7月15日）、《人民法庭組織通則》（1950 年 7 月 20 日）、《政務院關於劃分農村階級成分的決定》（1950 年 8 月 20 日）等許多法規。根據這些法規，沒收了地主的土地、耕畜、農具、多餘的糧食及其在農村中的多餘的房屋，除依法收歸國家所有的外，均將其分配給無地、少地及缺乏其他生產資料的貧苦農民，也保留一份給地主以維持其基本生活需要。由於土地改革給廣大的翻身農民帶來了巨大的經濟利益，因此，調動了農民的積極性，也促進了新的農業政策在廣大農村中的推行。到 1952 年底，全國除一部分少數民族地區和台灣之外，土地改革工作基本完成，三億多無地、少地的農民獲得了約七億畝（1 畝 ≈ 666.67 平方米）土地和大量的生產資料，極大地解放了農村的生產力，為實現《共同綱領》所提出的國家對工業和農業的社會主義改造提供了強大的物質基礎，並進一步鞏固了以工農聯盟為基礎的新民主主義的國家政權。

（3）鎮壓反革命，肅清國民黨反動派在大陸上的殘餘勢力。全國解放以後，被推翻的國民黨反動勢力時時刻刻想反攻大陸，並千方百計地破壞新民主主義的國家政權，危及人民的各項權利的實現。從 1950 年 12 月起，中央政府領導人民在全國範圍內開展了大張旗鼓地鎮壓反革命的活動，並確定了鎮壓反革命的具體方針和政策，即：鎮反工作必須在各級黨委的領導下，實行群眾路線，要注意打得穩、打得準、打得狠，要實行鎮壓與寬大相結合的政策。並具體規定，對於有血債或其他最嚴重的罪行非殺不足以平民憤者和最嚴重地損害國家利益者，必須堅決地判處死刑，並迅速地執行；對於沒有血債、民憤不大和雖然嚴重地損害國家利益但尚未達到最嚴重的程度而又罪該處死者，應當採取判處死刑，緩期二年執行，強迫勞動，以觀後效的政策。還規定，對於介於可捕可不捕之間的人，一定不要捕；對於介於可殺可不殺之間的人，一定不要殺。這些政策有力地瓦解了反革命營壘，穩、準、狠地打擊了敵人。為了保證鎮壓反革命運動的健康發展，1951 年 2 月，中央人民政府制定了《鎮壓反革命條例》。該條例體現了黨的懲辦與寬大政策相結合的原則，對反革命的罪與刑都作了明確規定，成為廣大幹部和群眾鎮壓反革命的有力武器。鎮壓反革命運動，有力地保障了抗美援朝、土地改革、國民經濟恢復工作的順利進行，維護了革命秩序，鞏固了人民民主專政的國家政權。

（4）統一全國財經工作，穩定物價，恢復和發展國民經濟。由於帝國主義和國民黨反動派的長期統治，造成了我國社會經濟落後和不正常狀態。全國解放之後，我國所面臨的經濟形勢非常嚴峻，工農業生產急劇衰退，物價飛漲，城市居民大批失業，國家財政緊張，不法分子趁機擾亂市場和金融秩序，經濟運行環境極其惡劣。為了戰勝財經困難，迅速恢復和發展國民經濟，根據《共同綱領》關於新民主主義經濟政策的規定，中央人民政府採取了一系列有效的措施來恢復和發展國民經濟，扭轉財政困難。1953 年 3 月，中央人民政府政務院頒佈《關於統一國家財政經濟工作的決定》；5 月，頒佈《關於劃分中央與地方在財政經濟工作上管理職權的決定》等法規。為了鞏固國家的貨幣政策，穩定金融秩序，此前還制定《禁止國家貨幣出入國境辦法》（1951 年 3 月）、《妨礙國家貨幣治罪暫行條例》（1951 年 4 月）等。為了穩定物價，安定民生，貿易部門還制定《關於取締投機商業的幾項指示》（1950 年 10 月）、《關於穩定新舊年關物價的指示》（1951 年 11 月）等。這些法規的出台，有力地保障了《共同綱領》關於恢復和發展國民經濟的基本經濟政策的貫徹落實，為加強全國財經政策的統一領導和新中國成立初期的財政經濟政策的穩定提供了必要的法律依據。

（5）保障“三反”、“五反”鬥爭的開展。新中國成立以後，根據《共同綱領》提出的對資本主義實行引導發展的政策，國家對私營工商業政策作了適度的調整，使私營經濟獲得了相當程度的發展。但是，隨着私營資本主義經濟的膨脹，其反動的本質也逐漸暴露出來。尤其是私營企業主們利用“五毒”（行賄、偷稅漏稅、偷工減料、盜竊國家資財、盜竊國家經濟情報）行為破壞社會主義經濟，反對執政黨對私營經濟限制發展的政策，而黨內和人民政府中的一些腐化墮落分子也與不法資本家相勾結，猖狂地向社會主義進攻。為了解決這一涉及新生的人民政權的嚴重問題，從 1951 年底開始，中共中央及時部署在全國開展“三反”、“五反”運動。1952 年 1 月，中央人民政府政務院和人民監察委員會發佈了反貪污、反浪費、反官僚主義鬥爭的指示，明確指出了這場鬥爭的重要性。4 月，在總結“三反”、“五反”鬥爭經驗的基礎上，中央人民政府委員會又及時頒佈了《懲治貪污條例》，明確了貪污的罪與刑。執政黨的政策和人民政府的法律有力地推動了“三反”、“五反”運動的開展，也有效地保障了《共同綱領》所要求的一切國家機關必須厲行廉潔的、樸素的、為人民服務的革命工作作風，嚴懲貪污，禁止浪費，反對脫離人民群眾的官僚主義作風等一些有關新民主主義國家政權組織建設原則的貫徹和落實。

從 1952 年起，中共中央根據我國社會發展的需要，及時提出了過渡時期的總路線：要在一個相當長的歷史時期內，逐步實現國家工業化和對農業、手工業、資本主義工商業的社會主義改造。這條總路線是根據新民主主義革命在全國取得勝利和土地制度改革在全國完成以後，國內的主要矛盾已經轉化成為工人階級和資產階級之間、社會主義道路與資本主義道路之間的矛盾，並為解決這一矛盾而制定的。它的實質就是要對生產資料私有制進行社會主義改造，建立社會主義制度，建設社會主義。這一總路線不僅是對《共同綱領》的貫徹和實施，而且其中許多政策已經超出了《共同綱領》的要求，具有了從新民主主義向社會主義過渡的特徵。因此，一方面，《共同綱領》所確立的基本國策仍然是實踐中的行動指南；另一方面，國內國際新形勢的出現又使得制定憲法，確立反映從新民主主義向社會主義過渡的法律制度成為急迫之需。在 1954 年憲法誕生之前，中央人民政府依據《共同綱領》的要求，及時地制定了《全國人民代表大會及地方各級人民代表大會選舉法》，依據該選舉法，全國進行了第一次普選，並於 1954 年勝利召開第一屆全國人民代表大會第一次會議，通過了《中華人民共和國憲法》。根據 1954 年憲法，第一屆全國人民代表大會還制定了《全國人民代表大會組織法》、《國務

院組織法》、《人民法院組織法》、《人民檢察院組織法》、《地方各級人民代表
大會和地方各級人民委員會組織法》等。根據這些法律、法規，完善了根據
《共同綱領》的規定建立起來的新民主主義國家的政權組織機構和政權組織體
系，有效地反映了人民的意志和利益，保障了人民當家作主的民主權利，為
實現社會主義制度奠定了堅實的法律基礎。

可以說，《共同綱領》自誕生起到 1954 年憲法誕生止，一直是指導中國
進行新民主主義建設的總的綱領性文件，起到了臨時憲法的作用。《共同綱
領》所確立的各項新民主主義的國家制度和社會制度，在實際中都得到了很
好的尊重並加以有效地運行。隨着新民主主義建設的深入發展，《共同綱領》
也逐漸完成其歷史使命，同時，《共同綱領》在新中國成立初期所起到的治國
安邦的基礎作用，對新中國的法制建設產生了巨大的影響，為新中國的憲政
建設創設了一個良好的開端。

五、《共同綱領》對中國憲法發展的影響與評價

《共同綱領》作為新中國成立初期起臨時憲法作用的綱領性文件，不僅
奠定了人民代表大會制度的政治基礎，而且還有效地組織了新民主主義的國
家政權，有效地保障了人民的權利，打擊了國民黨反動派和一切反動勢力對
新中國的破壞和顛覆活動，促進了新中國成立初期國民經濟的迅速恢復和發
展，使新生的人民共和國排除各種艱難險阻，不僅在國內獲得廣大人民群眾
的擁護和支持，也獲得一切愛好和平和正義的國家的承認，樹立了新中國在
國際舞台上獨立自主的形象。以《共同綱領》的頒佈為標誌，自 1840 年鴉片
戰爭以來，中華民族飽受外國列強欺侮和壓迫的歷史一去不復返了，腐朽的
封建制度也被徹底地摧毀，人民真正地站起來並當家作主了。所以，《共同綱
領》雖然不是新中國的正式憲法，但是，它的歷史地位和它在實際運行中所

起的作用已經為新中國的憲法發展提供了良好的開端。

第一，《共同綱領》所確立的新民主主義的基本國策都充分體現了馬克思列寧主義、毛澤東思想的精神，並使馬克思列寧主義、毛澤東思想成為中國歷次憲法所肯定的基本指導思想。正如無黨派民主人士李達在中國人民政治協商會議第一屆全體會議小組發言中所指出的那樣：這個綱領，綜合了將近 100 年的中國革命的歷史經驗，主要是根據毛澤東的《新民主主義論》、《論聯合政府》、《論人民民主專政》及其他許多著作擬定出來的。我們可以說，這個綱領是毛澤東思想的具體體現。[12]

第二，《共同綱領》採取了過渡措施與奮鬥目標相結合的方式，確立了新中國政治制度的基礎是人民代表大會制度。但是，《共同綱領》又針對新中國成立初期我國新民主主義革命和建設所面臨的具體情況和任務，規定由中國人民政治協商會議的全體會議暫代全國人民代表大會行使職責，並在其第一次全體會議將行使國家權力的職權轉授中央人民政府委員會後，繼續履行其建言獻策、參政議政的職能。以此為契機，逐漸形成了我國現今存在的人民代表大會制度和政治協商制度。可以說，沒有《共同綱領》將原則性與靈活性相結合，我國的政治協商制度就不可能獲得像今天這樣崇高的地位以及在國家政治生活中發揮其應有的重要作用。

第三，《共同綱領》強調了對人民權利的保障，這一點為中國歷次憲法所繼承。比如，《共同綱領》中對報道真實新聞的自由的規定，甚至比後來制定的歷次憲法中的有關規定還要具體。這說明《共同綱領》已經開始注重人權保護在法制建設中的重要性。此外，像思想自由、遷徙自由等權利，都對我國人權保障制度的產生和發展起到重要的影響。但是，值得注意的是，《共同綱領》在使用"人民"與"國民"概念時是有區別的。"人民"是指工人階級、農民階級、小資產階級、民族資產階級，以及從反動階級覺悟起來的某些愛

12　《中國人民政治協商會議第一屆全體會議——各單位代表主要發言》，《人民日報》1949 年 9 月 28 日，第 2 版。

國民主分子。而對官僚資產階級在其財產被沒收和地主階級在其土地被分配以後，消極的是要嚴厲鎮壓他們中間的反動活動，積極的是要更多地強迫他們勞動，使他們改造成為新人；在改變以前，他們不屬於人民範圍，但仍然是中國的一個國民，暫時不給他們享受人民的權利，卻需要使他們遵守國民的義務。這就是人民民主專政。[13]

第四，《共同綱領》強調了國家權力屬於人民的原則，這一原則成為中國歷次憲法所肯定的首要的憲法原則。人民是國家的主人，憲法和法律是人民意志和利益的集中體現，在《共同綱領》中已經得到了充分肯定。這就保證了我國憲法的人民性，也為人民監督國家政權機關履行法律職責的活動提供了直接的法律上的依據。

第五，《共同綱領》對我國軍事制度、經濟政策、文化教育政策、民族政策和外交政策的規定，不僅適應了新中國成立初期我國新民主主義革命和建設的要求，而且也成為中國歷次憲法所肯定的基本國策。尤其是國家政權機關應當以人民的利益優先，努力為人民服務，這樣的憲法原則一直成為指導我國國家政權機關建設的指針。

總之，《共同綱領》對中國憲法發展產生了重大影響，它所確立的一系列法律原則構成了中國社會主義憲法實踐的基本框架，許多原則至今仍然在發揮着重要的作用。當然，也要看到，《共同綱領》所確立的一系列原則在新中國成立以後相當長的一段歷史時期內沒有獲得應有的尊重，尤其是極左思潮曾經阻礙了我國社會主義憲法發展的進程。不過，作為以中國共產黨為領導的全體中國人民的共同創造，《共同綱領》所體現的時代精神與理念一直貫穿於人民共和國的70年歷程中。雖然《共同綱領》作為憲法性文件的時代已經過去，但《共同綱領》所體現的憲法思想和原則，成為我國建設社會主義法治國家的基石。

13　中國人民大學法律系國家與法權理論教研室理論小組、資料室編：《國家與法的理論學習資料》，1982年版，第9-10頁。

新中國憲法體制的奠基：1954 年憲法

一、1954 年憲法的制定背景

（一）制定 1954 年憲法的正當性基礎

　　1954 年憲法的制定首先要解決制憲權的正當性，即由誰通過何種程序行使制憲權等一系列理論問題。"研究新中國的制憲權，將進一步加深對我國憲法的社會主義本質的認識"[1]，要從歷史與現實視角揭示新中國制憲權主體、制憲程序的正當性基礎等。1954 年憲法是新中國第一部社會主義憲法，是中國人民迄今為止唯一運用制憲權制定的憲法，為後來新中國的憲法體制奠定了基本框架與基礎。

　　在分析 1954 年憲法制定過程時，首先需要明確制憲權的根據、性質與來源。制憲權在中國社會發展過程中並沒有表現為自然法中存在的一種"始原的創造性"權力，在國家權力的背後實際上存在某種成熟的政治力量，在一定政治背景和政治力量的推動下進行了制憲任務。正如有學者所提出的，制憲權產生於政治力量，修憲權是由憲法賦予的。[2] 從這種意義上講，新中國制憲權的正當性具體表現在作為制憲權主體的人民獲得國家政權和國家獨立的客觀事實。

　　由於歷史與社會結構的特殊性，新中國成立的憲法邏輯不同於西方國家。當時，由於無法營造制憲所需要的穩定環境，已獲得政權的客觀事實與行使制憲權之間存在不對應性，無法為新中國成立直接提供憲法基礎。主要原因是：當時大陸還未全部解放，戰爭尚在進行；在有些地方反革命勢力還很猖獗，各項社會改革尚未全面開展；社會秩序還不夠安定；遭受長期破壞的國民經濟尚有待恢復；人民群眾的組織程度和覺悟程度尚未達到應有的水

1　蕭蔚雲：《關於新中國的制憲權》，《中國法學》1984 年第 1 期。

2　張慶福：《簡析制憲權》，《憲法論壇》（第 1 卷），中國民航出版社，2003 年版，第 221 頁。

平，等等。在這種條件下，即使人民享有制憲權也無法進行制憲的具體準備
工作，因為無法立即召開由普選產生的全國人民代表大會並通過一部正式憲
法。根據當時的情況，中國共產黨邀請各民主黨派、各人民團體、人民解放
軍、各地區、各民族以及國外華僑等各方面的代表635人，組成了中國人民
政治協商會議，代表全國各族人民的意志，在普選的全國人民代表大會召開
以前代行全國人民代表大會的職權。1949年9月29日，中國人民政治協商
會議第一屆全體會議選舉產生了中央人民政府委員會，10月1日宣告中華人
民共和國成立，並且通過了起臨時憲法作用的《共同綱領》。從當時的國家權
力體系看，"現在的中國人民政治協商會議是在完全新的基礎之上召開的，它
具有代表全國人民的性質，它獲得全國人民的信任和擁護。因此，中國人民
政治協商會議宣佈自己執行全國人民代表大會職權"[3]。這一論述實際上解決了
制定《共同綱領》主體的正當性與合法性基礎問題，同時在一定程度上區分
了《共同綱領》與憲法的界限，賦予其憲章的性質。

　　在1954年憲法的制定過程中，中國共產黨中央委員會提出的憲法草案
(初稿)、中央人民政府委員會提出的憲法草案，對如何表述制憲權問題給予
了一定的關注，一些學者還進行了討論。當時在憲法草案中的表述是"中華
人民共和國第一屆全國人民代表大會的代表們聚集在北京首都，莊嚴地通過
我國的第一個憲法"，基於明確制憲權基礎的目的，有的代表提出應在全國人
民代表大會的職權中專門規定"有權制定憲法"的建議。但在正式頒佈的憲
法文本中沒有規定全國人民代表大會制憲權方面的職權。對此，憲法起草委
員會法律小組曾作了如下說明："制定憲法不必列為全國人民代表大會職權的
理由是：一是本憲法的制定，已在序言第三段莊嚴地宣佈；二是斯大林憲法
是一個新的憲法，同時就是對1924年憲法的修改。所以，即使為了制定第二
個憲法，那只是在社會經濟情況發生重大變化時，根據情況的需要來修改現

3　毛澤東：《在中國人民政治協商會議第一屆全體會議上的開幕詞》(1949年9月21日)，《中華人民共和
　　國國家法參考資料》，中國人民大學出版社，1955年版，第59頁。

行憲法，這已包括在修改憲法的職權範圍內，無須另外再規定制定憲法的職權。"[4] 從這個説明中可以看出，當時憲法起草委員會法律小組對制憲權的理解上，直接受到了蘇聯憲法理論的一些影響，沒有嚴格地區分制憲權與修憲權的概念，沒有確立制憲權本身獨立的價值體系，也沒有從理論上説明作為制憲權主體的人民和作為制憲權行使者的全國人民代表大會的關係等。從制憲權的一般邏輯看，全國人民代表大會的職權來源於憲法，而憲法是作為制憲權主體的人民制定的，全國人民代表大會只是按照人民的意志通過憲法，並享有修改憲法的職權。

(二)《共同綱領》制定後的社會變遷的需要

如前所述，從制憲權發展的一般規律看，1949 年 10 月 1 日中華人民共和國成立後應立即準備憲法的起草工作，通過憲法，並以憲法為基礎建立全部的國家政權體系。但由於當時不具備召開全國人民代表大會的客觀條件，故制定了具有臨時憲法性質的《共同綱領》，並以此為基礎建立了過渡性的政權體制。《共同綱領》實際上是建國綱領，是一部具有臨時憲法性質的憲法性文獻，它規定的一套政治、經濟與文化制度主要適應新中國成立初期建立政權體系的需要。但到了 1953 年後，國家的政治、經濟與文化生活等發生了變化，客觀上形成了制憲所需要的環境。作為調整過渡時期政權體制的臨時憲法——《共同綱領》的一些規定開始不適應國家經濟、政治與文化建設進一步發展的客觀需要。[5]

《共同綱領》規定的政權性質，是一個由各階級、各方面人士參加的人

4　1954 年憲法，《憲法起草委員會修改意見彙編》，中華人民共和國憲法起草委員會辦公室 1954 年 5 月 5 日整理。

5　學術界有一種觀點認為，《共同綱領》實際上是新中國第一部憲法，它具有完整的憲法特徵。也有一種觀點認為，當時制定 1954 年憲法是通過否定《共同綱領》確立中國共產黨一黨執政的體制。作者認為，制憲行為與制憲環境是有內在聯繫的，在中國當時的社會條件下，並不存在制定憲法的"制憲環境"，但也不能否認《共同綱領》臨時憲法的性質。

民民主統一戰線的政權，是各民主黨派、各社會團體和無黨派人士對新民主主義理念取得的共識，而中國共產黨的目標是要建立一個以工人階級為領導的，以工農聯盟為基礎的人民民主專政的政權。在《共同綱領》下，國家還沒有組成人民代表機關，而是由政治協商會議代行人民代表大會的職權。在地方，人民政權沒有完全建立，實行軍事管制的體制，有條件的地方開始實行人民代表會議制度。在經濟制度上，它是一種恢復經濟的體制，既不是社會主義的經濟制度，也不是資本主義的經濟制度，而是兩者並存、並行發展。《共同綱領》規定在農村進行土地改革，實行耕者有其田的政策。《共同綱領》只是適應了新中國成立初期的社會發展需求，對建立鞏固政權、恢復經濟和安定社會方面起到積極的作用。

為什麼有《共同綱領》還要制定憲法？劉少奇在 1954 年憲法草案的報告中詳細作了說明。他說，在中國近代史中，人們曾長期爭論過一個根本問題——中國的出路是什麼？是資本主義還是社會主義？對於這個問題，五年來國家發生的巨大變化已作了生動解答，同時也充分證明，"由目前複雜的經濟結構的社會，過渡到單一的社會主義結構的社會，即由目前的新民主主義社會過渡到社會主義社會，是我國應當走的唯一正確的道路"。如果繼續維持現狀，中國就可能變成資本主義。他說，或許有人想走維持現狀的道路，即既不是資本主義道路，也不是社會主義道路，將我們現在所處的情況維持下去。有些人希望永遠保持這種狀態，最好不要改變。他們說有了《共同綱領》，何必還要憲法呢？社會主義和資本主義這兩種相反的生產關係，在一個國家互不干擾地平行發展，是不可能的，它不變成社會主義國家，就要變成資本主義國家，要它不變是絕對不可能的。我國要走社會主義道路是確定不移的，要走社會主義道路，就需要有法律形式把我國過渡時期的總任務確定下來。[6] 從 1953 年起，我國已按照社會主義目標進入有計劃的經濟建設時期，

6　《劉少奇選集》，人民出版社，2002 年版，第 143-144 頁。

需要制定一部憲法調整日益複雜化的社會經濟關係的變化。

（三）國家政權建設的需要

從 1949 年新中國成立到 1954 年這五年時間裏，人民民主政權在全國各地普遍建立並日漸鞏固。依照《共同綱領》的規定，人民民主政權的建設分三步來進行。第一步，在新解放區立即建立軍事管制，由上級派幹部主持當地政務，成立軍事管制委員會和地方人民政府，肅清反革命殘餘勢力，並且召集各界人士座談會，以建立與當地群眾的聯繫。第二步，當地人民政府召開各界人民代表會議。代表由各單位推選或政府特邀，各界人民代表會議作為政府的諮詢機關，可以向政府提出自己的建議，反映群眾的意志和要求。但法律上沒有規定政府工作的權力。第三步，各界人民代表會議中，由各單位直接或間接選舉的代表增多，由政府特邀的代表逐漸減少。各界人民代表會議逐漸代行人民代表大會的職權，成為地方國家權力機關，選舉人民政府委員會，審查人民政府的工作報告、預算和決算，並且可以作出決定交由人民政府委員會去執行。"到 1952 年底，人民代表會議的代表已有 1,300 餘萬人，其中直接和間接選舉的佔 80% 以上，全國各省和直轄市，2/3 以上的市，1/3 以上的縣和絕大部分的鄉，都由人民代表會議代行了人民代表大會的職權，選舉出各該級人民政府。" [7]

1953 年 1 月，中央人民政府委員會第二十次會議決定實行普選，召開由人民普選產生的地方各級人民代表大會，並在此基礎上召開全國人民代表大會。1953 年 2 月 11 日，中央人民政府委員會第二十二次會議通過了《中華人民共和國全國人民代表大會及地方各級人民代表大會選舉法》。這是新中國的第一部選舉法。它既吸收了革命根據地民主選舉的經驗，特別是新中國成立

7　凌風：《五年以來人民民主政權建設工作的成就》，《光明日報》1954 年 9 月 15 日。

後民主選舉的經驗，同時吸收了外國的合理經驗，特別是社會主義國家選舉的經驗，把馬克思主義關於社會主義民主和政權建設的理論同中國的實際情況緊密結合起來。基層選舉工作於 1953 年 3 月開始，到 1954 年 5 月勝利完成。到 1954 年 8 月，縣級以上地方各級人民代表大會先後全部建立。"除台灣省尚未解放外，我國人民已經在 25 個省、內蒙古自治區、西藏地方、昌都地區，3 個直轄市，2,216 個縣和相當於縣的行政單位，163 個市，821 個市轄區和 220,466 個鄉建立了自己的政權，此外還建立了 65 個縣級以上民族自治地方的自治機關。"[8] 新中國成立後的五年中，人民民主政權建設的成就，使人民從從未享有政治權利的地位成為國家的主人，行使當家作主的權力，管理自己的國家。

1950 年 6 月 25 日，朝鮮戰爭爆發。由於朝鮮的存亡與中國的安危密切相聯，1950 年 10 月 19 日中國人民志願軍入朝參戰。經過三年奮戰，最終迫使美國於 1953 年 7 月 27 日在停戰協議上簽字。抗美援朝的勝利極大地增強了中國人民的民族自信心和自豪感，提高了中國在國際社會中的地位。"從此，帝國主義不敢輕易作侵犯新中國的嘗試，我國的經濟建設和社會改革贏得了一個相對穩定的和平環境。"[9] 在進行抗美援朝戰爭的同時，從 1950 年冬到 1953 年春，在新解放區佔全國人口一多半的農村完成了土地制度的改革，徹底消滅了在中國延續了幾千年的封建制度的基礎——地主階級的土地所有制。從 1950 年 12 月到 1951 年 10 月，在全國範圍內開展鎮壓反革命運動，基本上掃除了國民黨反動派遺留在大陸上的反革命殘餘勢力。同土地制度改革和鎮壓反革命相配合，黨還領導人民進行了多方面的民主改革，頒佈了《中華人民共和國婚姻法》，取締了舊社會遺留的賣淫嫖娼、販毒吸毒、聚眾賭博等各種醜惡現象。"抗美援朝戰爭是中國人民民主革命反帝鬥爭的繼續。

8　　樓邦彥：《中華人民共和國憲法基本知識》，新知識出版社，1955 年版，第 32 頁。

9　　胡繩主編：《中國共產黨的七十年》，中共黨史出版社，1991 年版，第 282 頁。

土地改革和其他各項民主改革是中國人民民主革命反封建鬥爭的完成。" [10]

這些勝利，使人民民主專政的政權更加鞏固，使恢復和發展經濟的工作有了必要的社會政治條件。"根據制憲權的一般原理，憲法（立憲主義）的產生，以國家權力的存在為條件。" [11]

新中國成立後五年中人民政權建設的發展，為人民行使制憲權奠定了堅實的政治與法律基礎。

（四）經濟結構的變化

任何一個國家的制憲都與當時的經濟基礎與環境有着密切的關係。社會生產力的發展以及由此形成的社會共同體意識是憲法產生的基本經濟條件。從 1949 年起，國家進行了為期三年的國民經濟恢復和發展工作，到 1952 年時，我國實現了國民經濟的根本好轉，完成了國民經濟恢復工作。"1952 年，工農業總產值 810 億元，比 1949 年增長了 77.5%。" [12] 工業（包括手工業）總產值在全國工農業生產總值中的比重從 1949 年的 30% 上升為 41.5%，其中現代工業產值由 17% 上升為 26.6%。在工業產值中，重工業的比重由 26.4% 上升為 35.5%。 [13] 在經濟恢復的同時，國民經濟結構也發生了深刻的變化。國營經濟、私人資本主義經濟、個體經濟、國家資本主義經濟、合作社經濟都得到了發展。由於國家的支持和經濟結構的合理性，國營經濟發展迅速，國營和私營經濟的比例發生了根本性的變化。1949 年我國工業生產總值的公私比例是，國營經濟佔 43.8%，私營經濟佔 56.2%，到了 1952 年 9 月，國營經濟上升到 67.3%，私營經濟下降為 32.7%，國營經濟在經濟生活中開

10　胡繩主編：《中國共產黨的七十年》，中共黨史出版社，1991 年版，第 288 頁。

11　韓大元：《亞洲立憲主義研究》，中國人民公安大學出版社，2000 年版，第 73 頁。

12　胡繩主編：《中國共產黨的七十年》，中共黨史出版社，1991 年版，第 294 頁。

13　胡繩主編：《中國共產黨的七十年》，中共黨史出版社，1991 年版，第 295 頁。

始超過私營經濟。在農村，經濟發展的變化主要表現在互助合作事業普遍地
發展起來，使農村的生產關係和生產力發生了變革。通過各種生產互助合作
形式組織起來的農戶達到 4,542 萬戶，佔全國農戶總數的 40%，其中有 5.7
萬戶加入在 3,600 餘個初級農業合作社中。手工業合作化也開始起步，3.1%
的手工業者組織起來，創造了 3.5% 的手工業生產總值。[14] 在經濟結構的比例
中，國營與私營經濟比例關係的變化，標誌着社會經濟形態逐步發生轉變的
事實。這表明，我國經濟的恢復不僅有數量的發展，而且在性質上也發生了
變化，國營經濟得到了迅速發展並已處於國民經濟的領導地位，成為社會主
義改造的堅實物質基礎。從第一個五年計劃時期國家財政收入的主要來源是
國營經濟這一事實中可以看出國營經濟力量的加強。

（五）民眾的民主需求

　　"民眾對憲法的認識，對憲法價值的判斷及其憲法感情等構成一定的憲法
意識，對制憲過程及制憲以後的憲法施行過程都會產生深遠影響。"[15] 民眾的
態度是作為制憲與行憲的社會基礎而起作用的。1954 年憲法制定時，中國社
會已具備了較為深厚的人文主義文化基礎。正如周恩來總理所指出的："我們
現在的憲法草案，在全國是已經有了基礎的。基礎有兩種：第一，我們實行
了三年《共同綱領》，大家在政治生活上、在實踐中，體驗了、認識了我們的
國家制度、政治結構和人民權利這些問題。第二，我們普遍地組織了《共同
綱領》的學習運動。"[16] 這種基礎使憲法的制定有了內在的推動力，並因此而
使其更容易與社會現實結合。此外，新中國成立之後，百廢待興，各方面的
秩序都有待於憲法去架構。獲得政治獨立之後的國家，"需要以一部憲法來確

14　戴光前：《試析過渡時期總路線》，《當代中國史研究》1998 年第 2 期。

15　韓大元：《亞洲立憲主義研究》，中國人民公安大學出版社，2000 年版，第 90 頁。

16　周恩來：《在中央人民政府委員會第 20 次會議上的報告》，《黨的文獻》1997 年第 1 期。

立獨立的事實，並在憲法中表明國家今後活動基本原則與方向"[17]。"經過建國後五年的努力，新民主主義革命的勝利以及向社會主義社會過渡的目標的確立，使我們有完全的必要在《共同綱領》的基礎上前進一步"，"制定一個比《共同綱領》更加完備"[18] 的憲法。

總之，在《共同綱領》實施後的幾年裏，中國人民勝利地進行了土地改革、鎮壓反革命和抗美援朝的鬥爭，實現了國家財經狀況的根本好轉，恢復了國民經濟。這時期，在經濟領域裏除了存在着社會主義和半社會主義的經濟外，還存在着在國營經濟領導下包括合作社經濟、個體經濟、資本主義經濟在內的多種經濟成分。社會主義和半社會主義經濟在國民經濟中的比重還不夠大。在國內階級關係方面也已發生了深刻的變化。過去的地主、官僚資本家和反革命分子失去了以往的政治權力，成為被專政的對象，經過"三反"、"五反"運動打退了不法資本家的猖狂進攻，人民政權進一步得到鞏固，人民群眾的覺悟程度和組織程度空前提高。

從 1953 年到 1954 年 8 月，在全國範圍內開展普選工作，除個別地區外，全國各省、自治區、直轄市普遍召開了普選的地方各級人民代表大會，實現了地方基層政權的民主化。從制憲背景和具體制憲過程來看，公眾的文化水平是不可忽視的一個因素。儘管制憲的客觀需求與公眾的文化水平之間不存在必然的對應關係，但離開文化的基本條件，制憲活動以及制定後的憲法也難以得到社會的支持。在中華人民共和國成立時，總人口為 5.5 億人，其中 80% 以上的人口為文盲，農村的文盲率高達 95% 以上，學齡兒童的入學率只不過 20% 左右。[19]

針對文盲率佔 80% 以上的客觀情況，為了形成制憲所需的文化條件，從 1949 年 12 月開始實行了掃盲政策，決定"從 1951 年開始進行全國規模的識

17　韓大元：《亞洲立憲主義研究》，中國人民公安大學出版社，2000 年版，第 73 頁。

18　劉少奇：《關於中華人民共和國憲法草案的報告》，全國人大常委會辦公廳聯絡局編：《中華人民共和國憲法及有關資料彙編》，中國民主法制出版社，1990 年版，第 145 頁。

19　〔日〕淺井加菜子：《1949—1966 年中國成人掃盲教育的歷史回顧》，《當代中國史研究》1997 年第 2 期。

字運動"。

　　到 1953 年，掃盲人數為 295 萬人，1954 年是 264 萬人。[20] 在當時的歷史條件下，掃盲活動實際上為普選奠定了一定的基礎，也為憲法的全民討論等提供了必要的前提。

（六）過渡時期總路線的提出

　　在國民經濟恢復的基礎上，從 1953 年開始，中國進入了有計劃的經濟建設時期。早在 1952 年 12 月，中共中央就提出了黨在過渡時期的總路線，提出了"要在一個相當長的時期內，逐步實現國家的社會主義工業化，並逐步實現國家對農業、手工業和對資本主義工商業的社會主義的改造"的目標，反映了全國人民要求建設社會主義的普遍意願。

　　過渡時期總路線的提出與《共同綱領》、1954 年憲法性質與功能有着十分密切的關係。由於《共同綱領》是具有新民主主義性質的規範體系，沒有也不可能具體規定社會主義建設的問題。根據毛澤東和中國共產黨一些領導人的主張，中國革命的歷史進程應分為兩個階段：第一步是民主主義革命；第二步是社會主義革命。從民主主義革命到社會主義革命需要通過一定的過渡階段，即"中國在當時的革命，既不能是舊民主主義革命，也不能是社會主義革命，而只能是第三種形式，那就是新民主主義革命。這第三種形式只是一個過渡，但這個'渡'非'過'不可"[21]。實際上，在新中國成立後何時向社會主義轉變的問題上，中國共產黨基本形成了一種思想：在新中國成立後的一段時期裏，首要任務還不是立即轉變為社會主義社會，而是迅速恢復和發展國民經濟，開始大規模的國家工業化建設，使新民主主義的政治、經濟、文化形態有相當程度的發展，為中國穩步地由農業國轉變為工業國，由

20　〔日〕淺井加葉子：《1949—1966 年中國成人掃盲教育的歷史回顧》，《當代中國史研究》1997 年第 2 期。

21　馮友蘭：《中國現代哲學史》，廣東人民出版社，1999 年版，第 140 頁。

新民主主義國家轉變為社會主義國家奠定基礎。[22] 當時，毛澤東等領導人估計，向社會主義轉變至少需要二三十年時間。[23]

　　但是到了 1952 年夏秋以後，社會經濟發展現實中出現的變化，"堅持發動抗美援朝後，斯大林對毛澤東看法的改變"[24] 等因素的影響，使毛澤東重新思考向社會主義轉變步驟的問題。在 1952 年 9 月 24 日召開的 "五年計劃的方針任務" 的會議上，毛澤東首次正式提出了向社會主義過渡的問題：我們現在就需要開始用 10 年到 15 年的時間完成到社會主義的過渡，而不是 10 年或者以後才開始過渡。[25] 1953 年 6 月 15 日，在中共中央政治局會議上，毛澤東正式提出過渡時期總路線，明確提出：從中華人民共和國成立，到社會主義改造基本完成，這是一個過渡時期。黨在過渡時期的總路線和總任務，是要在 10 年到 15 年或者更多一些時間內，基本上完成國家工業化和對農業、手工業、資本主義工商業的社會主義改造。按照原先的理論設想，過渡時期的起點應是 1953 年。過渡時期總路線的新的理論，儘管成為黨的指導思想，但在黨內認識並不是完全一致。如從董必武 1953 年有關政法工作的一些言論看，有些提法仍以過渡時期和《共同綱領》的規定為基礎。他認為，《共同綱領》實質上是我們黨第七次代表大會通過的毛澤東在《論聯合政府》報告中提出的政治綱領。它是我國的臨時憲法。新中國成立初期的一切法制都是以它為基礎的。[26] 過渡時期的起點直接與《共同綱領》的評價與效力有關。因為《共同綱領》是 "全國人民意志和利益的集中表現，是革命鬥爭經驗的總結，也是中華人民共和國在相當長的時期內的施政準則。它規定中華人民共和國是新民主主義即人民民主主義的國家"[27]。這裏可能出現的憲法問題是，

22　《毛澤東傳（1949—1976）》（上冊），中央文獻出版社，2003 年版，第 239 頁。

23　胡繩主編：《中國共產黨的七十年》，中共黨史出版社，1991 年版，第 287 頁。

24　吳景平、徐思彥主編：《1950 年代的中國》，復旦大學出版社，2006 年版，第 42 頁。

25　薄一波：《若干重大決策與事件的回顧》（上卷），中共中央黨校出版社，1991 年版，第 213 頁。

26　《董必武選集》，人民出版社，1985 年版，第 407 頁。

27　胡喬木：《胡喬木回憶毛澤東》，人民出版社，1994 年版，第 567 頁。

如何理解和解釋《共同綱領》的效力。如果過渡時期是從新中國成立時開始，新民主主義階段已結束的條件下，《共同綱領》是否發生過效力？[28] 對此也有學者提出過同樣的問題，認為 "作為臨時憲法的《共同綱領》的有效期多長呢？……1954年，全國人民代表大會制定了《中華人民共和國憲法》，這就正式取消了《共同綱領》的法律效力"[29]。根據《共同綱領》序言，中華人民共和國成立的政治基礎是新民主主義即人民民主主義，《共同綱領》是凡參加人民政協會議的各單位、各級人民政府和全國人民均應共同遵守的規則。在正式憲法頒佈以前，《共同綱領》實際上起着臨時憲法的作用，調整國家生活。

（七）制憲的國際環境

任何一個國家的制憲都在不同程度上受當時國際環境的影響，是國際國內各種因素互相影響而產生的綜合產物。當時剛剛建立的人民民主主義政權，面臨着帝國主義的封鎖和可能的武裝干涉，同時在國內又面臨恢復國民經濟和鞏固政權的繁重任務。特別是1950年的朝鮮戰爭，使中國與西方資本主義國家之間的關係更趨緊張，經濟、外交和軍事等方面受到嚴密的封鎖。"從新中國建立到50年代中期，國際舞台上以蘇聯為首的社會主義陣營同以美國為首的帝國主義陣營嚴峻對峙，進行着針鋒相對的冷戰鬥爭。"[30] 根據當時的國際形勢，中共中央提出新中國外交政策問題，即 "另起爐灶"、"打掃乾淨屋子再請客" 和 "一邊倒" 的方針。在複雜的國際環境中，當時只有社會主義國家和戰後獨立的新生國家同情和支持中國，特別是蘇聯作為第一個已建設了社會主義的國家，對中國政治制度的形成與發展產生了重要影響。蘇聯1936年憲法、越南1946年憲法、保加利亞1947年憲法、捷克斯洛伐克

28　蘇亦工：《開國前後的民主法治構想及其中輟》，祝銘山等主編：《董必武法學思想研究文集》，人民法院出版社，2001年版，第298頁。

29　馮友蘭：《中國現代哲學史》，廣東人民出版社，1999年版，第161頁。

30　裴堅章主編：《中華人民共和國外交史》（第一卷），世界知識出版社，2006年版，第1頁。

1949 年憲法、朝鮮 1948 年憲法、匈牙利 1949 年憲法、波蘭 1952 年憲法等社會主義國家憲法對當時中國制憲環境與過程產生了重要影響。在社會主義與資本主義兩大陣營對立的國際環境下，新中國的制憲主要借鑑了社會主義國家憲法的經驗與成果，同時也關注了美國、法國等資本主義國家憲法的實踐。正如胡喬木所説的：“儘管中國在制定具體的經濟政策和工作方法時堅持從中國的具體情況出發，蘇聯的社會主義制度仍然對中國具有重大的榜樣作用。”[31] 毛澤東等中共領導人科學地分析了當時的國際形勢，針對第三次世界大戰是否打起來的問題，提出“結論大體是 10 年到 15 年打不起來”，爭取 15 年不打仗是可能的論斷。[32] 可見，制憲所面臨的國際環境從一個側面説明了 1954 年憲法的開放性及其歷史的局限性。

二、1954 年憲法的制定過程

（一）斯大林的制憲建議

新中國成立以後社會結構與民眾需求的變化，使制憲問題成為中共和社會各界廣泛關注的焦點。由於作為臨時憲法的《共同綱領》與社會發展之間已出現了一些衝突與矛盾，以正式的憲法取代臨時憲法勢在必行。

1952 年底，第一屆中國人民政治協商會議任期屆滿。按照《中國人民政治協商會議組織法》第六條關於“中國人民政治協商會議全體會議每三年開一次”的規定，到 1952 年底第一屆全國政協任期即將屆滿。當時，就面臨兩種選擇，即要麼盡快召開第二屆全國政協會議，要麼召開第一屆全國人

31　《胡喬木文集》（第二卷），人民出版社，1993 年版，第 258 頁。

32　《毛澤東軍事文集》（第六卷），人民出版社，1993 年版，第 317-318 頁。

民代表大會。考慮到在較短的時間裏完成召開全國人民代表大會的準備工作存在實際困難，以及政協在全國人民心目中的地位比較高，中共中央曾考慮在 1953 年召開第二屆全國政協會議，而把全國人民代表大會推到三年後再召開，並制定憲法。但對中國共產黨有關召開人民代表大會和制定憲法問題，斯大林則提出一些建議。其實，斯大林很早就關注了新中國制憲權基礎與制憲時間問題，曾三次對中國制憲問題發表了意見。

第一次是 1949 年 7 月劉少奇訪問蘇聯時，斯大林曾提出制定憲法和有關人民民主專政制度的一些問題。7 月 4 日，劉少奇代表中共中央向斯大林提出了有關中國形勢、新的政治協商會議與中央政府關於外交政策等方面的報告。報告中特別談到，中國新民主主義的國家性質與政權性質的基本理解是：它是以工人階級為領導、以工農聯盟為基礎的人民民主專政的國家；它是向帝國主義、封建勢力與官僚資本勢力專政的；工人階級是這個專政的領導力量，工人、農民與革命知識分子的聯盟是這個專政的基礎力量。關於人民民主專政的形式，報告中提出，是人民代表會議制，這不是資產階級式的議會制，而近於蘇維埃，但與無產階級專政的蘇維埃也有區別，因為民族資產階級的代表是參加人民代表會議的。7 月 11 日斯大林接見中共代表團，對中共提出的報告提出自己的意見。斯大林贊成中國吸收民族資產階級參加政府的觀點，肯定中國人民民主專政的政體和各項外交政策。根據《中共眼裏的蘇聯模式》一書的記載：7 月 11 日晚，斯大林同中共代表團會談時談到，中國共產黨應該制定現階段的憲法，通過選舉產生政府。不過，他也同意中國共產黨把《共同綱領》變為基本大法。他建議中國共產黨，如果普選的結果，共產黨贏得多數，就可以組織一黨政府。他建議，1954 年進行選舉，通過憲法。[33] 7 月 19 日，劉少奇將同斯大林會談的情況向中共中央彙報，其中談到，斯大林問：將來中央政府是否有權力批准與撤換各省及各區域政府的主要人員？以毛澤東為政府主席，主席是否等於總統？主席與內閣的關係如何？[34] 在蘇聯期間，斯大林同劉少奇會談了六次，有一次會談中，斯大林提到憲法問題，建議現在可用《共同綱領》，但應準備憲法。

第二次是 1950 年初。毛澤東第一次訪問蘇聯時，斯大林就中國建設問題提出了三點建議，其中第三點是，建議召開全國人民代表大會和制定憲法問題。

第三次是 1952 年 10 月。1952 年 10 月，蘇共召開第十九次代表大會。中央決定派出以劉少奇為團長的代表團。9 月 30 日代表團出發前，毛澤東請劉少奇利用出席蘇共十九大的機會，就中國向社會主義過渡問題向斯大林徵求意見。[35] 在蘇聯訪問的劉少奇，受毛澤東委託，於 10 月 20 日就 "關於中國向社會主義過渡和召開全國人民代表大會問題" 給斯大林寫了一封信，信中明確表達了中共中央在制定新憲法問題上的基本考慮。

10 月 24 日，斯大林同劉少奇會談時，首先提出：我覺得你們的想法是對的。當我們掌握政權以後，過渡到社會主義應該採取逐步的辦法，你們對中國資產階級所採取的態度是正確的。對於召開全國人民代表大會問題，斯大林先問全國人民代表大會是否即國會。劉少奇回答：是國會，但接近於蘇聯的蘇維埃，不過有資產階級的代表參加。斯大林說：如果你們沒有準備

33　師哲在《我的一生——師哲自述》中回憶 7 月 11 日會談情況後說：在另一次會談中，斯大林提到憲法問題，他建議，現在可用《共同綱領》，但應準備憲法。劉少奇問：這是否指社會主義性質的憲法？斯大林回答說：不是，我說的是現階段的憲法。敵人可用兩種說法向工農群眾進行宣傳，反對你們：一是說你們沒有進行選舉，政府不是選舉產生的。二是國家沒有憲法，政協不是選舉的，人家可以說你們是用武力控制了位子，是自封的；《共同綱領》不是全民代表通過的，而是由一黨提出其他黨派予以同意的東西，你們應從敵人手中拿掉這個武器。我同意你們的意見，把《共同綱領》變成國家的基本大法，憲法內容應該是：第一，全民普選；第二，承認企業主、富農的私有財產；第三，承認外國在中國企業的租讓權。我想，你們 1954 年可以進行選舉與通過憲法。參見師哲《我的一生——師哲自述》，人民出版社，2001 年版，第 303-304 頁。

34　《建國以來劉少奇文稿》（第 1 冊），中央文獻出版社，2005 年版，第 537 頁。

35　閻明復：《1952 年隨劉少奇參加蘇共十九大》，《中共黨史資料》2004 年第 1 期。

好，全國人民代表大會可暫不召開，而開政治協商會議。但政協不是人民選舉的，這是一個缺點，對外來說，如果有人在這點上加以攻擊，人們會不大了解。關於召開黨的代表大會問題，斯大林問：你們是否預計在1953年召開黨的代表大會？劉少奇答：我們預計在1953年春召開黨的代表會議，而沒有預計開代表大會。斯大林同意中共的計劃所要準備的憲法。但同時提出：召開人民代表大會是反映人民的呼聲，召開黨的代表大會也是反映人民的呼聲，所以是以人民選舉出來的為好。[36] 10月28日，第二次會談時，斯大林說：同意目前使用《共同綱領》，但應準備憲法。劉少奇問應準備的憲法是否指社會主義性質的憲法？斯大林回答說：不是，我說的是現階段的憲法。劉少奇說：在《共同綱領》初制定時，人民曾經懷疑我們是否要實行《共同綱領》，但三年來，我們真正實行了《共同綱領》，因此《共同綱領》在人民中及各黨派中威信很好。如果我們在今後兩三年內制定憲法，勢必重複《共同綱領》，承認資本家的財產及剝削雇傭勞動為合法。但是再過七八年以後，我們又要把資本家的企業國有化，再制定社會主義性質的憲法，似乎是有些不好。但對於劉少奇的解釋，斯大林仍然堅持他的意見，提出系統的理論依據。

斯大林認為：如果你們不制定憲法，不進行選舉，敵人可以用兩種說法向工農群眾進行宣傳反對你們，一是你們的政府不是人民選舉產生的，二是說你們國家沒有憲法。因政協不是經人民選舉的，人家就可以說你們的政權是建立在刺刀上的，是自封的。此外，《共同綱領》也不是人民選舉的代表大會通過的，而是由一黨提出，其他黨派同意的東西。人家可以說你們國家沒有法律。你們應從敵人（中國的和外國的敵人）那裏拿掉這些武器，不給他們這些藉口。我同意你在信中所提出的意見把《共同綱領》改變成憲法——基本大法，這種憲法自然是一種粗製品，但是一個憲法，比沒有要好。在憲法中，你們可以規定這樣的條文：第一，全體人民包括資本家、富農在內均

36　《建國以來劉少奇文稿》（第4冊），中央文獻出版社，2005年版，第535頁。

有選舉權；第二，承認企業主、富農的私有財產；第三，承認外國人在中國的企業的租借權。但這種權利如果政府不願給外國人，可以在實行時不給或少給。這些事實都是在中國存在的，並不妨害你們搞憲法。我想你們可以在1954年搞選舉和憲法。我認為這樣做，對你們是有利的。你們可以考慮。因為我不大了解中國的情形，上次談話時，我沒有展開肯定地講這個問題，今天因為你問到這個問題，所以把我肯定的意見告訴你們。

斯大林對新中國制定憲法的建議實際上提出了政權的合法性與合憲性的重大問題，促使中國共產黨重新思考制憲時機問題，並從政權合法性基礎與發展的角度認識到以正式憲法確認國家制度的必要性。而在當時的國際環境下，斯大林的建議具有複雜的國際和社會背景，他對《共同綱領》下的中國過渡性質的政權表現出一定程度上的不理解和擔心，希望中國盡快通過制定憲法確立類似於蘇聯的政治體制，鞏固社會主義國家陣營的體制。當然，斯大林多次講，他對 “中國問題了解不多，請參考”，並沒有 “強迫” 中共接受他的建議。

從客觀情況看，1954年制定憲法是中共中央綜合了各種因素後所作出的自主的政治決斷，斯大林建議只是其中的一個重要因素。當時，客觀上已經基本具備了制憲所需的條件，如到1952年底，中國大陸的軍事行動已經結束，社會環境趨於穩定；全國土地改革基本完成，民主改革取得了積極進展；經過三年多的努力，國家財政工作已完全統一，人民生活有所改善。特別是，1953年2月，全國各縣（市）、縣、鄉（村）先後舉行了各界人民代表會議，為人民代表大會制度的正式建立創造了條件，積累了經驗。

（二）中共中央下發關於召開全國人民代表會議的通知

為了準備全國人民代表大會的召開，在綜合判斷國家當時面臨的政治、經濟與文化發展的實際情況以及斯大林提出的制憲建議等因素，1952年12

月 1 日，中共中央下發了《關於召開黨的全國代表大會會議的通知》。通知指
出，為了充分準備全國人民代表大會的召開，中共中央決定於 1953 年 2 月
5 日召開黨的全國代表大會，並在分析國內形勢後認為現在召集全國人民代表
大會的條件具備，擬於 1953 年 9 月間召開。在這次大會上，將制定憲法、批
准五年計劃綱要、修改《中央人民政府組織法》、選舉新的中央人民政府領
導機關。[37] 1953 年元旦，《人民日報》以《迎接 1953 年的偉大任務》為題發
表元旦社論，把召開全國人民代表大會、通過國家憲法和國家建設計劃作為
1953 年的三大任務，正式向全國人民提出制憲的議題。但後來由於高崗等事
件的發生和國內其他原因，黨的全國代表會議的時間推遲了兩年，全國人民
代表大會也未能按期召開，但有關召開全國人民代表大會和制憲的準備工作
已開始進行。

（三）憲法的起草經過

1. 中華人民共和國憲法起草委員會的成立

為了進行憲法的起草工作，1953 年 1 月 13 日，中央人民政府委員會第
二十次會議專門討論了全國政協委員會關於召開全國人民代表大會和制定憲
法的建議。在座談會和其他會議上大家提出的問題概括起來有：召開全國人
民代表大會和制定憲法的根據是什麼，有哪些作用？有沒有困難，有沒有可
能性？對有些黨派、階級、團體是不是不利？也有一些人擔心普選的結果會
使共產黨和工農群眾的代表佔壓倒多數，他們的政治地位和政治權利得不到
應有的保障。[38] 周恩來同志代表中共中央對上述問題作了說明，強調制定憲法
的重要性與現實性。針對一些人提出的制定憲法是否就意味着搞社會主義的

37　《毛澤東傳（1949—1976）》（上冊），中央文獻出版社，2003 年版，第 308 頁。
38　李維漢：《回憶與研究》（下冊），中共黨史資料出版社，1986 年版，第 790 頁。

問題,他提出:我們國家經濟的發展,是要增加社會主義成分的,這是《共同綱領》規定的,但我們現在還是新民主主義階段,我們還是要根據《共同綱領》的精神辦事,只是把《共同綱領》的東西吸收到憲法裏面去;我們的政權還是工人階級領導的、以工農聯盟為基礎的、四個階級合作的人民代表大會制,這是肯定的。對制定憲法工作可能遇到的問題,他承認確有難度,但同時提出困難是可以解決的。"因為憲法不是永恆不變的……我們的憲法也是現階段的憲法,將來還會提高。"

會議決定成立中華人民共和國憲法起草委員會,負責憲法的起草工作。根據《共同綱領》,中央人民政府委員會是國家的最高政權機關,由它決定成立的憲法起草委員會自然具有正當性基礎。

從各國制憲經過看,憲法起草機構的產生一般有三種模式:一是由全民選舉產生;二是由制憲議會行使憲法起草權;三是由國家元首等特定機關任命產生。如1961年巴基斯坦阿尤布·汗總統任命了憲法委員會,由它起草憲法,然後向總統和內閣提出憲法草案。印度制憲議會根據1947年7月15日的《獨立法》自動獲得最高權力機關的地位,於1947年8月組織了由七名委員組成的憲法起草委員會。1953年制定的菲律賓憲法,先由國民進行憲法制定委員的選舉,由202名委員組成憲法議會並起草憲法。韓國於1945年獲得獨立後,1948年5月10日實施總選舉,組成第一屆國會,因為第一屆國會主要任務是制憲,故稱之為制憲國會。同年6月,在第二屆國會上,組成了由30名憲法起草委員、10名專門委員組成的憲法起草委員會,負責起草憲法。1945年印度憲法是由獨立準備委員會負責起草的。中華人民共和國憲法起草委員會是由中央人民政府委員會第二十次會議決定成立,是最高權力機關授權下行使憲法起草權的機構。雖然它不是選舉產生,但在過渡時期,國家權力體系還沒有定型化的條件下,其權力來源具有正當性與合法性。

憲法起草委員會委員名單由毛澤東提出,並對名額分配問題作了說明。他在說明憲法起草委員會委員構成比例時解釋說:大的民主黨派如民革、民

盟、民建各兩名，其餘民主黨派及人民團體各一名。李維漢任秘書長，我的
秘書田家英協助。憲法起草委員會共有 33 名委員，毛澤東為主席。委員（委
員的順序以中央人民政府委員會決議為準）是：朱德、宋慶齡（女）、李濟
深、李維漢、何香凝（女）、沈鈞儒、沈雁冰、周恩來、林伯渠、林楓、胡喬
木、高崗、烏蘭夫、馬寅初、馬敘倫、陳雲、陳叔通、陳家庚、陳伯達、張
瀾、郭沫若、習仲勳、黃炎培、彭德懷、程潛、董必武、劉少奇、鄧小平、
鄧子恢、賽福鼎、薄一波、饒漱石[39]。其中包括中央人民政府委員會六名副主
席、政務院總理、六名副總理、最高人民法院院長、人民革命軍事委員會副
主席、全國政協副主席等，可以説包括了國家最高機關的全部首腦，此外還
包括民主黨派的代表性人物。如馬敘倫當時是中央人民政府委員會委員、著
名的民主黨派；馬寅初當時是北京大學校長，是學術界的代表；張瀾作為著
名的愛國民主人士，當時任中央人民政府委員會副主席；程潛和李濟深是國
民黨的起義人員，當時任中央人民政府委員會委員等。從憲法起草委員會委
員的構成看，它是高規格的、具有廣泛代表性和權威性的機構，體現憲法起
草工作的權威性與嚴肅性。

　　為了協調憲法草案的討論，1953 年 3 月 15 日，中共中央政治局決定：
以陳伯達、胡喬木、董必武、彭真、鄧小平、李維漢、張際春、田家英等八
人組成憲法研究小組，負責初稿的最後修改。憲法起草委員會成立後，一年
多的時間沒有進行具體活動，[40] 正式開始運作是 1954 年 3 月 23 日。1954 年
3 月 23 日，憲法起草委員會召開第一次會議，決定成立憲法起草委員會辦公
室，下設編輯組、會議組、記錄組、聯絡組、總務組，作為憲法起草委員會
的職能機構。李維漢任秘書長，齊燕銘、田家英、屈武、許廣平（女）、胡愈
之、孫起孟、辛志超任副秘書長。在第一次會議以後，憲法起草委員會共召
開了九次正式會議。

39　由於發生高饒事件，高崗、饒漱石實際上沒有參加憲法起草委員會的工作。

40　原定在 1953 年召開的全國人民代表大會後來推遲到 1954 年舉行。

　　另外，為了組織對憲法草案初稿的討論，政協全國委員會常務委員會第五十三次會議通過了《分組座談憲法問題的名單》，決定邀請各民主黨派、各人民團體的負責人和各界人士組成 17 個座談小組，它是按照各民主黨派，民主人士，工、青、婦等人民團體，文藝、教育、科學等社會各界，華僑，少數民族和國家機關為單位劃分的，並確定了各小組召集人。另外，以政務院內務部為主，組成了憲法起草辦公室，負責收集有關制定憲法的材料。

2. 中共中央成立憲法起草小組

　　憲法起草委員會成立後，為了保證憲法起草工作的順利進行，1953 年底中共中央決定成立黨內的一個憲法起草小組，其任務是為憲法起草委員會提供可供討論、修改的憲法草案初稿。[41] 憲法起草小組是黨內成立的起草機構，但同時具有國家的性質。因為起草小組由憲法起草委員會主席毛澤東親自領導，成員中的陳伯達和胡喬木不久後是毛澤東的秘書，同時也是憲法起草委員會委員。胡喬木當時任中共中央宣傳部常務副部長，毛澤東的秘書。陳伯達當時任中共中央宣傳部副部長，毛澤東的政治秘書。田家英當時是毛澤東的秘書，憲法起草委員會副秘書長。他從 1948 年開始擔任毛澤東的秘書。當時毛澤東的正式秘書有四人，即陳伯達、胡喬木、田家英和葉子龍。葉子龍是機要秘書，日常秘書工作由田家英負責。根據憲法起草的工作安排，在憲法起草委員會正式工作程序啟動以前，首先由中共中央內部的憲法起草小組負責憲法草案初稿的制定工作。

41　穆兆勇編著：《第一屆全國人民代表大會實錄》，廣東人民出版社，2006 年版，第 98 頁。

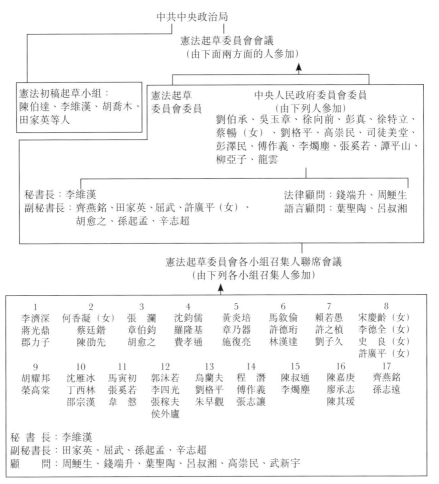

憲法起草機構圖[42]

3. 中共中央起草憲法初稿

1953 年 12 月 27 日，毛澤東率憲法起草小組來到杭州。這是毛澤東第一次到杭州。[43]

42　全國人大常委會辦公廳研究室政治組編：《中國憲法精釋》，中國民主法制出版社，1996 年版，第 20 頁。

43　根據毛澤東的衛士封耀松回憶，毛澤東把杭州認作自己的"第二故鄉"，共來過43 次，累計住了 1,000 多天。參見《毛澤東貼身衛士封耀松訪談錄》，《名人傳記》2006 年第 6 期。

選擇杭州作為憲法起草的地方,主要是杭州比較清靜,能夠靜下心思考制定憲法的根本問題。"毛澤東喜歡杭州的另一個重要原因是,杭州氣候好,空氣新鮮,靠水邊。因為毛主席喜歡水。"[44]

為了給憲法起草小組創造較好的工作和生活環境,浙江省委把毛澤東等人安排在劉莊,把北山街8號(現為北山街84號)大院內30號供毛澤東和憲法起草小組辦公用。位於西湖丁家山畔的劉莊,又名水竹居,號稱西湖第一名園。當時毛澤東住劉莊1號樓,每天下午3時,他帶領憲法起草小組來到北山街8號的辦公地點。8號大院30號由主樓和平房組成,毛澤東在平房辦公,憲法起草小組在主樓辦公。

在起草憲法期間,毛澤東本人對制定憲法工作是十分重視的。在南下杭州疾馳的火車上,毛澤東對隨行人員説:治國,須有一部大法。我們這次去杭州,就是為了能集中精力做好這件立國安邦的大事。在杭州期間,他對身邊工作人員説:"憲法是一個國家的根本法,從黨的主席到一般老百姓都要按照它做,將來我不當國家主席了,誰當也要按照它做,這個規矩要立好。"[45]

1953年11月、12月間,毛澤東讓憲法起草委員會委員陳伯達一個人先起草了一個憲法草案第一稿,作為起草小組進行工作的基礎。1954年1月9日開始憲法草案的起草工作,10日毛澤東主持起草小組會議,制定了憲法起草工作計劃,並於15日給在京的劉少奇等中央領導同志發電報,通報了憲法起草小組的工作計劃。[46]

電報全文如下:

44　訪問汪東興談話記錄,1994年9月12日。轉引自《毛澤東傳(1949—1976)》(上冊),中央文獻出版社,2003年版,第328頁。

45　穆兆勇:《毛澤東主持起草共和國第一部憲法》,《黨史博覽》2003年第10期。

46　《毛澤東文集》(第六卷),人民出版社,1999年版,第320頁。

少奇同志並中央各同志：

憲法小組的憲法起草工作已於一月九日開始，計劃如下：

（一）爭取在一月三十一日完成憲法草案初稿，並隨將此項初稿送中央各同志閱看。

（二）準備在二月上半月將初稿覆議一次，請鄧小平、李維漢兩同志參加。然後提交政治局（及在京各中央委員）討論作初步通過。

（三）三月初提交憲法起草委員會討論，在三月份內討論完畢並初步通過。

（四）四月內再由憲法小組審議修正，再提政治局討論，再交憲法起草委員會通過。

（五）五月一日由憲法起草委員會將憲法草案公佈，交全國人民討論四個月，以便九月間根據人民意見作必要修正後提交全國人民代表大會作最後通過。

為了在二月間政治局便於討論計，望各政治局委員及在京各中央委員從現在起即抽暇閱看下列各主要參考文件：

（一）一九三六年蘇聯憲法及斯大林報告（有單行本）；

（二）一九一八年蘇俄憲法（見政府辦公廳編憲法及選舉法資料彙編一）；

（三）羅馬尼亞、波蘭、德國、捷克等國憲法（見人民出版社《人民民主國家憲法彙編》，該書所輯各國憲法大同小異，羅、波取其較新，德、捷取其較詳並有特異之點，其餘有時間亦可多看）；

（四）一九一三年天壇憲法草案，一九二三年曹錕憲法，一九四六年蔣介石憲法（見憲法選舉法資料彙編三，可代表內閣制、聯省自治制、總統獨裁制三型）；

（五）法國一九四六年憲法（見憲法選舉法資料彙編四，可代表較進步較完整的資產階級內閣制憲法）。

有何意見望告。

毛澤東

一九五四年一月十五日 [47]

　　上述工作計劃包括了憲法起草工作的時間安排與進度、起草工作的基本程序和起草工作所依據的基本參考資料。從憲法起草工作的情況看,基本上是按照這一計劃進行的,只是比原計劃延長了約一個月時間。當時確定的起草工作的基本程序是:中共中央憲法起草小組提出憲法草案初稿→中共中央政治局討論並初步通過→以中共中央的名義向憲法起草委員會提出憲法草案初稿→憲法起草委員會審議和討論→中央人民政府委員會通過並交全國人民討論四個月→全國人民代表大會通過。憲法起草小組的主要任務是完成第一階段的任務,即起草憲法草案初稿。同時,該工作計劃中列舉的參考文獻對於了解 1954 年憲法的制定過程具有重要的參考價值。從筆者所查到的檔案資料看,去杭州時起草小組帶了很多與起草憲法有關的書籍,主要途徑是通過內務部收集中國歷史上的憲法和外國的現行憲法文本。

4. 中共中央提出憲法草案建議稿

　　憲法起草小組經過一個多月的努力,草擬出憲法草案初稿。2 月 18 日,初稿分送中央政治局委員和在京的中央委員。2 月 20 日以後,劉少奇同志主持政治局和在京的中央委員討論了三次,與此同時,發給全國政協委員徵求意見。3 月 8 日,經中央政治局擴大會議的反覆討論、修改,憲法草案的草擬工作基本結束,憲法起草小組據此進行了修改。3 月 9 日,憲法起草小組的起草工作完成,歷時兩個多月。3 月 17 日,憲法起草小組回到北京。3 月中旬,周恩來、董必武同志邀請非中共黨員的憲法起草委員會委員進行

47　《毛澤東文集》(第六卷),人民出版社,1999 年版,第 320 頁。

討論。在此期間，中央指派董必武、彭真、張際春等同志組成研究小組，並請周鯁生、錢端升為法律顧問，葉聖陶、呂叔湘為語文顧問，對憲法草案進行了專門研究。通過以上工作，正式形成了《中華人民共和國憲法草案（初稿）》，作為中共中央的建議稿向憲法起草委員會提出。這個憲法草案作為憲法起草委員會和第一屆全國人大第一次會議討論的基礎，確立了1954年憲法的基本框架。

在毛澤東親自領導下，中共中央憲法起草小組在1954年憲法起草過程中發揮了重要作用。在1954年憲法起草中，毛澤東不僅確定了憲法的總體框架和編纂原則，而且對憲法的每一部分反覆進行研究與論證，許多條款是毛澤東親自修改確定的。在憲法起草期間，毛澤東閱讀了有關憲法的許多理論著作，把大量的精力與心血投入到憲法起草過程之中。在憲法草案上毛澤東有許多重要批語，如油印打字稿第五條的"說明"原文中說，"本條中所說的'資本家所有制'包括富農在內"，毛澤東針對"包括富農在內"，批了"不甚妥"。在原草案第十六條中"全體公民"處畫兩條豎線，並在上方寫有"什麼是公民"，又在"勾結外國帝國主義、背叛祖國"之後畫一插入號，加"舉行內亂，推翻政府"等。原憲法草案中曾指出1954年憲法"是我國的第一個憲法"，毛澤東認為不妥，1949年前中國已有九個憲法，要尊重歷史，不能背叛歷史，並強調說此句"不改不行"。[48] 因毛澤東在設計、制定1954年憲法時所起的突出作用，出席第一屆全國人大第一次會議的代表提議將這部憲法命名為"毛澤東憲法"，但毛澤東予以拒絕，認為這樣寫不科學、不合理。毛澤東對憲法草案的16條批語如下：

（1）"序言應有說明。"這條評語是針對序言部分沒有文字說明的情況寫的，寫在憲法草案油印打字稿第一章總綱的說明文字上。

（2）"此句好，宜採納。"憲法草案油印打字稿第二條"說明"，在引用

48　許虔東：《毛澤東劉莊草憲軼聞》，《黨史縱橫》1994年第5期。

《共同綱領》第五十條原文後說，現除刪去其中"反對帝國主義和各民族內部的人民公敵"一語外，並將"使中華人民共和國成為各民族友愛合作的大家庭。反對大民族主義和狹隘民族主義"兩句的意思移到序言的第五段。毛澤東的這條批語是針對刪去的一句而寫的。

（3）"不甚妥？"憲法草案油印打字稿第五條的"說明"中說："本條中所說的'資本家所有制'包括富農在內。"毛澤東在"包括富農在內"旁畫了豎線，並寫了這條評語。

（4）"宜單列一條。"這條評語是針對憲法草案油印打字稿第十一條第二款而寫的。第二款的原文是："任何個人的私有財產不得用以反對和損害公共利益。"1954年憲法文本中這一款已單列為憲法總綱第十四條，文字改為："國家禁止任何人利用私有財產破壞公共利益。"

（5）"什麼是公民？舉行內亂，推翻政府。包括嚴厲與非嚴厲。"這條評語分別寫在憲法草案油印打字稿第十六條及其"說明"的上方。第十六條規定："中華人民共和國維護人民民主制度，保護全體公民的安全和一切合法權益，鎮壓一切反革命活動，懲辦一切勾結外國帝國主義、背叛祖國、危害人民、破壞人民民主制度和破壞國家建設事業的賣國賊和反革命分子。"毛澤東在其中"全體公民"旁畫兩條豎線，並在上方寫有"什麼是公民"五個字。又在其中"勾結外國帝國主義、背叛祖國"之後畫一插入號，並在上方寫有"舉行內亂，推翻政府"八個字。這一條附有以下說明："《共同綱領》該條中，原用有'嚴厲懲罰'數字，那是對'首要分子'說的，而本條現在的規定是指一切'賣國賊和反革命分子'，故不用'嚴厲'二字，以使規定較為靈活。"毛澤東在這一"說明"上方寫有"包括嚴厲與非嚴厲"八個字。

（6）"國家主席的罷免。"這條批語寫在憲法草案油印打字稿的第一次修正稿關於全國人民代表大會行使罷免權的第三十一條的上方，修正稿沒有罷免國家主席的內容。1954年憲法文本中增加了相應的內容，在第二十八條中規定全國人民代表大會有權罷免中華人民共和國主席、副主席。

（7）"主席有交議權，最高會議決議的性質。"這條批語寫在憲法草案油印打字稿的第一次修正稿中的國務院一節上方，修正稿沒有提及國家主席的交議權和最高會議決議的性質。憲法草案（初稿）1954年3月18日、19日討論修改稿，在說明中對有關這一內容的條款提出兩個修改方案：一個方案是"在必要時召集中華人民共和國副主席、國務院總理和其他有關人員舉行最高國務會議"，另一個方案是"在必要時召集有關人員舉行最高國務會議"。毛澤東在前一個方案旁寫了"較妥"二字。1954年憲法文本中對這一條規定為："中華人民共和國主席在必要的時候召開最高國務會議，並擔任最高國務會議主席。""最高國務會議由中華人民共和國副主席、全國人民代表大會常務委員會委員長、國務院總理和其他有關人員參加。""最高國務會議對於國家重大事務的意見，由中華人民共和國主席提交全國人民代表大會、全國人民代表大會常務委員會、國務院或者有關部門討論並作出決定。"

（8）"需要。"憲法草案油印打字稿的第一次修正稿第五十八條所附的修正說明提出："民委提議，規定各民族自治區得組織本自治區的公安部隊和民兵，需否可考慮。"毛澤東在這段文字上方批了"需要"二字。1954年憲法文本中第七十條規定：自治區、自治州、自治縣的自治機關依照國家的軍事制度組織本地方的公安部隊。

（9）"較妥。"憲法草案油印打字稿的第一次修正稿第七十七條規定："國家保障公民的居住自由不受侵犯。公民的通訊秘密受法律的保護。"所附修正說明提出：此款另一方案為將"通訊秘密"改為"通信自由"，毛澤東在"通信自由"旁畫一豎線，並批了"較妥"二字。1954年憲法文本中第九十條規定：中華人民共和國公民的住宅不受侵犯，通信秘密受法律的保護。

（10）"此條似應移至總綱。"這條批語寫在憲法草案油印打字稿第五十八條上方，這一條的原文是"地方各級人民代表大會和地方各級人民政府執行其任務時，應經常保持同人民群眾的密切聯繫，廣泛吸收人民群眾參加和監督國家管理工作，不斷地注意對脫離群眾的官僚主義現象進行鬥爭"。

1954 年憲法文本中把這一條寫入憲法總綱的第十七條，文字改為：一切國家機關必須依靠人民群眾，經常保持同群眾的密切聯繫，傾聽群眾的意見，接受群眾的監督。

（11）"不寫為好。" 憲法草案油印打字稿第八十條規定：中華人民共和國公民有言論、出版、集會、結社、遊行、示威和信仰宗教自由的權利。毛澤東在其中 "遊行、示威" 旁畫兩條豎線，打一問號，並在上方寫了這個批語。1954 年憲法文本中仍規定了公民有遊行、示威的自由。

（12）"副主席受委託得代行主席部分職權，此點必須加入。" 除 "同時" 外，所有的 "時" 均改為 "的時候"。毛澤東給田家英寫的信中要求 "一定研究，請提交黨組會上討論"。

（13）"土地改革" 不成文，應加 "制度的"。"鎮壓反革命" 下加 "分子"。憲法草案（初稿）1954 年 3 月 18 日、19 日討論修改稿序言第二段有一句話："我國人民在過去幾年內已經很有成效地進行了土地改革、抗美援朝、鎮壓反革命、完成經濟恢復等項大規模的鬥爭。" 毛澤東將這句話中的 "土地改革" 改為 "土地制度的改革"，在 "鎮壓反革命" 後加了 "分子" 二字，並寫了這條批語。

（14）"此處不寫 '發佈' 為宜，免與主席職權分歧。" 憲法草案（初稿）1954 年 3 月 18 日、19 日討論修改稿第三十六條關於全國人民代表大會常務委員會職權的第四款為：通過和發佈具有法律效力的決議和條例。毛澤東審閱時，刪去了這一款中的 "和發佈" 三個字，並寫了這條批語。1954 年憲法文本中把這一條改為 "制定法令"。

（15）"此處應採納周鯁生意見。" 憲法草案（初稿）1954 年 3 月 18 日、19 日討論修改稿第三十六條關於全國人民代表大會常務委員會的職權中加了第十一款 "批准和廢除同外國締結的條約"，毛澤東在這一款寫了這條批語。周鯁生是憲法起草委員會聘請的法律顧問，著名的國際法專家。1954 年憲法文本中把這一條改為 "決定同各國締結的條約的批准和廢除"。

　　(16)"此項恢復，可由副主席去辦。"憲法草案（初稿）1954年3月18日、19日討論修改稿第四十一條關於國家主席的職權中刪去了原有的第三款"授予國家的勳章、獎章和榮譽稱號"，毛澤東在刪去的這一款旁邊批了這句話。1954年憲法文本中保留了這一款的內容。

　　上述批語只是毛澤東眾多批語中的一部分，主要涉及具體制度設計和憲法詞彙方面的內容，但從一個側面反映出毛澤東等制憲者們非常關注憲法作為法律文件的特點，重視憲法語言的科學性，達到"字斟句酌"的程度。在憲法制度方面，毛澤東通過重要的批語，澄清了當時法律與政策的界限問題，使憲法規範的表述更為準確。如在富農的地位、國家主席的職權和最高國務會議程序等方面的內容，直接涉及國家政策和體制問題。在憲法文字的規範化方面毛澤東付出了很多精力，力求科學與準確。從另一方面可以看出，在憲法制定過程中毛澤東的工作作風是民主的，對不同的意見通常採用"為宜"、"不妥"等商量方法，沒有以領袖的地位壓制不同的意見。當時，制憲過程是民主的，無論是起草者還是參加討論者，都可以發表不同的意見，以求最佳的社會效果。毛澤東提出的有些意見在正式的憲法文本中並沒有採納，如在"通信自由"、"遊行示威"問題上，最後的憲法文本中沒有反映毛澤東的意見。這就說明，在制憲過程中，大家均以平等的身份參與討論，在憲法規範的科學性問題上不盲從權威，尊重科學，形成了民主協商的良好的社會環境。

　　從制憲史的角度看，1954年憲法的研究必須與毛澤東憲法思想的研究結合起來，要客觀地評價毛澤東的歷史功績。

　　在1954年憲法的起草過程中，除肯定毛澤東的歷史功績外，還必須提到一個人的名字，他就是毛澤東的秘書田家英。田家英擔任毛澤東的秘書18年，曾任中共中央辦公廳副主任、中共中央政策研究室副主任。在憲法起草委員會中，田家英還擔任副秘書長。田家英參加了1954年憲法起草的整個過程，在起草小組中，除參加起草、討論以外，還負責有關材料的收集和整理，提供給毛澤東和起草小組參閱。[49] 在起草小組的三人中，陳伯達雖草擬了第一稿，但他不願意聽取別人的意見，作風霸道，在杭州的起草工作中消極怠工，多次發牢騷，説要回家當小學老師。[50] 由於這種原因，憲法起草小組拿出的討論稿實際上出自胡喬木和田家英之手。憲法起草小組回北京後，胡喬木因右眼患中心性視網膜炎，住院治療，以後又去莫斯科繼續治療。因此，回北京後憲法起草工作實際上主要由田家英承擔，他堅持參加各種形式的憲法草案的討論，而且直接參加修改工作，經常通宵不眠，累得吐血，但仍堅持不懈，直到按時完成任務。田家英在憲法起草工作中的作用可分兩個方面：一方面作為毛澤東的秘書，協助毛澤東查閱憲法方面的資料，辦理有關起草的大量的日常性工作；另一方面作為憲法起草小組成員之一，在憲法具體內容、條文的設計和解釋方面發揮了重要作用。從現在看到的有關 1954 年憲法起草過程的檔案中，我們發現，在憲法草案的幾乎每一個條文的討論會中都有田家英的發言。他向討論者説明原條文的制定原意，對爭議比較大的條文也談了自己的觀點。同時，他參與解釋、參與憲法草案的具體工作。

　　據資料記載，去杭州的時候，田家英帶了兩箱子書，收集了有關憲法的大量書籍。他認為，搞中國憲法，必須參照其他國家憲法，包括資本主義國家的和社會主義國家的，當然要以社會主義國家為主。1954 年 6 月，經毛澤東同意，他帶着中國人民大學法律系的幾位教師和其他同志到北戴河[51]，編寫《中華人民共和國憲法解釋》，寫出初稿，陸續送毛澤東審閱，後因工作忙，此書沒有定稿。[52] 可見，田家英在新中國第一部憲法起草過程中所起的作用是十分突出的，作為毛澤東的秘書和學識淵博的學者，他在 1954 年憲法起草過程中以其政治智慧和淵博的知識，具體參與憲法的起草工作，為共和國第一

49　董邊等編：《毛澤東和他的秘書田家英》，中央文獻出版社，1989 年版，第 21 頁。

50　董邊等編：《毛澤東和他的秘書田家英》，中央文獻出版社，1989 年版，第 21 頁。

51　中國人民大學法律系的教師中有董成美教授。

52　董邊等編：《毛澤東和他的秘書田家英》，中央文獻出版社，1989 年版，第 21 頁。

部憲法的誕生作出了重要貢獻。

5. 憲法起草委員會的討論

1954年3月下旬，憲法起草委員會開始工作。3月23日，憲法起草委員會舉行第一次會議，會議由毛澤東主席主持。毛澤東同志代表中國共產黨中央委員會向會議提出中共中央起草的憲法草案初稿。憲法草案除序言外，共分四章。第一章《總綱》，包括社會制度和國家制度的基本內容；第二章《國家組織系統》，包括全國人民代表大會、中華人民共和國主席、國務院、國家權力的地方機構、民族自治機關、法院和檢察機關六節；第三章《公民的基本權利和義務》；第四章《國旗、國徽、首都》。陳伯達在會上作了《關於中華人民共和國憲法草案（初稿）起草工作的說明》，報告了憲法草案的起草過程、工作方向、草案的主要問題。

第一，關於草案的工作方向。他指出兩點：①憲法必須記錄國家現在的實際情況，反映人民革命和新中國成立以來社會關係的偉大變革，總結經驗，把人民革命的成果固定下來。②憲法必須根據國家的性質和經濟關係，充分表達過渡到社會主義的根本要求和道路。

第二，草案與《共同綱領》的關係。它以《共同綱領》為基礎，同時又加以發展：①《共同綱領》所規定的各項根本原則，如總綱中有關政權制度、經濟制度、民族關係的主要部分，經實踐證明，完全符合人民的利益和要求，草案對此加以充分肯定。同時，根據新中國成立後政治經濟制度發展的新勝利，草案把這些原則展開和具體化了，如國家機構和公民的基本權利和義務。但《共同綱領》中一些過時的東西（如土改、鎮反等等），草案沒有論及。②草案還採用了新中國成立後各種重要法令所具體化的《共同綱領》的一些原則，如草案中關於民族自治部分採用了根據《共同綱領》制定的民族區域自治實施綱要所規定的原則。

第三，草案充分反映了國家過渡時期的特點。規定了總任務和實現總任務的內外條件，主要是序言關於統一戰線、民族關係、國際關係的規定。過渡性特點還表現在草案規定的各種辦法大部分是過渡性的，如公民的勞動權、受教育權的保證，選舉原則的局限性等等。

第四，草案關於國家政治制度的規定，是與蘇聯和各人民民主國家類似的。憲法起草小組的同志曾解釋中國與它們的不同：蘇聯叫最高蘇維埃，我們叫全國人民代表大會常務委員會；蘇聯叫部長會議，我們叫國務院。我們就是多了個主席。但是，捷克斯洛伐克、民主德國有這樣的制度，不過他們叫總統，我們叫主席。

第五，草案不僅採用了中國的經驗，而且在起草時參考了蘇聯憲法和各人民民主國家的憲法，結合了中國的經驗和國際的經驗，力求把國際的經驗接受過來。

第六，草案的總綱規定了國家分別保護現在的各種所有制，同時規定全民所有制的國營經濟是整個國民經濟中的領導力量和實現社會主義改造的物質基礎。

憲法草案的報告對憲法規定中的一些基本問題作了重要解釋：

①人民代表大會制的問題，草案中明確人民代表大會是人民的權力機關。②關於國家主席，草案中明確規定國家主席不同於資本主義國家的總統，在國務院與常務委員會之間起緩衝作用。③憲法結構的說明。

起草工作的說明還特別強調，憲法草案的內容是根據中共中央和毛澤東主席的指示而寫成的，憲法草案的每一章、每一節、每一條，毛澤東主席都親自參加了討論。

在憲法起草委員會第一次會議上，毛澤東以插話的形式對憲法草案的特點和需要說明的問題作了解釋。他提出，我們的憲法是過渡時期的憲法。我們的各種辦法，大部分是過渡性質的。在談到憲法必須根據國家性質和經濟關係，充分表達社會發展要求時，毛澤東提出，這個憲法是以《共同綱領》為基礎加上總路線，是過渡時期的憲法，大概可以管 15 年。毛澤東對憲法草案所作的解釋突出了憲法草案的特點，有助於參加會議的憲法起草委員會委員們了解起草過程和草案的基本精神。憲法起草委員會先後召開了九次會議，對草案逐條逐句地進行討論（毛澤東參加了第一次和第七次會議），討論從 3 月 23 日到 6 月 11 日，歷時兩個半月。憲法起草委員會下設 17 個座談小組，座談小組是按各民主黨派，民主人士，工、青、婦等人民團體，文藝、教育、科學等社會各界，華僑，少數民族和國家機關為單位劃分的。討論憲法草案的程序是，先由憲法起草委員會座談會各小組會議分別逐條逐章討論憲法草案初稿。然後由秘書長召集各小組長開會（稱憲法起草委員會各小組召集人聯席會議），將各小組討論中的意見和爭論的問題加以集中，逐條修改，形成一個修改意見稿，上報憲法起草委員會，並把不同的意見和重要爭論也提到憲法起草委員會會議上。特別重要的不同意見，提交給中共中央決定。參加憲法草案討論的各界人士共 8,000 多人，共提出 5,900 條意見，採納了近百條。憲法起草委員會是在上述工作基礎上，根據座談會小組召集人聯席會議形成的討論意見稿進行討論的，共討論了六次，逐章逐條進行修改，最後形成向中央人民政府委員會提交的草案。

1954 年 6 月 11 日，憲法起草委員會召開第七次會議，對憲法草案作最後的討論，並表決通過。毛澤東在會議上提出，憲法起草委員會應當把它所做的工作向中央人民政府委員會報告，並把草案修改稿作為草案批准公佈，在全國人民中進行討論，徵求意見。為了保證憲法草案內容的科學性，第七次會議對憲法的條文逐句進行了討論。除已修改的第五十三條第三款、第五十四條第二款、第六十七條、第六十八條、第六十九條、第七十條、第七十一條、第七十二條等內容外，委員們對每一條款的內容進行了認真的討論與論證。會議最後一致通過了憲法草案全文和中華人民共和國憲法起草委員會《關於憲法起草工作經過的報告》。

6 月 14 日，中央人民政府委員會舉行第三十次會議，討論了憲法起草委員會提交的《中華人民共和國憲法草案》。中央人民政府主席毛澤東，副主席朱德、劉少奇、宋慶齡、李濟深、張瀾，委員陳毅等 46 人參加了會議。
列席本次會議的有中華人民共和國憲法起草委員會委員，中華人民共和國政
治協商會議全國委員會在京委員，中央人民政府政務院政務委員和所屬各
委、部、會、院、署、行的負責人，中央人民政府革命軍事委員會委員和中
國人民解放軍各兵種部隊的指揮員、最高人民法院和最高人民檢察署負責人
等 200 餘人。會議上發言的民主人士表示堅決擁護憲法草案，充分肯定了憲
法草案的內容。如宋慶齡説，憲法的每一字句都經過千錘百煉，每一條文都
通過事實考驗，我們的憲法將成為每一個公民自己的公約般的條文；李濟深
説，從這部憲法產生的過程，可以看出它的深刻的民主性。經過討論，會議
一致通過了《關於公佈中華人民共和國憲法草案的決議》，內容包括：公佈憲
法草案；全國和地方各級人民政府立即在人民群眾中普遍地組織對憲法草案
的討論，向人民群眾廣泛地進行對憲法草案內容的説明，發動人民群眾積極
提出自己對憲法草案的修改意見；中華人民共和國憲法起草委員會應當繼續
進行工作，收集人民的意見，加以研究，在第一屆第一次全國人民代表大會
會議舉行以前完成憲法草案的修改，並準備向全國人民代表大會提出關於憲
法草案的報告。

　　毛澤東在會議上作了重要講話，對起草憲法的經驗作了總結。他認為，
這個憲法草案之所以得人心，主要有兩條：一條是總結了經驗，一條是原則
性和靈活性的結合。他把憲法的原則歸納為兩條，這就是民主原則和社會主
義原則。他指出，我們的憲法是屬於社會主義憲法類型的。我們是以自己的
經驗為主，也參考了蘇聯和各人民民主國家憲法中好的東西。講到憲法，資
產階級是先行的，英國也好，法國也好，美國也好，資產階級都有過革命時
期，憲法就是他們在那個時候開始搞起來的，我們對資產階級民主不能一筆
抹殺，説他們的憲法在歷史上沒有地位。在説明原則性和靈活性的含義後，
毛澤東特別強調憲法的遵守問題。他指出，憲法通過以後，全國人民每一個
都要實行，特別是國家機關工作人員要帶頭實行，不實行就是違反憲法。一

個團體要有一個章程，一個國家也要有一個章程，憲法就是一個總章程，是根本大法。用憲法這樣一個根本大法的形式，把人民民主原則和社會主義原則固定下來，使全國人民有一條清楚的軌道，使全國人民感到有一條清楚的、明確的、正確的道路可走，就可以提高全國人民的積極性。毛澤東在講話中還特別提到，搞憲法是搞科學，我們除了科學以外，什麼都不要相信，就是說，不要迷信。毛澤東的這篇講話正確地闡明了1954年憲法的基本精神，對憲法的實施提出了指導原則。

（四）憲法草案的全民討論

1954年憲法是新中國歷史上第一部人民自主地運用制憲權而制定的民主憲法。整個制憲過程中貫穿了民主原則，民眾對憲法的關注與積極參與制憲過程的熱情構成這部憲法廣泛的社會基礎。從憲法草案的全民討論中，我們可以觀察1954年憲法所體現的民主性。

根據中央人民政府委員會《關於公佈憲法草案的決議》，中央人民政府委員會於1954年6月16日向社會公佈了憲法草案，開始憲法草案的全民討論。同一天，《人民日報》發表題為《在全國人民中廣泛地展開討論中華人民共和國憲法草案》的社論。社論指出，憲法草案反映了人民革命和中華人民共和國成立以來所出現的偉大社會變革的實際情況，用立法的形式總結了我國人民的主要鬥爭經驗和組織經驗，把人民革命的成果——人民已經得到的利益肯定下來，並且把我國人民要在我國逐步建成社會主義社會這個共同的願望肯定下來。這部憲法草案的正確性，在於它關於在我國建設社會主義社會的規定，不是依靠空洞的幻想，而是根據事實和切實的、適當的、可靠的道路。社論最後指出，全國人民對於關係每個人自己的切身利益的國家根本大法，一定要積極地參加討論，提出意見，集中全國人民的智慧，使我國人民把第一部憲法的草案修改得更加完善。

　　全民憲法草案的討論從 1954 年 6 月 16 日至 9 月 11 日，歷時三個月。為了搞好憲法草案的討論，各地普遍成立了憲法起草討論委員會，培養報告員和輔導學習討論的骨幹分子，有組織地進行憲法草案的討論和宣傳工作。據統計，許多地區聽報告和參加討論的人數都達到了當地成年人口的 70% 以上，有些城市和個別的專區達到了 90% 以上。與此同時，全國各省、市、縣和部分鄉還普遍召開了人民代表會議，以憲法草案的討論為會議主要內容。各地採取的憲法草案的討論形式呈現多樣化，發揮了廣大人民群眾參與討論的積極性。如憲法草案公佈後的一個月中，北京市已有近百萬人對憲法草案進行了討論。北京市憲法草案討論委員會為了使各界人民都能了解憲法草案的精神，訓練了 4,000 名報告員，在工廠、企業、機關、學校、建築工地、鄉村、街道等地作了報告。全市 5,000 多塊黑板都以宣傳憲法草案為主要內容。首都人民對憲法草案的討論表現出真誠的擁護和高漲的熱情。新華書店北京分店發售的憲法草案單行本與刊載憲法草案的《中國青年》、《學習》等刊物，近一個月來銷售了 74 萬份。據統計，在憲法草案討論期間，聽到關於憲法草案報告並參加初步討論的各界人士有 103.5 萬多人，參加逐章逐條討論的有 55.2 萬多人，在討論中各界人士提出對憲法草案的意見 143,565 件，其中序言部分佔總數的 22.1%，總綱部分佔 32.3%，國家機構部分佔 19.2%，基本權利和義務部分佔 20.7%，國旗、國徽、首都部分和其他意見佔 5.7%。[53] 憲法草案的討論實際上是一場民主政治教育，人們從親身的體驗出發，理解和評價憲法草案的精神和內容。上海市在憲法草案的討論中，共有 270 萬人聽了有關憲法草案的報告，其中 156 萬人參加了討論，共提出 165,000 多條修改和補充意見。這些意見經上海市憲法草案討論委員會加以整理後陸續匯總到憲法起草委員會。在各地的憲法草案討論中，人民群眾把憲法看作是人民的翻身法、各族人民的團結法、保證建設社會主義的幸福法，

53　《北京市結束討論憲法草案——各界人民積極提出修改和補充建議》，《人民日報》1954 年 9 月 10 日，第 1 版。

憲法草案成為全社會普遍關注的焦點。憲法草案的討論與宣傳成為人民群眾建設社會主義的內在動力，人們在不同的工作崗位上努力工作，把憲法草案的精神貫徹到自己的本職工作之中，出現了許多新人新事。如山西省在憲法草案的討論中，強調宣傳憲法草案與當前主要工作相結合，從生活體驗中加深對憲法的認識。在召開第一屆人民代表大會第一次會議的一些地方，如四川、雲南、貴州、江蘇、河南等省的許多縣市，在人民代表會議上討論了憲法草案，並通過了擁護憲法草案的決議。

經過近三個月的討論，全國人民對憲法草案和組織法共提出了 1,180,420 條修改和補充的意見和問題。[54] 這些意見最後彙集到憲法起草委員會。對全民討論中人民群眾提出的意見，憲法起草委員會都作了認真考慮，並根據提出的問題，對憲法草案作了若干改動，有些是涉及內容方面的改動，有些是文字和修辭上的改動。憲法起草委員會採納的主要意見有：

（1）憲法草案第三條第三款的修改。原草案規定："各民族都有發展自己語言文字的自由，都有保持或者改革自己的習慣和宗教信仰的自由。"對此有些人提出，在這一款裏，不僅應規定各民族都有發展自己的語言文字的自由，而且還應規定各民族都有使用自己的語言文字的自由。憲法起草委員會認為這些建議是正確的，把第三款改為"各民族都有使用和發展自己語言文字的自由，都有保持或者改革自己風俗習慣的自由"。

（2）憲法草案第五條的修改。這一條規定了各種生產資料的所有制。有人主張，這一條內列舉的四種所有制只是我國現有的主要所有制，而不是全部所有制，還存在其他一些所有制形式。因此，應在這一條的原文中增加"主要"二字。憲法起草委員會認為這一建議符合國家的實際情況，在第五條上加了"主要"二字。

（3）對憲法草案第八、第九、第十條等的第一款都作了修改，因為這些

54　《憲法草案的全民討論結果》，《人民日報》1954 年 9 月 11 日，第 1 版。

條款之間存在相互重複的內容。把第八條第一款改為"國家依照法律保護農民的土地所有權和其他生產資料所有權";把第九條第一款改為"國家依照法律保護手工業者和其他非農業的個體勞動者的生產資料所有權";把第十條第一款改為"國家依照法律保護資本家的生產資料所有權和其他資本所有權"。

(4) 憲法草案第二十三條第一款規定:"全國人民代表大會由省、直轄市、少數民族、軍隊和華僑選出的代表組成。"現改為"全國人民代表大會由省、自治區、直轄市、軍隊和華僑選出的代表組成"。這是基於當時有些人提出,少數民族並不是一種選舉的單位,只有自治區才是同省、直轄市相同的區域性的選舉單位。

(5) 憲法草案第三十四條和第三十五條的調整,對全國人民代表大會所設立的各種委員會的組織作了規定。

(6) 為了便於糾正審判工作中可能發生的錯誤,實行上級人民法院監督下級人民法院的審判工作。憲法草案第七十九條第二款增加了"上級人民法院監督下級人民法院的審判工作"的規定。

(7) 根據群眾提出的意見,憲法起草委員會對憲法草案中有關檢察機關的各條規定作了較大的修改,主要涉及第八十一條到第八十四條的修改。另外,在憲法序言、第二十三條第一款、第二十四條第二款、第三十一條等的修改中也部分採納了人民群眾在全民討論中提出的意見。

對人民群眾提出的一些意見,憲法起草委員會經研究後沒有採納,主要有:

(1) 對憲法序言,有些人認為應詳細地敘述我國的革命歷史,應談共產主義社會的遠景。還有意見認為,憲法中不應當規定現在還沒有實現的東西。劉少奇在憲法草案報告中認為,憲法的序言中加上許多對憲法並不是必要的歷史敘述,那是不適當的,1954年憲法作為過渡時期憲法,一部分條文帶有綱領性。

(2) 有些人建議在憲法草案第五條中列舉我國的各種生產資料所有制

時，應當提到國家資本主義。憲法起草委員會認為，國家資本主義經濟有各種不同的形式，不應當把國家資本主義列舉在內。

（3）有些人建議在憲法草案第二章第三節內具體列出國務院所屬各部、各委員會的名稱。憲法起草委員會認為，國務院機構的名稱經常有變化，不宜在憲法中規定。

（4）有些人提出關於地方國家機關的一種修改意見，這種意見認為地方各級人民代表大會也應當同全國人民代表大會一樣設立常務委員會。當時憲法起草委員會認為，地方各級人民委員會是地方各級人民代表大會的執行機關，同時也行使人民代表大會常務機關的職權，如果再設立會造成機構重疊。

（5）有些人提出，憲法序言中應增加關於中國人民政治協商會議的地位和任務的規定，憲法起草委員會沒有採納。

（6）有些人提出，在憲法中應增加我國疆域的條文。憲法起草委員會認為不需要在憲法中增加這樣的條文，因為憲法的基本任務是用法律形式規定社會制度和國家制度，規定具體的疆域並不是憲法的任務。

（7）有人主張，憲法應有選舉制度一章。經討論，多數人主張不寫，主要是因為選舉制度涉及選舉的普遍、平等、直接、無記名的原則，若憲法中規定選舉制度就要寫上這一條，寫上做不到不好。還有有關民族代表和華僑代表的選舉不好寫，讓專門的選舉法來解決好一點。

（8）有人主張，應專門規定預算一章，這一意見沒有被接受。主要是因為蘇聯憲法沒有規定，而我們又對預算缺乏經驗，1953年預算搞早了，公佈不久就出問題，所以不宜寫。

（9）有人主張，增加憲法修改程序一章，以表示其嚴肅和與其他法律的不同。經討論，大家認為沒有必要獨立寫一章。

（10）討論中，大家對國家主席的性質、地位和職權議論得較多。主要問題是：①主席不是國家元首。初稿時沒有寫，討論時大家覺得主席應有個定義，寫上主席是國家元首。後經中共中央反覆研究，認為主席是根據全國人大常委會決定行使部分職權，寫成國家元首不科學。有的民主黨派人士在討論中認為，不寫國家元首，可寫"國家的最高代表"、"人民的領袖"等。這些意見後來都沒有被採納。②名稱是稱主席還是稱總統，憲法起草時考慮到稱主席是從江西蘇區來的傳統，叫習慣了，才沒有稱總統。③主席的職權有召開最高國務會議，它是個什麼性質的會議？它與最高權力機關和政府的關係是什麼？起草者解釋，最高國務會議是包括整個國家機關在內，起聯繫協調作用的機構。

（11）關於公民基本權利和義務一章。有人主張這一章應調到國家機構一章前面。因為人民的國家，首先有人民的權利，才產生代表機關和其他國家機關。而且，中國公民文化、政治水平尚不太高，對自己的權利義務特別關心，把它放在前面，一看就明白自己的權利義務。但起草小組同志認為，章節次序不是原則問題，把公民權利放在後面，不會貶低人民的地位。

上述的修改意見，有的涉及憲法草案本身的內容，有的涉及技術性的內容，但憲法起草委員會對所有這些意見都給予了充分的重視。

憲法草案的全民討論，在新中國憲法發展史上產生了重要影響。首先，人民群眾對憲法草案所表現出來的政治熱情是空前的，通過討論和宣傳，憲法貼近了人民群眾的生活；其次，人民群眾廣泛參與憲法草案的討論，不僅擴大了憲法存在的社會基礎，同時為憲法的實施與遵守提供了良好的社會環境；再次，通過新中國第一部憲法草案的討論，民眾表達了對憲法的渴望和信賴。民眾堅信憲法是國家繁榮和人民幸福的基礎和保障，對憲法草案討論所表現出來的政治熱情空前高漲。新中國第一部憲法草案的廣泛討論，在憲法體制建立初期，人們開始關注憲法在國家生活中發揮的重要作用，對即將建立的憲法制度充滿期待並形成一定的社會共識。

（五）憲法草案的討論和通過

憲法草案經全民討論結束後，憲法起草委員會對匯總的有關憲法草案的修改意見進行了認真研究。1954 年 9 月 9 日，中央人民政府委員會舉行第三十四次會議，討論並通過了經過修改的《中華人民共和國憲法草案》，會議決定把這個憲法草案提交即將召開的第一屆全國人民代表大會第一次會議審核。9 月 12 日，憲法起草委員會舉行第九次會議，會議討論並通過了由劉少奇委員代表憲法起草委員會向第一屆全國人民代表大會第一次會議所作的《關於中華人民共和國憲法草案的報告》。

9 月 15 日至 28 日，第一屆全國人民代表大會第一次會議在北京隆重舉行。大會的主要任務是制定憲法和幾個重要的法律，通過政府工作報告，選舉國家領導人。到會的 1,211 名代表，以對人民高度負責的態度，參加了憲法草案的討論，分成 33 個代表組，分組討論憲法草案。在全國人大會議上，共有 80 多人對憲法草案和報告進行發言，高度評價了憲法草案的基本精神和內容的科學性。開幕式之後，作為第一次全國人民代表大會的第一項議程，憲法起草委員會委員劉少奇作了《關於中華人民共和國憲法草案的報告》，報告在簡要說明憲法起草過程後，指出草案總結了近代以來革命鬥爭經驗和制定憲法的經驗，充分闡述了黨在過渡時期的基本路線和實現基本路線的途徑。同時，對國家的性質、公民的基本權利和義務、民族區域自治問題等憲法草案的基本內容作了說明。

劉少奇的報告分四部分。第一部分，《中華人民共和國憲法草案》是歷史經驗的總結。在這一部分中，劉少奇回顧了舊中國制憲的歷史，認為 100 多年來，中國革命同反革命的激烈的鬥爭沒有停止過，這種激烈的鬥爭反映在國家制度問題上，表現為三種不同的勢力所要求的三種不同的憲法，即從清朝、北洋軍閥，一直到蔣介石國民黨所製造的偽憲；資產階級民主共和國的憲法；以工人階級為領導的、以工農聯盟為基礎的人民共和國的憲法。他認為，全國人民在討論中熱烈地稱讚我們的憲法草案，就是因為這個憲法草案正確地總結了我國的歷史經驗。第二部分，關於憲法草案基本內容的若干說明中，對國家性質、關於過渡到社會主義社會的步驟、關於我國人民民主的政治制度和人民的權利和義務、關於民族區域自治等問題作了說明。第三部分，報告了關於全民討論中提出的憲法草案的意見及憲法起草委員會的處理情況。在最後一部分即結論中，劉少奇特別強調憲法的遵守和實行問題。他提出，憲法是全體人民和一切國家機關都必須遵守的，全國人民代表大會和地方各級人民代表大會的代表以及一切國家機關的工作人員，都是人民的勤務員，一切國家機關都是為人民服務的機關。因此，他們在遵守憲法和保證憲法的實施方面，就負有特別的責任。在談到憲法與黨的關係時，劉少奇指出，中國共產黨的黨員必須在遵守憲法和一切其他法律中起模範作用，一切共產黨員都要密切聯繫群眾，同各民主黨派、同黨外的廣大群眾團結在一起，為憲法的實施而積極努力。他認為，並不是說憲法公佈以後，憲法所規定的任何條文都會自然而然地實施起來，違反憲法規定的現象並不會自行消滅。但憲法給了我們一個有力的武器，使我們能夠有效地為消滅這些現象而鬥爭。劉少奇的憲法草案報告得到了與會代表的熱烈擁護，代表們對憲法草案報告給予了高度評價。

在全國人大第一次會議上，林伯渠、彭真等代表作了發言，對即將公佈的憲法進行了討論。代表們首先肯定了憲法草案的歷史地位，稱這部憲法是我們各民族人民的利益和意志的最集中的表現，並對憲法順利實施提出了各種建議。從代表們的發言內容看，大家對憲法實施問題給予了高度重視。如：黃炎培代表提出，各方面對於正確執行憲法應予以高度的重視，所有領導、管理、監督、檢察各方面對於憲法執行工作，應予以特別重視。周鯁生代表指出，憲法規定的實施，尚需要有配合實施的具體條件，而事實上按我們的國家現實狀況，在實施憲法的部分條文上顯然尚欠某些條件。

9月20日，這是第一屆全國人民代表大會第一次會議進行的第五天。下午 3 時，代表們懷着激動的心情走進了會場。毛澤東主席和代表們一起坐在代表的席位上，周恩來在大會主席台上主持會議。大會首先宣佈了以無記名投票方式通過《中華人民共和國憲法》的總監票人、副總監票人和監票人名單。接着，大會執行主席宣佈在會議上宣讀中央人民政府委員會修正通過的《中華人民共和國憲法草案》最後定本全文。宣讀完畢後，執行主席問代表們對憲法草案的最後定本有無意見，代表們沒有意見，全場熱烈鼓掌，執行主席宣佈將最後定本交付表決。出席會議的代表共 1,197 人，經秘書處和各代表小組組長核對無誤後，執行主席宣佈開始發票，在淺紅色的"通過中華人民共和國憲法表決票"上面，印有漢、蒙、藏、維吾爾四種文字，不通曉這四種文字的代表，在寫票時有翻譯人員替他説明。為使投票順利進行，代表席按照座位劃定為八個投票區，每區設置一個票箱，代表們分區同時進行投票。下午 4 時 55 分，投票結束。執行主席根據計票人和監票人的報告，向會議宣佈點票結果，發票 1,197 張，投票 1,197 張，投票張數和發票張數相等，表決有效。執行主席宣佈會議休息後由計票人和監票人計算票數。下午 5 時55 分，執行主席根據計票人和監票人的報告，向會議宣佈對《中華人民共和國憲法》表決的結果：投票數共 1,197 張，同意票 1,197 張。這時代表們全體起立，為新中國第一部憲法的誕生而熱烈歡呼，鼓掌聲和"中華人民共和國萬歲"等歡呼聲持續了五分鐘。反映全國人民共同意志的新中國憲法在人們的期待和歡呼聲中正式誕生，為新中國社會發展進程樹立了光輝的里程碑。正如毛澤東在第一屆全國人民代表大會第一次會議開幕詞中所説："這次大會是標誌我國人民從 1949 年建國以來取得的新勝利和新發展的里程碑。這次會議所制定的憲法將大大地促進我國的社會主義事業。"

　　憲法公佈的當天，北京、上海等城市的人民群眾以不同的形式歡慶憲法的公佈。在首都北京，大街小巷和高層建築物上都懸掛起五星紅旗，工人、學生、機關幹部、街道居民舉行慶祝會、座談會，慶祝遊行隊伍在主要街道上川流不息。其他主要大城市也舉辦了各種慶祝活動。

同一天,《人民日報》發表了題為《中華人民共和國憲法——中國人民建設社會主義的有力武器》的社論。社論指出,這部憲法是中國人民 100 多年來革命鬥爭勝利的產物,是中國人民從 1949 年新中國成立以來的新勝利和新發展的產物。憲法完全符合我國國家生活發展的需要,在憲法草案的全民討論中已經充分證明,它是為全國廣大人民所擁護的。社論指出,為了實現偉大的建設社會主義的目標,我國人民應該正確地掌握和充分地運用憲法這個有力武器,努力遵守和擁護憲法,如同保護自己的生命財產和幸福前途一樣。為了使這部憲法能夠為全體人民所熟悉、遵守和掌握,應在全民憲法草案討論的基礎上,把系統的、經常性的關於憲法的教育當作今後公民教育的一個重要內容,使憲法的各項規定深入人心、家喻戶曉。

三、1954 年憲法的基本內容與特點

(一) 基本內容

1954 年憲法是對近代以來 100 多年中國人民革命鬥爭的歷史經驗的總結,是對中國近代關於憲法問題歷史經驗的總結,反映了新中國成立後實施共同綱領的成果和基本經驗。1954 年憲法除序言外,分為四章,共 106 條,計 8,954 字。

憲法序言以概括性的語言記載了中國人民為爭取國家獨立與主權而鬥爭的歷史,概括了中國人民爭取民主政治的經驗,確定了社會主義的方向和道路,明確提出了過渡時期的總任務,即逐步實現國家的社會主義工業化,逐步完成對農業、手工業和資本主義工商業的社會主義改造。

第一章《總綱》對國家性質,人民行使國家權力的基本方式,基本的政

治、經濟與文化制度等作了具體規定。首先，總綱第一條規定，中華人民共和國是工人階級領導的，以工農聯盟為基礎的人民民主國家。第二條規定，中華人民共和國的一切權力屬於人民，人民行使權力的機關是全國人民代表大會和地方各級人民代表大會，即人民代表大會制度是我國的基本政治制度。憲法根據當時的經濟關係，規定了生產資料所有制的四種形式，即國家所有制、勞動群眾集體所有制、個體勞動者所有制和資本家所有制。

第二章《國家機構》，對全國人民代表大會的組織與活動程序、中華人民共和國主席、國務院、地方各級人民代表大會和地方各級人民委員會、民族自治地方的自治機關、人民法院和人民檢察院的產生、組織與活動程序等作了具體規定。憲法對中央國家機構和地方國家機構的規定，為國家機構體系的合理運轉提供了統一的法律基礎與標準。

第三章《公民的基本權利和義務》，公民的基本權利和義務是憲法的一項重要內容。在當時的歷史條件下，人們對國家與社會、國家與個人之間的相互關係問題還缺乏充分的認識，但在制憲過程中制憲者比較注重個人憲法地位的確認問題，從中國社會政治、經濟、文化發展的實際情況出發，較詳細地規定了公民的基本權利和義務。憲法規定的基本權利包括：公民在法律上一律平等；享有選舉權和被選舉權；公民有言論、出版、集會、結社、遊行、示威的自由；宗教信仰的自由；人身自由；公民有居住和遷徙的自由；勞動的權利；獲得物質幫助的權利；受教育的權利；從事科學研究、文學藝術創作與文化活動的自由；婦女平等權的特殊保護；申訴、控告與批評的權利等。憲法根據權利與義務對等性原則，規定公民在享有基本權利的同時應履行的義務，包括：公民必須遵守憲法和法律，遵守勞動紀律，遵守公共秩序，尊重社會公德；愛護和保衛公共財產是每一個公民的義務；公民有依照法律納稅的義務；保衛祖國是公民的神聖職責；依照法律服兵役是公民的光榮義務。

憲法第四章規定了國旗、國徽和首都。

從憲法規定的內容看，1954 年憲法正確地反映了當時的社會現實，努力保持憲法內容的合理性與憲法形式的規範性。

（二）基本特點

1954 年憲法的基本精神是確立人民當家作主的憲法地位，體現社會主義原則和人民民主原則。在制憲過程及具體內容的設計中，既反映中國社會發展的現實情況，同時指明社會發展的方向。

1954 年憲法的基本特點主要體現在以下四個方面：

1. 原則性與靈活性的統一

毛澤東在《關於中華人民共和國憲法草案》講話中說："我們的憲法草案，結合了原則性和靈活性。原則性基本上是兩個：民主原則和社會主義原則。"[55]

從 20 世紀初憲法問題在中國提出來時起，中國人民爭取立憲、行憲的鬥爭一直沒有停止過，"但是從來不曾有過真正民主的憲法。從滿清到國民黨反動政府，所謂憲法，都是由少數人欽定的，只是為了鞏固反動政權，維護少數人利益，和大多數人民毫不相干"[56]。"世界上歷來的憲政，不論是英國、法國、美國，或者是蘇聯，都是在革命成功有了民主事實之後，頒佈一個根本大法，去承認它，這就是憲法。"[57] 1949 年人民民主專政的國家政權的建立，使人民立憲成為可能。由於實施《共同綱領》，經過近五年的發展，新中國的政治、經濟、文化等方面都取得了巨大的成就。人民立憲成了整個社會的共同願望，只有人民立憲，才會產生人民民主。"我們的民主不是資產階級的民

---

55   毛澤東：《關於中華人民共和國憲法草案》。載全國人大常委會辦公廳、中共中央文獻研究室編：《人民代表大會制度重要文獻選編》（一），中國民主法制出版社、中央文獻出版社，2015 年版，第 182 頁。

56   張瀾：《在中央人民政府委員會第三十次會議通過中華人民共和國憲法草案前的發言》，《新華月報》1954 年第 7 期。

57   毛澤東：《新民主主義憲政》，《毛澤東選集》（第二卷），人民出版社，1991 年版，第 735 頁。

主，而是人民民主，這就是無產階級領導的、以工農聯盟為基礎的人民民主專政。人民民主的原則貫穿在我們整個憲法中。"[58] 民主主要涉及兩個基本問題：一是由誰來掌握國家權力，二是他們怎樣來行使國家權力。1954 年憲法的民主原則也正是從這兩個方面體現出來的。

該憲法不僅宣佈國家的一切權力屬於人民，而且規定了實現其權力的各種形式和具體保障制度。人民代表大會制度是結合中國的具體歷史條件，由人民群眾自己創立的，適合中國國情的政權組織形式，是我國人民民主制度的基礎。憲法規定人民行使國家權力的機關是全國和地方各級人民代表大會，所有的國家機關一律實行民主集中制。全國人民代表大會是最高國家權力機關和行使國家立法權的唯一機關。其他國家機關由人民代表大會產生並受其監督，向人民代表大會負責並報告工作。[59] 這就保證了國家權力存在形態與人民意志的統一，體現了"高度的人民民主和集中"。憲法還規定，原選舉單位有權依照法律規定的程序隨時撤換本單位選出的代表。這就使所有的國家機關及其工作人員都必須向人民負責，受人民監督，從而保證了民主的真實性。另外，憲法規定了各民族一律平等、緊密團結、共同發展的民主主義的民族政策。再者，在公民的基本權利和義務方面，1954 年憲法更體現了民主主義精神，不僅規定了公民的廣泛的權利和自由，還規定國家供給必要的物質的便利，以保證這些自由、權利的實現。

社會主義是 1954 年憲法堅持的又一原則。1954 年憲法制定時，世界上有兩種類型的根本法，即社會主義類型的憲法和資本主義類型的憲法。1954 年憲法是建設社會主義的過渡時期的憲法，是保證逐步消滅剝削制度，建立社會主義的憲法。1954 年憲法的社會主義原則主要體現在以下幾個方面：

第一，憲法在序言中宣佈"通過和平的道路消滅剝削和貧困，建成繁榮

58　毛澤東：《關於中華人民共和國憲法草案》。載全國人大常委會辦公廳、中共中央文獻研究室編：《人民代表大會制度重要文獻選編》（一），中國民主法制出版社、中央文獻出版社，2015 年版。

59　《我國憲法草案的民主精神》，《光明日報》1954 年 6 月 24 日。

幸福的社會主義社會"。以根本法的形式確立了國家的前途，將社會主義確立為國家的法定目標，從而建成社會主義，成為全國人民必須遵守的法律。

第二，規定了我們國家建成社會主義的具體步驟，即"中華人民共和國依靠國家機關和社會力量，通過社會主義工業化和社會主義改造保證逐步消滅剝削制度，建成社會主義社會"。

第三，說明了我國實現社會主義建設和社會主義改造的三個保證條件，即"國內統一戰線、國際統一戰線和國內各民族的大團結"[60]。

第四，說明了建設社會主義的物質基礎，即國營經濟是全民所有制的社會主義經濟，是國民經濟中的主導力量和國家實現社會主義改造的物質基礎。國家保證優先發展國營經濟。

1954 年憲法在堅持社會主義和人民民主這兩個基本原則的基礎上，又結合了廣泛的靈活性。"從我國的國情出發，對於如何實現這些原則，提出了一些較為靈活的方法。"憲法中關於社會主義改造、公民權利的物質保證、統一戰線、少數民族問題等的規定，都體現了這一點。對此，毛澤東曾作了精闢的論述："憲法中規定，一定要完成社會主義改造，實現國家的社會主義工業化。這是原則性。要實行社會主義原則，是不是在全國範圍內一天早晨一切都實行社會主義呢？這樣形式上很革命，但是缺乏靈活性，就行不通，就會遭到反對，就會失敗。因此，一時辦不到的事，必須允許逐步去辦。"[61] 毛澤東認為結合了原則性和靈活性是憲法草案受到擁護的原因之一。

1954 年憲法制定時，我國的生產力水平相對較低，而且在各地區的發展水平很不平衡，生產關係也呈現出複雜多樣的特點。所以，1954 年憲法作為向社會主義過渡時期的憲法，除了結合過渡時期的特點外，還必須考慮基本國情，在堅持原則性的基礎上結合靈活性。這種靈活性同時也表明 1954 年憲

60　李達：《中華人民共和國憲法講話》，人民出版社，1956 年版，第 47 頁。

61　毛澤東：《關於中華人民共和國憲法草案》。載全國人大常委會辦公廳、中共中央文獻研究室編：《人民代表大會制度重要文獻選編》（一），中國民主法制出版社、中央文獻出版社，2015 年版，第 324 頁。

法是真實的、客觀的，體現了實事求是的精神。

2. 本國經驗和國際經驗的統一

1954 年憲法是中國歷史上第一部社會主義類型的憲法。在制憲和行憲過程中參考了國外的經驗，特別是借鑑其他社會主義國家憲政的成功經驗。從憲法結構和主要內容來看，1954 年憲法主要借鑑了蘇聯 1936 年憲法。從公佈的關於制定 1954 年憲法的檔案材料看，當時參考的其他國家的憲法主要有蘇聯（1936 年）、羅馬尼亞、波蘭、捷克等國憲法。

"憲法作為政治鬥爭的成果，首先是本國革命實踐經驗的總結。1954 年憲法是中國人民 100 多年來英勇鬥爭的歷史經驗的總結，是中國近代關於憲法問題和憲政運動的經驗的總結。同時，也是新中國成立以來歷史經驗的總結。"[62] 毛澤東認為，對歷史經驗的正確總結是憲法草案受到擁護的又一個重要原因。他説："我們這個憲法草案，主要是總結了我國的革命經驗和建設經驗，同時它也是本國經驗和歷史經驗的結合。""我們是以自己的經驗為主，也參考了蘇聯和各人民民主國家憲法中好的東西。"[63] 中國新民主主義革命成功的經驗已經表明，馬克思列寧主義的普遍原理及無產階級革命的先進經驗，必須與中國革命的具體實踐相結合才能成為革命勝利的法寶。同樣，在憲法問題上，毛澤東在閱讀了有關資料和法學理論著作後，強調了中國國情，對不合國情的內容大膽給予否定，在設立國家主席、少數民族區域自治、國家機構的設置等方面規定了不同於蘇聯憲法的內容。[64]

中國的人民民主革命，由於中國社會的半殖民地、半封建性質而呈現出明顯的階段性。新中國成立前，人民民主革命雖然由工人階級領導，但完成的是資產階級革命應該完成的反帝反封建的舊民主主義革命的任務。新中國

62　李達：《中華人民共和國憲法講話》，人民出版社，1956 年版，第 48 頁。

63　毛澤東：《關於中華人民共和國憲法草案》。載全國人大常委會辦公廳、中共中央文獻研究室編：《人民代表大會制度重要文獻選編》（一），中國民主法制出版社、中央文獻出版社，2015 年版，第 324 頁。

64　韓大元：《亞洲立憲主義研究》，中國人民公安大學出版社，2000 年版，第 90 頁。

成立後，根據《共同綱領》的規定，政權性質是人民民主專政，是工人階級、農民階級、小資產階級、民族資產階級及其他愛國民主分子的人民民主統一戰線的政權，以工人階級為領導，以工農聯盟為基礎，社會性質確定為新民主主義。1954 年憲法明確規定了建設社會主義社會的目標。這反映在階級結構與階級關係方面便是逐步消滅民族資產階級賴以存在的資本主義工商業，逐步消滅民族資產階級。但是，在我國過渡時期，既有社會主義，又有資本主義，這兩種所有制的矛盾就是客觀存在的矛盾。同時，資本主義工商業在現階段一方面有它有利於國計民生的作用，另一方面又有它不利於國計民生的作用，這又是資本主義工商業本身客觀存在的矛盾。我們解決社會主義同資本主義的矛盾的政策，就是一方面允許資本家所有制存在，利用資本主義工商業有利於國計民生的作用，採用過渡辦法，準備條件，以便逐步以全民所有制代替資本家所有制，憲法草案所規定的關於過渡到社會主義社會的一些具體步驟，就是為了要正確地解決這種矛盾。[65] 正是這個特點，使民族資產階級即使處在被消滅的過程中仍然成為享受民主的主體，而不是專政的對象。因此，1954 年憲法在規定政權性質的憲法規範中沒有明確反映民族資產階級在國家中的地位，而是規定在統一戰線中的"各民主階級"裏，使統一戰線成為我國政權的重要基礎。"我們讀一般國家的憲法，沒有發現這樣的規定，可見這些規定都是特別結合着我們中國的實際情況的。"[66]

憲法作為一種文化現象，反映着一個民族特定的歷史發展進程和民族的傳統。憲法起草小組在起草 1954 年憲法時，也曾參閱過中國歷史上幾部較有代表性的憲法文獻，如 1913 年的天壇憲法草案、1923 年的曹錕憲法和 1946 年的蔣介石憲法，因為他們分別代表了內閣制、聯省自治制和總統獨裁制三種類型。《共同綱領》的一些基本原則已被實踐證明是正確的，憲法就肯定和

65　劉少奇：《關於中華人民共和國憲法草案的報告》，《中華人民共和國第一屆全國人民代表大會第一次會議文件》，人民出版社，1955 年版，第 25-26 頁。

66　毛澤東：《關於中華人民共和國憲法草案》。載全國人大常委會辦公廳、中共中央文獻研究室編：《人民代表大會制度重要文獻選編》（一），中國民主法制出版社、中央文獻出版社，2015 年版，第 324 頁。

繼承下來；《共同綱領》中一些已經過時了的內容，憲法就不再保留。《共同綱領》不僅在理論和規範上為 1954 年憲法準備了條件，而且為 1954 年憲法的制定與實施提供了客觀的社會基礎和實踐經驗。這兩方面的成果都為 1954 年憲法所總結和繼承。1954 年憲法還全面總結了本國經驗並與國際經驗相結合，規定了向社會主義過渡的基本政策和具體制度，發揮了指導社會主義改造的功能。

3. 領導智慧和群眾智慧的統一

毛澤東在總結 1954 年憲法時指出："這個憲法草案所以得人心，是什麼理由呢？我看理由之一，就是起草憲法採取了領導機關的意見和廣大群眾的意見相結合的方法。……過去我們採用了這個方法，今後也要如此。一切重要的立法都要採用這個方法。這次我們採用了這個方法，就得到了比較好的、比較完全的憲法草案。"[67] 這部憲法是領導智慧和群眾智慧相結合的產物。

由於憲法全面體現了毛澤東人民制憲的思想，所以受到人民群眾的衷心擁護。黃炎培代表在發言中講了這樣一件事：有位在基層工作的女同志在向當地群眾宣講憲法草案時，開始他們聽到"憲法"兩個字完全不懂，問："怎麼叫做'憲法'？"等到這位女同志將憲法草案逐條念給他們聽時，群眾高興得跳了起來，說："那麼，這憲法完全是為了我們搞起來的，我們要好好學習，好好照着它做才是。"黃炎培對此感慨地說："這幾句話，恰恰足夠地代表一般人民群眾對這部憲法內心的表現……說明這部憲法真正是人民的憲法。"[68]

人民群眾通過對憲法草案的討論，進一步認識到憲法是自己的憲法，他們的國家主人翁感更加增強了，這就為保證憲法的貫徹落實奠定了堅實的群眾基礎。

---

[67]　黃炎培：《在中央人民政府委員會第三十次會議通過中華人民共和國憲法草案前的發言》，《新華月報》1954 年第 7 期。

[68]　全國人大常委會辦公廳聯絡局編：《中華人民共和國憲法及有關資料彙編》，中國民主法制出版社，1990 年版，第 214 頁。

4. 科學性與通俗性的統一

毛澤東在《關於中華人民共和國憲法草案》的講話中指出："搞憲法是搞科學。我們除了科學以外，什麼都不要相信，就是說，不要迷信。"[69] 毛澤東關於搞憲法就是搞科學的理論，深刻地概括了社會主義憲法應遵循的基本原則，指明了 1954 年憲法的基本特點。

1954 年憲法的科學性首先表現在它較全面地總結了中國人民的革命經驗和政權建設的經驗，突出地表現了社會主義憲法的本質特徵。其次，1954年憲法就法律的科學性來說，也達到了較高的水平。它無論在內容的完備程度、語言文字以及法律規範的顯明性等方面，都比較符合法律的科學性的要求。1954 年憲法分為序言和正文兩個部分，《序言》主要以敘述的方式，總結了我國爭取立憲民主政治的經驗，確定了建設社會主義的方向、道路和方法，闡明了憲法的指導思想和國家的內外政策的基本原則。憲法正文分為《總綱》、《國家機構》、《公民的基本權利和義務》、《國旗、國徽、首都》四章，《國家機構》一章又劃分為六節。1954 年憲法確立的結構為我國後來的幾部憲法所繼承。1975 年憲法、1978 年憲法，在憲法結構方面，取消了《中華人民共和國主席》一節，除了這點外，其他與 1954 年憲法完全相同。1982 年憲法在憲法結構上，將《公民的基本權利和義務》一章置於《總綱》之後，作為第二章，在《國家機構》一章中增設《中央軍事委員會》，除這兩點外，在憲法結構和章節劃分方面基本恢復了 1954 年憲法的面貌。這說明 1954 年憲法的結構是符合中國實際情況的，是科學的。憲法作為國家的根本法，對國家政治生活中的根本問題作出規定，並要求規定得具體、細緻、周密，內容上要有完備性。

此外，1954 年憲法還體現了通俗性的特點。因為憲法是人民權利的保證

69　　毛澤東：《關於中華人民共和國憲法草案》。載全國人大常委會辦公廳、中共中央文獻研究室編：《人民代表大會制度重要文獻選編》（一），中國民主法制出版社、中央文獻出版社，2015 年版，第 324 頁。

書，體現的是廣大人民的意志，首先應該讓群眾看懂，這樣才能形成人民群眾遵守和實施憲法的意志，形成憲法發揮生命力的良好的環境。這兩方面都要求憲法規範的表述要通俗易懂，易於為廣大人民所理解和掌握。1954 年憲法在制定的整個過程中始終注意到了這一點。1954 年憲法在制定的過程中所堅持的"從群眾中來，到群眾中去"的制憲原則，保證了它既具備科學性，又具備通俗性，保證了它的人民憲法的本質。

四、1954 年憲法的運行過程

從 1954 年 9 月 20 日第一屆全國人民代表大會第一次會議通過 1954 年憲法，到 1975 年 1 月 17 日第四屆全國人民代表大會第一次會議通過 1975 年憲法，1954 年憲法在中國社會發展中運行了約 20 年，在中國憲法史上算運行時間較長的憲法之一。在 20 年的運行中，1954 年憲法的運行可以分三個時期來考察。從 1954 年到 1957 年為第一個時期，是對 1954 年憲法宣傳、學習、研究，憲法在社會生活中初步得到實施的時期；從 1957 年下半年反右鬥爭擴大化到 1966 年"文化大革命"爆發前夕為第二個時期，在這個階段政治現實逐漸衝擊憲法規範，憲法實施日漸受到削弱；從 1966 年"文化大革命"爆發到 1975 年憲法頒行為第三個時期，憲法遭到全面破壞，被不宣而廢，完全失去了對社會現實的規範性調整作用，社會在一種無序化狀態中運轉，憲法沒有得到實施。

（一）第一個時期（1954 年至 1957 年）

從 1953 年到 1956 年是在新民主主義基礎上完成社會主義改造，實行向社會主義社會轉變的階段。新中國成立初前七年就是一個革除舊制度，確立新制度的過程，是一個處在不斷變化中的變革階段。這個時期，社會生活有兩方面的迫切需求：一是鞏固人民民主專政政權，保衛人民民主革命勝利的成果；二是變革舊制度，建立新制度。得益於這兩方面迫切需求的推動，在黨的政策的指導下，新中國成立初期的法制建設呈現出繁榮的景象。這一時期法制建設的一個突出特點是，立法工作和法律的實施緊密結合政治運動和各項社會改革運動。法制建設所發揮的社會效用是十分明顯的，它對共和國初期人民民主專政政權的鞏固，對肅清反革命殘餘勢力和穩定社會秩序，對國民經濟的恢復和發展，都發揮了重要的調整作用，作出了重要的歷史貢獻。正如董必武同志在黨的八大上指出的："我國能夠徹底勝利地完成各項民主改革和迅速有效地通過和平道路取得社會主義革命的決定性勝利，人民民主法制發揮的力量是重要因素之一。"[70] 1954 年憲法正是在這種良好氛圍中制定和實施的。從 1954 年至 1957 年是憲法的宣傳、學習和初步研究時期。《共同綱領》和 1954 年憲法的制定和頒行，為新中國憲法學理論的建立奠定了基礎。中國憲法學者以憲法頒佈為契機，運用馬克思主義的法學理論和方法，參照革命根據地時期和外國（主要是蘇聯）的制憲和行憲經驗，對《共同綱領》和 1954 年憲法進行了廣泛的宣傳和初步研究，批判了舊法觀點，為建立新的社會主義憲制提供了理論基礎。同時，編輯出版了大量關於憲法方面的著作、資料和論文。據不完全統計，從 1949 年到 1956 年共出版憲法書籍 344 種，其中著述 206 種，資料 138 種，還發表了大量的論文。它們涉及憲法總論、中外憲法文獻和憲法史、中外選舉制度、國家機構、民族區域自治、公民的基本權利和義務等。[71] 當時憲法學著述主要是介紹、宣傳《共同綱領》、1954 年憲法方面的著作，如吳德峰編《中華人民共和國憲法講話》（1956 年）、李達著《談憲法》（1954 年）、李光燦著《我國公民的基本權利與義務》（1954 年）等。這一時期，我們初步建立了憲法學課程體系，如

70　《董必武政治法律文集》，法律出版社，1986 年版，第 479 頁。

71　文正邦等：《共和國憲政歷程》，河南人民出版社，1994 年版，第 54 頁。

1954 年中國人民大學國家法教研室編寫了《中華人民共和國憲法學大綱》。1954 年憲法草案討論時期，全國人民所表現出的熱情與積極參與意識是與當時憲法學工作者普及憲法學知識分不開的。此外，從實際運行看，1954 年憲法基本上受到尊重，國家生活遵循了已確定的憲法程序。在憲法的指導下，我國的社會主義工業化初步完成，國民經濟的社會主義改造也勝利完成，第一個五年計劃提前完成，人民的物質和文化生活水平得到提高，人民民主專政政權更加鞏固，各族人民的大團結更加堅強。建設社會主義的目標，經憲法確認後便成為國家的法定目標，具有一體遵行的法律效力。在國際上，由於執行和平外交政策，新中國的國際地位日益得到提高。

（二）第二個時期（1957 年至 1966 年）

中國社會主義憲法發展是在矛盾與衝突中前進的，與中國社會主義革命與建設的歷史命運緊密相連。

1954 年憲法的制定與頒行，把新中國成立初期的民主和法制建設推向了新的階段。但從 20 世紀 50 年代後期開始，由於黨在指導思想上的“左”傾錯誤越來越嚴重，連續開展了反右鬥爭、“大躍進”、人民公社運動；在經濟工作中忽視客觀規律，急於求成，搞“窮過渡”；在政治和思想文化方面，把社會主義在一定範圍內存在的階級鬥爭擴大化、絕對化，黨內民主和人民民主都受到嚴重破壞，社會主義法制開始遭到嚴重毀損，憲法的地位和作用也迅速減弱乃至僅存一紙空文。

1956 年我國生產資料私有制的社會主義改造基本完成，社會主義的基本經濟制度已經確立，人民民主專政的建立以及人民代表大會制度的確立，意味着我們建立了我國基本政治制度的框架。1956 年，召開了中共八大。這次會議宣佈我國已經進入社會主義社會，正確指出了國內主要矛盾已不再是工人階級和資產階級的矛盾，而是人民對於經濟文化的需求與當前經濟文化不能滿足人民需要之間的矛盾,並規定經濟建設是各項工作的中心任務。這表明,1954年憲法規定的"一化三改造"任務基本完成,應該及時進行適當的補充、修改。但是,按照蘇聯模式建立起來的高度集權的政治、經濟體制,尤其是計劃經濟體制,使在經濟領域依靠自上而下的命令來管理經濟的方式擴展到政治、文化和其他社會領域,民主、法制不僅沒有向縱深推進,反而走向了它的反面。新中國成立初期剛剛建立的法制型治理模式滑向了以個人權威為依托的超凡魅力型治理模式。"人治"思想抬頭,違憲事件愈演愈烈,人民代表大會制度遭到嚴重破壞。特別是,1957年反右鬥爭一度被有些學者認為是政治上、思想上的社會主義革命,也是保衛社會主義制度和保衛憲法的鬥爭。[72] 反右運動擴大化以後,工人階級與資產階級、社會主義道路與資本主義道路之間的矛盾被認為是我國社會的主要矛盾,階級鬥爭是解決這一矛盾的最好方法,使社會主義建設事業偏離了正確軌道。在這種社會背景下,1954年憲法也經歷了曲折發展的歷程。由於反右擴大化而導致的憲法與社會現實的衝突已直接影響憲法的正常運轉,出現了脫離憲法程序的各種現象。

1954年憲法的重要意義和寶貴價值,既在於它所堅持的社會主義原則,又在於它所體現的民主原則和法制原則。然而,由於當時特殊的社會環境,憲法的運行逐漸背離了原來設計的軌道,憲法所確立的原則遭到全局性的破壞。從1957年反右鬥爭擴大化以後,對憲法的民主原則和法制原則的破壞主要表現在以下幾個方面:

(1) 公民的基本權利遭到嚴重破壞。1954年憲法第八十七條規定:"中華人民共和國公民有言論、出版、集會、結社、遊行、示威的自由。國家供給必需的物質上的便利,以保證公民享受這些自由。"正如後來1988年中共中央辦公廳《關於為胡風同志進一步平反的補充通知》中所指出的:"言論自由是公民最基本的政治自由之一。政治言論自由是公民參政、議政的一個基

72　　王珉:《憲法肯定的政治方向絕不容篡改》,《政法研究》1957年第5期。

本條件，是公民對國家的政治活動、政策等既可以發表褒揚、贊同的意見，也可以發表批評的意見。1957 年的反右擴大化從根本上排斥言論自由，任意上綱上線，給持不同政見者戴高帽子。可以說，1955 年胡風事件、1957 年反右鬥爭擴大化嚴重侵犯了 1954 年憲法所規定的言論自由、科研自由，使得社會政治生活趨向於沉悶，學術研究長期停步不前。客觀地說，就當時的形勢而言，對右派分子反擊是必要的，但由於對形勢的錯誤估計，誇大了反黨反社會主義勢力的能量與範圍，在維護憲法的基本原則之一的社會主義原則時，忽略了另外的基本原則──民主原則和法制原則。"導致反右鬥爭的擴大化，把廣大知識分子、愛國人士為改進黨和國家的工作和為使社會主義制度不斷完善而提出的善意、中肯的批評和建議都當作反黨反社會主義的言論，這就極大地挫傷了人們參政議政的積極性，使 1954 年憲法規定的言論自由成為一紙空文。

　　1954 年憲法第九十五條規定："中華人民共和國保障公民進行科學研究、文學藝術創作和其他文化活動的自由。國家對於從事科學、教育、文學、藝術和其他文化事業的公民的創造性工作，給以鼓勵和幫助。"應當說，憲法的這一規定體現了全國人民的共同心願。但是，1954 年憲法頒行的第二年便發生了由文藝思想的是非分歧，演變上升為敵我性質的政治問題的"胡風反革命集團"案，並牽涉了許多人。這無疑是對 1954 年憲法的極大嘲弄，從而也暴露了憲法規定和它所賴以建立的社會基礎的不協調，並預示着憲法未來實施歷程的坎坷。依據 1954 年憲法規定，學術討論是思想領域的問題，不能通過專政的手段來解決。國家應採取切實措施，保障公民的學術自由是憲法發展和社會進步的基本條件之一。正如後來中共中央辦公廳《關於為胡風同志進一步平反的補充通知》中所指出的："對於胡風同志的文藝思想和主張，應當按照憲法關於學術自由、批評自由的規定和黨的百花齊放、百家爭鳴的方針，由文藝界和廣大讀者通過科學的、正常的文藝批評和討論，求得正確解決。"在 1957 年反右鬥爭擴大化中，一些學術觀點和不同意見被上升為政治立場問題，甚至把一些具有科學性的東西也當作錯誤進行批判，其中也涉及法學及憲法學方面。如關於"加快立法，加強法制，不能以政策代替法律"，"人民法院的任務，不僅應強調它是專政工具，還應強調它在正確處理人民內部矛盾方面的作用"，"法律不僅有階級性，還有繼承性，對法律、法律科學、法律思想應予以批判的、有選擇的吸收"等觀點，都被作為右派言論而加以批判。甚至於對憲法規定的公民在法律上一律平等、人民法院依法獨立審判、人民檢察院依法獨立行使檢察權等項原則，也統統當作資產階級的憲法原則而加以批判。這種把學術問題當作政治問題，把正確的東西當作錯誤的做法，不僅破壞了憲法所確立的民主原則，而且使法制原則也遭到否定和破壞。在當時"左"傾思想的影響下，公民的人身權利也遭到嚴重侵害。如 1954 年憲法第八十九條規定："中華人民共和國公民的人身自由不受侵犯。任何公民，非經人民法院決定或者人民檢察院批准，不受逮捕。"第九十條規定："中華人民共和國公民的住宅不受侵犯，通信秘密受法律的保護。"這些規定對於公民人身權利的保護具有重大的意義。然而在反右鬥爭中，對"右派分子"並不是按照法律規定和法定程序來處理，而是隨意限制、剝奪他們的人身自由，甚至一些非專政機關也被賦予了逮捕、拘押之權，使公民的人身權利得不到絲毫保障。此外，1954 年憲法還規定了公民廣泛的政治權利和自由，如選舉權和被選舉權等各項政治自由，這無疑反映了 1954 年憲法高度的民主性。然而在現實生活中，公民的政治權利不經任何程序被剝奪，政治自由受到限制甚至被當作復辟逆流而橫加批判的現象卻屢屢發生。

（2）人民代表大會制度的運行脫離憲法程序。中國共產黨十一屆六中全會通過的《關於建國以來黨的若干歷史問題的決議》中指出："逐步建設高度民主的社會主義政治制度，是社會主義革命的根本任務之一。"新中國成立以來沒有重視這一任務，成了"文化大革命"得以發生的重要原因。這裏所指的"高度民主的社會主義政治制度"，在中國，最根本的就是人民代表大會制度。人民代表大會制度是中國人民在中國共產黨領導下，從革命根據地政權建設經驗中創造出來的。毛澤東在總結了中國革命根據地長期政權建設的經驗後，指出："中國現在可以採取全國人民代表大會、省人民代表大會、縣人民代表大會、區人民代表大會直到鄉人民代表大會的系統，並由各級代表大會選舉政府。"同時，還指出："只有民主集中制的政府，才能充分地發揮一切革命人民的意志，也才能最有力量地去反對革命的敵人。"[73] 新中國成立初期起臨時憲法作用的《共同綱領》，確定了人民代表大會制度是我國的根本政治制度。1954 年憲法總結了中國革命根據地和新中國成立以後的政權建設經驗，對人民代表大會制度作了比較系統的規定。這標誌着我國人民代表大會制度進入了新的發展階段，對保證我國社會主義改造和社會主義建設事業的勝利進行起到重要的作用。但是，在以後的實踐中，人民代表大會制度這一根本政治制度沒有得到足夠的重視，使人民代表大會制度的優越性沒有充分發揮出來。從 1957 年下半年反右鬥爭擴大化開始後，這一根本的政治制度逐漸脫離了憲法程序。

如關於任期，1954 年憲法第二十四條規定："全國人民代表大會每屆任期四年。全國人民代表大會任期屆滿的兩個月以前，全國人民代表大會常務委員會必須完成下屆全國人民代表大會代表的選舉。如果遇到不能進行選舉的非常情況，全國人民代表大會可以延長任期到下屆全國人民代表大會舉行第一次會議為止。"然而，由於當時複雜的社會形勢以及"左"傾思想的嚴重干擾，此後的全國人大並沒有遵照 1954 年憲法關於會期的規定，如二屆人大任期從 1959 年 4 月到 1964 年 12 月，長達五年零七個月；三屆人大任期從 1964 年 12 月到 1975 年 1 月，長達 10 年。

關於會期，1954 年憲法第二十五條規定："全國人民代表大會會議每年舉行一次，由全國人民代表大會常務委員會召集。如果全國人民代表大會常務委員會認為必要，或者有五分之一的代表提議，可以臨時召集全國人民代

73　《毛澤東選集》(第二卷)，人民出版社，1991 年版，第 677 頁。

表大會會議。"但二屆人大三次會議三次推遲,在二次會議召開兩年後才舉行;二屆人大四次會議再次推遲,在三次會議召開一年零七個多月後才舉行;三屆人大乾脆在召開了第一次會議之後的10年中再沒有舉行過任何會議。對於上述做法,當時沒有一個部門通過一定形式作出任何說明。這充分表明,1954年憲法中有關會期的明確規定並沒有在現實社會中得到切實遵守。眾所周知,任期制是和選舉制度緊密結合在一起的,只有按期開會,定期選舉,才能保障人民民主權利與政權基礎的權威性與合法性。全國人民代表大會作為最高國家權力機關,它主要是以會議的形式行使最高權力的,它是我國民主的基礎和保障。如果全國人民代表大會長期不開會,那麼很難保障國家權力的合法性與權威性。根據憲法規定,人民行使權力的機關是全國人民代表大會和地方各級人民代表大會,其他國家機構都要由它產生,對它負責,受它監督。如果全國人大不定期開會,人民代表大會的任期被任意地延長,那麼相應地其他國家機關及其組成人員的任期也將被相應地延長,整個國家機構組織體系的運轉將會發生紊亂,從根本上損害人民民主制度的基礎。

從1958年開始,我國開始進入國家建設的第二個五年計劃。按照1954年憲法第二十七條關於全國人民代表大會職權的規定,全國人大有權決定國民經濟計劃、審查和批准國家的預算和決算等。但是,黨的八大二次會議通過的第二個五年計劃指標,根本沒有依照法定程序提請全國人大審批,便在全國推行。從1958年開始的"大躍進"和人民公社化運動,涉及調整國民經濟計劃和財政預算、改變憲法關於農村基層政權的規定,但都沒有提請全國人大及其常務委員會討論,便由黨內決定實施了。"大躍進"運動始於黨的八大二次會議,人民公社化運動始於1958年4月中共中央發出的關於把小型農業生產合作社適當變為大社的意見。1958年8月中共中央政治局北戴河擴大會議作出《關於在農村建立人民公社問題的決議》以後,全國農村一哄而起,大辦人民公社，到 1958 年底，全國農戶的 99% 以上參加了人民公社。[74] 憲法規定的農村基層政權體制在現實生活中被徹底拋棄。

按照 1954 年憲法的規定，全國人大常委會、國務院、最高人民法院和最高人民檢察院都要向全國人民代表大會負責並報告工作，人民代表大會聽取和審議有關的工作報告，通過相應的決議，給予評價並提出要求，這是人大行使監督權的基本方式。但一屆五次、二屆二次、二屆四次大會都沒有審議國務院的政府工作報告。一屆五次，二屆二次、三次、四次大會都沒有聽取和審議最高人民法院和最高人民檢察院的工作報告。對國民經濟和社會發展計劃以及國家財政預算和決算的審議也很不規範。1961 年和 1962 年的國民經濟和社會發展計劃及國家財政預、決算都沒有經全國人大及其常務委員會審議。直到 1963 年 7 月，才由二屆人大常委會連續召開三次會議，聽取並審議相應的報告，但這只不過是一種事後認可而已。

關於全國人大的地位及其與其他國家機構的關係問題，毛澤東曾作過生動的說明："我們的主席、總理都是由全國人民代表大會產生出來的，一定要服從全國人民代表大會，不能跳出如來佛的手掌。"[75] 但在 1957 年到 1965 年這段時間裏，"如來佛"的地位和作用日漸受到削弱。

根據 1954 年憲法的規定，全國人民代表大會是行使國家立法權的唯一機關。制定法律是全國人大的一項重要職權，同時也是它的一項重要職責。根據憲法的規定和一屆人大二次會議通過的授權人大常委會部分性質法律制定權的決議，全國人大常委會也是享有立法權的機關。但在這段時間裏，這項重要的職權基本上沒有被行使過，一些基本的、現實生活急需的法律都沒有被制定出來。而與全國人大及其常務委員會的立法工作有密切聯繫的司法部、監察部、法制局分別於 1959 年 4 月和 6 月被撤銷，這也在一定程度上影響了人大立法權的行使。

74　胡繩主編：《中國共產黨的七十年》，中共黨史出版社，1991 年版，第 360-366 頁。

75　毛澤東：《在憲法起草委員會第一次會議上的講話》，《黨的文獻》1997 年第 1 期。

反右鬥爭擴大化以後，由於缺乏人身權利的保障，人大代表在人民代表大會的各種會議上發言、議政時謹小慎微，不敢大膽發表意見，更不敢輕言政治法律方面的議題。據統計，1957 年 6 月召開的一屆人大四次會議，代表提案 243 件，其中政治法律方面的 23 件；1958 年 2 月召開的一屆人大五次會議，代表提案 81 件，其中政治法律方面的只有 11 件；1959 年召開的二屆人大一次會議，代表提案 80 件，其中政治法律方面的只有關於民政工作的一件；1960 年 3 月召開的二屆人大二次會議，代表提案 46 件，其中政治法律方面的一件也沒有。政治法律議案的逐年減少，是人大立法活動削弱的一個重要標誌。[76]

反右鬥爭擴大化也直接波及全國人民代表大會內部。代表們在大會上的一些發言被當作反黨反社會主義的言論而加以批判，有的因此失去了代表資格。一屆人大四次會議甚至把反右鬥爭作為會議的一項重要內容，將批判代表中的右派分子作為會議的一項議程。在 1958 年 2 月召開的一屆人大五次會議上，因為是右派分子被取消代表資格的 39 人，被罷免的人大常委會委員三人，人大民族委員會委員三人，人大法案委員會委員六人，國防委員會委員一人，國防委員會副主席一人。經一屆人大常委會第九十三次會議通過決議撤銷的右派分子部長三人。在 1958 年至 1959 年期間，因是右派分子，經人大常委會撤銷職務的 17 起，批准撤銷職務的 30 起。[77] 由於人大及其常委會會議上缺少暢所欲言的民主氣氛，人大代表提議案的積極性明顯減弱。一屆人大一次至四次會議，代表們所提的議案數量分別為 39 件、214 件、176 件、243 件，呈上升趨勢。一屆人大四次會議至二屆人大二次會議，同樣也是四次會議，代表們所提議案的數量卻分別為 243 件、81 件、80 件、46 件，呈大幅度下降趨勢。[78]

76　許付群：《共和國五十年代法制建設初探》（博士論文，未刊稿），第 138 頁。

77　見彭真向一屆全國人大五次會議和二屆一次會議所作的《關於全國人民代表大會常務委員會工作報告》。

78　袁瑞良：《人民代表大會制度形成發展史》，人民出版社，1994 年版，第 501-504 頁。

（三）第三個時期（1966 年至 1975 年）

1966 年中國爆發了史無前例的"文化大革命"，中華人民共和國這列高速前進的列車嚴重脫軌。全國人民代表大會基本停止活動，憲法文本雖存在但實際上被廢棄，國家和社會生活中產生了令人難以置信的現象，經過幾年"無法無天"的"群眾革命"以後，憲法的各項原則被破壞殆盡，憲法完全成了空文。

1954 年憲法規定了公民廣泛的權利和自由，然而在"文化大革命"期間，在"左"傾思想影響下，公民的權利和自由被徹底拋在一邊，不僅政治權利得不到保障，甚至連人身權利以至起碼的人格尊嚴都得不到保護。這一點，可以從國家主席劉少奇的命運中得到極有代表性的反映。劉少奇自 1966 年初開始被揪鬥至 1969 年 11 月 12 日被迫害致死。這期間，1967 年 7 月 18 日被造反派非法抄家，1967 年 7 月開始被單獨關押，1968 年 10 月，經中共第八屆擴大的第十二次中央委員會全體會議決議，被撤銷黨內外一切職務，永遠開除出黨籍。[79] 憲法所規定的人身自由、人格尊嚴、住宅自由以及關於人民代表大會代表人身權利的特別保護等制度都受到了損害。

依照 1954 年憲法規定，中央國家機構係由全國人大常委會、中華人民共和國主席、國務院、最高人民法院、最高人民檢察院等組成，然而，"文化大革命"開始後，中央國家機構體系的職權和分工被打亂，沒有任何憲法根據的"中央文革小組"被賦予極大的權力，凌駕於其他中央國家機關之上，任意發號施令。從"文化大革命"開始到 1975 年 1 月的八年中，除了 1966 年 7 月全國人大常委會召開過一次會議，再沒有舉行過任何會議，全部停止活動。中央國家機構體系中，只保留國務院、最高人民法院，作為法律監督保障機關的人民檢察院被撤銷，甚至國務院的職權也被大大壓縮，相當一部分權力轉移到"中央文革小組"手裏。在地方國家政權體系中，權力機關、行

79　文正邦等：《共和國憲政歷程》，河南人民出版社，1994 年版，第 80-85 頁。

政機關、審判機關、檢察機關全部被革命委員會取代。

　　總而言之，在 1966 年到 1975 年間，憲法在現實生活中失去了應有的規範力，無法發揮其調整作用，可以說基本上沒有得到實施。

　　考察 1954 年憲法從制定到實施的全過程，我們可以看出，1954 年憲法總體而言是一部好憲法，在憲法規範內容與形式方面達到了比較理想的狀態。但在憲法實施方面卻沒有達到相應的水平，沒有得到充分的實施。因為 "一部憲法的生命力不僅體現在它的制定上，更重要的是要體現在實施過程中。只有全面地、正確地實施憲法，才能把紙上的憲法變成現實的憲法。只停留在條文上，不重視憲法的實際運用，那麼這種憲法就會失去存在的價值，是脫離現實的憲法"[80]。1954 年憲法經過轟轟烈烈的宣傳、學習階段之後，剛剛開始實際運行便日漸受到忽視與削弱，由於受到政治運動的衝擊，這部憲法先是降低了威信，喪失了權威，最後幾乎淪為一堆廢紙，遭到不宣而廢的厄運，停留在靜態規範狀態之中。

五、1954 年憲法的歷史地位

　　1954 年憲法是中國歷史上第一部社會主義類型的憲法，也是新中國的第一部憲法。它是中國共產黨領導全國人民制定的，在中國憲法發展史上由人民第一次自主地通過行使制憲權而制定的，體現了黨的正確主張和人民的意志的統一。它以《共同綱領》為基礎，又是《共同綱領》的發展。這部憲法實事求是地總結了無產階級領導的反對帝國主義、反對封建主義、反對官僚資本主義的人民革命的經驗，總結了新中國成立初期社會改革、經濟建設、文化建設和政府工作的經驗，明確地規定了我國人民進行社會主義建設和社

80　徐秀義、韓大元：《憲法學原理》（上），中國人民公安大學出版社，1993 年版，第 77 頁。

會主義改造的目標和道路，是全國人民的共同願望和根本利益的集中表現。
1954年憲法對新中國憲法發展產生了重大影響。

　　從憲法性質而言，1954年憲法是屬於社會主義類型的憲法。在中國近代
史上，至少從五四運動以來，關於中國的前途和命運一直爭論來爭論去，焦
點就是：由誰領導？走什麼道路？最後，由歷史和人民作出選擇，那就是：
沒有共產黨就沒有新中國，只有社會主義才能救中國。這場爭論反映在立憲
問題上，即：是追隨西方資本主義國家，制定一部資本主義類型的憲法？還
是效法蘇聯，制定一部社會主義類型的憲法？1954年憲法在起草過程中，也
總結了從清朝末年以來關於立憲問題的基本經驗。如制憲時也參考了北洋軍
閥政府的幾個憲法和憲法草案，蔣介石的《中華民國訓政時期約法》以及其
他偽憲等。正如資本主義道路在中國是行不通的一樣，新中國的憲法不可
能也不應該屬於資本主義類型，而只能屬於社會主義類型。1954年憲法明確
規定了憲法的社會主義性質，體現了人民民主原則和社會主義原則，指明了
社會主義的發展道路，明確了全民族奮鬥的目標和前進的方向。

　　1954年憲法同時也是過渡時期動員全國人民為建設社會主義社會而奮鬥
的偉大綱領。當時，中國還處在從新民主主義社會到社會主義社會的過渡時
期。1953年我們黨確定了過渡時期的總路線和總任務，"是要在一個相當長
的歷史時期內，逐步實現國家的社會主義工業化，並逐步實現對農業、手工
業和資本主義工商業的社會主義改造"。這是一條社會主義建設和社會主義改
造同時並舉的總路線。1954年憲法以國家根本法的形式，把中國共產黨在過
渡時期的總路線作為國家在過渡時期的總任務確定下來，從而具有了法律效
力，成為在過渡時期動員全國人民為建設社會主義而奮鬥的偉大綱領。

　　從憲法的基本功能而言，1954年憲法把人民民主原則和社會主義原則制
度化、法律化，鞏固了新生的社會主義政權和其賴以建立的基礎。貫穿在整個
1954年憲法中的人民民主原則和社會主義原則是它的指導思想，又主要體現
在它所確定的國家制度和社會制度上，並由此延伸至公民的基本權利和義務。

1954 年憲法的實施，對於全面確立人民代表大會制度，加強人民民主專政政權的建設，促進我國社會主義逐步實現由新民主主義到社會主義的過渡，完成生產資料私有制的社會主義改造，消滅剝削制度，建立社會主義制度，從而解放和發展社會生產力，以比較快的速度形成比較完整的社會主義國民經濟體系，發揮了重要歷史性的推動作用。實踐證明，1954 年憲法的確是一部很好的憲法。

在憲法結構和憲法規範性方面，1954 年憲法也產生了廣泛的影響。它以憲法的法律性為基礎，全面地總結了中國人民的革命經驗和政權建設的經驗，反映了社會主義憲法的本質特徵。在考慮憲法結構和具體字數的安排時，憲法起草小組首先確定了制憲的工作目標，即憲法必須記錄我們國家現在的實際情況，反映我們人民革命和共和國成立以來出現的社會關係，同時根據國家性質和經濟關係，充分反映過渡時期的社會發展特點。基於這種思考，在憲法結構方面選擇了力求簡明的模式。中共中央提出的憲法草案共四章，條文數 98 條，字數連序言在內不足一萬字。憲法起草委員會法律小組在說明憲法結構時講了以下理由：一是考慮到憲法是國家根本法，有些內容可通過普通法律來規定；二是當時處於過渡時期，憲法的許多規定需要具有一定的靈活性；三是考慮到人民群眾對憲法實施還缺乏必要的經驗，政治生活中的許多細節問題需要在實踐中逐步得到積累等。

1954 年憲法確立的憲法結構在我國後來的幾部憲法中得到了遵循和發展，即使是在特殊歷史時期產生的 1975 年憲法，也採取了與 1954 年憲法相同的結構形式。只是具體內容上有一些變化，如 1975 年憲法、1978 年憲法，在憲法結構方面，取消了《中華人民共和國主席》一節。1982 年憲法在憲法結構上，將《公民的基本權利和義務》一章位置提前[81]，放在《總綱》之

---

81   在公民的基本權利與義務問題上，憲法起草過程中有人提出，應把基本權利與義務規定在國家機構前面，以理順人民與國家機構的關係，但這個意見沒有被採納。1982 年憲法的調整實際上是回歸到 1954 年憲法價值體系上，實現了 1954 年憲法中包含的憲政思想。它不僅意味着國家與公民關係的合理調整，同時表明權利保障在國家生活中開始成為一種普遍認可的價值體系。

後，作為第二章，在《國家機構》一章中恢復國家主席建制、增設《中央軍事委員會》，除這兩點外，在憲法結構和章節劃分方面基本保持了1954年憲法的結構。這說明1954年憲法的結構是符合中國實際情況的，是科學的。

在憲法體制方面，1954年憲法奠定了中國憲法體制的基本框架與發展模式，它所確立的人民民主原則和社會主義原則、中央國家機關組織體系、中央和地方的關係以及公民的基本權利和義務等多方面的規定都為後來的憲法所繼承。現行憲法即1982年憲法就是以1954年憲法為基礎，總結了中國社會主義制度發展的豐富經驗，同時吸取國際經驗，是1954年憲法的繼承和發展。儘管1954年憲法有效實施的時間並不長，但其在中國社會發展進程中所起的作用是無法否認的。1954年憲法不僅是一部歷史文獻，而且作為憲法經驗的總結也將影響新時代中國憲法的發展。

此外，1954年憲法所體現的通俗性的特點在後來的幾部憲法中也得到了繼承與發展。因為憲法是人民權利的保證書，體現廣大人民的意志，首先應該讓人民看懂，這樣才能形成人民群眾遵守和實施憲法的意志力，形成憲法發揮生命力的良好的環境。1954年憲法在制定的整個過程中始終注意到了這一點。如憲法條文中盡量不用"為、時、應、得、其、凡"等字，而改為"是、的、時候、應當可以、他們或它的、任何或一切"。憲法規範表述上的顯明性與科學性對新中國憲法的發展產生了積極的影響。

一位哲人說過，一個偉大的民族，其偉大之處，並不在於這個民族不犯錯誤，而在於這個民族能從錯誤中汲取有益的教訓，不犯同樣的錯誤。1954年憲法的制憲與行憲經驗對於今後中國憲政發展而言是極其寶貴的財富，成功的經驗與失敗的教訓將對未來憲法中國憲政發展進程產生重要的影響。

作為新興社會主義國家憲法，1954年憲法產生了積極的國際影響。1954年新法頒佈後，各國媒體做了大量的報道。如澳大利亞的《衛報》讚揚了

1954 年憲法草案 [82]；蘇聯各報 [83]、朝鮮的《勞動新聞》和《民主新聞報》、波蘭的《人民論壇報》、保加利亞的《工人事業報》、捷克斯洛伐克的《紅色權利報》、蒙古的《真理報》、阿爾巴尼亞的《人民之聲報》均發文讚揚 1954年憲法。比如，朝鮮《勞動新聞》以"中國人民的憲法"為題發表評論說："中華人民共和國憲法的通過和公佈，不僅是中國人民歷史性的勝利，而且也是具有國際意義的重大事件。它給一切殖民地和附屬國人民清楚地指明了反對封建和帝國主義壓迫剝削、永遠擺脫奴隸和貧困處境而進行鬥爭的前進方向。"波蘭《人民論壇報》評論指出，中華人民共和國憲法"不僅對於中國具有重大的意義，而且對於世界也具有重大的意義"。捷克斯洛伐克《紅色權利報》發表社論說："中華人民共和國憲法體現了中國廣大人民群眾長期的願望，因為它記錄了中國人民長期的鬥爭的成果，體現了由於中國人民革命的勝利而產生的一切根本變化。同時，這個憲法也是一個具有國際意義的歷史性文件。"蒙古《真理報》發表社論指出："具有歷史意義的中華人民共和國憲法的通過，保障了中國人民革命勝利的偉大成果。同時，中華人民共和國憲法的通過也是具有世界意義的一件大事。千百萬中國人民所獲得成就是偉大的，中國人民通過了自己的憲法也是全體進步人類的一件大喜事。" [84]

六、1954 年憲法的歷史局限性

當然，1954 年憲法本身存在着一定的歷史局限性。

人們經常問一個問題，即為什麼 1954 年憲法沒有得到很好的實施？這是研究新中國憲法發展過程中不能迴避的問題。在客觀地評價 1954 年憲法對新

82　《澳大利亞〈衛報〉讚揚我國的憲法草案》，《新華社新聞稿》1954 年第 1502 期。

83　《蘇聯各報發表社論祝賀我國憲法，越南〈人民報〉著論祝賀我國人民代表大會會議》，《人民日報》1954 年 9 月 22 日。

84　《各人民民主國家報紙讚揚我國憲法》，《人民日報》1954 年 9 月 26 日。

中國憲法產生的積極影響的同時，也不能忽視它給新中國憲法發展帶來的消極影響與教訓。我們研究 1954 年憲法的根本目的在於，客觀地評價其歷史地位，吸取其施行三年後逐漸被"虛置化"的深刻教訓。

（一）1954 年憲法理念的局限性

一部憲法的核心價值首先體現在憲法理念上。確立什麼樣的憲法理念對於憲法的權威與實施產生重要的影響。由於受過渡時期歷史發展環境的影響，1954 年憲法的制定過程中，制憲者們在考慮憲法問題時沒有很好地協調憲法理念與社會發展之間的互動關係，沒有突出憲法的法律屬性，過分強調政治需求的意義與功能，存在着一定程度上的憲法工具主義傾向，未能充分地體現憲法的目的性價值。有學者指出："憲法作為國家的根本法，必然要規定國家政治任務。但是，政治任務不能與憲法的目標相混淆，更不能取代憲法發展目標。1954 年憲法在序言部分對政治任務作了相當充分的闡述，體現了高度的意識形態化和綱領化。但對於憲法作為國家的'根本法'的地位，以及憲法的法的特徵都缺乏必要的説明……這就存在着一個潛在的危機，一旦政治形勢和任務發生變化，必然影響憲法的穩定性，損害憲法的權威和價值，成為新的政治意圖的贅物，歷史的悲劇性發展正是如此。"[85] 在設計和宣傳 1954 年憲法時，我們關注了民主與憲政價值的平衡問題，力求保持兩者之間的平衡，但民主的價值得到了較廣泛的宣傳與介紹，對法制、憲政的價值則沒有給予更多的關注。在制憲原則與具體內容的設計上，強調了作為過渡時期的屬性與功能，注重對"革命成果的確認"，使憲法體系的法律性受到一定程度的限制。

85　張晉藩：《中國憲法史》，吉林人民出版社，2004 年版，第 338 頁。

（二）1954 年憲法內容的局限性

在憲法內容的設計上，1954 年憲法也存在着一定的局限性。由於受憲法制定特殊社會環境的影響，制定憲法時對憲法與社會生活的基本關係缺乏足夠的認識，存在着不可避免的局限性。但有些內容的安排不僅受當時歷史條件的限制，同時受制憲者們觀念的影響。概括起來看，1954 年憲法內容上的主要局限性是：基本內容的設計基本上按照過渡性的體例來確定。在總綱內容的基本安排上，政策性、過渡性的色彩過於濃厚，法律功能的發揮失去了必要的空間。在國家權力體系的安排上，沒有充分重視相互協調關係，實踐中出現了相互的矛盾或結構性的偏差。比如，對全國人大代表身份的保障方面，只規定不受逮捕權，但沒有規定最重要的言論免責權。在最高權力機關體系內部，過分強調全國人民代表大會地位與權力的集中，對常委會職權的發揮與功能問題沒有給予必要的關注；立法權只賦予全國人大，全國人大常委會只是後來通過授權獲得了一定程度上的立法權等。在行政機關體系的安排上，對行政機關工作的性質與責任體系問題缺乏明確的規定，過分強調集體負責的意義，對個人負責制的意義則大大削弱。在公民基本權利與義務方面，有些權利的規定缺乏實現的現實基礎，有些權利的價值性與現實性缺乏內在的聯繫，憲法規定超越了社會發展的具體階段。在憲法體制上，對憲法保障制度的設計是極不完善的，只規定原則，沒有具體的操作程序。在憲法性質上，1954 年憲法過分強調了憲法的 "確認性功能"，而對建設性與預測性功能缺乏足夠的重視，使憲法在過渡時期難以充分發揮國家根本法的功能。因此，憲法性質與功能的缺陷直接影響了憲法的社會效果。

（三）1954 年憲法實施機制的局限性

在制憲與行憲的關係上，制憲者和當時的領導機關對憲法實施的重要性與功能並沒有給予必要的關注，沒有從制度層面充分考慮建立有效地預防與解決違憲的制度。憲法雖規定全國人大監督憲法實施的職權[86]，但沒有專門的機構和程序。當憲法實施過程中出現了各種違憲現象時，全國人大並沒有採取有效的措施加以解決。如在憲法修改程序上，沒有具體規定修改權提議主體，也沒有規定憲法解釋權主體與具體程序等問題。從總的制度設計中如何保障憲法實施問題沒有得到應有的重視。歷史的教訓告訴我們，一部憲法的生命力不僅表現為內容的科學性，同時體現在具體的實施過程之中，沒有統一而有效的憲法保障制度便無法實現憲法的價值。

（四）1954年憲法與執政黨的依憲執政

　　憲法與執政黨的關係是憲法實施過程中的一個基本問題。如何保障執政黨在憲法和法律範圍內活動，是保障憲法實施的基本條件。1954年憲法的起草工作是在黨的直接領導下進行的，中共中央政治局是憲法起草工作的總體組織者和協調者。實際上，1954年憲法制定後我們創立了中國的憲法慣例，即中共中央提出憲法草案，並通過憲法程序把它的意志上升為國家意志。在中國的憲法體制下，執政黨在憲法制定和修改過程中發揮主導性功能是具有憲法基礎的，執政黨同時擔負着維護憲法的義務，特別是在黨的活動中必須以憲法為基礎，不得超越憲法。但黨在憲法實施過程中沒有牢固確立憲法思維，在執政活動中違反憲法的現象是比較嚴重的，"在實際生活中黨和黨組織往往處於憲法之上，不按照憲法的規定辦事，結果只能使憲法虛置"[87]。當社會主義改造的任務提前完成，過渡時期的歷史任務結束時，毛澤東等領導人在決策和工作中開始脫離1954年憲法規定的原則和程序，習慣於以人治的方

86　在中共中央提出的憲法草案中，全國人大常委會是全國最高權力機關的日常工作機關，享有監督憲法和法律的實施職權。但在對草案的討論過程中，把憲法的監督權僅規定為全國人大職權，並把全國人大常委會規定為全國人大的常設機關。有關憲法解釋權和具體實施程序等問題沒有作出具體規定。

87　劉政：《1954年憲法施行三年後為什麼被逐漸廢棄》，《中國人大》2002年第14期。

式處理社會發展過程中出現的各種問題。許多應按憲法程序解決的問題,未經憲法程序,便由黨內直接作出決定,使憲法"工具主義"思想開始在黨內存在和發展,憲法確定的原則遭到了破壞。

　　當然,1954 年憲法的歷史命運與局限性是由多方面原因造成的,這種局限性不應影響 1954 年憲法在新中國憲法歷史上應有的地位與歷史功能的評價。憲法生存於歷史環境之中,歷史對憲法的評價是客觀而公正的。1954 年憲法已經成為歷史文獻,但它的價值不應因時間的流逝而消失。

第三章

憲法與現實衝突：
1975 年憲法

一、修憲的歷史背景

（一）黨和國家在指導思想上的失誤

1. 政治上提出以階級鬥爭為綱，導致階級鬥爭擴大化

（1）1957 年的反右鬥爭擴大化。1955 年在全國展開的對"胡風反革命集團"的批判運動，混淆了學術問題、思想問題與政治問題的界限，把文藝界的不同流派和不同文藝觀念的爭論作為反革命處理，這是 1957 年反右鬥爭的前奏。1957 年 4 月，中國共產黨開展整風運動，並請黨外人士幫助共產黨整風。為此，中共中央統戰部先後 13 次召集民主黨派和無黨派人士座談會，會上提出許多批評、意見和建議，其中也夾雜了一些右派言論，如把共產黨的領導説成是"黨的天下"，反對學校實行黨委領導制，鼓吹實行多黨輪流執政；也有人認為形勢一團糟，社會主義不如資本主義；要求改人民代表大會制為兩院制等等。加上大專院校的大字報鋪天蓋地，政治空氣十分緊張。於是，黨和毛澤東認為這是"反共反社會主義"的敵我矛盾和敵我鬥爭，要進行反擊，要進行一場政治戰線上的和思想戰線上的徹底的社會主義革命。反右派鬥爭歷時一年，共定右派分子 55 萬多人，存在嚴重的擴大化。黨的十一屆三中全會後對反右的複查，結果 99% 都搞錯了。[1]反右鬥爭擴大化是階級鬥爭擴大化的開始。

（2）1959 年錯誤的反右傾鬥爭。1959 年，在黨內對"大躍進"和人民公社化運動的認識出現了嚴重的分歧。7 月，中共中央在廬山召開政治局擴大會議，"總結經驗，糾正錯誤，調整指標"，統一黨內思想，以利於繼續躍進。毛澤東認為，"大躍進"以來，"成績很大，問題不少，前途光明"；"否

1　　張晉藩主編：《中華人民共和國國史大辭典》，黑龍江人民出版社，1992 年版，第 278 頁。

定一切"、"得不償失"的認識是錯誤的。但彭德懷等認為"左"傾錯誤沒有得到徹底糾正。彭德懷在西北組的討論中先後七次發言和插話，他說："1957年反右以來，政治、經濟上有一連串的勝利，黨的威信提高了，腦子熱了一點，去年忽視了工作方法六十條中的一切經過試驗的原則。吃飯不要錢，那麼大的事，沒有經過試驗。""黨內總是'左'的東西難於糾正，右的東西比較好糾正。'左'的一來，壓倒一切，許多人不敢講話，各種帽子下來，對廣開言路有影響。"等等。由於會議預定開半個月，彭德懷眼見會議就要結束，而並未採取解決國民經濟比例失調的根本措施，憂心忡忡，於是，他對如何總結"大躍進"的經驗教訓給毛澤東寫了一封約 4,000 字的信，對 1958 年的錯誤提出了尖銳的、中肯的批評。毛澤東對這封信有不同看法，他認為彭德懷的信是藉糾"左"的名義，否定"三面紅旗"，是向他"下戰書"。到了 8月，盧山會議進入第二階段，會議主題"糾左"完全轉到反右。毛澤東認為，右傾機會主義思想是當前的主要危險，黨內層層都有右傾機會主義分子，這是一場階級鬥爭，彭德懷及其支持同情者黃克誠、張聞天、周小舟是反黨集團。於是發動了反對黨內右傾機會主義的運動，在全黨進行了約半年的"反右傾"鬥爭，全國有 360 多萬人被劃為"右傾機會主義分子"[2]。

　　（3）1966 年開始的"文化大革命"。1966 年 5 月 4 日至 26 日，中共中央政治局召開擴大會議。5 月 16 日，會議通過《中國共產黨中央委員會通知》，標誌着"文化大革命"作為群眾性的政治運動已經開始。8 月 1 日至 12 日，黨的八屆十一中全會召開，會議印發了毛澤東《致清華大學附屬中學紅衛兵的信》和《炮打司令部——我的一張大字報》。8 月 8 日，全會通過《中國共產黨中央委員會關於無產階級文化大革命的決定》（即"十六條"），確認了"文化大革命"及"左"傾的指導方針。一場由領導者錯誤發動，給黨、國家和各族人民帶來嚴重災難的"文化大革命"內亂全面展開。1966 年

2　樊天順等主編：《國史通鑑》（第二卷），紅旗出版社，1993 年版，第 72 頁。

至 1976 年，"文化大革命"搞了 10 年，搞亂了思想，否定了新中國成立頭 17 年的成就和大量正確的方針政策，而許多錯誤的東西卻被當成社會主義新生事物加以肯定；搞亂了組織，各級黨組織和政府部門普遍被衝擊、改組，大批領導幹部被批判、打倒，而各種投機分子、陰謀分子乘機鑽進黨和政權機構，有的佔據了重要領導崗位；搞亂了社會生活，憲法、法律、黨章成為一紙空文，上至國家主席，下至基層幹部和各界群眾，可以任意被批、被鬥、被抓、被整，規章制度、正常秩序都遭到極大破壞，嚴重侵犯了公民權利。據 1980 年審判"四人幫"時的起訴書指控，"四人幫"一夥在"文化大革命"中直接誣陷迫害了 72.9 萬多人，迫害致死的有 3.4 萬人之多。據統計，"文化大革命"給國民經濟造成了巨大損失，如以正常年份的增長速度作依據來推算，"文化大革命"造成國民收入損失達 5,000 億元人民幣。

在這樣一場浩劫中，嚴重的極左錯誤必然會在 1975 年憲法中打上深深的烙印。

2. 經濟上實行"大躍進"、"一平二調"和"窮過渡"，嚴重阻礙了生產力的發展

中國 20 世紀 50 年代的"大躍進"運動醞釀於 1957 年 9 月、10 月間黨的八屆三中全會。到 1958 年 5 月黨的八大二次會議，"大躍進"運動全面展開，在生產上急於求成，在生產關係上急於過渡，要在社會主義建設中實現超乎客觀可能性的高速度。1957 年底，提出 15 年趕上英國。1958 年 5 月，提出七年超英、15 年趕美。1958 年 8 月，提出一年在主要工業產品的產量上超英，七年超美，甚至認為不用很長時間，我們就可以變為四個美國，高速度表現為高指標。1957 年糧食有 3,900 億斤（1 斤 = 500 克，下同），1958 年 8 月的北戴河政治局擴大會議要求 1959 年糧食達到 8,000 億至 10,000 億斤，1958 年底的八屆六中全會提出 1959 年糧食達到 10,500 億斤。實際上 1984 年我國糧食產量才達到 8,000 億斤。1958 年實際糧食只有 3,400 億斤，比 1957

年還少。1960 年又下降為 2,870 億斤，低於 1952 年的水平。1958 年 8 月的北戴河會議還提出 1958 年鋼產量翻一番，達到 1,070 萬噸，1959 年達到 2,700 萬至 3,000 萬噸。結果這種所謂的高速度、高指標的"大躍進"，使中國損失國民收入 1,000 億元。"大躍進"之後，我們用了五年的時間才把國民經濟恢復過來。

在生產關係上急於過渡，即從集體所有制過渡到全民所有制，從社會主義過渡到共產主義。為此，開展了人民公社化運動。1958 年的北戴河會議認為，從集體所有制過渡到全民所有制，用三四年、五六年或者更長一點時間就可以完成，人民公社是向共產主義過渡的最好的組織形式。通過了《關於在農村建立人民公社的決議》，並提出一省可以首先進入共產主義的想法。北戴河會議後，在全國範圍內迅速地出現了一個群眾性的人民公社化運動。到 1958 年 10 月，僅兩個月時間，全國共建公社 26,578 個，加入公社的農戶達 12,000 萬戶，佔全國總農戶的 99.1%。1958 年底的武昌會議認為，中國可以比某個國家更早地進入共產主義，只是為了照顧國際影響，不要搶在前面，並提出"窮過渡"的觀點，認為農民富了就不容易從集體所有制向全民所有制過渡，從社會主義向共產主義過渡，要趁窮過渡，窮了就革命，富了就變修。這種把社會主義、共產主義和"窮"字聯繫起來的觀點，極其錯誤，非常有害。

分配上"一平二調"。公社化把幾百戶、幾千戶並為一個社，甚至一個縣就是一個社，全國平均每社為 5,000 戶左右，比原來高級社的一社 160 戶左右擴大了大約 30 倍。全公社統一核算，造成窮隊與富隊之間、社員與社員之間嚴重的平均主義，公社、國家無償調撥隊裏和社員的財產和勞動力，颳"共產風"。

"大躍進"和人民公社化運動形成的高速度、高指標、瞎指揮、浮誇風、"窮過渡"、"共產風"一直很有市場，延續到黨的十一屆三中全會召開之前。這種經濟工作上的極左錯誤，在 1975 年憲法中得到集中體現。

3. 理論上堅持"無產階級專政下的繼續革命"，從根本上背離了黨的八大確定的正確道路

"無產階級專政下繼續革命"的理論，是毛澤東晚年在關於社會主義社會的矛盾、階級和階級鬥爭問題上的總概括。它的核心是，在無產階級取得了政權，並且建立了社會主義制度的條件下，還要繼續強調"以階級鬥爭為綱"，繼續進行一個階級推翻另一個階級的政治大革命。"文化大革命"就是這種"繼續革命"的最重要的方式。1967年11月6日，《人民日報》、《解放軍報》和《紅旗》雜誌發表了《沿着十月社會主義革命開闢的道路前進》的文章。這是由陳伯達、姚文元主持起草和反覆修改，並經毛澤東批示同意的。文章把所謂"無產階級專政下繼續革命"的理論概括為六個方面的要點：

（1）必須用馬克思列寧主義的對立統一的規律觀察社會主義社會。社會主義社會必須劃分敵我矛盾和人民內部矛盾的界限，正確處理人民內部矛盾才能使無產階級專政日益鞏固和加強，使社會主義制度日益發展。

（2）社會主義社會是一個相當長的歷史階段。在社會主義這個歷史階段中，還存在着階級、階級矛盾和階級鬥爭，存在着社會主義同資本主義兩條道路的鬥爭，存在着資本主義復辟的危險性。為了防止資本主義復辟，為了防止"和平演變"，必須把政治戰線和思想戰線上的社會主義革命進行到底。

（3）無產階級專政下的階級鬥爭，在本質上依然是政權問題，就是資產階級要推翻無產階級專政，無產階級則要大力鞏固無產階級專政。無產階級必須在上層建築，其中包括各個文化領域中對資產階級實行全面的專政。

（4）社會上兩個階級、兩條道路的鬥爭，必然會反映到黨內來。黨內一小撮走資本主義道路的當權派，就是資產階級在黨內的代表人物。要鞏固無產階級專政，就必須打倒他們，把那些被他們篡奪了的權力堅決奪回到無產階級手中。

（5）"無產階級專政下繼續革命"，最重要的是要開展"無產階級文化大

革命", 運用大民主的方法, 自下而上地放手發動群眾。

(6) "無產階級文化大革命" 在思想領域中的根本綱領是 "鬥私、批修"。"無產階級文化大革命" 是觸及人們靈魂的大革命, 是要解決人們的世界觀問題。要在政治上、思想上、理論上批判修正主義, 用無產階級思想去戰勝資產階級利己主義和一切非無產階級思想, 改革教育, 改革文藝, 改革一切不適應社會主義經濟基礎的上層建築, 挖掉修正主義的根子。

1975 年憲法就是以 "無產階級專政下繼續革命" 的理論為其修憲的指導思想, 可以說, 在 1975 年憲法的字裏行間浸透了這一理論的嚴重錯誤。

(二) 對中國社會發展階段的錯誤認識

1956 年三大改造基本完成後, 當時黨和國家領導人認為, 中國已進入為之奮鬥幾十年的社會主義社會, "國內的主要矛盾, 已經是人民對於建立先進的工業國的要求同落後的農業國的現實之間的矛盾, 已經是人民對於經濟文化迅速發展的需要同當前經濟文化不能滿足人民需要的狀況之間的矛盾"。這一認識, 從黨和國家工作重點的角度看是非常正確的。遺憾的是, 這一認識在 1957 年就發生了逆轉。之所以發生逆轉, 原因是多方面的, 其中對中國已進入的社會主義處於一個什麼發展程度, 認識上的錯誤、模糊是一個至關重要的原因。黨的八大就認為, "國內這一主要矛盾的實質, 在我國社會主義制度已經建立的情況下, 也就是先進的社會主義制度同落後的社會生產力之間的矛盾"。這裏關於主要矛盾實質的認識存在着理論缺陷, 認為已經建立的社會主義社會是美好的, 不需要改革和完善, 這必然導致將社會主義制度理想化, 把社會主義社會看成是純而又純的。實際上, 我國生產資料私有制的社會主義改造的基本完成, 社會主義公有制的初步建立, 只是標誌着我國社會主義的基本經濟制度的初步建立。人民民主專政的建立和人民代表大會制度的確立, 也只意味着我國社會主義的基本政治制度的初步建立。這個時候的中國實際上處於剛剛跨進社會主義初級階段的起始點上，剛剛建立起來的社會主義生產關係和上層建築還需進一步完善，還需花大力氣去發展生產力，並隨着生產力的發展，不斷地消除在社會主義經濟基礎及上層建築各個方面和環節上暴露出來的不完善和缺陷，以鞏固和完善社會主義的基本制度。

但從 20 世紀 50 年代中後期一直到 70 年代末，黨和國家領導人卻把中國的社會主義制度理想化為馬克思、恩格斯所設想的模式，脫離了中國社會的發展實際，對必然會出現的各種矛盾和問題缺乏必要的思想準備。無論是政治問題還是思想認識問題或是學術爭論問題，只要是批評理想化的社會主義，否認急躁冒進，就一律上綱上線，提到階級鬥爭和路線鬥爭的高度，沿用習慣了的階級鬥爭分析法去認識矛盾，並採用大規模急風暴雨式的群眾性鬥爭和群眾運動的方法去解決矛盾，這必然在客觀上導致政治上的階級鬥爭擴大化。同時，將國家經濟發展完全寄託在民眾政治水平的提高上，錯誤地認為 “階級鬥爭是生產發展的動力”。結果，“抓革命，促生產” 變成了只有 “抓革命”，才能 “促生產”，或只敢 “抓革命”，不敢 “促生產”，從而使國家和人民空前地、持久地陷入了全面內耗。對社會主義發展階段的錯誤認識，必然導致經濟上的急躁冒進，急於求成，空想蠻幹，搞 “窮過渡”。同時，過分強調 “計劃” 和 “宏觀控制”，主張生產資料所有制越公越大越好，甚至要消滅商品、貨幣關係，消滅按勞分配，似乎貧窮就是社會主義，富裕就是資本主義。最終導致社會停滯不前，甚至大倒退。

（三）高度集權的政治、經濟體制

1. 高度集權的計劃經濟體制

三大改造完成以後，中國以蘇聯為樣板，由國家通過直接的計劃和行政指令，最大限度地集中資源和進行資源配置，於 20 世紀 50 年代末，形成了高度集中統一的以行政直接控制和調節為特徵的計劃經濟體制。在這種經濟體制中，國家和政府享有至高無上的經濟權力和幾乎無所不在的滲透力量，國家和政府不僅是一種政治組織，而且是能直接起作用的經濟力量，它能控制企業的內部關係，也能控制決定企業和家庭地位的整個外部因素；它對所生產的商品和勞務有絕對的支配權，還決定着將這些商品傳遞到消費者手中的條件（首先是價格）。由於這種高度集權的計劃經濟體制和行政權力緊密相聯，使產權、市場、契約等市場經濟因素很不發達，限制了法制的發展，阻礙了憲法的完善和正常運行。

2. 高度集權的一元化政治領導體制

20世紀50年代後期，與高度集權的計劃經濟體制相伴隨，各種權力逐漸集中於黨的各級機關，逐漸集中於黨的書記，黨政不分、以黨代政的高度集權的一元化政治領導體制開始形成。鄧小平指出："權力過分集中的現象，就是在加強黨的一元化領導的口號下，不適當地、不加分析地把一切權力集中於黨委，黨委的權力又往往集中於幾個書記，特別是集中於第一書記……黨的一元化領導，往往因此而變成了個人領導。"[3] 行政機關不對權力機關負責，而對黨委和黨的政策負責，即政府機關接受各級黨的機關的領導。1975年憲法無論從修憲的程序，還是修憲的內容，都是這種高度集權體制的產物。

（四）個人崇拜的日益嚴重

在社會主義改造基本完成後，毛澤東的威望達到高峰。對毛澤東個人的宣傳越來越多，調子越來越高。1957年6月，黨中央決定成立財經、政法、外事、科學、文教各領導小組，各小組直接隸屬中央政治局和書記處，並向

3　《鄧小平文選》（第二卷），人民出版社，1994年版，第328-329頁。

他們報告工作。國家的大事情都集中由政治局決定，具體佈置實施在書記處。同時，黨委領導下的行政首長負責制正式形成。1959年4月，毛澤東在八屆七中全會上再次強調，權力要集中在政治局常委、書記處，最終要由他掛帥。這時，毛澤東的話成了放之四海而皆準的真理。由於黨的權力過分集中於個人，由毛澤東個人決定重大問題的局面已經形成，任何人都無能為力來糾正毛澤東的錯誤，錯誤只有毛澤東自己來糾正。於是，權力失去監督和控制，毛澤東晚年的錯誤無法制止。到了"文化大革命"期間，整個社會失控，就連毛澤東本人也很難完全駕馭，民主和法制遭到毀滅性破壞。1975年憲法記載了這種嚴重個人崇拜的事實。

二、修憲過程

1975年憲法的修改工作，前後經歷了漫長的20年。從1954年憲法頒佈後隨即而來的一次又一次政治運動，到1975年修改憲法並通過，這中間確有歷史發展的需要，同時還伴隨着同林彪、江青反革命集團的鬥爭。

（一）修憲建議的提出

早在1956年召開的中共八屆二中全會上，毛澤東就曾提到過憲法修改問題。他說："以後修改憲法，我主張加一個罷工，要允許工人罷工。"[4] 毛澤東正式提出修改1954年憲法是1957年春季。1954年，毛澤東被選為國家主席後曾在多個場合講到不再擔任下一屆國家主席職務的問題。1956年夏，毛澤東在北戴河的一次黨內會議上披露了他不想擔任下任國家主席的意思。[5] 1957

4　毛澤東：《在中國共產黨第八屆中央委員會第二次會議上的講話》（1956年11月15日）。

5　《毛澤東文集》（第七卷），人民出版社，1999年版，第111頁。

年 4 月 30 日得知這個消息後，陳叔通和黃炎培給當時全國人大常委會委員長劉少奇和總理周恩來寫了一封信，信中希望毛澤東繼續擔任國家主席，並提出：似應再連一任，而於憲法第三十九條第二項 "任期四年" 下加一句 "連任不得過兩任"，則以後依法辦事。信中還特別要求在憲法上規定代行職權的問題，設立二人或者三人的國家副主席。毛澤東接到轉來的信後，一方面繼續堅持不擔任下一屆國家主席的主張，另一方面正式提出了憲法修改問題。他在給劉少奇等人的批語中寫道：此事應展開討論，才能打通思想，取得同意。修改憲法問題，值得考慮。他同時指出，可以考慮修改憲法，主席、副主席連選時可以再任一期，即在今年人代大會修改憲法，請鄧小平同志準備。第一任主席有兩個理由說清楚可以不連選：①中央人民政府主席加上人民共和國主席任期已滿八年，可不連選；②按憲法制定時算起，可連選一次，但不連任，留下四年，待將來如有衛國戰爭之類重大事件需要我出任時，再選一次。根據毛澤東的要求，中共中央在 1958 年 12 月 10 日召開的八屆六中全會上，作出了《同意毛澤東同志提出的關於他不作下屆國家主席候選人的建議的決定》，決定寫道："幾年以來，毛澤東同志曾經多次向中央提出，希望不再繼續擔任中華人民共和國主席的職務。中央全會經過充分的、多方面的考慮以後，決定同意毛澤東同志的這個建議，在第二屆全國人民代表大會第一次會議上，不再提他作為中華人民共和國主席的候選人。"[6] 上述的批語是毛澤東第一次對 1954 年憲法修改問題發表的意見，原計劃是 1959 年在全國人大第二次會議上修改憲法的有關條款，主要是國家主席任期的限制。[7] 這之後，由於國家政治經濟形勢的劇烈變動，一直到 1970 年，修憲問題才又重新提上議事日程。

　　1966 年，爆發了史無前例的 "文化大革命"。經過幾年 "無法無天" 的群眾大革命，各級黨組織癱瘓，各級政權體系遭到破壞，國內一片混亂，人

6　《建國以來毛澤東文稿》（第七冊），中央文獻出版社，1992 年版，第 633-635 頁。

7　韓大元：《1954 年憲法制定過程》，法律出版社，2014 年版，第 452-453 頁。

民疲憊不堪。對此,毛澤東想早日結束這場"革命",恢復國家秩序,實現安定團結。於是,為了使"以劉少奇為代表的資產階級司令部"及其在各地的"代理人"被打倒、"奪權"任務基本完成及"文化大革命"所取得的決定性"勝利"得到確認和鞏固,召開了中國共產黨第九次全國代表大會。黨的九大是在極不正常的情況下召開的。有幾個細節能夠說明這種不正常的情況:

一是九大在通過主席團名單並推舉大會主席時,發生了一個值得玩味的小插曲。毛澤東突然說:"我推舉林彪同志當主席。"林彪馬上驚慌地站起來大聲說:"偉大領袖毛主席當主席。"毛澤東又說:"林彪同志當主席,我當副主席,好不好?"林彪連連擺手說:"不好,不好,毛主席當主席,大家同意請舉手。"於是,全場立即舉起手來。毛澤東一看就同意當主席,又提議林彪當副主席,周恩來當秘書長,這一提議獲得會上一致通過。[8] 接着,林彪代表黨中央作政治報告,九大通過的新黨章寫上了林彪"一貫高舉毛澤東思想偉大紅旗,最忠誠、最堅定地執行和捍衛毛澤東同志的無產階級革命路線。林彪是毛澤東同志的親密戰友和接班人"。

二是4月15日,大會主席團秘書處發出關於九屆中央委員和候補中央委員的選舉辦法。其中規定,毛澤東和林彪為"當然候選人";參加中央文革碰頭會的成員和軍委辦事組的成員周恩來、陳伯達、康生、江青、張春橋、姚文元、謝富治、黃永勝、吳法憲、葉群、汪東興、李作鵬、丘會作、溫玉成為"一致通過的候選人";原八屆中央委員和候補中央委員提名為候選人的,限定為53人。[9]

三是九大主席台的座位排列十分有特點,毛澤東居中,左邊是以林彪、康生、江青為首的所謂"新文革"成員,而右邊則是以周恩來為首的所謂"舊政府"成員,對照鮮明,意味深長。[10]

8　席宣、金春明:《"文化大革命"簡史》,中共黨史出版社,1996年版,第203頁。

9　席宣、金春明:《"文化大革命"簡史》,中共黨史出版社,1996年版,第208頁。

10　席宣、金春明:《"文化大革命"簡史》,中共黨史出版社,1996年版,第208頁。

　　黨的九大召開後，全國的政治局勢開始穩定。九大確立了由 "文化大革命" 產生的一套新的思想觀念，組成了新的中央領導體制。鑑於黨的組織在全國範圍內已經基本恢復，毛澤東進一步考慮國家政權機關的正常運轉問題，因此非常需要制定一部全新的憲法，把九大所確立的新的思想理論和國家體制確定下來，通過修憲，建立新秩序，國家生活轉入正常軌道。1970 年 2 月，中央政治局在籌備第四屆人大時提出了修改憲法的問題。根據會議的決定，周恩來擬定了憲法修改草案要點，並於 3 月初送達正在武漢視察的毛澤東。在要點中，周恩來提出新憲法中是否設《國家主席》一章，並說明政治局討論的結果是應設國家主席，並由毛澤東擔任。3 月 7 日，毛澤東明確表示：憲法中不要設《國家主席》這章，我也不當國家主席。[11] 3 月 8 日，毛澤東在武漢讓汪東興回北京，向政治局傳達毛澤東關於準備召開四屆人大，修改憲法，以及改變國家體制，不設國家主席的建議。[12]

（二）修憲草案的形成

1. 成立修憲小組，提出修憲指導思想和原則

　　1970 年 3 月 9 日，中共中央政治局遵照毛澤東的建議，開始了修憲的準備工作，正式成立了由康生、張春橋、吳法憲、李作鵬、紀登奎共五人組成的憲法修改工作小組。[13] 3 月 16 日，中共中央政治局就修改憲法的指導思想和修改憲法中的一些原則問題，寫了一個《關於修改憲法問題的請示》，向毛澤東作彙報，毛澤東閱批了這個請示。3 月 17 日至 20 日，中共中央就召開四屆人大和修改憲法的問題召開了工作會議。出席會議的除了中共中央政治

11　韓大元：《1954 年憲法制定過程》，法律出版社，2014 年版，第 453 頁。

12　李劍：《關鍵會議親歷實錄》，中共中央黨校出版社，1998 年版，第 750 頁。

13　韓延龍：《中華人民共和國法制通史》，中共中央黨校出版社，1998 年版，第 630 頁。

局委員外，還有各省、市、自治區革命委員會核心小組負責人以及人民解放
軍各軍區、各總部、各軍兵種的負責人。會議由周恩來主持，與會同志大多
數贊成毛澤東關於"不設國家主席"的建議。

3月18日晚上，康生就憲法修改小組的工作情況向會議作了通報。通報
說：修憲小組召開了四五次會議，首先明確了主席為什麼提出修改憲法，不
是第一個憲法有錯誤，而是要把過渡時期的憲法修改成社會主義憲法；修改
憲法的指導思想是毛主席關於國家學說的偉大理論和實踐；具體修改原則適
用1954年憲法修改原則，即以我們自己的歷史經驗為主，同時參考別國憲法
中好的東西；原則性和靈活性相結合，原則主要兩個，即民主原則和社會主
義原則；要採取領導機關的意見和廣大群眾的意見相結合的方法。[14]

關於請示的原則性問題，包括以下內容：

（1）關於憲法的結構。按原來的不變，但有兩個問題：一是要不要《序
言》？我們認為要。二是《公民基本權利和義務》擺在《國家機構》的前面還
是後面？我們認為按原來的辦。

（2）關於《序言》。《序言》不能寫長了，不能超過1,000字。內容應當
重新反映當前的現實和要求。語言要同毛主席語錄和黨章、林副主席政治報
告盡可能一致。

（3）關於《總綱》。有幾個問題請注意。第一條，國家的名稱現在是否
要改為中華社會主義共和國？我們認為名稱還是不改，內容改為"中華人民
共和國是工人階級領導的，以工農聯盟為基礎的社會主義國家，是無產階級
專政的國家"。第二條是關於生產資料所有制的問題。原來的憲法到現在有一
個重大的變動。過去憲法中有四種所有制，20年來，經過社會主義革命和社
會主義建設，經濟基礎有了重大變化，生產資料所有制要反映現實。現在只
寫兩種，就是社會主義全民所有制和社會主義集體所有制。同時，是否還要

14　許崇德：《中華人民共和國憲法史》，福建人民出版社，2003年版，第423-426頁。

有適合我國情況的靈活性，允許在法律許可的範圍內，自主經營、不剝削他人的、少量的、非農業的個體勞動者所有制的存在。這個問題我們討論了很久，是否還是不寫在憲法上，由單行法另作規定。第三條，人民公社是一種政社合一的形式，是否要寫在憲法上，加以肯定？因為這是一件大事，體現了主席思想的。第四條，關於武裝力量的任務，要增加防禦顛覆和侵略的內容，增加全民皆兵，實行民兵制度的內容。第五條，毛主席倡導的大鳴、大放、大辯論、大字報，是否要寫在憲法上？這是新生事物，是群眾的創造。第六條，關於專政對象，憲法第十五條，鎮壓一切反革命活動，懲罰一切賣國賊……這還是要的。剝奪政治權利的對象，是否要增加反動資本家、富農、壞分子？

（4）關於國家機構問題。就是不設國家主席，有關國家主席職權的條款，有些是否可以併入人大常委會職權中。如不設主席，憲法第四十二條："中華人民共和國主席統率全國武裝力量，擔任國防委員會主席。"這一條怎麼解決？是毛主席統率。國防委員會要不要？值得考慮。原憲法第四十三條關於最高國務會議問題，如何處理？可否刪去？地方各級人民代表大會名稱不變，各級人民委員會的名稱要不要？現在是革命委員會，是否要把原來的名稱改過來，仍用人民委員會？省長、副省長等是否改為主任、副主任？我們認為，用革命委員會的名稱好，檢察院取消了，主席早有指示，還保留法院。

（5）關於公民權利問題。根據主席在八屆二中全會的指示，憲法第八十七條應增加罷工自由的內容。第八十八條關於宗教信仰自由，是否增加利用宗教進行反革命活動，要堅決進行鎮壓。第九十七條關於公民有控告權，是否增加對控告人不許打擊報復的內容。第九十五條講到科學研究和文藝創作的問題，要增加"有批評和反批評的自由"的內容。

1970 年 3 月 20 日，中共中央工作會議結束。同時，中共中央向各省、市、自治區革命委員會和中央軍委發出籌備四屆人大，動員基層群眾討論修改憲法的通知。通知簡要總結了 1954 年憲法的歷史作用，指出為什麼要修改憲法。通知指出,毛主席在 1954 年 3 月 23 日憲法起草委員會上說過:這個憲法(指 1954 年憲法)是過渡時期的憲法,大概可以管 15 年左右。毛主席的英明預見實現了。經過社會主義改造和社會主義建設,特別是經過"文化大革命",我國的無產階級專政空前鞏固,國家面貌發生了深刻變化。為適應這種情況,需要對 1954 年憲法進行修改,使它成為一部在新形勢下體現毛澤東思想的社會主義新憲法。修憲的指導思想是毛主席關於國家學說的理論和實踐。

通知還對群眾討論修改憲法提出了如下六條原則[15]:

第一條原則:毛主席對馬列主義國家學說的發展和無產階級專政下繼續革命的理論與實踐。

第二條原則:我們國家的性質是工人階級(經過共產黨)領導的,以工農聯盟為基礎的無產階級專政的社會主義國家。

第三條原則:各族人民的偉大領袖毛主席是中華人民共和國的締造者。以毛主席為首、林副主席為副的中國共產黨中央委員會是領導全國各族人民行使國家權力的核心力量。毛主席是全國武裝力量的最高統帥,林副主席是副統帥。

第四條原則:把原則性和靈活性結合起來。原則性就是民主原則和社會主義原則。我們的民主是無產階級領導的民主、在人民內部的民主和對反動階級和反革命分子實行專政。

第五條原則:要總結歷史經驗。以我們自己的革命和建設經驗為主,特別是無產階級文化大革命中群眾創造的並為毛主席所肯定的好經驗,如人民公社及其"政社合一"制度、"四大"(大鳴、大放、大辯論、大字報)、"三結合"(由革命派的負責人、駐軍代表、革命領導幹部三部分結合)的革命委員會、一切國家機關工作人員必須參加集體生產勞動,等等。同時,要參考別國憲法中好的東西。

15　全國人大常委會辦公廳研究室本書編寫組編:《新憲法修正案學習輔導》,中共中央黨校出版社,1999年版,第 56 頁。

第六條原則：修改後的新憲法要求簡明扼要，通俗易懂，人人能記，便於適用。1954 年憲法中有些任務已經完成，可以刪去或根據新的情況改寫，有些條文可以刪繁就簡，精簡合併，避免重複。

通知發出後，社會各界根據當時的形勢，就 1954 年憲法修改問題進行了討論。有的法學家還認真地比較分析，提出過修憲草案。[16] 通知要求各地革委會和中央軍委動員各廠礦、公社、軍隊、機關、學校、企事業單位、街道的群眾廣泛討論修改憲法。

2. 成立修憲起草委員會，提出修憲草案

1970 年 7 月 12 日，中共中央在提出的準備召開九屆二中全會和四屆人大的工作計劃中，建議成立以毛澤東為主任、林彪為副主任的"修改中華人民共和國憲法起草委員會"，並對憲法修改工作做了具體安排。[17] 7 月 17 日，中共中央正式成立"修改中華人民共和國憲法起草委員會"。以毛澤東為主任、林彪為副主任，由中共中央政治局委員（19 人）、候補委員（4 人）和各省、自治區、直轄市黨的核心小組負責人（24 人）以及其他人員共 57 人組成。[18] 在 7 月 17 日修改中華人民共和國憲法起草委員會第一次全體會議上，周恩來主持並講話，他說道：原來的憲法有 106 條，9,000 多字，近一萬字。現在憲法修改小組有兩個稿子，一個是 60 條，6,000 多字；一個是 30 條，4,000 多字。把這兩個稿子都發給大家，讓大家看一看，提出意見。原來的憲法要拿到群眾中去討論，提出修改意見。[19]

8 月上中旬，修憲工作小組詳細研究了全國工農兵和人民群眾對 1954 年

16　許崇德說："1970 年中央要修改憲法，發動全民貢獻草案。我被從生產隊最低的勞動隊裏調到總部去了，我在那裏一個人居然起草了一部憲法。"

17　韓延龍：《中華人民共和國法制通史》，中共中央黨校出版社，1998 年版，第 630 頁。

18　全國人大常委會辦公廳聯絡局編：《中華人民共和國憲法及有關資料彙編》，中國民主法制出版社，1990 年版，第 303 頁。

19　許崇德：《中華人民共和國憲法史》，福建人民出版社，2003 年版，第 430-431 頁。

憲法的修改意見，提出了憲法修改草案。這一草案經中共中央政治局和憲法修改委員會批准，再下發基層群眾進行討論。8月中下旬，修憲工作小組匯總群眾討論意見對草案進行修改後，上報中央政治局和憲法修改委員會，經過討論修改，提出了一個正式的憲法修改草案。

8月23日至9月6日，中共中央九屆二中全會在江西廬山召開，憲法草案提交九屆二中全會審查。8月23日下午，康生在開幕式上報告了毛澤東歷次對修改憲法的意見和修改憲法的過程。9月6日，全會基本通過憲法草案，並建議全國人大常委會進行必要的籌備工作，在適當時候召開四屆全國人大。同時全會還決定動員全國人民對憲法草案再進行討論和修改。

9月12日，中共中央發出通知，將憲法修改草案發給基層單位，組織人民群眾進行討論，提出修改意見。通知説，"憲法修改草案是在毛主席和他的親密戰友林副主席領導下，經過全黨、全軍、全國工農兵和廣大群眾半年多的反覆討論提出來的，是黨的領導與廣大群眾相結合的產物"，"憲法修改草案是以毛主席的國家學説的偉大理論和實踐為指導思想制定的，這個憲法修改草案對於偉大領袖毛主席和他的親密戰友林副主席的領導地位，對於中國共產黨對國家的領導，對於馬克思主義、列寧主義、毛澤東思想是指導我們思想的理論基礎，是全國一切工作的指導方針，對於社會主義社會的階級、階級矛盾、階級鬥爭、無產階級專政和無產階級專政下繼續革命，對於人民群眾和人民軍隊的巨大作用，都作了明確的規定。它力求簡明扼要，通俗易懂，便於群眾學習和運用"。

在廬山會議上，由於林彪、陳伯達一夥積極活動，使這個草案塞進了設國家主席的內容。又由於林彪一夥的垮台，致使修憲工作一度被擱置，原預備將憲法修改草案提交全民討論和提交人大通過的工作沒能正常進行，這個草案也沒來得及公佈。

（三）1970年《中華人民共和國憲法修改草案》[20]

中共九屆二中全會於 1970 年 9 月基本通過的憲法修改草案，由《序言》和四章、30 個條文組成。其《序言》有 18 自然段共 912 字（標點符號計在內），第一章《總綱》，15 個條文；第二章《國家機構》，分五節，共 10 個條文；第三章《公民的基本權利和義務》，共四個條文；第四章《國旗、國徽、首都》，一個條文。

這個草案與 1975 年憲法相比，1975 年憲法只是對《序言》和第二條[21]進行了修改。下面引錄《序言》，原因在於：一是《序言》是當年起草者費心最多、且數易其稿而寫成的，二是《序言》代表了整個憲法草案的精神，三是便於人們了解和研究。《序言》寫道：

> 中國人民在偉大領袖毛澤東主席和中國共產黨的領導下，經過長期的武裝鬥爭，終於在 1949 年取得了人民大革命的偉大勝利，建立了中華人民共和國。
>
> 中華人民共和國的成立，開闢了中國社會主義革命和無產階級專政的新時代。
>
> 我國各族人民的偉大領袖毛澤東主席是中華人民共和國的締造者。
>
> 二十年來，中國人民沿着毛主席指引的航向，繼續前進，取得了社會主義革命和社會主義建設的偉大勝利，特別是取得了無產階級文化大革命的偉大勝利，鞏固和加強了無產階級專政。我們的祖國，是一個偉大的朝氣蓬勃的社會主義國家。
>
> 社會主義社會是一個相當長的歷史階段。

20　許崇德：《中華人民共和國憲法史》，福建人民出版社，2003 年版，第 457-459 頁。

21　第二條規定：“毛澤東主席是全國各族人民的偉大領袖，是我國無產階級的元首，是全國全軍的最高統帥。林副主席是毛主席的親密戰友和接班人，是全國全軍的副統帥。”

在這個歷史階段中，始終存在着階級、階級矛盾和階級鬥爭，存在着社會主義同資本主義兩條道路的鬥爭，存在着資本主義復辟的危險性，存在着帝國主義和社會帝國主義進行顛覆和侵略的威脅。

在這個歷史階段中，我們必須堅持無產階級專政，堅持無產階級專政下的繼續革命。

我們有充分的信心，有必要的條件，在戰勝國內外敵人，防止資本主義復辟的鬥爭過程中，在逐步地消滅資產階級和一切剝削階級的鬥爭過程中，調動一切積極因素，克服一切困難，把我國建設成為更加繁榮富強的社會主義國家。

領導我們勝利前進的是偉大領袖毛主席。

領導我們事業的核心力量是中國共產黨。

指導我們思想的理論基礎是馬克思主義、列寧主義、毛澤東思想。

創造我們歷史的動力是用毛澤東思想武裝起來的我國各族人民。

我國無產階級專政的堅強柱石是中國人民解放軍。

我國各族人民要在毛澤東主席為首、林彪副主席為副的中國共產黨中央委員會的領導下，高舉毛澤東思想偉大紅旗，奮勇前進。

在國內，我們要繼續開展階級鬥爭、生產鬥爭和科學實驗三大革命運動，鞏固和加強無產階級專政，鞏固和加強在工人階級領導下的工農聯盟，發展革命統一戰線，獨立自主，自力更生，艱苦奮鬥，鼓足幹勁，力爭上游，多快好省地建設社會主義。

在國際，我們要堅持無產階級國際主義，發展同社會主義國家之間的友好互助合作關係；支援一切被壓迫人民和被壓迫民族的革命鬥爭；在互相尊重主權和領土完整、互不侵犯、互不干涉內政、平等互利、和平共處五項原則的基礎上，爭取和社會制度不同的國家和平共處，反對帝國主義和社會帝國主義的侵略政策和戰爭政策。

中國應當對於人類有較大的貢獻。

全國人民團結起來，爭取更大的勝利。

　　這個《序言》非常有氣勢，表述了當時的政治路線和極左的方針。內容和文字完全按照 1970 年 3 月 18 日康生通報的要求，"《序言》不宜寫長，不超過 1,000 字。內容應當重新反映當前的現實和要求。語言要同毛主席語錄和黨章、林副主席政治報告盡可能一致"。

（四）修憲中關於設不設國家主席的爭論

　　關於在憲法中國家要不要設國家主席，這個問題貫穿於 1970 年憲法草案的起草始終。在半年時間裏，毛澤東先後六次講到不設國家主席和他不擔任國家主席。

　　1970 年 3 月 8 日，毛澤東的修憲建議裏第一次明確提出不設國家主席。在 3 月 17 日召開的中央工作會議上，多數人贊成毛澤東的建議。

　　4 月 11 日晚，林彪從蘇州通過秘書以電話記錄形式向在長沙的毛澤東提出：關於國家主席問題，"仍然建議由毛主席兼任"，"否則，不合人民的心理狀態"，副主席可設可不設，關係不大。林彪還說他自己不宜擔任副主席的職務。這個電話記錄同時傳給了中央政治局。政治局討論後，多數人同意由毛澤東擔任國家主席，並將會議意見報告毛澤東。4 月 12 日，毛澤東批示："我不能再作此事，此議不妥。"這是毛澤東第二次反對設國家主席。

　　4 月下旬，毛澤東在中共中央政治局會議上第三次提出自己不當國家主席，也不要設國家主席。會上毛澤東引用三國的故事說，孫權勸曹操當皇帝，曹操說孫權是要把他放在火爐上烤。我勸你們不要把我當曹操，你們也不要做孫權。但林彪仍堅持要設國家主席。5 月中旬，他同吳法憲談話時強調："不設國家主席，國家沒有一個頭，名不正言不順。"並要吳法憲和李作鵬在修憲工作小組會上，提出在憲法中寫上《國家主席》一章。因而，當時中共中央辦公廳印發的憲法修改草案討論稿有設國家主席和不設國家主席兩種方案。[22]

7月中旬，修改憲法起草委員會開會期間，毛澤東第四次提出不設國家主席，並說，設國家主席那是形式，不要因人設事。8月初，葉群仍對吳法憲說，設國家主席還要堅持。8月13日下午，修憲工作小組在懷仁堂開會，吳法憲堅持要在憲法草案中設國家主席，並寫上"毛澤東思想是全國一切工作的指導方針"和"天才地、創造性地、全面地"這三個副詞。已經知道毛澤東不贊成寫"天才地"這個副詞的張春橋、康生同他們發生了激烈爭吵。吳法憲宣稱："要防止有人利用毛主席的偉大謙虛，貶低毛澤東思想。"

8月14日晚上，政治局召開會議討論憲法草案定稿。吳法憲等人做好充分準備堅持自己的主張。由於張春橋、康生在會上出乎意料地默不作聲，結果憲法草案沒經任何爭論就通過了。

8月22日，在毛澤東主持召開的政治局常委會上，林彪、陳伯達又一次提出要設國家主席，要毛澤東擔任國家主席。毛澤東很生氣，對林彪說，誰要設誰去當，反正我不當，我勸你也不要當。這是毛澤東第五次反對設國家主席。

8月23日下午，九屆二中全會舉行開幕式。林彪搶先發言，他指出憲法草案的特點是"肯定毛主席的偉大領袖、國家元首、最高統帥的地位"，"這次憲法裏面規定毛澤東的領導地位，規定毛澤東思想是領導思想"。"這是我最感興趣的，認為最重要的就是這一點。"[23]並特別強調，"毛澤東是天才，我還是堅持這個觀點"。這就別有用心地提出了"國家元首"問題。

8月24日在小組討論會上，林彪集團成員紛紛表態，堅持憲法草案中的設國家主席和"天才"的觀點，尤其是陳伯達在華北組作了極富煽動性的發言。他說，有人利用毛主席的謙虛，妄圖貶低毛澤東思想。有的反革命分子聽說毛主席不當國家主席，歡喜得跳起來了。憲法中寫上"毛澤東思想是全

22   張雲生：《毛家灣紀實》，春秋出版社，1988年版，第384頁。

23   汪東興：《毛澤東與林彪反革命集團的鬥爭》，當代中國出版社，2004年版，第36-37頁。

國一切工作的指導方針"，是經過嚴重鬥爭的，現在竟有人胡説"天才地、創造性地、全面地"三個副詞是一種諷刺，還想搞歷史的翻案，這種否認天才的人是歷史的蠢才，等等。華北組一些不明真相的人紛紛發言，對黨內有人不説毛主席是天才，表示"最強烈的憤慨"，這些火藥味極濃的發言被整理成了簡報。8 月 25 日，毛澤東看到華北組會議簡報後，立即在下午主持召開了由各小組組長參加的政治局常委擴大會議。在會上，毛澤東對陳伯達及其他人的發言進行了嚴厲的駁斥和批評，他説，國家主席問題不要提了，要我當國家主席就是要我早死；你們再繼續這樣，我就下山，讓你們鬧。於是會議決定立即休會，停止討論林彪講話，收回華北組簡報。這是毛澤東第六次反對設國家主席。8 月 31 日，針對林彪、陳伯達的言論，毛澤東發表《我的一點意見》，發動了批判陳伯達的全黨全國範圍的"批陳整風"運動，向林彪發出公開警告，從此終止了設不設國家主席的爭論。[24]

全會在挫敗了林彪集團的突然襲擊後，比原定會議時間延長了幾天，仍宣佈按原定議程進行。由於林彪一夥會上會下的積極活動，與會的許多人表示衷心贊成憲法第二條中增加"毛主席是國家主席，林副主席是國家副主席"的憲法設國家主席的意見。因此，9 月 6 日，會議通過了帶有設立國家主席條文的憲法修改草案。

這場關於國家要不要設國家主席的修憲爭執，表面看來是關於國家體制的意見分歧，實際上是一場政治鬥爭。

毛澤東之所以堅持取消國家主席的設置，主要不是從國家體制的角度考慮，而是基於種種政治上的考慮。中華人民共和國成立後，是有國家主席的設置的，先是由毛澤東擔任。1959 年 4 月第二屆全國人大第一次會議同意了毛澤東不再擔任國家主席的提議，選舉了劉少奇擔任國家主席。"文化大革命"打倒了劉少奇，如繼續設國家主席，那麼由誰擔任呢？在毛澤東看來，

24　汪東興：《毛澤東與林彪反革命集團的鬥爭》，當代中國出版社，2004 年版，第 43-44 頁。

國家主席不過是個"形式"，自己早就申明不任此職。但若由其他人擔任，則在黨的主席之外，又有一個主席。劉少奇的前車之鑑，不能不考慮。[25] 對於林彪堅持設國家主席，在廬山會議前，毛澤東只是視為思想認識上的不一致，其動機是為了維護毛澤東的地位，所以只是勸說。到九屆二中全會上，毛澤東已察覺到林彪其實是自己想當國家主席，這就不是思想認識範疇的問題，因而決斷地對林彪說，誰要設誰去當，反正我不當，我勸你也不要當，並將這一問題賦予政治解決。[26]

　　林彪之所以再三堅持設國家主席，同樣不是為了堅持這種國家體制。九大以後，林彪的接班人地位被寫進黨章，為全黨接受，這是無產階級政黨史上前所未有的。為了確保毛澤東之後的可靠接班，林彪抓住設國家主席問題大做文章，以鞏固地位，打擊江青集團。[27] 正如 1981 年 1 月，最高人民法院特別法庭《判決書》指出的："1970 年，林彪意識到江青、張春橋等人的勢力發展有超越自己的趨勢，圖謀提前'接班'。"

（五）1975 年憲法的正式通過

　　中共九屆二中全會之後，毛澤東發動了揭發批判陳伯達的"批陳整風"運動。1971 年 9 月 13 日，林彪叛逃，全國又開展了"批林批孔"運動。為了穩定局勢，1973 年 8 月 24 日至 28 日，中共第十次全國代表大會召開，9 月 12 日中共中央政治局開會，再次提出召開四屆人大和修改憲法的問題。由於憲法草案已在 1970 年 9 月黨的九屆二中全會基本通過，不需重新起草，也就不用成立憲法修改委員會，會議決定：成立憲法修改小組，由康生任組長，張春橋為代組長，江青、紀登奎、蘇振華、倪志福為組員，負責憲法修改、

25　韓延龍：《中華人民共和國法制通史》，中共中央黨校出版社，1998 年版，第 632 頁。

26　李劍：《關鍵會議親歷實錄》，中共中央黨校出版社，1998 年版，第 756 頁。

27　韓延龍：《中華人民共和國法制通史》，中共中央黨校出版社，1998 年版，第 632 頁。

整理工作。從 1973 年 9 月至 1974 年底這段時間內，曾有多個憲法修改草稿和向四屆人大作的憲法修改草案報告稿，陸續報中央審批。[28]

1974 年 10 月，毛澤東認為，"無產階級文化大革命"已經八年了，現在，以安定團結為好，全黨全軍要團結。1974 年 10 月 11 日，中共中央發出通知，決定在最近期間召開四屆人大修改憲法。

1975 年 1 月 8 日至 10 日，黨的十屆二中全會在北京舉行。全會討論了四屆人大的準備工作，決定將《中華人民共和國憲法修改草案》、《關於修改憲法的報告》等提交四屆人大討論。1975 年 1 月，張春橋在四屆全國人大第一次會議主席團第二次會議上，對草案的修改作了簡要說明：這個草案是在黨的九屆二中全會通過的草案基礎上修改而成的。修改主要是刪掉了林彪極力主張的設《國家主席》的那一章。張春橋針對四屆人大在審議憲法草案過程中提出的一些問題，作了如下解釋：

（1）關於在憲法草案中提到毛澤東的名字問題。這次把《序言》中提到毛主席名字的地方都去掉了。在討論中，有人提出要恢復毛主席的名字。對此，張春橋說，刪掉毛主席的名字是政治局討論並經毛主席同意的，不宜再恢復。1954 年制定憲法就沒寫毛主席的名字，當時起草時也有人主張要寫，毛主席堅持不寫上他的名字。這一次我們就是依照 1954 年憲法制定時毛主席堅持的原則辦的。

（2）關於在憲法中不寫"為實現共產主義而奮鬥"。在討論中，有人提議寫上。張春橋解釋說，我國有八億人口，共產黨員是少數，有相當多的人不一定贊成共產主義，將來寫不寫，到共產主義再說。

（3）關於地方各級人民代表大會會議要不要規定一年開一次。張春橋回答說，討論中有人不同意每年開一次，但寫上兩年開一次又不像樣，所以最好不寫，讓人大常委會去規定。

28　許崇德：《中華人民共和國憲法史》，福建人民出版社，2003 年版，第 460 頁。

（4）關於要不要設地方人大常委會。張春橋解釋，地方革命委員會本身就是人大常委會，地方人大常委會可以考慮將來再解決，不必寫在憲法上。

1975 年 1 月 13 日至 17 日，第四屆全國人民代表大會第一次會議在北京召開。1 月 13 日，張春橋代表黨中央向會議作《關於修改憲法的報告》。主要內容是：1954 年憲法是正確的。它的基本原則今天仍然適用，但它的部分內容今天已經不適用了。總結我們的新經驗，鞏固我們的新勝利，反映我國人民堅持無產階級專政下繼續革命的共同願望，就是我們這次修改憲法的主要任務。黨的基本路線是這次修憲的指導思想。這次修憲是對 1954 年憲法的繼承和發展，重要的修改有：①加強了黨的領導。②規定國家的階級性質是"無產階級專政的社會主義國家"。工農聯盟是"工人階級和它的可靠同盟軍貧下中農的聯盟"。③強化民主集中制，規定群眾有運用大鳴、大放、大辯論、大字報的權利和罷工的自由。④生產資料所有制主要有兩種。⑤把"中國永遠不做超級大國"寫進草案。1 月 17 日，這個歷經五年驚心動魄的鬥爭修改出來的憲法，經會議表決一致通過。

從 1975 年憲法的整個修憲過程來看，1975 年憲法的出台是特定時代特定條件下的特殊產物。首先，它是在"文化大革命"後期制定通過的，必然帶有"文化大革命"的深深烙印，是對"文化大革命"理論和實踐的肯定和總結。其次，它的醞釀和修訂，始終伴隨着同林彪集團、江青集團奪權陰謀的鬥爭及力量的較量，這也必然會在 1975 年憲法中反映出來。如取消國家主席建制，就是消極防止野心的做法。而關於國務院誰主持工作不加明確，則是江青集團陰謀削弱甚至取代國務院總理的表現。再次，1975 年憲法的修訂全過程完全撇開全國人大，是黨一手包辦的。從黨的領袖建議、黨的會議決定修憲，到中共中央直接主持修改，最後將草案交由全國人大走走形式予以通過。最後，1975 年憲法的通過，沒有大張旗鼓的宣傳，沒有造成全民學習憲法的氛圍。與此相反，它是秘密通過的。因為，我們的全國人大從 1962 年 3 月至 1975 年 1 月，在這段時間裏共召開的四次全國人民代表大會，即二

屆三次會議（1962 年 3 月 27 日至 4 月 18 日）、二屆四次會議（1963 年 11
月 17 日至 12 月 3 日）、三屆一次會議（1964 年 12 月 20 日至 1965 年 1 月 4
日）、四屆一次會議（1975 年 1 月 13 日至 17 日），全是在秘密狀況下舉行
的。所以，當時在四屆人大召開之前，各媒體包括《人民日報》沒有對修改
憲法作任何宣傳。在四屆人大第一次會議期間，對大會討論憲法修改草案也
沒有做絲毫報道。直到四屆人大在 1975 年 1 月 17 日閉幕以後，《人民日報》
才在 1 月 20 日公佈了 1975 年憲法。

三、修憲內容評析

（一）修憲的主要內容

1975 年憲法由五部分組成：《序言》；《第一章　總綱》；《第二章　國家
機構》，下分五節，即《全國人民代表大會》、《國務院》、《地方各級人民代
表大會和地方各級革命委員會》、《民族自治地方的自治機關》、《審判機關和
檢察機關》；《第三章　公民的基本權利和義務》；《第四章　國旗、國徽、首
都》。共 30 條，約 4,000 字，主要內容如下：

（1）1975 年憲法的《序言》是重新寫的。《序言》記載了中國人民英勇
奮鬥，取得新民主主義革命、社會主義革命和社會主義建設偉大勝利的光輝
歷史，對 1954 年以來 20 年的國家政治、經濟、文化和國際關係的重大變化
進行了概括和總結。把黨的九大、十大肯定的新經驗和新的勝利成果，即黨
的基本路線、基本政策寫進序言，上升為憲法。肯定了“無產階級文化大革
命”是用“無產階級專政下繼續革命”的理論和實踐去解決社會主義的矛盾
的形式。還把許多“文化大革命”中流行的政治口號也寫進序言。

（2）強調黨的領導。"中國共產黨是全中國人民的領導核心。工人階級經過自己的先鋒隊中國共產黨實現對國家的領導。馬克思主義、列寧主義、毛澤東思想是我國指導思想的理論基礎。"（第二條）為了加強黨對國家機構的一元化領導，憲法規定"全國人民代表大會是在中國共產黨領導下的最高國家權力機關"（第十六條），"中國共產黨中央委員會主席統率全國武裝力量"（第十五條），等等。

（3）規定了國家機構體制。明確規定了國家的政權性質是無產階級專政的社會主義國家，國家的政權組織形式是以工農兵代表為主體的各級人民代表大會，規定了無產階級專政的對象和政策。同時，還把"政社合一"的農村人民公社和"文化大革命"中產生的"三結合"的地方各級革命委員會作為地方的一種政權形式。刪除了設置國家主席的全部條文。在行政區劃中將專區（省政府的派出機關）改稱地區，地區是一級地方政權單位，設立人大和政府。

（4）規定了國家的經濟制度和建設社會主義的一系列方針政策。充分肯定了生產資料所有制的社會主義改造的成就，規定現階段的經濟制度主要是全民所有制和勞動群眾集體所有制兩種形式。國家允許非農業的個體勞動者和農村人民公社社員從事有組織的、法律許可範圍內的、不剝削他人的個體勞動，經營少量的自留地、自留畜和家庭副業。國家實行"按勞分配"原則。重申了鼓足幹勁、力爭上游、多快好省地建設社會主義的總路線。規定了要繼續開展階級鬥爭、生產鬥爭、科學實驗三大革命運動；要獨立自主，自力更生，艱苦奮鬥，勤儉建國，抓革命，促生產，促工作，促戰備；要以農業為基礎，以工業為主導，發揮中央和地方兩個積極性，有計劃按比例發展社會主義經濟等一系列經濟建設的方針和政策。

（5）規定了在上層建築領域的各項政策。規定國家機關和工作人員必須認真學習馬克思列寧主義、毛澤東思想，必須密切聯繫群眾，糾正不正之風，參加集體生產勞動，必須實行精簡原則和老、中、青三結合的領導機構；規定無產階級必須在上層建築、其中包括各個文化領域對資產階級實行全面專政，注意抓上層建築領域裏的社會主義革命。

(6) 規定了中國永遠不做超級大國的對外政策。規定中國在和平共處五項原則基礎上同各國和平共處，反對侵略和戰爭，反對霸權主義。

(7) 規定了民主集中制和公民的一些基本權利。規定國家機關一律實行民主集中制；規定在少數民族聚居地區實行民族區域自治制度；規定公民的基本權利，主要限於選舉權、勞動權、受教育權、休息和獲得物質幫助權、控告權，言論、通信、出版、集會、結社、遊行、示威等權利。憲法修改報告中還談到，根據毛主席的建議，第二十八條增加了公民有罷工自由的內容。

(二) 1975 年憲法的嚴重缺陷

由於 1975 年憲法是在 "文化大革命" 時期搞出來的，"文化大革命" 中的極左思想浸透了憲法全文。憲法的修改者完全是從當時政治需要的角度制定的。他們對憲法的基本理論和基本知識不甚了解，致使 1975 年憲法充斥了政治口號、個人語錄、具體政策，缺少法律的規範性和法律邏輯，不像一部具有規範性的憲法而更像政治宣言。1975 年憲法的嚴重缺陷主要如下：

(1) 從形式和結構上看，條文粗陋，表述不嚴謹，比例失調，體例混亂。

第一，文字表述過於簡單，比例失調，致使許多應該規定的卻沒有規定。1954 年憲法是 106 條，約 9,000 字；1978 年憲法是 60 條，約 7,000 字；1982 年憲法是 138 條，約兩萬多字。據統計，世界上 142 部成文憲法，其中 10 部超過 3.6 萬字，24 部少於 5,000 字，平均每部為 1.59 萬多字，而 1975 年憲法僅 30 條，不到 4,000 字，還包括許多個人語錄等非法律性語言。由於當時全國上下鄙視文化，似乎大老粗最革命，其文風也就粗俗，簡而不精。如九大黨章只有 12 條，僅及八大黨章條文數的 1/5。1975 年憲法全文 30 條，總綱就有 15 條，佔了憲法條文的一半，比例嚴重失調。

第二，體例混亂，結構不嚴謹。1975 年憲法混淆黨政關係，把黨和國家機關混同起來,把黨章規定的一些內容,直接放進了應主要規定國家制度、社會制度的基本原則和基本內容的憲法中。它除了在《序言》中通過總結由於中國共產黨的領導而取得的社會主義革命和社會主義建設的勝利經驗,提出"我們必須堅持中國共產黨在整個社會主義歷史階段的基本路線和政策"以外,在憲法正文部分又先後五次提到中國共產黨的領導,即第二、第十五、第十六、第十七、第二十六條。這是強化黨的一元化領導的集權體制在憲法條文形式上的明確表現。

國家機構的節名不一致。第一節至第三節是用機關的名稱作為節名,第四節和第五節又用機關性質作為節名,尤其是第五節不用人民法院和人民檢察院,而用審判機關和檢察機關作為節名,從而造成體例上的不一致。這可能是因為取消了人民檢察院又要規定檢察院職權的行使,就只好使用審判機關和檢察機關作節名。

《公民的基本權利和義務》這部分排列位置不恰當。在《公民的基本權利和義務》這部分的內部次序上,應先規定權利,再規定義務。1975年憲法卻先規定義務再規定權利,進而在規定公民權利時,又將公民的政治權利和自由、人身、經濟文化社會這三個方面的權利相互混雜。這充分表現了憲法修改者對憲法基本知識的缺乏。

第三,規範疏漏,缺乏法律的科學性。1975年憲法有許多不該寫進憲法的語言。在《序言》和《總綱》中,毛澤東的語錄隨處可見;許多不是針對同一問題的號召性的語錄放在一起,使1975年憲法更像我們黨的政治綱領;有些條文很不規範,很不嚴謹。比如《序言》中規定:"要繼續開展階級鬥爭、生產鬥爭和科學實驗三大革命運動,獨立自主,自力更生,艱苦奮鬥,勤儉建國,鼓足幹勁,力爭上游,多快好省地建設社會主義,備戰、備荒、為人民。""團結起來,爭取更大的勝利。"又如,《總綱》第十條中的"抓革命,促生產,促工作,促戰備","以農業為基礎,以工業為指導";第十一條中的"無產階級政治掛帥","老、中、青三結合";第十二條中的"為無產階級政治服務”，“與生產勞動相結合”；第十三條中的“一個又有集中又有民主，又有紀律又有自由，又有統一意志又有個人心情舒暢，生動活潑的政治局面”，這些規定具體指什麼、怎樣實施等，很不好理解，也缺乏具體操作性。再如，第十五條中的“中國人民解放軍和民兵是中國共產黨領導的工農子弟兵”，“中國人民解放軍永遠是一支戰鬥隊，同時又是工作隊，又是生產隊”。解放軍是工農子弟兵，是否意味着出身幹部、知識分子等家庭的非工農子弟不得參加解放軍？解放軍又是生產隊，這與第七條中的“生產隊為基本核算單位”的生產隊又有什麼區別？如此等等，不勝枚舉。

（2）從憲法修改的指導思想看，把“以階級鬥爭為綱”作為國家的基本路線，確認“無產階級專政下繼續革命”的理論和實踐。

張春橋在修改憲法的報告中認為，“總結我們的新經驗，鞏固我們的新勝利，反映我國人民堅持無產階級專政下繼續革命的共同願望，就是我們這次修改憲法的主要任務”。肯定和堅持黨在整個社會主義歷史階段的基本路線，“就是我們的主要經驗，也是我們這次修改憲法的指導思想”。在這樣的指導思想下，1975年憲法在《序言》中寫進了黨的基本路線：“社會主義社會是一個相當長的歷史階段，在這個歷史階段中，始終存在着階級、階級矛盾和階級鬥爭，存在着社會主義同資本主義兩條道路的鬥爭，存在着資本主義復辟的危險性，存在着帝國主義、社會帝國主義進行顛覆和侵略的威脅。這些矛盾，只能靠無產階級專政下繼續革命的理論和實踐來解決。”這段話是按照毛澤東1962年提出的關於社會主義時期階級鬥爭的看法寫上去的，這種看法後來被作為中國共產黨在整個社會主義歷史時期的基本路線，也是“文化大革命”發動的理論依據。

在這種思想指導下，1975年憲法還規定：“無產階級必須在上層建築中包括各個文化領域對資產階級實行全面專政”，“大鳴、大放、大辯論、大字報是人民群眾創造的社會主義革命的新形式”等等。這些“文化大革命”中的說法和做法，一一寫進憲法，足以說明1975年憲法成功地完成了“修改任務",實現了修憲的"指導思想"。它確認了"文化大革命"的合法性,給1957年以來的階級鬥爭擴大化、極左思潮和極左錯誤提供了憲法依據,從而也使整個國家處於無序化狀態。

(3)從憲法的內容看,無論是對經濟制度、政權體制還是公民權利的規定,都帶有深深的"文化大革命"的烙印,具有超越歷史階段的嚴重極左錯誤。

第一,在經濟制度上肯定脫離中國實際的"窮過渡",一味追求通過在生產關係和上層建築領域的革命來實現社會經濟的發展。1975年憲法沒有明確集中地提出社會主義經濟建設的主要任務,而是以階級鬥爭的理論為出發點,提出"要繼續開展階級鬥爭、生產鬥爭和科學實驗三大革命運動",要"抓革命,促生產,促工作,促戰備"。首先是抓革命,然後把生產上升為鬥爭並列為三大革命活動中的一種,這就完全忽略了經濟建設的規律性,把過去用搞政治運動的方式搞經濟的極左實踐上升為憲法規定,混淆了政治與經濟、運動與建設的界限。這必然阻礙把工作重心放在經濟建設上,妨礙把國民經濟搞上去和社會主義經濟的正常發展。

1975年憲法不顧我國生產力發展水平,規定"純粹"的社會主義生產資料所有制只有全民的與集體的兩種所有制形式,而對其他所有制經濟,只允許個體經濟的合法存在,並明確給予極大限制。如有組織的統一安排,不剝削他人勞動,只能在保證集體經濟的發展和佔絕對優勢的條件下少量存在,個體經濟要發展必須是社會主義集體化,等等。與這種"一大二公"的所有制形式相適應,1975年憲法規定了"純粹"的社會主義的分配形式即"不勞動者不得食","各盡所能,按勞分配"。

規定"不勞動者不得食"是極不恰當的。"不勞動者不得食",是在1919年蘇俄憲法裏首先作為分配原則的主要內容提出來的,當時主要是針對剝削階級的,是同革命的對象即不勞而獲、依靠剝削為生的資產階級作鬥爭。而中國20世紀70年代的情況與當時的蘇聯大不一樣。首先,中國的民族資產階級在民主革命時期是革命的同盟者,在革命勝利後參加了新政權,國家副主席中就有他們的代表即民主黨派的負責人。在社會主義改造完成以後，我們消滅了剝削制度，民族資產階級基本被改造成為自食其力的勞動者，所以不存在他們的不勞而獲。其次，"不勞動者不得食"如果指每一個有勞動能力的人都應該勞動，不勞動就不能分配消費品、取得勞動報酬，那麼就與"按勞分配"原則重複了。再次，"不勞動者不得食"與憲法的其他規定也有矛盾。如第二十七條第二款規定勞動者"在年老、疾病或者喪失勞動能力的時候，有獲得物質幫助的權利"。這就是說，這些人不勞動也要吃飯，也要生活。[29]

第二，在政權體制上強化黨的一元化領導，黨政不分，以黨代國，以黨代政。在全國人大和中國共產黨的關係上，突出黨領導一切的地位，削弱國家機構和國家政權的職能。如規定"全國人民代表大會是中國共產黨領導下的最高國家權力機關"（第十六條），全國人大"根據中國共產黨中央委員會的提議任免國務院總理和國務院組成人員"（第十七條）。這樣規定有明顯的邏輯上的矛盾：一方面，肯定了全國人大是國家的最高權力機關；另一方面，全國人大又在共產黨的領導之下，似乎在最高權力機關之上還有一個更高的權力機關，這是不合邏輯、自相矛盾的。而且對全國人大的規定只用了三個條文，關於全國人大行使國家立法權以及決定權、任免權等規定得較含混籠統；關於全國人大的監督權、設立全國人大的專門委員會、全國人大代表的權利以及憲法的修改程序等重大問題均未作規定；關於全國人大的任期和開會的規定具有隨意性。.

搞亂國家體制和國家機關的權力分工。比如，取消國家主席設置，將原國家主席的部分職權改由全國人大常委會行使，但有些屬於國家主席的職權，如授予國家勳章和榮譽稱號、發佈大赦令和特赦令、發佈戒嚴令、宣佈戰爭狀態、發佈動員令等應由哪些機關行使，都沒有具體規定。又如，規定中國共產黨中央委員會主席統率全國武裝力量（第十五條），取消檢察院的設

29　張友漁：《憲政論叢》（下），群眾出版社，1986年版，第395-396頁。

置，規定檢察機關的職權由各級公安機關行使（第二十五條）。再如，在國家機關組織系統上，規定由國務院統一領導各部、各委員會和全國地方各級國家機關的工作（第二十條），這樣一來，地方人大、法院等都要聽從國務院指揮，但是對國務院的性質和工作方式沒作明確規定，還取消了國務院應由誰主持工作的規定以及取消了秘書長職位。還有，改變地方機關的設置，用"文化大革命"中產生的革命委員會取代原來的人民委員會，規定革委會既是地方政府，又是地方各級人民代表大會的常設機關（第二十二條），並肯定了人民公社"政社合一"體制（第七條）。

第三，取消了社會主義司法制度的一些基本原則。如公民在法律上一律平等的原則、法院獨立審判原則、人民陪審員制度、公開審判制度、被告人辯護制度等都被取消，卻規定對重大的反革命刑事案件要發動群眾討論和批判（第二十五條）。

第四，簡化並縮小了公民權利，有損憲法的精神。憲法應體現兩大價值：一是制約公共權力，二是保障公民權利。1975年憲法在規定公民的基本權利和義務時竟先規定公民義務，再規定公民權利，並極力縮小公民權利和自由的範圍。同時，取消國家對公民享有的基本權利的保障性規定，刪掉了公民的遷徙自由，進行科學研究、文藝創作和其他文化活動的自由和對國家工作人員的要求賠償權；大大簡化了對選舉權和被選舉權、勞動權、休息權、獲得國家物質幫助權、受教育權、婦女同男子平等權等基本權利的規定。這種對公民基本權利規定既採用列舉方式，又很貧乏和空泛的做法，極大地損害了憲法的宗旨和靈魂。

綜上所述，"1975年憲法是一部存在嚴重缺陷的憲法，是新中國憲法史上的大倒退"。"1975年憲法，是在那種很不正常的條件下制定出來的。這個憲法對於很多需要認真規定的東西，都過於草率。"[30] 從1975年下半年開始，

30　《胡喬木文集》（第二卷），人民出版社，1993年版，第512頁。

江青反革命集團加緊了篡黨奪權的活動，使 1975 年憲法在實踐中發揮的作用
微乎其微，它不過是起到了一種政策點綴的作用。

（三）1975 年憲法性質 [31]

張春橋在《關於修改憲法的報告》中，曾就 1975 年憲法與 1954 年憲
法的承繼關係作過說明："1954 年憲法，是中國第一個社會主義類型的憲
法。""二十年的實踐證明，這個憲法是正確的。它的基本原則，今天仍然適
用。""它的部分內容今天已經不適用了。""現在提出的這個修改草案，是
1954 年憲法的繼承和發展。"因此，從總體框架、基本原則的角度看，1975
年憲法應該是屬於社會主義性質的。這主要表現在：1975 年憲法堅持了 1954
年憲法所確立的民主原則和社會主義原則；肯定了"中華人民共和國是工人
階級領導的以工農聯盟為基礎的無產階級專政的社會主義國家"；肯定了社會
主義改造的勝利成果和社會主義建設的光輝成就；肯定了社會主義公有制和
按勞分配原則；肯定了精簡國家機關的原則；肯定了和平共處五項基本原則
的國際關係準則和反對侵略、反對戰爭、反對霸權主義的對外政策；保留了
人民代表大會的政權組織形式和民主集中制原則；保留了在少數民族聚居的
地區實行民族區域自治的制度；保留了公民享有的基本權利等等。

站在今天的時代，以歷史唯物主義的眼光看待"總體上講仍不失為一部
社會主義性質的憲法"的 1975 年憲法，其最值得堅持、肯定和保留的主要有
以下幾個方面：

（1）1975 年憲法堅持社會主義制度和中國共產黨的領導。1975 年憲法將
"中華人民共和國是工人階級領導的以工農聯盟為基礎的無產階級專政的社會

31　相關的學術討論，參見許崇德：《中華人民共和國憲法史》，福建人民出版社，2003 年 4 月版，第 876
　　頁；許崇德、何華輝：《我國新憲法同前三部憲法的比較研究》，《中州學刊》1983 年第 1 期；王晹：《新
　　中國的制憲修憲歷程》，《百年潮》2014 年第 10 期。

主義國家"（第一條），"中國共產黨是全中國人民的領導核心。工人階級通過
自己的先鋒隊中國共產黨實現對國家的領導"（第二條）列入總綱的前兩條。
這與 2018 年 3 月 11 日第十三屆全國人民代表大會第一次會議通過《中華人
民共和國憲法修正案》後的憲法《總綱》第一條 "中華人民共和國是工人階
級領導的、以工農聯盟為基礎的人民民主專政的社會主義國家。社會主義制
度是中華人民共和國的根本制度。中國共產黨領導是中國特色社會主義最本
質的特徵。禁止任何組織或個人破壞社會主義制度"，在根本上是相一致的，
在內容上是相契合的。

　　（2）1975 年憲法與 1954 年憲法、1978 年憲法以及現行憲法中都有社會
主義核心價值觀相關內容。2018 年 3 月 11 日，第十三屆全國人民代表大會
第一次會議通過了對現行憲法的第五次修正。其內容之一就是在第二十四條
內容中增加 "國家倡導社會主義核心價值觀"，使其上升為國家意志。2018
年憲法修改，將社會主義核心價值觀寫入憲法，是從根本上增強我國軟實
力、提升社會道德水平和社會主義文明程度的重大戰略，對於實現國家治理
現代化具有重大意義。自 1949 年頒佈《共同綱領》以來，我國就十分重視通
過憲法推動核心價值觀建設。1954 年憲法、1975 年憲法與 1978 年憲法以及
現行憲法中都有社會主義核心價值觀內容。"憲法序言通過 '革命敘事' 和四
項基本原則、國家奮鬥目標的規定，將社會主義核心價值觀融匯在歷史回顧
和未來規劃之中；憲法總綱通過對政治、經濟、社會和文化制度的規定，體
現了國家層面和社會層面的核心價值觀；公民基本權利和義務集中體現了社
會層面和個人層面的核心價值觀；國家機構條款不僅蘊含了國家層面和社會
層面的核心價值觀，而且為實現核心價值觀提供保障；國家標誌條款彰顯著
'富強'、'民主'、'文明'、'自由'、'愛國' 等核心價值觀。" [32]

32　此為周葉中於 2018 年 9 月 12 日在西南政法大學所作，由中宣部宣教局、光明日報社共同主辦的 "核心
　　價值觀百場講壇" 第 77 場活動中，題為《新中國憲法歷程與社會主義核心價值觀入憲》的講座的部分內
　　容。見《百場講壇走進西南政法大學，宣講核心價值觀入憲》，光明網 2018 年 9 月 12 日。

　　（3）1975年憲法和1978年憲法在設立憲法權利、保障公民基本權利和人權保障事業方面起到承上啟下的作用。從1954年憲法到1975年憲法再到1978年憲法，在保障人權方面，儘管受到了不同時期具體的歷史條件的影響，在權利主體和具體的權利內容方面存在着某些差異。但這三部憲法在設立憲法權利、保障公民基本權利總的指導思想和立法原則以及設計具體的憲法權利的內涵時，基本的立場和精神是一致的或者是相似的。三部憲法文件在保障人權的思想和人權保障理念方面是一脈相承的。

　　相對於1954年憲法來説，1975年憲法和1978年憲法雖然在某些方面有停止或倒退的跡象，但是在另外一些方面也有不斷發展和權利進化的趨勢。而從總體上看，1975年憲法和1978年憲法在規定憲法權利和公民的基本權利方面，在我國的人權保障事業的發展進程中，都起到了承上啟下的作用，其歷史性地位不容忽視，其制度意義也不容否定，為1982年憲法關於憲法權利和公民基本權利的規定奠定了法律基礎。[33]

　　（4）1975年憲法開啟了中華人民共和國憲法修改由執政的中國共產黨提出"修憲建議"的憲法慣例。提出"修憲建議"，是突出表現中國共產黨執政方式的重要方面。1975年憲法以後的憲法修改，都採用了這種方式，長此以往，形成了一個不成文的慣例，亦稱為憲法慣例。由執政的中國共產黨提出"修憲建議"，雖然在憲法中沒有明確規定，但它符合憲法精神和原則，因而是合憲的。以後的憲法修改，無論是1978年和1982年的全面修改，還是1988年、1993年、1999年和2004年的局部修改，都是由中國共產黨中央委員會提出"修憲建議"這一憲法慣例的歷史延續。[34] 2018年1月26日，第十九屆中國共產黨中央委員會提交給第十三屆全國人民代表大會常務委員會《關於修改憲法部分內容的建議》，是這一憲法慣例的再一次延續，也是中國

33　莫紀宏：《1978年憲法在人權保障中的主要特徵及其作用》，《河南省政法管理幹部學院學報》2005年第2期。

34　范毅：《"修憲建議"與共產黨執政》，《南京財經大學學報》2004年第2期；中國人民大學複印報刊資料《中國政治》專題2004年第9期。

共產黨依憲治國、依憲執政的重要體現，更是 "中國共產黨領導是中國特色社會主義最本質的特徵" 這一憲法條款的重要體現。

四、1975 年憲法的運行與影響

（一）1975 年憲法沒有得到實施

（1）在法制被輕視和踐踏的年代，1975 年憲法不可能得到實施。

1975 年憲法是秘密通過的。與 1954 年憲法相比，1975 年憲法在體例、內容上變化巨大。但在 1975 年憲法通過前，無論是學術界，還是各宣傳媒體，均沒有對修改憲法作任何宣傳。在四屆人大討論憲法修改草案的過程中，對討論情況沒做報道。只是在四屆人大已經閉幕，1975 年憲法已經通過三天之後，《人民日報》才在 1975 年 1 月 20 日予以公佈。當時對於這種狀況，並沒有什麼人提出不同意見。中國歷來缺少法制文化，廣大民眾憲法意識淡薄，這種認識水平和文化氛圍，不可能對 1975 年憲法的運行產生積極的影響。

由於 "文化大革命" 期間的無法無天，手持憲法文本的國家主席也沒能捍衛自己和憲法的尊嚴。

"到 1958 年經過一場反右鬥爭和大躍進運動，黨在 '八大' 確定的健全社會主義法制的正確方針和毛澤東本人堅持法制的觀點被拋棄，公然否認法制，稱讚人治。" [35] 這種蔑視法制的思想，給法制建設帶來的損害是非常嚴重的。很快在黨內、社會上和法學界蔑視法制的思潮風行，對法制的一些基本原則也展開了批判，並且導致了隨後取消法制的一系列後果，法律虛無主義開始氾濫起來。

35　蔡定劍：《歷史與變革》，中國政法大學出版社，1999 年版，第 92 頁。

　　黨和毛澤東同志輕視法制，同長期存在的階級鬥爭觀念、處理社會矛盾習慣用的群眾運動方法、高度集權的個人說了算的領導體制有密切關係。而公有制基礎上的高度計劃經濟體制，也客觀上需要人治和政策指揮，而不需要法制。輕視法制也是一代領導人和毛澤東同志個人的局限。中國革命不是依靠法律，而是靠衝破法制，靠廣大人民群眾的革命熱情和領袖的發動群眾贏得革命勝利。領袖們必然很自信和習慣於以傳統的方式來從事工作。在進行社會主義建設新的課題面前，我們黨本來完全沒有經驗，毛澤東同志憑藉革命戰爭年代建立起來的威信，黨和人民群眾對他的極大信任和高度擁戴，利用群眾建設社會主義的高度熱情，置法律而不顧，發起了一次次經濟的躍進和制度的躍進。當1958年他計劃掀起社會主義建設高潮時，受到群眾持續高漲的建設熱忱的鼓舞，他的浪漫主義情緒得到昇華。在如火如荼的群眾運動和轟轟烈烈的建設高潮面前，任何的法制都會感到黯然失色。他覺得群眾運動就是建設國家的最好方法。這實質上就是他的局限性，他過去的成功和自信使他不可能選擇他所不熟悉的民主法制的治國之路，而是選擇他駕輕就熟的治國方法——階級鬥爭和群眾運動。所以，古老傳統的中國儒學文化，一元化領導的政治體制，重視階級鬥爭和搞群眾運動的國家領袖等條件，這使我國必然選擇走"要人治，不要法治"的道路。[36]

　　(2) 沒有制定與之配套的法律，1975年憲法的規定從一開始就被視為一紙空文。

　　1975年憲法對國家機構作了很多新的規定，但沒有制定與之配套的各種組織法，也沒有對有關機構、制度、運作等按1975年憲法作相應的調整。四屆全國人大常委會只開了四次會議。其中在粉碎"四人幫"前召開的兩次會議，總共只開了三天。除了通過關於特赦釋放全部在押戰爭罪犯的決定和幾

36　蔡定劍：《歷史與變革》，中國政法大學出版社，1999年版，第94頁。

個任命事項外，沒有什麼實質性內容。同時，國家重大問題根本不提請全國人大及常委會討論決定。如 1976 年 2 月 3 日，中共中央發出 1976 年 1 號文件，由華國鋒任國務院代總理。[37]1976 年 4 月，中共中央"根據偉大領袖毛主席提議，中共中央政治局一致通過，華國鋒同志任中國共產黨中央委員會第一副主席，中華人民共和國國務院總理"。"根據偉大領袖毛主席提議，政治局一致通過，撤銷鄧小平黨內外一切職務，保留黨籍，以觀後效。"[38] 憲法中關於國務院人員由全國人大任免的規定根本就是一紙空文。

　　1976 年 1 月 8 日，周恩來總理逝世，全國人民無限悲痛。廣大群眾以各種方式寄託自己的哀思，但遭到了"四人幫"的阻撓。到了 3 月下旬，南京、杭州、鄭州、西安、太原等城市的群眾，利用清明節祭祀祖先的傳統，紛紛舉行悼念周恩來總理的活動。北京從 3 月底開始，廣大群眾自發地彙集到天安門廣場，在人民英雄紀念碑前敬獻花圈、花籃，張貼傳單，朗誦詩詞，發表演說，抒發對周總理的悼念之情，痛斥"四人幫"的倒行逆施。4 月 4 日（丙辰年清明），悼念活動達到高潮，首都和外地來京的群眾，不顧當時的重重禁令到天安門廣場，達 200 多萬人次，聲勢浩大，群情激憤，矛頭直指"四人幫"。4 月 5 日晚，一些民兵和警察封鎖了天安門廣場。嗣後，進行了大規模的追查，總計立案 1,984 件，共有 388 人被捕。與此同時，全國各地爆發的悼念周總理、反對"四人幫"的群眾運動，也同樣遭到破壞和鎮壓。

　　1975 年憲法第二十八條規定，"公民有言論、通信、出版、集會、結社、遊行、示威、罷工的自由"，"公民的人身自由和住宅不受侵犯。任何公民，非經人民法院決定或者公安機關批准，不受逮捕"。"四五運動"是人民群眾自發聚集，採取各種可行的方式，表達自己的意願，指陳國家大事，以表示擁護以鄧小平為代表的黨的正確領導，這是符合 1975 年憲法所規定的公

37　當代中國研究所：《中華人民共和國史稿》第三卷，人民出版社，當代中國出版社，2012 年版，第284 頁。

38　《中共中央關於撤消鄧小平黨內外一切職務的決議》，《人民日報》1976 年 4 月 8 日，第 1 版。

民行使權利的原則，是為憲法所允許的。

（二）1975 年憲法的影響

（1）1975 年憲法是作為總結經驗、肯定勝利的結論加以修改的，它必然就把憲法作為達到政治目標，實現政黨政策的工具，而不認為憲法是一切組織和個人的行為準則，是約束國家機關和領導人權力的法律。

由於 1975 年憲法是新中國第一次修憲的產物，而且是全面地修改，歷時五年，歷經兩個階段，第一階段還發動群眾討論過。因此，這種用憲法肯定政策、總結經驗的模式，對國家領導人和全國人民的認識產生了深刻的影響。換句話說，這種修憲模式沒有擺正憲法適應現實生活的需要與憲法的終極價值取向二者的關係，沒有樹立起憲法作為根本法的地位，反而損害憲法的威信和權威，法制建設、依憲治國未能提上議事日程。所以，1975 年憲法在公佈以後，對國家走上法制軌道沒有產生任何積極影響，沒能制止社會生活的混亂和無序，更不用說憑藉 1975 年憲法去限制國家權力和保障公民權利了。

（2）1975 年憲法對後來修憲的影響：

首先是修憲形式上的影響。從修憲建議的提出到起草和修改，是根據毛澤東的具體指示，由政治局常委討論決定的，四屆人大不過是履行了手續。這導致 1978 年憲法修改時，由全體政治局委員組成了修憲委員會，秘密修改。同時，也由此創下了由中共中央首先提出修憲建議的憲法慣例。[39] 另外，採用全面修改、重新頒佈憲法文本的方式，也為 1978 年修憲和 1982 年修憲所沿用。

其次是修憲內容上的影響。1975 年憲法對經濟制度規定過於具體、瑣

39　實際上從《共同綱領》到 1982 年歷次憲法修正案，每一次立憲或者修憲的建議和具體內容都是由中共中央提出並在其直接領導下進行的。如：1949 年 1 月 6 日至 8 日中共中央政治局舉行會議，決定在黨的七屆二中全會上“通過準備提交政治協商會議的《共同綱領》的草案”，而在這之前，中共中央早有準備，從 1948 年 10 月李維漢負責起草的《中國人民民主革命綱領草案》開始，先後提出了共同綱領最初的幾個草案。

碎，缺乏彈性和包容性，許多黨的階段性政策被直接寫進憲法，這也使後來
的修憲在經濟制度方面動得最多。因為，經濟是社會生活中最活躍的因素，
隨時在變化和發展，在憲法中過多地規定經濟制度的內容，就使憲法無法及
時適應經濟變化的要求，必然會破壞憲法的穩定性。而後來的 1978 年憲法、
1982 年憲法以及對 1982 年憲法的幾次修改，均過多地規定了經濟制度的內
容，成為頻繁修憲的原因之一。

　　20 世紀 60 年代至 70 年代的憲法變遷，在中國百年憲法史上，也許並不
引人注目，其憲法制度尤其是憲法學說，在某些人眼裏也許只是一片空白。
的確，放眼憲法發展的新的背景，中國 20 世紀 60 年代至 70 年代的憲法發展
及憲法學說，的確有令人痛心、令人扼腕嘆息的地方，但也不乏給世人以深
省和啟示之處。憲法絕不是某一個國家的專利，憲治也絕不是某一個民族的
資源，憲法學說更不是某一個年代的特產。憲法是人類智慧的結晶，憲治是
社會前行的必然。中國百年憲法史已經表明並將繼續表明：有什麼樣的社會
歷史條件，就有什麼樣的憲法制度，也就有什麼樣的憲法思想和憲法學說。
憲法之路，沒有停頓；憲法學說，沒有空白 [40]：不管它以什麼樣的形式表現出
來。任何時期的憲法發展及其憲法學說，在這個民族的憲法史和憲法學說史
上，都必然有它特定的地位和獨到的思想與文化價值 [41]。

40　"至於 1975 年憲法和 1978 年憲法，雖然反映了極左的路線和思潮因而很不完善，但從本質上講，這兩
部憲法還沒有失去社會主義的屬性。"參見許崇德：《中華人民共和國憲法史》，福建人民出版社，2003
年版，第 876 頁。

41　韓大元主編：《中國憲法學說史研究》（上），中國人民大學出版社，2012 年版，第 482 頁。

第四章

曲折中的發展：
1978 年憲法的全面修改

在本稿中，我們堅持 1954 年憲法是新中國的唯一一部正式憲法，1975 年、1978 年、1982 年都是全面修憲而非重新制憲的觀點。因此，下文中涉及各部憲法的稱謂時，我們一般選擇規範地將其稱為 "1954 年憲法"、"1975 年（全面）修憲"、"1978 年（全面）修憲" 等。但考慮到今人的語言習慣，亦為敘事便利計，我們也會使用 "1954 年憲法"、"1975 年憲法"、"1978 年憲法"、"1982 年憲法" 這樣的稱謂。

一、破舊迎新：變革中的中國社會與 1978 年全面修憲

（一）歷史性勝利與撥亂反正

1975 年全面修憲一年後，中國的政治生活發生了重大的變化。1976 年 1 月至 9 月，黨和國家重要領導人周恩來、朱德、毛澤東相繼去世，悲壯的 "四五運動" 爆發，唐山發生了震驚世界的大地震。與此同時，1975 年鄧小平在主持工作期間曲折地表達了 "文化大革命" 給教育、科技、工業、軍隊建設造成的損害，並將經濟建設提到比階級鬥爭重要的地位，這種否定 "文化大革命" 的傾向使中國人民看到了希望。

1976 年 1 月周恩來逝世後，"四人幫" 未能如願，毛澤東選中了華國鋒接任總理職位。9 月毛澤東逝世後，"四人幫" 便迫不及待地要篡奪黨和國家最高領導權。他們一方面攻擊鄧小平等老一輩無產階級革命家，另一方面加緊反對華國鋒。10 月 6 日，華國鋒在葉劍英、李先念等老同志的支持下，執行黨和人民的意志，採取斷然措施，將 "四人幫" 隔離審查，並控制政治局面。這是一個歷史性勝利，10 月 7 日，中共中央政治局作出關於華國鋒任中共中央主席、中央軍委主席的決議。10 月 18 日，中共中央向各級組織發出《關於王洪文、張春橋、江青、姚文元反黨集團事件的通知》，從而結束了 "文化大革命"，國家政治生活、社會秩序和人民的生活秩序開始恢復正常，各項工作將步入正軌，國家建設將進入一個新的發展時期。

粉碎 "四人幫" 以後，黨和政府開始着手撥亂反正。從 1976 年 10 月到 1978 年 3 月，一年多的撥亂反正初見成效。

1. 政治上清查幫派體系，平反冤假錯案

整頓黨和國家的組織，在全國白上而下開展清查"四人幫"幫派體系的工作。通過清查，調整和加強了黨和國家的各級領導班子，清除了領導崗位上的"三種人"[1]，基本上制止了派性鬥爭，全國開始出現安定團結的局面。

開始平反冤假錯案。"文化大革命"中以及"文化大革命"前的歷次政治運動製造了一大批冤假錯案。據統計，十年浩劫僅國家機關幹部被立案審查的就佔當時國家幹部人數的 17.5%，特別是中央、國家機關副部長以上和地方副省長以上的高級幹部，被立案審查的高達 75%。[2] 粉碎"四人幫"以後，平反冤假錯案的工作被提上了議事日程。從 1977 年 1 月 19 日《人民日報》發表評論員文章《切實清理審查積案，落實黨的幹部政策》，到 1977 年 7 月黨的十屆三中全會接受陳雲的意見，正式作出關於恢復鄧小平職務的決議，再到 1977 年 10 月 7 日《人民日報》《把"四人幫"顛倒的幹部路線是非糾正過來》一文的發表，逐步使平反冤假錯案工作得到肯定，糾正冤假錯案工作有了實質性進展，調動了廣大幹部群眾的積極性。

2. 經濟上工農業生產開始復甦，生活水平得到提高

1978 年農業生產獲得大豐收，糧食突破 6,000 億斤，超過歷史最高水平；1977 年工業總產值比 1976 年增長 14.3%，1978 年又增長 13.5%；1977 年財政收入比上年增長 12.6%，1978 年又增長 28.2%；人民生活水平有所提高，1977 年全國 60% 的職工 10 多年來第一次不同程度地增加了工資，1978 年全國城鄉居民消費水平比 1977 年提高 5.1%。[3] 國民經濟得到比較快的恢復。

1　中共十二屆二中全會通過的《中共中央關於整黨的決定》中規定，"三種人"是指造反起家的人、幫派思想嚴重的人、打砸搶分子。

2　郭德宏主編：《中國共產黨的歷程》（第三卷），河南人民出版社，2001 年版，第 103 頁。

3　郭德宏主編：《中國共產黨的歷程》（第三卷），河南人民出版社，2001 年版，第 119 頁。

3. 教科文領域大力糾"左"，恢復了高考制度

鄧小平復出後，在分管的科教工作方面傾注了相當大的精力。鄧小平號召"一定要在黨內造成一種空氣：尊重知識，尊重人才"，"要反對不尊重知識分子的錯誤思想"。[4] 在鄧小平主持下，扭轉了多年來對知識分子實行的"左"的政策，堅決否定了"兩個估計"，實事求是地肯定了"文化大革命"前17年科教戰線的成績。1977年底至1978年初，恢復了高校考試制度，全國高等院校從此通過統一考試招收新生，教育、科學、文化工作也開始走向正常。

政治、經濟、文化各個領域的恢復性工作，為1978年全面修憲準備了一定的有利條件。

（二）政治上徘徊與經濟上冒進

從粉碎"四人幫"的歷史性勝利到黨的十一屆三中全會的歷史性轉折，這兩年多是社會主義中國從極左走向改革的交替時期，從政治到經濟都呈現出過渡的特徵。

當時，擺在黨中央面前的重大問題是，在黨的指導思想上，是繼續堅持以階級鬥爭為綱，還是以經濟建設為中心，解放生產力，發展生產力？是堅持"兩個凡是"，還是堅持"實事求是"？問題十分尖銳，爭論十分激烈。華國鋒是毛澤東提名擔任黨中央第一副主席和國務院總理的，他果斷地領導一舉粉碎了"四人幫"，功不可沒。但在這以後的兩年中，他在一系列重大問題上犯了"左"傾的錯誤。

1. 推行和堅持"兩個凡是"

早在1976年10月26日，華國鋒就對宣傳部門要求：一定要注意，凡是

4　《鄧小平文選（1975—1982）》，人民出版社，1983年版，第38頁。

毛澤東批准過的、講過的，都不能批評。在如何對待毛澤東及毛澤東思想的問題上，採取教條主義態度，把毛澤東説過的話、決定的事都當作不可移易的真理，只能夠照抄照辦，不許可半點置疑。"兩個凡是"[5]的危害，就是神化毛澤東，就是堅持毛澤東晚年的"左"傾錯誤，堅持"文化大革命"的理論和實踐，在指導思想上為撥亂反正設置禁區，造成兩年徘徊。

2. 拖延和阻撓平反冤假錯案

當時，有不少轟動全國的有代表性的大冤案急需平反昭雪，而華國鋒卻毫無積極性。他認為，如果劉少奇、陶鑄、彭真、薄一波、楊尚昆、彭德懷、黃克誠、習仲勳、洪學智等這些案子都翻過來，那"文化大革命"還有什麼成果？而且這些案子都是毛澤東定的，平反這些案子，不就是否定毛澤東嗎？因此，華國鋒對恢復老幹部的工作，尤其是對鄧小平出來工作和為"天安門事件"平反極力加以阻撓。

3. 助長和加劇經濟發展的不平衡

1977 年和 1978 年，華國鋒在經濟建設方面採用"政治掛帥＋群眾運動＋'大躍進'"的思路，提出了不切實際、急於求成的冒進口號，如本世紀末許多省的工業要趕上和超過歐洲發達國家；農業要實現機械化、電氣化；各項主要指標要接近、趕上、超過世界先進水平。搞高指標、高速度，如到本世紀末原油產量要達到 25 億噸，要新建續建 10 個大鋼鐵基地、10 個大油氣田、30 個大電站、6 條鐵路新幹線等等。由於冒進，到 1978 年底，我國物資、財政、信貸和外匯支付都發生了大的不平衡，加劇了國民經濟比例嚴重失調。

5　《人民日報》1977 年 2 月 7 日社論《學好文件抓住綱》："凡是毛主席作出的決策，我們都堅決擁護；凡是毛主席的指示，我們都始終不渝地遵循。"

（三）黨的十一大與“左”的指導思想

　　為了確定黨的工作方針，選舉新的中央委員會，1977 年 8 月 12 日至 18 日，黨的第十一次全國代表大會提前一年在北京召開。

　　這次大會的成功之處在於，明確宣佈了“文化大革命”的結束；將國民經濟建設提到了重要的地位；強調要堅持和健全民主集中制；恢復和發揚黨的優良傳統；許多在“文化大革命”中遭受打擊迫害的同志被選入中央委員會，獲得了重新工作的權利。但是從會議的整體基調和作用來看，這次會議未能完成撥亂反正的歷史使命。主要表現為：繼續堅持“無產階級專政下繼續革命”的理論；堅持“文化大革命”完全必要，非常及時；堅持反右，反對反“左”；堅持脫離實際的經濟建設“洋躍進”計劃；堅持“不但要民主，尤其要集中”。黨的十一大雖然比“文化大革命”期間召開的九大、十大有所進步，但它沒有能夠完成從指導思想和理論體系上撥亂反正的任務，人們仍無法從“左”傾的思想禁錮下解放出來，僵化的思想成為歷史發展的障礙。

　　1978 年全面修憲正是在上述特定歷史條件下發生的，它必然帶有新舊交替的過渡特徵，必然帶有徘徊中前進的矛盾特色，必然帶有“文化大革命”的深深痕跡。

（四）全面修憲的過程

1. 修憲建議的提出

　　黨的十一大提出了黨和國家在新時期的總任務，即在本世紀內把我國建設成為四個現代化的偉大社會主義強國。為了完成新時期的總任務，黨內外強烈要求從政治上、組織上清除“四人幫”的影響，改進和完善我國的國家制度和社會制度。1975 年憲法作為“文化大革命”的產物，當然首先排在清除之列。1977 年，中共中央開始考慮召開五屆人大並修改 1975 年憲法的問題。

　　1977 年 10 月 23 日，四屆全國人大常委會第四次會議召開，華國鋒在會上代表中共中央正式向會議提出召開五屆全國人大和修改憲法的建議。中共中央在修憲建議中，着重說明了修改憲法的必要性。建議說：去年，我們黨和國家經歷了非常事件，取得了粉碎“四人幫”的偉大勝利，使我國進入了社會主義革命和社會主義建設新的歷史發展時期。為進一步清除“四人幫”在國家政權中的流毒和影響，從政治上和組織上鞏固和發展無產階級“文化大革命”，特別是粉碎“四人幫”鬥爭的勝利成果，為了貫徹執行黨的十一大路線，實現抓綱治國的戰略決策，進一步鞏固和加強無產階級專政，迎接社會主義經濟建設和文化建設高潮，中共中央認為，有必要提前召開五屆全國人大修改憲法。[6] 四屆全國人大常委會第四次會議討論了中共中央的建議，並作出了關於在第二年春天召開第五屆全國人民代表大會的決定。第五屆全國人民代表大會第一次會議的議程是：①討論通過政府工作報告；②修改中華人民共和國憲法和關於修改憲法的報告；③選舉和任命國家領導人、工作人員。

2. 修憲草案的提出

　　在中共中央向人大提出修憲建議以前，已經自行決定成立了憲法修改委員會。1978 年憲法修改委員會的組成人員，就是中共中央政治局的組成人員，共 26 人，由中共中央主席、政治局常委華國鋒任主任，中共中央副主席、政治局常委葉劍英、鄧小平、李先念、汪東興任副主任，全體政治局委員和候補委員均為成員。這個修憲委員會名單完全是由中共中央政治局獨自決定的。憲法修改委員會宣佈成立以後，中共中央政治局又指定了一個具體修改起草的班子。憲法修改草案在中共中央向全國人大提出修憲建議以前已經完成，而且對憲法修改草案的討論就是政治局會議的討論。

6　　第四屆全國人大常委會第四次會議文件。

3. 修憲草案的討論通過

憲法修改草案起草完成後，經政治局討論通過。1977 年 10 月 15 日，中共中央向全黨發出通知，要求各省、自治區、直轄市和人民解放軍採取適當的形式，徵求黨內外群眾對修改憲法的意見，於 11 月份匯總報告中央。11 月 2 日，中共中央向全國各省、市、自治區黨委，中央和國家機關，各部、委的黨委和黨組，軍委各總部、各軍兵種黨委發出特急電，就關於徵求黨內外群眾對修改憲法的意見提出補充通知：①徵求意見的對象要包括工人、農民、解放軍戰士、各方面的知識分子、各級黨政軍幹部以及民主黨派、愛國人士、少數民族、歸國僑胞。通知強調：徵求意見的對象要有適當比例的非黨群眾和黨外人士；要有老、有中、有青、有婦女。②修改憲法的意見，須於 11 月 20 日以前報中央。③中央準備在 11 月下旬召開一個修改憲法的座談會，請上海、黑龍江、山西、新疆、江蘇、湖南、廣東、四川等八個省、市、自治區和蘭州、武漢兩個軍區各派 15 人參加，由省、市、自治區黨委書記、軍區政委或副政委帶隊，地方要有省、地、縣、公社、大隊和工廠、學校的黨政幹部參加；軍隊要有大軍區、軍、師、團、連的幹部參加；黑龍江要有大慶的負責人，山西要有大寨大隊和昔陽縣的負責人，新疆要有自治區、自治州、自治縣的少數民族幹部，黑龍江、廣東、湖南、四川也要有少數民族幹部。

1977 年 11 月上旬，北京市在玉泉山召開各方面代表人物參加的座談會，聽取對修改憲法的意見，會議由吳德主持，並有修憲工作班子部分成員吳冷西、胡繩、龔育之、李鑫等六七個人在場直接聽取意見。[7] 還將各省、市、自治區、各大軍區、中央各部門彙報上來的修改意見加以集中和討論。

1977 年 12 月，中央又一次徵求了八個省、市、自治區、兩大軍區、32 個中央部門對憲法修改初稿的意見。1978 年 2 月，中央把憲法修改草案發到各

7　　許崇德：《中華人民共和國憲法史》，福建人民出版社，2003 年版，第 403 頁。

省、市、自治區、各大軍區、省軍區，組織了黨內外有關方面代表人物座談。[8]

　　1978年2月18日至23日，黨的十一屆二中全會召開。會議為五屆人大的召開作政治上、思想上和組織上的準備，討論和通過了憲法修改草案，並決定提請五屆人大一次會議審議。1978年2月26日至3月5日，第五屆全國人民代表大會第一次會議在北京召開。會上，葉劍英作了《關於修改憲法的報告》（以下簡稱《修憲報告》）。葉劍英在報告中闡述了三大問題，即"關於新時期的總任務"、"關於憲法條文的修改"、"關於憲法的實施"。

　　（1）第一個問題，關於新時期的總任務，講了三個方面：①修憲指導思想："新憲法應該高舉毛主席的偉大旗幟，完整地準確地體現馬克思列寧主義關於無產階級專政的學說，完整地準確地體現毛主席關於無產階級專政下繼續革命的學說，充分地反映中國共產黨的十一大路線和華主席為首的黨中央抓綱治國的戰略決策，總結同'四人幫'鬥爭的經驗，消除'四人幫'流毒和影響，鞏固和發展無產階級文化大革命的勝利成果。這是這次修改憲法的指導思想，也是廣大群眾對新憲法的根本要求。"②國家的總任務："堅持無產階級專政下的繼續革命，開展階級鬥爭、生產鬥爭和科學實驗三大革命運動，在本世紀內把我國建設成為農業、工業、國防和科學技術現代化的偉大的社會主義強國。"③關於統一戰線：我們必須團結一切可以團結的力量，包括中國各民族的最廣泛的人民大團結，沒有這樣的人民大團結，要實現新時期的總任務，是不可能的。我們一定要堅持無產階級國際主義，團結國際上一切可以團結的力量，結成最廣泛的統一戰線，為人類的進步和解放事業而奮鬥。

　　（2）第二個問題，關於憲法條文的修改，有五個方面：①必須充分發揚社會主義民主：在總綱增加了"國家堅持社會主義的民主原則，保障人民參加管理國家，管理各項經濟事業和文化事業，監督國家機關和工作人員"。在健全選舉制、加強全國人大和地方人大的職能、基層民主管理以及公民的

8　文正邦等：《共和國憲政歷程》，河南人民出版社，1994年版，第128-129頁。

民主權利方面增加了新的具體的規定，肯定了“四大”的大民主和民主集中制。②“對有關國家機關和工作人員的條款，做了較大的修改，提出了必不可少的嚴格要求，這些要求當中，最根本的一條就是聯繫群眾。”規定國家機關各級領導人員的組成必須實行老、中、青三結合的原則。“我國的地方政權基本上實行省、縣、公社三級的體制。省、自治區下面的地區，除自治州以外，不作一級政權，不設人民代表大會和革命委員會，而設行政公署，作為省、自治區革命委員會的派出機構。行政公署設行政專員和副專員。縣以下如果設區的話，也不是一級政權，而是縣革命委員會的派出機構。這樣規定的目的，是為了減少層次，提高效能。”③強化國家機器和加強對敵專政：在關於武裝力量的條文中增加一款，強調軍隊的革命化、現代化建設和民兵建設，“實行野戰軍、地方軍和民兵三結合的武裝力量體制”，在公民義務中規定了服兵役和參加民兵組織，恢復設置檢察院，具體列舉了專政對象並解釋什麼是“新生的資產階級分子”以及打擊和教育改造並舉的方針。④經濟方面要鞏固公有制和按勞分配，堅持計劃經濟和高速發展生產力。⑤大力發展教育科技和社會主義文化，實行“雙百”方針。

（3）第三個問題，關於憲法的實施，報告指出：“憲法通過以後，從憲法的原則精神到具體條文規定，都要保證全部實施。不論什麼人，違反憲法都是不能允許的。”“我們還要依據新憲法，修改和制定各種法律、法令和各方面的工作條例、規章制度。”全國人大的重要職權之一是“監督憲法和法律的實施”，地方各級人大也要在本行政區域內“保證憲法、法律、法令的遵守和執行”。“各級國家機關一定要組織好憲法學習。國家機關的每一個工作人員，不論職位高低，都是人民的勤務員，都要成為帶頭實行憲法、遵守憲法的模範。”

大會對憲法修改草案進行了認真討論，一些代表還提出了修改意見。會議根據這些意見，最後在內容上和文字上作了幾處修改。[9] 1978 年 3 月 5 日，參加五屆人大一次會議的全體代表一致通過了對憲法的全面修改草案。

（4）修憲過程的特點：

1978 年修憲同 1975 年修憲一樣，由中共中央提出具體的修改意見，擬訂出修改內容，在黨的中央全會上 [10] 直接拿出憲法修改草案，形成關於修改憲法的報告，然後直接提交全國人大審議通過。只是 1978 年的修憲過程比 1975 年修憲更神秘。修改憲法委員會由中共中央政治局全體成員組成，具體的修改情況由中共中央政治局直接掌握。

當然，由中共中央直接主持修憲的上述特點，是當時歷史條件決定的，是強調黨的一元化領導，黨政不分、以黨代政的必然產物。長期以來，我們強調黨的一元化領導，造成了黨政不分、以黨代政，黨的組織實際行使了許多本應由國家權力機關行使的權力，履行了許多本應由國家權力機關履行的管理國家的職能。

1975 年憲法對自身的修改問題規定得不明確、不具體。1975 年憲法在規定全國人大的職權中僅僅規定了四個字"修改憲法"，至於哪些機關、組織、人員有權提出修改憲法的動議、修改憲法的建議以及修改憲法的具體程序和通過條件等一系列問題均沒有作出規定。因而，在當時權力高度集中於黨中央的情況下，憲法修改程序的啟動及具體組織憲法修改的工作，就只能由作為事實上的政治權力中心的中共中央來完成了。

從 1975 年修憲到 1978 年修憲，形成了由中共中央行使修憲建議權的憲法慣例，這在客觀上體現了中國共產黨的執政黨地位和領導核心地位。1978 年修憲是由中共中央一手包辦的，不僅提出修憲的原因和內容，而且直接提出具體的修憲條款、具體的憲法修改草案，在實踐中可能產生一些弊端。首先，中國共產黨作為執政黨並不行使國家權力機關的職權，由於其政黨的性

9　文正邦等：《共和國憲政歷程》，河南人民出版社，1994 年版，第 129 頁。

10　1975 年修憲是在黨的十屆二中全會上，1978 年修憲是在黨的十一屆二中全會上。

質與功能,並不擅長修憲立憲的一系列技術性問題,如怎樣表述憲法規範和掌握憲法規範對社會關係進行調整的分寸,怎樣保持修改後的憲法規範與整個憲法的原則、精神的和諧一致等等。反而容易使黨的政治領導陷入對具體事務的干預和對具體問題的解決。其次,勢必導致憲法所規定的全國人大的修憲權被理解為中共中央所提修憲草案的批准權,使全國人大有可能喪失修憲的動議權、起草權及審議權。再次,勢必導致全國人大最高權力機關性質和地位的弱化,不能真正發揮最高權力機關的作用,並成為全國各族人民當家作主的權力機關。

二、撥亂反正:1978 年全面修憲的意義

1978 年憲法和 1975 年憲法一樣,由五部分組成,即序言與四章,共 60 條,約 7,000 字,主要內容如下:

(一)"革命"退場與國家發展總綱領的再擬定

1954 年,毛澤東同志在審閱憲法草案報告時就明言,1954 年憲法是一部"社會主義類型的憲法,但還不是社會主義的憲法",而 1975 年的全面修憲雖然存在嚴重不足,但畢竟開啟了新中國憲法的"社會主義時代"。1978 年的全面修憲延續了憲法的社會主義基調,因此在與國家基本政治制度、經濟制度、社會制度和文化制度最為相關的憲法《序言》和《總綱》部分,1978 年憲法大量沿用了 1975 年憲法的相關條文。即便如此,1978 年修憲時仍為極左路線的糾正、"文化大革命"歷史錯誤的清理和國家發展軌道的糾偏作出了重要貢獻。這些貢獻主要體現為:

1. 清理革命與運動的語言陳跡

1978 年憲法在其序言中宣佈，第一次"無產階級文化大革命"已"勝利結束"，"我國社會主義革命和社會主義建設進入了新的歷史發展時期"，正如有論者指出的，這實際上在法律層面終結了"文化大革命"的進程，為社會主義法制的回歸與重建提供了廣泛的憲法空間。[11] 與之相配合，在此次修憲中，儘管"無產階級專政下的繼續革命"仍被作為新時期的總任務之一繼續存在，但大量與社會革命和社會運動相關的語詞已在憲法文本中逐漸退場：

1975 年憲法的表述	1978 年憲法的刪改
社會主義社會是一個相當長的歷史階段。在這個歷史階段中，始終存在着階級、階級矛盾和階級鬥爭，存在着社會主義同資本主義兩條道路的鬥爭，存在着資本主義復辟的危險性，存在着帝國主義、社會帝國主義進行顛覆和侵略的威脅。這些矛盾，只能靠無產階級專政下繼續革命的理論和實踐來解決。 我們必須堅持中國共產黨在整個社會主義歷史階段的基本路線和政策，堅持無產階級專政下的繼續革命，使我們偉大的祖國永遠沿着馬克思主義、列寧主義、毛澤東思想指引的道路前進。（序言第 3、4 段）	這兩段話被全部刪除。 對當前所處的歷史時期的定位改為："第一次無產階級‘文化大革命’的勝利結束，使我國社會主義革命和社會主義建設進入了新的發展時期。"
我們……獨立自主，自力更生，艱苦奮鬥，勤儉建國，鼓足幹勁，力爭上游，多快好省地建設社會主義，備戰、備荒、為人民。（序言第五段）	將"備戰、備荒、為人民"刪除。 將"獨立自主，自力更生，艱苦奮鬥，勤儉建國"納入總綱，確立為國家發展國民經濟的方針（第十一條第二款）；將"鼓足幹勁，力爭上游，多快好省地建設社會主義"納入總綱，確立為國家建設社會主義的總路線（第十一條第一款）。
中華人民共和國的一切權力屬於人民。人民行使權力的機關，是以工農兵代表為主體的各級人民代表大會。（第三條）	將"以工農兵代表為主體的"刪除。

11　楊蓉、江國華：《歷史的拐點——寫在"1978 年憲法"頒佈實施 30 週年》，《長沙理工大學學報（社會科學版）》2009 年 3 月號，第 34 頁。

1975 年憲法的表述	1978 年憲法的刪改
國家允許非農業的個體勞動者在城鎮街道組織、農村人民公社的生產隊統一安排下，從事在法律許可範圍內的，不剝削他人的個體勞動。同時，要引導他們逐步走上社會主義集體化的道路。（第五條第二款）	將**"農村人民公社的生產隊"**刪除，改為"（或者）農村的基層組織"。
農村人民公社是政社合一的組織。……（第七條第一款）	將**"是政社合一的組織"**刪除，只強調農村人民公社是"社會主義勞動群眾集體所有制經濟"。
國家實行抓革命，促生產，促工作，促戰備的方針，以農業為基礎，以工業為主導，充分發揮中央和地方兩個積極性，促進社會主義經濟有計劃、按比例地發展，在社會生產不斷提高的基礎上，逐步改進人民的物質生活和文化生活，鞏固國家的獨立和安全。（第十條）	將**"抓革命，促生產，促工作，促戰備的方針"**刪除，並將國家在發展國民經濟中的方針改為"獨立自主、自力更生、艱苦奮鬥、勤儉建國"。
無產階級必須在上層建築其中包括各個文化領域對資產階級實行全面的專政。文化教育、文學藝術、體育衛生、科學研究都必須為無產階級政治服務，為工農兵服務，與生產勞動相結合。（第十二條）	將**"無產階級必須在上層建築其中包括各個文化領域對資產階級實行全面的專政"**刪除，僅強調"國家堅持馬克思主義、列寧主義、毛澤東思想在各個思想文化領域的領導地位"。 將**"為無產階級政治服務"、"與生產勞動相結合"**刪除。
國家機關和工作人員，必須認真學習馬克思主義、列寧主義、毛澤東思想，堅持無產階級政治掛帥，反對官僚主義，密切聯繫群眾，全心全意為人民服務。各級幹部都必須參加集體生產勞動。（第十一條）	將**"堅持無產階級政治掛帥"**刪除。
大鳴、大放、大辯論、大字報，是人民群眾創造的社會主義革命的新形式。國家保障人民群眾運用這種形式，造成一個又有集中又有民主，又有紀律又有自由，又有統一意志又有個人心情舒暢、生動活潑的政治局面，以利於鞏固中國共產黨對國家的領導，鞏固無產階級專政。（第十三條）	本條被全部刪除。但"大鳴、大放、大辯論、大字報"仍作為公民的基本權利被保存了下來。

1975 年憲法的表述	1978 年憲法的刪改
中國人民解放軍和民兵是中國共產黨領導的工農子弟兵，是各族人民的武裝力量。……中國人民解放軍永遠是一支戰鬥隊，同時又是工作隊，又是生產隊。（第十五條第一、第三款）	將 **"和民兵"** 刪除。將 **"中國人民解放軍永遠是一支戰鬥隊，同時又是工作隊，又是生產隊"** 這一整句話刪除。

2. 國家建設與社會發展總目標的重新確立

早在 1956 年時，隨着國家工業體系的初步建立，對農業、手工業和資本主義工商業的社會主義改造的基本完成，執政黨曾在其第八次全國代表大會第一次會議上指出，國內的主要矛盾已從工人階級和資產階級之間的矛盾，轉化為人民對於建立先進的工業國的要求同落後的農業國的現實之間的矛盾，並由此提出，黨和國家下一階段的工作的根本任務應當是集中力量發展社會生產力。1964 年，時任國務院總理的周恩來也曾在第三屆全國人民代表大會上提出，國家在本世紀內實現四個現代化，使我國國民經濟走在世界前列的奮鬥目標。然而，探索社會主義建設的道路是曲折的，尤其是"文化大革命"的十年浩劫，使得經濟建設長期停滯，國家財政陷入困難，民生疲頓已不只是一個嚴重的經濟問題，而且成為一個嚴重的社會問題和政治問題。有識之士已經看到，必須把"文化大革命"耽誤的時間搶回來，將大力發展生產力作為"最大的政治"。[12] 1978 年的全面修憲在這個背景下應運而生，用葉劍英在《修憲報告》中的話說，這次修憲是把執政黨第十一次全國代表大會規定的全國人民在新時期的總任務"用法律的形式肯定下來"，並根據這一總任務，對如何鞏固社會主義經濟基礎、高速度地發展社會生產力作了明確的規定：

（1）將國家現階段總體情況定位為"初步繁榮昌盛的社會主義國家"，並將建設"四化"強國確立為國家在社會主義革命和建設新時期的總任務。

---

[12] 蕭冬連：《國步艱難——中國社會主義路徑的五次選擇》，社會科學文獻出版社，2013 年版，第 182-183 頁。

表現為 1978 年憲法序言第四段：

> ……在本世紀內把我國建設成為農業、工業、國防和科學技術現代化的偉大的社會主義強國。

(2) 將 "鼓足幹勁,力爭上游,多快好省地建設社會主義" 確立為國家建設社會主義的總路線。《修憲報告》指出,高速度地發展國民經濟,不斷提高社會生產力,本就是社會主義制度的優越性所在,此前我國經濟建設的發展已初步地表現了社會主義制度的這種優越性,但因遭受到極左思潮引發的社會動盪而中斷。為扭轉局面,我們應盡一切努力使我國的生產力真正來一個高速度的大發展。這一決斷在 1978 年憲法上表現為第十一條第一款：

> 國家堅持鼓足幹勁、力爭上游、多快好省地建設社會主義的總路線,有計劃、按比例、高速度地發展國民經濟,不斷提高社會生產力,以鞏固國家的獨立和安全,逐步改善人民的物質生活和文化生活。

(3) 將 "獨立自主,自力更生,艱苦奮鬥,勤儉建國" 等確立為國家發展國民經濟的方針。表現為 1978 年憲法第十一條第二款：

> 國家在發展國民經濟中,堅持獨立自主、自力更生、艱苦奮鬥、勤儉建國的方針,以農業為基礎、工業為主導的方針,在中央統一領導下充分發揮中央和地方兩個積極性的方針。

(4) 將 "百家爭鳴、百花齊放" 確立為國家促進社會主義文化繁榮的方針。《修憲報告》指出,在思想文化領域必須正確區別和處理敵我矛盾與人民內部矛盾,對後者只能採取說理的批評的討論的方法。決不容許採取專政的方法,"在內部，壓制自由，壓制人民對黨和政府的錯誤缺點的批評，壓制學術界的自由討論，是犯罪的行為。"這一理念表現為 1978 年憲法第十四條第二款：

> 國家實行"百花齊放、百家爭鳴"的方針，以促進藝術發展和科學進步，促進社會主義文化繁榮。

（5）將發展科學事業、教育事業作為國家任務。《修憲報告》中談到，實現新時期的總任務，不但需要有一個經濟建設的高潮，而且需要有一個文化建設的高潮。此次憲法修改對此予以充分注意，為反映科學技術與教育事業在實現新時期總任務中的重要地位，1978 年憲法在第十二、十三條中規定：

> 國家大力發展科學事業，加強科學研究，開展技術革新和技術革命，在國民經濟一切部門中盡量採用先進技術。……
>
> 國家大力發展教育事業，提高全國人民的文化科學水平。……

（6）將環境保護作為國家任務。表現為 1978 年憲法第十一條第三款：

> 國家保護環境和自然資源，防治污染和其他公害。

3. 重申國家的根本制度與根本政治原則

（1）重申人民主權原則。葉劍英在《修憲報告》中首先強調，在我國社會主義制度下，人民是國家的主人。我們的社會主義民主，是確實保障人民當家作主的民主。此次憲法修改為此增寫了第十七條，即：

> 國家堅持社會主義的民主原則，保障人民參加管理國家，管理各項

經濟事業和文化事業，監督國家機關和工作人員。

同時，此次修憲還在選舉制度、人民代表大會職能等方面都增加了一些具體規定，以利於發揚民主。

（2）重申群眾路線。《修憲報告》指出，此次修憲對有關國家機關和工作人員的條款作了較大的修改，提出了必不可少的嚴格要求。這些要求當中最根本的一條，就是聯繫群眾。這在 1978 年憲法中表現為：

> 國家機關必須經常保持同人民群眾的密切聯繫，**依靠人民群眾，傾聽群眾意見，關心群眾疾苦**……（第十五條第一款）（粗體字為 1978 年憲法相較 1975 年憲法做出修改的部分，下同。）
>
> 國家機關工作人員必須……全心全意地為人民服務……積極參加集體生產勞動，**接受群眾監督**……（第十六條）

（3）重申社會主義經濟制度的基礎。《修憲報告》中說，生產資料所有制的社會主義改造在我國早已基本完成，包括全民所有制和勞動群眾集體所有制兩種形式的社會主義公有制，早已全面地建立起來。這個偉大勝利已經記載在憲法中，但保衛社會主義公有制的鬥爭還將長期繼續下去。因此，1978年憲法特別對國家主要經濟形式的公有制屬性予以明確表述，表現為 1978 年憲法第六條第一款、第七條第一款：

> 國營經濟**即社會主義全民所有制經濟**，是國民經濟中的領導力量。
>
> 農村人民公社經濟是**社會主義勞動群眾集體所有制經濟**……

（4）重申勞動至上、按勞分配原則。"勞動"在我國憲法上不僅是一種基本權利，它更規定了社會主義的內在政治結構：勞動人民與剝削階級的二元劃分是我國憲法確立國家性質的邏輯起點與現實基礎，"勞動者"身份因此成為國家政治生活中"主人翁"地位的一種象徵。[13]《修憲報告》重申，在個人生活資料的分配上，只有正確地執行按勞分配的原則，才有利於鞏固社會主義公有制，有利於促進生產力的發展。1978年憲法對這一理念的落實體現在：

> 國家實行"不勞動者不得食"、"各盡所能、按勞分配"的社會主義原則。**勞動是一切有勞動能力的公民的光榮職責。國家提倡社會主義勞動競賽，在無產階級政治掛帥的前提下，實行精神鼓勵和物質鼓勵相結合而以精神鼓勵為主的方針，鼓勵公民在勞動中的社會主義積極性和創造性。**（第十條）
>
> 國家保護公民的**合法**收入、儲蓄、房屋和其他生活資料的所有權。（第九條）

（5）重申鞏固與發展統一戰線。《修憲報告》將"革命統一戰線"界定為兩個層面：一個是"各民族的最廣泛的人民大團結"，一個是中國社會各階層中除工農聯盟以外可以被視為"人民"的社會各進步階級。就前者而言，1954年憲法中曾創造性地規定了"民族區域自治"這一在統一的多民族國家內實現族群關係"一體多元"的憲制形式，有別於蘇聯的加盟共和國模式。但在1975年修憲中，對該制度的規定被移除。後者作為執政黨在革命與戰爭中取得最終勝利的"三件法寶"之一，在1975年憲法中也未得到具體申說。此次修憲，在序言與正文中增寫了以下內容：

> 我們要鞏固和發展工人階級領導的，以工農聯盟為基礎的，**團結廣大知識分子和其他勞動群眾，團結愛國民主黨派、愛國人士、台灣同**

13　王旭：《勞動、政治承認與構架倫理——對我國〈憲法〉勞動權規範的一種闡釋》，《中國法學》2010年第3期，第76頁。

胞、港澳同胞和國外僑胞的革命統一戰線。要加強全國各民族的大團結。……（序言第六段）

　　……各民族一律平等。各民族間要團結友愛，互相幫助，互相學習。禁止對任何民族的歧視和壓迫，禁止破壞各民族團結的行為，反對大民族主義和地方民族主義。……各少數民族聚居的地方實行區域自治。各民族自治地方都是中華人民共和國不可分離的部分。（第四條第二、第四款）

　　(6) 重申祖國統一訴求。1949 年以後，中國領土範圍內長期存在兩個政權並峙的局面，"法統"因此割裂。由國民黨執政的台灣地區於 1947 年頒佈"動員戡亂時期臨時條款"，作為其《中華民國憲法》的附屬條款，規定了國家處於分裂戰亂期間的政權組織形式，實際上是對祖國統一的變相籲求。而在大陸地區，雖然在 1954 年制憲時有代表曾提出，為明確台灣屬於祖國的一部分，憲法應該有關於疆域的規定，但最終憲法草案認為"台灣是中國的神聖領土，是從來不發生疑問的，憲法可以不為此而增加新的條文"[14]。這種思路儘管體現了一個古老文明的歷史連續性，但也因此削弱了促成國家統一的根本法基礎。而 1978 年憲法則在其序言的第七段中增寫到：

　　　　台灣是中國的神聖領土。我們一定要解放台灣，完成統一祖國的大業。

　　憲法對祖國統一的申說，為執政黨推動兩岸和平統一提供了規範性基礎。1979 年 1 月 1 日，由以鄧小平為核心的執政黨中央起草、經全國人大常委會審議通過的《告台灣同胞書》刊發在該日的《人民日報》及全國各地黨報頭版頭條上，該文件提出了結束兩岸軍事對峙、開放"兩岸三通"、擴大兩

14　王旭：《"1954 年憲法"的中國道路及其歷史影響》，《浙江學刊》2014 年第 6 期，第 173 頁。

岸交流等方針。同日，時任國防部部長徐向前宣佈，解放軍停止對大小金門等島嶼的炮擊，兩岸自 1958 年以來在形式上的武裝對抗就此終止。

（7）重申和平共處五項原則。新中國成立後，繼承了"己所不欲，勿施於人"這一中華文明悠遠流傳的交往理念，提出了和平共處五項原則這一求同存異的外交主張，並經由 1955 年的萬隆會議向世界各國和盤托出。這五項原則打破了 17 世紀以來由西方一手促成的"文明"與"野蠻"、"啟蒙"與"蒙昧"、"民主"與"專制"的世界劃分，將世界各國一視同仁，而又不盡求其走同一條發展道路，不把自己的價值觀強加於人，不以自己的強大國力壓迫別人，而是以"和而不同"的精神團結一切可以團結的國家，共築世界和平。和平共處五項原則因此獲得了世界上絕大多數國家的高度認同，在二戰後幾十年國際風雲變幻的考驗中，顯示出強大的生命力。在經過 1975 年修憲後的憲法序言中，和平共處五項原則被置於"堅持無產階級國際主義"的原則之後，此次修憲則將和平共處五項原則前提，作為我國憲法序言描繪世界圖景的基調，並與我國在這一時期以穩定和發展為基調的國家觀相互構造。[15]

（二）國家機構的重設與權力配置的科學化

在 1975 年全面修憲時，因國家正處在"文化大革命"的極左政治浪潮中，國家的政治生活很不正常，導致憲法中對國家機構的設置遭到了嚴重破壞，多有黨政不分、以黨代政的情形。此次修憲，較全面地恢復了 1954 年憲法規定的國家機關的組織、職權。

1. 國家最高權力機關

作為與社會主義的人民共和這一國體相適應的政體形式，全國人民代表

15　翟志勇：《憲法序言中的國家觀與世界主義》，氏著：《憲法何以中國》，香港城市大學出版社，2017 年版，第 47-48 頁。

大會是國家一切權力集中的頂點和權力授予的起點。1954年制憲時,憲法曾列舉了全國人民代表大會的13項具體職權。[16] 在1975年的全面修憲中,這些職權被大大縮減,僅保留了修憲與立法權,批准國民經濟計劃和國家預算、決算,據執政黨中央委員會提議行使的任免權等三項具體職權。此次全面修憲部分地對這種權力配置的不完善、不適當的情況予以矯正,這首先體現在此次修憲重新明確了全國人民代表大會作為國家最高權力機關的地位。此前在1975年的全面修憲中,黨政不分、機構混用、職能堆疊,其表現之一便是將全國人大在憲法中表述為"全國人民代表大會是在中國共產黨領導下的最高國家權力機關"。實際上,以毛澤東同志為核心的新中國第一代領導集體早在新中國成立之初就曾明確提出,中國共產黨對國家政權的主要領導方式是政治領導,亦即政治原則、重大決策的領導和向國家政權機關推薦重要幹部。[17] 因此,在1954年制憲時,黨和國家的領導人最終決定不將執政黨寫入憲法正文中,因為憲法序言中對中國共產黨的領導的描述已是提綱挈領、總攬全局。1975年憲法的上述修改,實際上已背離了1954年憲法的制憲原意。因此在1978年修憲時,出於撥亂反正的考慮,憲法重新恢復了1954年憲法的"全國人民代表大會是最高國家權力機關"的規定。

此次修憲對全國人大的權力更動主要有:

	1975年憲法的規定	1978年憲法的補益	1978年憲法的傳承
監督權	無	**監督憲法和法律的實施。**	1978年憲法恢復了1954年憲法的設定,並將"監督憲法的實施"進一步擴增為監督"憲法和法律的實施"。

16　此處未計入"全國人民代表大會認為應當由它行使的其他職權"這一兜底條款,下同。

17　韓大元:《憲法學基礎理論》,中國政法大學出版社,2008年版,第340頁。

	1975 年憲法的規定	1978 年憲法的補益	1978 年憲法的傳承
選舉權	無	**選舉最高人民法院院長和最高人民檢察院檢察長。**	1978 年憲法恢復了 1954 年憲法的設定。
批准權	批准國民經濟計劃、國家的預算和決算。	**審查和批准**國民經濟計劃、國家的預算和決算。	1978 年憲法恢復了 1954 年憲法的設定。
	無	**批准省、自治區和直轄市的劃分。**	1978 年憲法恢復了 1954 年憲法的設定。
和戰權	無	**決定戰爭和和平的問題。**	1978 年憲法恢復了 1954 年憲法的設定。
專門委員會設置權	無	**全國人民代表大會和全國人民代表大會常務委員會可以根據需要設立若干專門委員會。**	1978 年憲法恢復了 1954 年憲法的設定，但在文字表述上尚有不周，後為 1982 年憲法修正。

* 表格中以加粗表示的文字，係 1978 年憲法相較 1975 年憲法有所修正的部分，下同。

2. 國家最高權力機關的常設機關

與最高國家權力機關一樣，作為它常設機關的全國人大常委會的憲法權力，在 1975 年的全面修憲中也遭到了嚴重破壞。1978 年憲法對全國人大常委會的職權安排中，除大量恢復 1954 年憲法較為合理的設計之外，還有兩項重大創新：第一，1978 年憲法規定全國人大常委會有解釋憲法的權力，這是憲法第一次以明文規定釋憲機關，並為 1982 年憲法所繼承；第二，以專門的條文規定全國人大常委會委員長的職權，也是 1978 年憲法與 1954 年憲法、1975 年憲法的顯著不同之處。此次修憲對全國人大常委會的權力更動主要有：

	1975 年憲法的規定	1978 年憲法的補益	1978 年憲法的傳承
主持選舉權	無	**主持全國人民代表大會代表的選舉。**	1978 年憲法恢復了 1954 年憲法的設定。

	1975 年憲法的規定	1978 年憲法的補益	1978 年憲法的傳承
釋法權	解釋法律。	解釋**憲法**和法律。	1978 年憲法恢復了 1954 年憲法的設定，並增加了全國人大常委會對憲法的解釋權。這是我國憲法中第一次以明文規定釋憲機關，並為 1982 年憲法所繼承。
監督權	無	**監督國務院、最高人民法院和最高人民檢察院的工作。**	1978 年憲法恢復了 1954 年憲法的設定。
裁撤權	無	**改變或者撤銷省、自治區、直轄市國家權力機關的不適當的決議。**	1978 年憲法恢復了 1954 年憲法的設定。
任免權	無	**在全國人民代表大會閉會期間，根據國務院總理的提議，決定任免國務院的個別組成人員。任免最高人民法院副院長和最高人民檢察院副檢察長。**	1978 年憲法恢復了 1954 年憲法的設定，但在文字表述上稍有不周，後為 1982 年憲法修正。
特赦權	無	**決定特赦。**	1978 年憲法恢復了 1954 年憲法的設定。
授勳權	無	**規定和決定授予國家的榮譽稱號。**	1978 年憲法恢復了 1954 年憲法的設定，但在文字表述上稍有不周，後為 1982 年憲法修正。
宣戰權	無	**在全國人民代表大會閉會期間，如果遇到國家遭受武裝侵犯的情況，決定宣佈戰爭狀態。**	1978 年憲法恢復了 1954 年憲法的設定，但在文字表述上稍有不周，後為 1982 年憲法修正。
專門委員會設置權	無	**全國人民代表大會和全國人民代表大會常務委員會可以根據需要設立若干專門委員會。**	1978 年憲法恢復了 1954 年憲法的設定，但在文字表述上尚有不周，後為 1982 年憲法修正。

3. 最高國家權力機關代表的產生與職權

我國憲法將代表機關明確定位為"人民行使國家權力的機關"。對以人民主權為基本原則的現代憲法而言，如何通過代表制落實人民主權、體現國家主權歸屬，如何讓人民通過其選舉的代表行使權力來參與國家政治生活，是關乎憲法穩定存續的重大問題。1978 年憲法在這個問題上有較大創造，具體體現為：

	1975 年憲法的規定	1978 年憲法的補益	1978 年憲法的傳承
全國人大代表的選舉	全國人民代表大會由省、自治區、直轄市和人民解放軍選出的代表組成。	全國人民代表大會由省、自治區、直轄市**人民代表大會**和人民解放軍選出的代表組成。**代表應經過民主協商，由無記名投票選舉產生。**	規定全國人大由地方各級人大和軍隊選出的代表組成，是從 1978 年憲法開始的，並為 1982 年憲法所繼承。在憲法中規定全國人大代表的產生方式，也是從 1978 年憲法開始的。
全國人大代表的任期	全國人民代表大會每屆任期五年。在特殊情況下，任期可以延長。	全國人民代表大會每屆任期五年。如果遇到特殊情況，**可以延長本屆全國人民代表大會的任期，或者提前召開下屆全國人民代表大會。**	1975 年修憲改全國人大每屆任期四年為五年，這一修改為 1978 年憲法、1982 年憲法所繼承。
全國人大代表的質詢權	無	**全國人民代表大會代表有權向國務院、最高人民法院、最高人民檢察院和國務院各部、各委員會提出質詢。受質詢的機關必須負責答覆。**	1978 年憲法恢復了 1954 年憲法的設定，並在文字表述上更為周延。
對全國人大代表的監督	無	**全國人民代表大會代表受原選舉單位的監督。原選舉單位有權依照法律的規定隨時撤換自己選出的代表。**	1978 年憲法恢復了 1954 年憲法的設定，並在文字表述上更為周延。

4. 國家元首

1954 年，劉少奇同志在代表憲法起草委員會向第一屆全國人大第一次全體會議作《關於中華人民共和國憲法草案的報告》時就曾指出："我國的國家元首職權由全國人民代表大會所選出的全國人民代表大會常務委員會和中華人民共和國主席結合起來行使。我們的國家元首是集體的國家元首。"[18] 隨後，由於國家政治生活的紊亂，國家主席在很長一段時期內未能發揮憲法所賦予的職權，這種懸置到了 1975 年時又演變為對憲法中國家主席職位的裁撤，本由它行使的那部分 "國家元首職權" 也因此湮滅。到 1978 年修憲時，雖然國家政局逐步得到穩定，但國家主席制度仍未在憲法中予以恢復。即便如此，1978 年憲法在這方面相較於 1975 年憲法仍有所改進，這主要得益於 1978 年憲法首次在我國憲法中對全國人大常委會委員長的職權予以明文規定：

	1954 年憲法	1975 年憲法	1978 年憲法
授勳權	中華人民共和國主席根據全國人民代表大會的決定和全國人民代表大會常務委員會的決定，公佈法律⋯⋯授予國家的勳章和榮譽稱號。	無	全國人民代表大會常務委員會委員長⋯⋯根據全國人民代表大會或者全國人民代表大會常務委員會的決定，公佈法律和法令⋯⋯授予國家的榮譽稱號⋯⋯
外事權	中華人民共和國主席代表中華人民共和國，接受外國使節；根據全國人民代表大會常務委員會的決定，派遣和召回駐外全權代表，批准同外國締結的條約。	無	全國人民代表大會常務委員會委員長⋯⋯接受外國使節；根據全國人民代表大會或者全國人民代表大會常務委員會的決定⋯⋯派遣和召回駐外全權代表，批准同外國締結的條約。

5. 最高國家行政機關

1954 年憲法中曾逐項列舉了最高國家行政機關的 16 項具體職權，這些職權在 1975 年修憲時被刪減為一條規範、四項權力，此次修憲重新擬定和列舉了國務院的九項職權，更為確切、周詳的權力列表為國務院在實際中的工

18　劉少奇：《關於中華人民共和國憲法草案的報告》（1954 年 9 月 15 日），《劉少奇選集》（下卷），人民出版社，1981 年版，第 157 頁。

作開展提供了憲法支持。另外，1978 年憲法還重新明確了國務院在國家中央權力體系內的位置，即國務院 "是最高國家權力機關的執行機關，是最高國家行政機關"（第三十條第一款），並首次以憲法條文確定了國務院的領導體制是 "總理主持國務院工作"（第三十一條第二款），這也體現了最高國家行政機關對民主集中制的落實。此外，在 1975 年憲法中，執政黨中央委員會替代國家主席，行使對最高國家行政機關長官的提名權，由於 1978 年憲法未恢復國家主席職位，這一設置得到延續。有所不同的是，1975 年憲法中執政黨中央委員會除提名最高國家行政機關長官外，還享有對最高國家行政機關組成人員的提名權。1978 年憲法解除了這一以黨代政的職權，將對國務院組成人員的提名權恢復由 1954 年憲法中設計的國務院總理執掌。

此次修憲對國務院的權力更動主要有：

	1975 年憲法的規定	1978 年憲法的補益	1978 年憲法的傳承
審查權	根據憲法、法律和法令，規定行政措施，發佈決議和命令。	根據憲法、法律和法令，規定行政措施，發佈決議和命令，**並且審查這些決議和命令的實施情況。**	1978 年憲法恢復了 1954 年憲法的設定。
提案權	無	**向全國人民代表大會或者全國人民代表大會常務委員會提出議案。**	1978 年憲法恢復了 1954 年憲法的設定。
統領權	無	**統一領導全國地方各級國家行政機關的工作。**	1978 年憲法恢復了 1954 年憲法的設定。
護衛權	無	**保護國家利益，維護社會秩序，保障公民權利。**	1978 年憲法恢復了 1954 年憲法的設定。但後在 1982 年憲法中予以刪除。
批准權	無	**批准自治州、縣、自治縣、市的劃分。**	1978 年憲法恢復了 1954 年憲法的設定。
任免權	無	**依照法律的規定任免行政人員。**	1978 年憲法恢復了 1954 年憲法的設定。
總理提名權	全國人民代表大會……根據中國共產黨中央委員會的提議任免……國務院的組成人員。	全國人民代表大會……**根據國務院總理的提議，決定國務院其他組成人員的人選。**	1978 年憲法恢復了 1954 年憲法的設定。

6. 1978 年修憲在國家機構方面的其他改進

第一，重設行政區劃。關於國家的行政區域應如何劃分，1954 年憲法中曾有條款予以規定（第五十三條），該條文在 1975 年修憲中被刪除，此次修憲則恢復了這一設計，在憲法第三十三條中規定了國家、省和自治區、縣和自治縣、直轄市和較大的市以及自治州的行政區劃。該條款相較於 1954 年憲法中的對應條款，唯一不同在於將原來的"鄉、民族鄉"改為"人民公社"，以適應當時的實際情況。

第二，取消地方國家機構的"議行合一"體制。所謂"議行合一"，就是由單個機構既承擔立法權，又行使行政權。在革命戰爭時期，"議行合一"曾長期被作為中國共產黨所領導的各級政權的組織原則，新中國成立後，曾在《共同綱領》時期短暫採用這一原則來配置國家的中央權力，但隨之便在 1954 年制憲時予以改正，此後中國國家機構的設計中，無論名、實，都已實現議、行分離。"文化大革命"中，由於極左思潮氾濫，革命委員會取代地方各級政權，1975 年修憲受此影響，將革命委員會既列為地方各級人民代表大會的常設機關，又作為地方各級人民政府，"議行合一"的權力架構藉此回潮。1978年憲法雖然一開始並沒有取消革命委員會，但在第三十七條中將該機構明確規定為"地方各級人民政府"，亦即"地方各級人民代表大會的執行機關"、"地方各級國家行政機關"，實質上取締了此前錯誤的地方政權組織形式。

第三，恢復民族自治機關的自治權。1975 年修憲時，對民族自治機關除規定"可以依照法律規定的權限行使自治權"外，並未對它的自治權為何作進一步規定。1978 年修憲則明確例舉了民族自治機關可以行使的兩項自治權：一是"自治機關可以依照當地民族的政治、經濟和文化的特點，制定自治條例和單行條例，報請全國人民代表大會常務委員會批准"（第三十九條第二款）；二是"民族自治地方的自治機關在執行職務的時候，使用當地民族通用的一種或者幾種語言文字"（第三十九條第三款）。與此次修憲所作的大部分變更一樣，這兩項自治權的增加同樣也是對 1954 年憲法中相關條款的恢復。

第四，復設人民檢察院。關於取消和恢復檢察機關的設置，經歷了如下過程：在 1970 年 2 月 12 日的憲法修改小組會上，康生首先提出不再設置檢察機關的意見，張春橋、李作鵬表示同意。2 月 15 日，康生在憲法修改小組會上提出檢察機關的職權由公安機關行使。他說現在的"立法、司法、行政是分立的，但實際情況是統一的，這是最大的矛盾"。解決辦法就是要"立法、司法合一"，由"公安機關行使檢察院的職權"。3 月 16 日，憲法修改小組就修改憲法的指導思想和一些原則性問題，向中共中央政治局寫了請示報告，在報告中正式提出不設檢察機關的意見，毛澤東原則上同意這個報告。於是從 1970 年的憲法修改草案到 1975 年憲法的正式通過，有關檢察院的規定就沒有變動過。[19] 1978 年，憲法的修訂曾在全國範圍內廣泛徵集意見，全國有 19 個省、自治區、直轄市和人民解放軍八大軍區、35 個中央直屬機關、國家機關及軍事機關提出了"重新建立人民檢察院"的建議。在中央修改憲法小組召集的各地區、各部門領導人和民主黨派負責人、社會知名人士的座談會上，各方面也紛紛反映人民群眾要求重新設立人民檢察院的意見。[20] 1978 年全面修憲在通過時採納了正確的建議，在第四十三條規定設立人民檢察院。葉劍英在修憲報告中指出："國家的各級檢察機關按照憲法和法律規定的範圍，對於國家機關、國家機關工作人員和公民是否遵守憲法和法律，行使檢察權"，"我們必須徹底清算'四人幫'破壞公檢法的罪行，總結經驗教訓，加強社會主義法制。嚴禁打砸搶。拘人捕人，必須按照法律，嚴格執行審批制度。審理案件，必須重證據，重調查研究，嚴禁逼供信"。公檢法機關要互相配合，互相制約。這是對"文化大革命"無法無天慘痛教訓的總結。

19　李士英主編：《當代中國的檢察制度》，中國社會科學出版社，1987 年版，第 163 頁。

20　孫琬仲主編：《中華人民共和國法律大事典》，中國政法大學出版社，1993 年版，第 283-284 頁。

（三）公民基本權利的恢復和發展

1954 年憲法對公民基本權利和義務的規定是 19 條，經 1975 年全面修憲後僅餘四條，1978 年憲法增加到 16 條，1978 年憲法的條文雖較 1954 年憲法為少，但在憲法總的條文中所佔的比重並不小，佔到 26.67%。1978 年憲法對公民基本權利和義務的規定，整體上是對 1975 年憲法的擴充，但也改變了 1975 年憲法先規定義務再規定權利，將公民的各類權利相互混雜的本末倒置、無視公民基本權利的做法，恢復了 1954 年憲法中對公民權利的許多具體規定，並為 1982 年全面修憲關於公民基本權利規定的完善提供了探討的前提。

此次全面修憲的進步性，首先體現為憲法中對實現公民權利的國家義務條款的全面重設。為公民提供物質上、經濟上的幫扶與保障，使公民得享有尊嚴的生活，是社會主義國家的應有職責，也是現代憲法對國家義務的基本要求。1954 年憲法中曾較為全面地規定了國家應承擔的積極義務，這些條文在 1975 年的全面修憲中多被刪除，致使國家在促成公民基本權利的實現中缺場。在 1978 年的全面修憲中，則將這些條文予以恢復。被恢復和發展的條文主要有：

	1975 年憲法的規定	1978 年憲法的補益	1978 年憲法的傳承
勞動權	公民有勞動的權利。	公民有勞動的權利。**國家根據統籌兼顧的原則安排勞動就業，在發展生產的基礎上逐步提高勞動報酬，改善勞動條件，加強勞動保護，擴大集體福利，以保證公民享受這種權利。**	1978 年憲法恢復了 1954 年憲法的設定，並對國家應如何作為予以更清晰、詳盡的列舉。
勞動休息權	勞動者有休息的權利。	勞動者有休息的權利。**國家規定勞動時間和休假制度，逐步擴充勞動者休息和休養的物質條件，以保證勞動者享受這種權利。**	1978 年憲法恢復了 1954 年憲法的設定，並增寫"以保證勞動者享受這種權利"等文字，使憲法在規範表述上更加完善。

	1975 年憲法的規定	1978 年憲法的補益	1978 年憲法的傳承
社會保障權	勞動者在年老、生病或者喪失勞動能力的時候，有獲得物質幫助的權利。	勞動者在年老、生病或者喪失勞動能力的時候，有獲得物質幫助的權利。**國家逐步發展社會保險、社會救濟、公費醫療和合作醫療等事業，以保證勞動者享受這種權利。**	1978 年憲法恢復了 1954 年憲法的設定，增寫"以保證勞動者享受這種權利"等文字，使憲法在規範表述上更加完善。
受教育權	公民有受教育的權利。	公民有受教育的權利。**國家逐步增加各種類型的學校和其他文化教育設施，普及教育，以保證公民享受這種權利。**	1978 年憲法恢復了 1954 年憲法的設定，對國家應如何作為予以更清晰、詳盡的列舉，並使該規範的表述更為周延。

此次全面修憲的進步性，也體現在它對公民自由權的擴展上：

	1975 年憲法的規定	1978 年憲法的補益	1978 年憲法的傳承
創作權	無	**公民有進行科學研究、文學藝術創作和其他文化活動的自由。國家對從事科學、教育、文學、藝術、新聞、出版、衛生、體育等文化事業的公民的創造性工作，給予鼓勵和幫助。**	1954 年憲法將創作權界定為國家積極作為的領域（"中華人民共和國保障公民進行科學研究……的自由"）。1978 年憲法則首先承認創作權是公民享有的基本自由，再更清晰、詳盡地列舉了國家的相應義務。這種更為科學的表述方式也被 1982 年憲法所繼承。
婚姻自主權	無	**男女婚姻自主。**婚姻、家庭、母親和兒童受國家的保護。	1954 年憲法和 1975 年憲法都只規定了國家對公民婚姻的保護義務。1978 年憲法則首先強調了，婚姻作為一種最基本、最普遍的社會組織形式，它的締結應基於意志自由。這一條款在 1982 年憲法中被進一步發展為公民的婚姻自由權。

此次修憲的進步性，還體現為它對特殊群體的關照：

	1975 年憲法的規定	1978 年憲法的補益	1978 年憲法的傳承
婦女	婦女在各方面享有同男子平等的權利。	婦女在**政治的、經濟的、文化的、社會的和家庭的生活**各方面享有同男子平等的權利。男女同工同酬。	1978 年憲法恢復了 1954 年憲法的設定，而將"男女同工同酬"予以明文規定則是從 1978 年憲法開始的，並為 1982 年憲法所繼承。
青少年	無	**國家特別關懷青少年的健康成長。**	1978 年憲法恢復了 1954 年憲法的設定，並使該規範的表述更為周延。
軍人	無	**國家關懷和保障革命殘廢軍人、革命烈士家屬的生活。**	我國對軍人群體的權益予以特別保護是從 1978 年憲法開始的，並為 1982 年憲法所繼承。
少數民族	各民族都有使用和發展自己的語言文字的自由。	各民族都有使用和發展自己的語言文字的自由，**都有保持或者改革自己的風俗習慣的自由。**	1978 年憲法恢復了 1954 年憲法的設定。
華僑	國家保護國外華僑的正當權利和利益。	國家保護華僑**和僑眷**的正當的權利和利益。	我國對僑眷的權益予以特別保護是從 1978 年憲法開始的，並為 1982 年憲法所繼承。
被告人	無	**人民法院審判案件，除法律規定的特別情況外，一律公開進行。被告人有權獲得辯護。**	1978 年憲法恢復了 1954 年憲法的設定。

　　當然，無論憲法文本列舉了哪些基本權利，其落實都要以公民在權利遭受侵害時能夠獲得救濟為前提。1954 年憲法中曾規定，公民有在遭到公權力侵害蒙受損失後取得賠償的權利，但對侵權行為的施加者僅界定為"國家機關工作人員"這一個體，這實際上未能完全體現憲法作為國家與公民之間關係的調整者這一根本屬性。此次修憲恢復了在 1975 年憲法中曾被刪除的這一公民申訴權，並將其更科學地表述為"公民在權利受到侵害的時候，有權向各級國家機關提出申訴"，這便明晰了公民基本權利的拘束對象是公權力本身，而非作為它的承載者和實施者的個人，使公民"為權利而鬥爭"更加有的放矢。此次修憲相比 1954 年憲法中的對應條款，還增寫了"對這種控告和申訴，任何人不得壓制和打擊報復"等字句，為公民依憲維權背書。

在伸張公民自由、恢復國家義務的同時，此次全面修憲也對公民應當承擔的義務予以完善，主要體現在兩個方面：第一，公共財產是社會主義經濟制度的物質基礎，1978年憲法為此規定了公民的保衛義務。此前在1954年憲法的公民基本權利與義務部分就曾有“公有財產神聖不可侵犯”的表述，這一表述為1975年憲法所繼承，但後者將該表述移入憲法總綱，並刪除了對應的公民義務；1978年憲法則在保留總綱相關表述的同時，也重申了公民對公共財產的保護義務，並從勞動紀律、公共秩序、社會公德、國家機密等四個層面對公民在社會生活中的公共義務予以更為周延的規範。第二，隨着醫療衛生條件的進步和人民生活條件的改善，我國人口數量驟增，給尚處在經濟起步階段的國家帶來很大壓力，1978年憲法為此作出了“國家提倡和推行計劃生育”的規定。這一規定對執政黨一系列政策的出台也具有指導作用。1980年9月，中共中央發佈《中共中央關於控制我國人口增長問題致全體共產黨員共青團員的公開信》，再次發出了實行計劃生育、使人口增速與國家經濟和社會發展相適應的號召。兩年後，在1982年的全面修憲中，計劃生育被放入憲法總綱，正式成為我國的一項基本國策，並被正式列為一項公民義務。

除上述補益外，此次修憲還對公民基本權利與義務的若干表述予以完善。如隨着檢察機關在國家機構中全面復設，過去公安機關可自行批捕公民的情況得到糾正，公安機關必須經由法院決定或檢察院的批准，才可以對公民實行逮捕。

總之，1978年憲法基本上恢復了1954年憲法的主要內容，總結了新中國成立以來的成就和經驗，規定了國家的總任務和政治、經濟、文化領域的一些基本制度和原則。在法律形式方面也較1975年憲法為完善，尤其是對公民憲法權利的規定，體現了撥亂反正的要求，具有一定的歷史進步性，並使中國的法制建設有了憲法基礎和良好開端，開創了1979年立法工作的新局面。但過渡性特點也使1978年的修憲帶有明顯的歷史局限性。

三、亟待來日：1978 年全面修憲的歷史局限

1978 年全面修憲是在十一屆三中全會召開之前的政治徘徊期啟動的，當時雖然正值深揭猛批"四人幫"的高潮，但是"兩個凡是"仍居主導地位，整個思想體系和觀念仍然是"文化大革命"時的。這就不可能全面總結新中國成立以來社會主義革命和社會主義建設的經驗教訓，徹底清除"抓綱治國"等極左思想對憲法的影響。因而 1978 年憲法雖然否定了"四人幫"，卻沒有否定"文化大革命"，這就使 1978 年憲法帶有明顯的歷史局限性，帶有很深的"文化大革命"痕跡。

（一）指導思想上，仍充分肯定"文化大革命"

首先，1978 年憲法在其序言中仍將階級鬥爭作為基本路線，把"無產階級專政下的繼續革命"作為新時期總任務的內容之一，錯誤地認為只有堅持兩個階級、兩條道路的鬥爭，才能鞏固社會主義制度，實現四個現代化。此次全面修憲正式通過的第二天，《人民日報》、《解放軍報》和《紅旗》雜誌聯合發表社論《愚公移山，改造中國》，明確指出："為了完成總任務，必須始終緊緊抓住階級鬥爭這個綱。" [21]

其次，在憲法中公開宣佈"第一次無產階級文化大革命的勝利結束，使我國社會主義革命和社會主義建設進入了新的發展時期"。一方面，這無疑有利於經濟建設與撥亂反正的開展；但另一方面，這是否意味着在中國還會有第二次、第三次以至多次"文化大革命"呢？顯然這是繼續堅持和貫徹毛澤東說過的"文化大革命"今後還要進行多次的指示。

再次，憲法規定的"專政"對象，既包括懲辦對象：賣國賊、反革命

21　《愚公移山　改造中國——歡呼五屆人大第一次會議勝利閉幕》，《人民日報》1978 年 3 月 6 日，第 3 版。

分子、新生資產階級分子、壞分子；又包括剝奪政治權利對象：沒有改造好的地、富和反動資本家。在對他們專政時，怎麼界定呢？如果沒有明確的條件、資格的規範，很有可能在實際操作時出現擴大化的傾向。

（二）國家機構存在種種不完善之處

第一，過分地強調個人的作用和黨的一元化領導。例如，"毛主席"一詞在1978年憲法的序言和總綱中曾多次出現，這種高度個人化、政治化的詞彙對憲法表述的嚴謹性與規範性有很大破壞。又如，1978年憲法照搬1975年憲法的規定，國務院總理人選仍直接由中共中央向全國人大提名（第二十條），人民解放軍仍被稱為中國共產黨領導下的工農子弟兵，武裝力量也仍由中共中央主席統率等（第十九條）。"黨的領導、馬列主義、毛澤東思想當然是要堅持，問題是如何堅持。馬列主義、毛澤東思想是在政治思想上進行指導，不能依靠法律強制執行。黨的領導是政治領導，是通過正確的路線、方針、政策來實現的，如果黨的領導靠強迫命令來實現，那麼結果會適得其反，因此，不應在憲法的具體條文中作硬性規定。"[22] 同時，1978年憲法對黨政關係的規定也不合適。執政黨是國家政權的中堅力量和核心，但黨不能代替政權。

第二，國家元首職權行使"疊床架屋"、運行紊亂。如前所述，因1978年憲法仍未恢復設置國家主席，因此原由國家主席行使的國家元首的部分職能，就分散到了國家權力中樞的各個系統當中。雖然全國人大常委會委員長依據1978年憲法承擔了這些職能中的一部分，但仍有若干在1954年憲法中由國家主席行使的職權，在1978年憲法中被放置到了執政黨的組織系統裏。例如，國家武裝力量的統率權被交由執政黨中央委員會主席執掌；又如，國

22　張友漁：《憲政論叢》（下），群眾出版社，1986年版，第327-328頁。

務院總理的提名權由執政黨中央委員會行使。這些規定實際上仍是 1975 年憲法的延續。而曾屬於國家主席職權的命令發佈權，如發佈特赦令、戒嚴令、動員令，宣佈戰爭狀態等，在 1978 年憲法中仍未得到恢復，缺乏規範層面的承擔機構。正如許崇德教授所說，這一時期，我國的國家元首"無所不在，又無所存在"，是很不適宜的元首制度。[23]

第三，對全國人大及其常委會的權力仍未恢復到 1954 年憲法時期較為科學、合理的配置上。1954 年憲法曾明文規定，由全國人大獨佔國家立法權，並詳列了全國人大的 13 項具體職權，而其規定的全國人大常委會職權更是有 18 項之多。此次修憲雖然相較於 1975 年時有較大進步，但最高國家權力機關及其常設機關仍有部分權力未得到恢復和明文規定。例如，因國家主席制度取消，與其相關的全國人大的選舉與人事決定權隨之湮滅；又如，1978 年憲法未規定全國人大常委會有"撤銷國務院同憲法、法律和法令相抵觸的決議和命令"的職權，其對"兩高"的任免權也僅限於對兩高的最高長官，這導致全國人大常委會與一府兩院之間的權責結構有失明晰；再如，全國人大常委會曾擁有的規定專門銜級、決定全國或部分地區戒嚴、決定全國總動員等職權亦未得到恢復，使得這些權力的行使缺乏合憲性依據。最後，此次修憲對全國人大的會議制度照抄 1975 年憲法的規定："全國人民代表大會會議每年舉行一次。在必要的時候，可以提前或者延期。"遠不如 1954 年憲法明確、周密。1954 年憲法規定："全國人民代表大會會議每年舉行一次，由全國人民代表大會常務委員會召集。如果全國人民代表大會常務委員會認為必要或者有五分之一的代表提議，可以臨時召集全國人民代表大會會議。"1978 年憲法沒有明確規定究竟誰認為有必要，是什麼情況才算必要，可以提前或延期的根據以及提前或延期到什麼時候召開人民代表大會？這些都不清楚。人民代表大會哪怕出現常年不開的狀況，也無法在憲法層面予以追責。

23　許崇德：《中華人民共和國憲法史》（下卷），福建人民出版社，2005 年版，第 331 頁。

　　第四，1978 年憲法沒有明確規定對全國人大代表的人身保護和在全國人大各種會議上的發言和表決不受法律追究的權利。

　　第五，保留了"文化大革命"造反奪權創造的政權形式——革命委員會。當然，1978 年憲法至少明文規定了革命委員會的性質、地位和職權（第三十七條），無論該機構的實質為何，憲法這一設置畢竟為這個在當時的政治生活中實際存在並發揮着作用的權力機構提供了根本大法層面的規範性約束，這仍是有其積極意義的。[24]

　　第六，對司法機關和檢察機關的橫向、縱向權責釐定不清。首先，從橫向權力配置上來說，無論司法機關還是檢察機關都較同級的人大與政府為弱，其權力行使又曾長期受"黨管政法"理念的影響，因此在 1954 年憲法中特別規定，人民法院獨立進行審判，人民檢察院獨立行使職權機關。1975 年憲法取消了這一規定，而 1978 年憲法也並未予以恢復，加之又保留了 1975 年憲法所謂重大案件"要發動群眾討論和提出處理意見"（第四十一條）這一具有"文化大革命"時期"群眾專政"色彩的條款，這讓人民法院與人民檢察院在承擔職責時經常遭受很大壓力，卻無法以憲法為其後援。其次，對檢察機關的復設是 1978 年全面修憲的重大作為，但從該機構的縱向權力配置來看，1978 年憲法仍有可商榷改進之處。1978 年憲法規定，"最高人民檢察院監督地方各級人民檢察院和專門人民檢察院的檢查工作，上級人民檢察院監督下級人民檢察院的檢查工作"，這與 1954 年憲法明確規定上下級檢察院為領導與被領導的關係不同，實際上是借鑑了法院系統的縱向分權模式。但法院以審判獨立為基本原則，而檢察院作為有強力機關色彩的機構，更強調由上至下的集中統一領導，將其上下級關係規定為"監督"並不適當。

24　許崇德：《中華人民共和國憲法史》（下卷），福建人民出版社，2005 年版，第 334 頁。

（三）經濟制度許多條款基本照搬 1975 年憲法

1978 年憲法在社會主義生產資料所有制形式、分配原則、建設社會主義總路線和全面的計劃經濟體制等方面的規定，對 1975 年憲法沿用甚多，很多地方只是稍作變化。

例如，對農村基層組織的規定，1978 年憲法雖然取消了 1975 年憲法中對人民公社"政社合一"的表述，但依然把人民公社作為社會主義勞動群眾集體所有制經濟的主要表現形式，把它與國營經濟一起看作是社會主義所有制的兩種基礎形態。1978 年憲法第七條規定人民公社實行"三級所有，以生產隊為基本核算單位"，並未對 1975 年憲法所反映的社會主義農村經濟建設的盲動現狀予以真正革新。而所謂"生產大隊在條件成熟的時候，可以向大隊為基本核算單位過渡"的規定，更反映了憲法的一些起草者們仍然抱有越大越好、越公越好的"一大二公"陳舊觀念。[25]

又如，1978 年憲法與 1975 年憲法一樣，仍沒有賦予私營經濟以合理的憲法地位，甚至勞動者個體經濟在此次修憲中也仍受到很嚴格的條件限制。1978 年憲法第五條第二款規定，"國家允許非農業的個體勞動者在城鎮或者農村的基層組織統一安排和管理下，從事法律許可範圍內的，不剝削他人的個體勞動。同時，引導他們逐步走上社會主義集體化的道路"；第七條第二款規定，"在保證人民公社集體經濟佔絕對優勢的條件下，人民公社社員可以經營少量的自留地和家庭副業，在牧區還可以有少量的自留畜"。這些規定與 1975 年憲法的對應條款雖在語詞表述上稍有不同，但實質上並無二致。[26]

諸如此類的修改還有，1975 年憲法第六條規定："國家可以依照法律規定的條件，對城鄉土地和其他生產資料實行徵購、徵用或者收歸國有。"1978 年憲法去掉了"城鄉"和"其他生產資料"，但對土地的徵收徵

25　　許崇德：《中華人民共和國憲法史》（下卷），福建人民出版社，2005 年版，第 326 頁。

26　　許崇德：《中華人民共和國憲法史》（下卷），福建人民出版社，2005 年版，第 326 頁。

用權仍予以保留。1975 年憲法第九條規定："國家保護公民的勞動收入、儲蓄、房屋和各種生活資料的所有權。" 1978 年憲法只是將 "勞動" 改為 "合法"，"各種" 改為 "其他"，等等。概而言之，1978 年的修憲在經濟建設方面雖然明確了建設 "四個現代化" 是粉碎 "四人幫" 以後的總任務，但由於對中國所處的社會歷史發展階段認識不清，沒有認識到中國正處於社會主義初級階段的起始階段，仍持 "文化大革命" 的極左觀念，脫離實際，超越階段。因此對個體經濟作過多限制，沒有保護私有財產繼承權的規定，所有制形式和分配形式搞所謂純而又純[27]，主張全面計劃等等。這些都是此次修憲存在的缺陷。

（四）重要的公民基本權利並沒有得到恢復

首先，修憲後的公民基本權利體系仍不完備。雖然在此次修憲中有大量的公民基本權利得到了恢復，但仍有部分權利還流於憲法的保護之外。例如，平等觀被認為是法的基本屬性，也是權利主體參與社會生活的前提與條件。[28] 但 1978 年憲法卻並沒有恢復被 1975 年憲法所刪除的 "公民在法律上一律平等"。作為社會主義理論基礎的階級學說本就內含倡導平等、反對差等之義，在憲法上 "吊銷" 公民的法律平等身份，實際上破壞了社會主義憲法的基本精神。又如，1954 年憲法曾明確規定了公民住宅自由不受侵犯，通信秘密受法律保護（第九十條），從這兩款中可以引申解釋出遷徙自由、隱私權等現代憲政的重要價值，而 1978 年憲法則沿襲 1975 年憲法的設定，僅在公民的政治權利列舉中提及其享有 "通信" 自由（第四十五條），這極大地限縮了憲法權利的保護範圍與防禦力度。再如，1978 年憲法雖然規定了公民面對公

27　1956 年社會主義三大改造完成後，否認生產資料私人所有權，否認非公有制經濟的法律地位。經過 "文化大革命"，我國的私營經濟幾近絕跡，個體經濟所剩無幾，1978 年全國城鎮私營工商業從業人員僅 18 萬人，個體勞動者 15 萬人。

28　韓大元：《憲法學基礎理論》，中國政法大學出版社，2008 年版，第 250 頁。

權力侵害有控告權和申訴權（第五十五條），但並沒有延續1954年憲法中遭到侵害的公民可獲得賠償的規定，而只有得到賠償，才能真實地恢復被侵害的權利。此外，1954年憲法曾規定的公民依法享有私有財產繼承權，少數民族公民依法享有用本民族語言、文字進行訴訟等權利，在此次修憲中也未得到恢復。

其次，此次修憲在一定程度上造成了公民權利的濫觴。這主要體現在它對所謂"四大自由"——"大鳴、大放、大討論、大字報"的規定上。這四種"自由"實質是無視法律與秩序的群眾運動的典型表現形式。隨着"文化大革命"的爆發，這些用來發動政治鬥爭的手段得到了錯誤的肯定和發揚，成了"革命派"造反奪權、向"走資產階級道路的當權派"發動進攻的武器。1976年以後，"文化大革命"的政治風波逐漸平息，但其歷史遺跡並未從憲法中消除，表現之一就是"四大"雖然從憲法總綱中移除，卻又改頭換面，與言論自由等權利並駕齊驅於公民的基本權利條款中。

再次，此次修憲後的權利條款還存在規範表意的重複。這一點尤其體現在1978年憲法對公民信仰自由的表述中。1978年憲法的規定是："公民有信仰宗教的自由和不信仰宗教、宣傳無神論的自由。"許崇德先生就曾指出，"公民有宗教信仰自由"的表述中，本身就包含了信仰宗教和不信仰宗教兩重意思在內。對"有"之自由的肯定自然也對應了對"否"之自由的確認，二者皆是意志自由的表現形式。而1978年憲法則對1975年憲法的表述依樣"臨摹"，不僅表現了憲法中仍殘留着政治上的"左"傾遺跡，其在文字上也屬敗筆。[29]

除了權利條款的上述缺失與不足外，1978年憲法對公民基本義務的規定也尚有可完善之處。如徵稅是現代國家汲取財政、維持運行的基本途徑，但1978年憲法並未恢復對公民有依法納稅義務的規定。

---

29   許崇德：《中華人民共和國憲法史》（下卷），福建人民出版社，2005年版，第337頁。

（五）修憲程序仍存在一定缺陷

首先，1978年憲法的修改很倉促，沒有充分發揚民主，沒有反覆地研究，更沒有系統的憲法理論研究作基礎，就較快地修訂出一部憲法，整個起草、討論、通過都較輕率。

其次，1978年憲法對關係到憲法穩定性和權威性的憲法修改程序隻字未提。

再次，語言表達不夠嚴謹、具體和明確，缺乏應有的法律規範性。這突出地表現在憲法條文中不適當地使用領袖語錄和政治口號，這也是"文化大革命"遺風的表現，不利於樹立憲法至上、加強法制的社會意識。

總而言之，1978年全面修憲的發生有其特定的歷史背景：打倒"四人幫"以後，1975年憲法與當時的形勢很不適應，但黨和國家的指導思想還未能徹底撥亂反正，這種急需修憲而條件又不成熟的歷史情境賦予了1978年憲法以明顯的過渡性色彩，使它既部分地恢復了1954年憲法關於國家任務、國家機構和公民基本權利的規定，又在一定程度上帶有1975年憲法的精神氣質與激進運動的制度殘留。但無論怎樣，1978年憲法仍然記載並肯定了從1949年10月新中國成立以來所取得的偉大成就，開始恢復被"文化大革命"十年浩劫所顛倒的歷史；它也為恢復和加強社會主義民主和社會主義法制規定了一些具體措施，對"文化大革命"踐踏民主的教訓作了初步總結；它還明確規定了大力發展科學教育文化事業的基本方針政策，為國家建設走入一個大發展、大繁榮奠定了技術和文化基礎。對社會主義的追求也為1978年憲法所延續，並確立了建設社會主義強國的奮鬥目標。在這個意義上說，它無疑為接下來的1982年全面修憲奠定了必要的規範基礎。

四、繼往開來：1978 年憲法的運行與影響

（一）真理標準討論和歷史性偉大轉折

1978 年的修憲具有明顯的過渡性，它力圖恢復 1954 年憲法，卻又帶有 "文化大革命" 理論與實踐的深刻痕跡。與此同時，在 1978 年憲法修訂前後，中國的真理標準大討論以及 1978 年底召開的黨的十一屆三中全會對中國的方方面面，產生了不可抗拒的影響。因此，談 1978 年憲法的運行和影響，不能不談真理標準討論和十一屆三中全會。

1978 年 5 月 11 日，經胡耀邦審定，《光明日報》第一版以特約評論員名義發表了《實踐是檢驗真理的唯一標準》一文，當天新華社轉發了這篇文章。次日，《人民日報》、《解放軍報》同時予以轉載。這篇文章從理論上根本否定了 "兩個凡是"，引發關於真理標準問題的全國性大討論，推動了一場撥亂反正的思想解放運動，徹底擺脫了 "兩個凡是" 的嚴重束縛，重新確立和發展了黨的實事求是的思想路線，極大地解放了人們的思想，為從指導思想上撥亂反正，為黨的十一屆三中全會實現歷史轉折、中國邁向改革開放新時期作了思想準備。

1978 年 12 月 18 日，黨的十一屆三中全會召開。這次全會堅決批判 "兩個凡是" 的錯誤方針，充分肯定了必須完整地、準確地掌握毛澤東思想的科學體系；果斷地停止使用 "以階級鬥爭為綱" 和 "無產階級專政下繼續革命" 的口號，作出把黨和國家的工作重點轉移到社會主義現代化建設上來和實行改革開放的戰略決策；確定了正確的經濟建設的指導方針和農業政策；着重提出了健全社會主義民主和加強社會主義法制的任務。這次全會高度評價了關於真理標準問題的討論，確定了解放思想、開動腦筋、實事求是、團結一致向前看的指導方針，實事求是地解決了一批重大歷史事件和重要領導人的是非功過問題，對過去一些不符合客觀實際的理論觀點、形勢估計和方針政

策作了改變和調整，提出了一系列有利於增強黨的團結和調動一切積極因素的方針政策。黨的十一屆三中全會終於結束了粉碎"四人幫"以後兩年政治上徘徊不前、經濟上急躁冒進、思想上保守僵化的局面，開始了黨的歷史上具有深遠意義的偉大轉折，譜寫了黨和國家歷史的新篇章，開闢了走向改革開放的新時代。

（二）宣傳學習1978年憲法

葉劍英在《修憲報告》中指出："憲法通過以後，從憲法的原則精神到具體條文規定，都要保證全部實施。不論什麼人，違犯憲法都是不能容許的。對於破壞社會主義法制、危害國家和人民的利益、侵犯人民權利的行為，必須嚴肅處理，情節嚴重的要依法制裁。""社會主義法制對於違法犯法的人是壓力和束縛，對於破壞社會主義革命和建設的敵人是無情的鐵腕，對於廣大人民群眾則是自覺遵守的行為準則。""我們又要按照法律，保護人民的權利。我們要使一切擁護社會主義的人感到，憲法規定的人身自由、民主權利、合法的經濟利益，都能得到切實保障。"葉劍英的上述講話表明，1978年憲法對於促進和加強社會主義法制建設是一個重要的開端。

1978年5月3日，《人民日報》發表社論《學習新憲法，宣傳新憲法，遵守新憲法》。社論指出，必須進一步加強社會主義法制，樹立社會主義法制觀念，幹部帶頭守法，群眾自覺守法，領導機關和司法部門嚴格依法辦事。5月初，《人民日報》編輯部還邀請首都政法界人士舉行"積極開展憲法宣傳，加強社會主義法制"小型座談會。全國上下圍繞學習宣傳新憲法，提高對社會主義法制的認識，促進社會主義法制建設，開展了廣泛的學習和討論，引起了廣泛的關注。7月13日，《人民日報》發表特約評論員文章《民主與法制》。文章指出："當前我們十分需要這樣的社會主義的《刑法》和《民法》，以便司法部門量刑有準，執法有據。同時，我們也十分需要社會主義的訴訟法，使人民有冤能伸，有理能辯，根據法律的規定，進行訴訟，以保衛自己的合法權利。"1978 年 7 月 25 日，《人民日報》刊文《憲法中有 "皮肉教育" 這一條嗎？》；11 月 3 日，《人民日報》刊文《認真執行憲法，堅決退回私房》；11 月 30 日，《人民日報》刊文《是縣委大還是憲法大》……這些報道，生動具體地表明憲法與法制逐步引起民眾的關注。

鄧小平在 1978 年 12 月 13 日中共中央工作會議閉幕會上作了《解放思想，實事求是，團結一致向前看》的重要講話。在講話中，談到社會主義法制問題時，他指出："為了保障人民民主，必須加強法制。必須使民主制度化、法律化，使這種制度和法律不因領導人的改變而改變，不因領導人的看法和注意力的改變而改變。現在的問題是法律很不完備，很多法律還沒有制定出來。往往把領導人說的話當做 '法'，不贊成領導人說的話就叫做 '違法'，領導人的話改變了，'法' 也就跟着改變。"[30] 所以，"現在我們要認真建立社會主義的民主制度和社會主義法制。只有這樣，才能解決問題"[31]。

緊接着，黨的十一屆三中全會提出要加強社會主義民主和法制，"憲法規定的公民權利，必須堅決保障，任何人不得侵犯。為了保障人民民主，必須加強社會主義法制，使民主制度化、法律化，使這種制度和法律具有穩定性、連續性和極大的權威，做到有法可依，有法必依，執法必嚴，違法必究。從現在起，應當把立法工作擺到全國人民代表大會及其常務委員會的重要議程上來。檢察機關和司法機關要保持應有的獨立性；要忠實於法律和制度，忠實於人民利益，忠實於事實真相；要保證人民在自己的法律面前，人人平等，不允許任何人有超越法律之上的特權"[32]。

從 1978 年憲法通過，黨的十一屆三中全會召開，到 1982 年憲法的產生，黨和國家領導層對法制建設的認識是非常深刻的，認識到法制建設是國

---

30 《鄧小平文選》(第二卷)，人民出版社，1994 年版，第 146 頁。

31 《鄧小平文選》(第二卷)，人民出版社，1994 年版，第 348 頁。

32 《中國共產黨第十一屆中央委員會第三次全體會議公報》，《人民日報》1978 年 12 月 24 日。

家的根本任務和現代化建設的重要目標；認識到憲法和法律是人們行為的最高準則，黨必須在憲法和法律的範圍內活動；認識到民主必須制度化、法律化，法律制度高於領導人，制度比領導人更可靠、更穩定。這些深刻的思想指導推動了中國的社會主義法制建設。

（三）帶動立法工作

正是黨的十一屆三中全會，使 1978 年憲法成為中國法制建設的核心和基礎，開始了 1979 年的立法新局面。

我國在 1957 年至 1976 年長達 20 年的時間裏，作為唯一享有國家立法權的全國人大，除了通過《1958 年到 1967 年全國農業發展綱要》和 1975 年憲法外，沒有制定一個法律。享有法律制定權的全國人大常委會自行通過的條例、辦法也僅 10 個。[33] 至於地方立法，由於 1954 年憲法所作的改變，除民族自治地方外，其他地方均無立法權。在這一階段，只有國務院及其所屬部委發佈了為數不多的規範性文件。[34] 當然"文化大革命"期間，作為司法依據的主要是政策性文件和一些領導人的講話。葉劍英在《修憲報告》中指出："我們還要依據新憲法，修改和制定各種法律、法令和各方面的工作條例、規章制度。"

黨的十一屆三中全會決議也明確提出，要從現在起，把立法工作擺到全國人民代表大會及其常委會的重要議程上來。據此，1979 年 2 月，五屆人大常委會第六次會議決定成立一個由 80 人組成的龐大的法制委員會，作為全國人大常委會負責立法的專門工作機構。當時法制委員會主任是彭真，副主任是胡喬木、譚政、王首道、史良、安子文、楊秀峰、高克林、武新宇、陶希

33　這些條例和辦法是：1957—1958 年通過的《人民警察條例》、《治安管理處罰條例》、《衛生檢疫條例》、《縣級以上人民委員會任免國家機關工作人員條例》、《國家經濟建設公債條例》、《戶口登記條例》、《地方經濟建設公債條例》、《農業稅條例》、《國家建設徵用土地辦法》；1963 年通過的修正的《解放軍軍官服役條例》。

34　周旺生：《中國立法五十年（上）——1949—1999 年中國立法檢視》，《法制與社會發展》2005 年第 5 期。

晉、沙千里等。法制委員會從 1979 年 3 月正式工作，僅四個月就向全國人大常委會提交了七個法律草案。

1979 年 7 月 1 日，在五屆人大二次會議上，通過了憲法修正案和《刑法》、《刑事訴訟法》以及經過修訂的《全國人民代表大會和地方各級人民代表大會選舉法》、《地方各級人民代表大會和地方各級人民政府組織法》、《人民法院組織法》、《人民檢察院組織法》、《中外合資經營企業法》等七個重要法律。從此，每年都有一批法律和法規出台，中國法律體系的發展在總體上呈現出直線上升的趨勢。

（四）健全司法體制

1. 各級人民法院整頓恢復

到 1980 年 8 月，全國各地已建立各級人民法院 3,100 多個，一些基層人民法院向邊遠地區和工礦區、農牧場派出人民法庭，全國建立起 1.8 萬個法庭。至此，各級法院基本恢復建立起來。[35] 如瀋陽市、縣（區）兩級人民法院遵照憲法和人民法院組織法規定，從 1978 年 5 月開始，實行公開審判、辯護、陪審、合議等審判制度。到 1978 年 12 月 3 日，已公開審判 848 起刑事、民事案件，旁聽席場場滿座，擴大了社會主義法制的影響，維護了法律尊嚴。[36]

2. 重建檢察機關

搞好檢察工作是加強社會主義法制的重要一環。根據 1978 年憲法規定，國家重新建立檢察機關。1979 年 6 月 1 日，最高人民檢察院正式辦公。至 1978 年 9 月底，全國 29 個省、市、自治區都已任命了檢察長（副檢察長）或

35　周振想、邵景春主編：《新中國法制建設 40 年要覽》，法律出版社，1986 年版，第 495 頁。

36　《實行公開審判，維護法律尊嚴》，《人民日報》1978 年 12 月 4 日。

指定了負責人；各省、市、自治區所屬的地區分院、市檢察院，有 60% 任命了檢察長（副檢察長）；全國縣（市）一級，有 40% 任命了檢察長或副檢察長。[37]

3. 重建司法行政機構，制定並頒佈律師制度、公證制度、調解制度等

1979 年 9 月 13 日，五屆全國人大常委會第十一次會議根據國務院提議，決定重建司法部，任命魏文伯為司法部長。[38] 到 1980 年底，全國應建司法行政機關 2,941 個，已建 1,917 個，佔應建總數的 62%，全國大部分縣以上行政單位建立起司法行政機構。

1979 年下半年開始了律師制度的重建工作。1980 年 8 月，全國人大常委會制定《律師暫行條例》。到 1981 年底，律師工作機構、法律顧問處發展到 1,400 多個，有專職、兼職律師近 6,800 多名，有 11 個省成立了律師協會。[39]

1980 年 2 月，司法部發出《關於逐步恢復國內公證業務的通知》，公證機構迅速建立。到 1980 年底，全國建立公證處 253 個，暫未設立公證處的市、縣，由人民法院兼辦。1982 年 4 月，國務院發佈《中華人民共和國公證暫行條例》，使公證工作規範化。[40]

1978 年全國開始恢復調解制度，1980 年重新頒佈《人民調解委員會暫行組織條例》。到 1980 年底，全國建立人民調解委員會 68 萬多個，有兼職調解工作人員 460 多萬人，並召開了第一次全國調解工作會議。[41]

1980 年 1 月，中共中央恢復成立中央政法委員會。中央政法委由中共中央領導，主要由全國人大、最高人民法院、最高人民檢察院、公安部、司法部、民政部、國家安全部等部門的負責同志組成，主要職責是統一政法工作

37　《各級人民檢察院正在迅速建立》，《人民日報》1978 年 11 月 28 日。

38　當代中國叢書編輯委員會編：《當代中國的司法行政工作》，當代中國出版社，1995 年版，第 57 頁。

39　周振想、邵景春主編：《新中國法制建設 40 年要覽》，法律出版社，1986 年版，第 152 頁。

40　孫琬仲主編：《中華人民共和國法律大事典》，中國政法大學出版社，1993 年版，第 598-599 頁。

41　韓延龍主編：《中華人民共和國法制通史》（下），中共中央黨校出版社，1998 年版，第 810 頁。

的指導方針，確定政法工作的主要任務，協調各立法、司法部門的工作，統
一研究處理全國政法工作中的重大問題。它是負責向中央提出有關政法方面
建議的政法領導機構。[42]

（五）恢復憲法學研究

1. 啟動了憲法學研究的復興

從 1978 年開始，法學家對法學理論、憲法學理論進行了探討，開展了幾
次大的討論，這就是 1978 年底開始的"法律面前，人人平等"的討論、1979
年初開始的"民主與法制"、"法的繼承性"的討論和 1979 年底開始的"人治
與法治"的大討論。憲法學界也積極地投入了討論，並圍繞 1978 年憲法的學
習宣傳，1979 年和 1980 年兩次修憲，尤其是 1980 年 8 月五屆人大三次會議
決定的全面修憲，進行了大量的理論探討。據不完全統計，從 1979 年下半年
到 1982 年底，全國報刊公開發表憲法學論文、譯文共 293 篇，內容涉及憲法
學各個方面。同時，國內公開出版中外憲法學著作 32 部。憲法學家在理論探
討中提出的許多有實用價值的意見，在 1982 年的全面修憲中被採納。如憲法
的指導思想、憲法序言的法律效力、《公民的基本權利和義務》一章在憲法結
構中的位置等問題，就採納了憲法學討論中多數人的觀點。

2. 重建法學教育、法學研究機構和開闢法學研究陣地

法學教育方面，到 1980 年，恢復了西南、北京、華東、西北四所政法學
院，全國 14 所大學恢復或新建了法律系或法律專業，招生人數達 2,828 人。

法學研究刊物方面，到 1980 年，《國外法學》、《法學譯叢》、《法學研
究》、《民主與法制》、《法學》、《西南政法學院學報》等法學學術刊物創刊。

42　　孫琬仲主編：《中華人民共和國法律大事典》，中國政法大學出版社，1993 年版，第 719-720 頁。

中國第一張專門的法學方面的報紙《中國法制報》（現改稱《法制日報》）
創刊。

　　法學學術研究團體成立。1982 年 7 月，中國法學會成立。在這前後，北
京、上海一批地方法學會成立。

五、別求新聲：對 1978 年憲法的局部修改

　　1978 年憲法的過渡性，還表現在它在以後的兩年裏就作出兩次修改。隨
着黨的十一屆三中全會召開，國家進入新的歷史發展時期，1978 年憲法的局
限性逐漸凸現出來，甚至成為國家前進道路上的障礙。1978 年憲法中的某些
規定明顯地不能適應社會現實發展的需要，某些錯誤的東西逐漸為人們所認
識，修改憲法勢在必行。

（一）1979 年對憲法的修改

　　1979 年 6 月 26 日，根據中共中央的建議，全國人大常委會向五屆人大
第二次會議提出修改憲法若干規定的議案。7 月 1 日，五屆人大二次會議通
過 1979 年《關於修改憲法若干規定的議案》。這次修改主要是為了加強國家
機構的建設，其內容涉及 1978 年憲法的第三十四、第三十五、第三十六、第
三十七、第三十八、第四十二、第四十三條共七個條文及第二章第三節的標
題，包括四個方面：第一，在縣和縣以上的地方各級人民代表大會設立常務
委員會；第二，將地方各級革命委員會改為地方各級人民政府；第三，將縣
和縣一級的人民代表大會代表改為由選民直接選舉；第四，將人民檢察院上
下級關係由原來的監督關係改為領導關係。

　　關於改“革命委員會”為“人民政府”，當時有一種觀點是，在取消革

命委員會後，重新採用 1954 年憲法中的"人民委員會"稱謂，這也符合 1978
年憲法撥亂反正、恢復和發展新中國第一部正式憲法的思路。曾參與這次修
憲的前全國人大常委會副委員長王漢斌回憶説，胡繩對此曾表示，還是改為
人民政府好，因為新中國成立初期我們就叫"人民政府"，人民群眾喜歡這麼
稱呼。時任全國人大法制委員會主任彭真也認為宜改為人民政府，並向中央
作了報告，提出"取消革命委員會，成立人民政府，不再恢復人民委員會"。
中央政治局討論同意了這個意見。[43]

　　關於在縣和縣以上的地方各級人民代表大會設立常務委員會，當時提
出過三種修憲辦法。王漢斌回憶説，當時提出的修憲意見：一是按照鄧小平
等黨和國家領導人的意見，僅修改、補充縣級以上地方人大設立常委會這一
條，其他條文暫不作更動，因為當時已考慮到要對 1978 年憲法作全面修改；
二是對 1978 年憲法與新修訂的地方組織法等法律不一致的地方都進行修改；
三是由全國人大作出決議，暫時不對 1978 年憲法條文進行修改。當時，最初
考慮採納第三個辦法，因為涉及修改的地方比較多，採用第三個辦法比較簡
便易行。但在五屆全國人大二次會議進行討論時有代表指出，所謂"本決議
與憲法相抵觸之處依本決議執行"的表述是違反憲法的，因為憲法的法律效
力高於一切法律和決議，不應再有高於憲法效力的決議。大會主席團認為這
一意見是正確的，並決定將用決議修改憲法的形式改為修改憲法部分條文的
形式。[44]

　　對此次修憲的必要性，中共中央向全國人大常委會作了四點説明：

　　（1）隨着我國工作着重點的轉移，地方各級特別是縣級以上地方政權機
關擔負着社會主義現代化建設的繁重任務，有必要將權力機關同行政機關分
開，在縣和縣級以上的地方各級人大設常務委員會。在人大閉會期間，常務

43　《王漢斌回憶錄——親歷新時期社會主義民主法制建設》，中國民主法制出版社，2012 年版，第 20 頁。

44　《王漢斌回憶錄——親歷新時期社會主義民主法制建設》，中國民主法制出版社，2012 年版，第
　　20-21 頁。

委員會行使本縣人大常設機關的職權。這必將有利於擴大人民民主，加強社會主義法制，健全人民代表大會制度，保障和促進社會主義現代化事業的順利進行。

（2）"文化大革命"中成立的革命委員會是臨時權力機構，已不適應中國社會主義現代化建設新時期的需要。將地方各級革命委員會改為地方各級人民政府，不僅有利於加強民主和法制，發展安定團結的政治局面，保障和促進現代化建設，而且能鮮明地體現出我國人民政府與人民群眾之間的密切聯繫，這也是廣大幹部和人民群眾的共同意願。

（3）1953 年公佈的全國人大及地方人大選舉法規定，縣以上各級人大代表都實行間接選舉，分別由下一級的人大選舉。1954 年憲法確定了這種間接選舉，現改為對縣級人大代表實行直接選舉。這是考慮到 20 多年來，我國的實際情況有了很大變化，人民的政治、文化水平已大為提高。為了擴大人民民主，逐步完善我國的選舉制度，將實行由選民直接選舉的政權單位擴大到縣一級，已經成為必要和可能的了。因此，將縣一級人大代表的選舉由間接選舉改為由選民直接選舉。

（4）為保持檢察機關應有的獨立性，有利於執行檢察任務，將各級人民檢察院現在的監督關係改為由最高人民檢察院領導地方各級人民檢察院和專門人民檢察院工作。上級人民檢察院領導下級人民檢察院的工作，是必要的。[45]

這些修改，對於加強地方政權建設，進一步擴大基層直接民主的範圍，保證檢察院對全國實行統一的法律監督，發展社會主義民主，健全社會主義法制十分必要。

---

45 《人大常委會向五屆人大二次會議提出——修改憲法若干規定的議案》，《人民日報》1979 年 6 月 27 日，第 1 版。

（二）1980 年對憲法的修改

1980 年 9 月 10 日，五屆全國人大第三次會議通過了修改憲法第四十五條的決議。這一修憲建議是根據鄧小平的提議，由中共中央提出，經全國人大常委會同意，向五屆全國人大第三次會議提出的。決議指出，為了充分發揚社會主義民主，健全社會主義法制，維護安定團結的政治局面，保障社會主義現代化建設的順利進行，決定取消憲法第四十五條中公民 "有運用 '大鳴、大放、大辯論、大字報' 的權利" 的規定。

取消 "四大" 是對 "文化大革命" 教訓的初步總結，是對 "文化大革命" 的一種否定。回顧歷史，"四大" 作為一個整體是在 1957 年的反右鬥爭中逐漸形成的。1957 年 4 月，中共中央開展黨內整風運動，要求廣大黨內外群眾 "鳴"、"放"（即 "百花齊放、百家爭鳴" 的簡化用語），幫助整風。在 "鳴"、"放" 的形式中包括大字報和大辯論。1957 年 10 月 9 日，在黨的八屆三中全會上，毛澤東以完整的形式總結了 "四大"，他說："今年這一年，群眾創造了一種革命形式，群眾鬥爭的形式，就是大鳴、大放、大辯論、大字報。"[46] "許多問題的解決，光靠法律不行。法律是死的條文，是誰也不怕的，大字報一貼，群眾一批評，會上一鬥爭，比什麼法律都有效。" 因此，"抓住了這個形式，今後的事情好辦得多了。大是大非也好，小是小非也好，革命的問題也好，建設的問題也好，都可以用這個鳴放辯論的形式去解決，而且會解決得比較快"[47]。"用我們這個大鳴、大放、大辯論、大字報的辦法，可以避免匈牙利那樣的事件，也可以避免現在波蘭發生的那樣的事件。"[48] 以毛澤東的威望，對 "四大" 的肯定和高度評價，使 "四大" 自此成為公民的事實上的權利。到了 "文化大革命" 時期，大字報鋪天蓋地，成為動亂的工具。黨的文

46　毛澤東：《做革命的促進派》，《毛澤東選集》第五卷，人民出版社，1977 年版，第 466-479 頁。

47　毛澤東：《做革命的促進派》，《毛澤東選集》第五卷，人民出版社，1977 年版，第 466-479 頁。

48　毛澤東：《做革命的促進派》，《毛澤東選集》第五卷，人民出版社，1977 年版，第 466-479 頁。

件[49] 明確規定 "四大" 的合法性，1975 年全面修憲又將 "四大" 用根本法形式鞏固下來，1978 年憲法又進一步將 "四大" 具體化為公民的基本權利。從 "四大" 產生以來的作用來看，作為一個整體的 "四大" 就是搞運動，就是整人，就是允許一部分人濫用言論自由的權利。只要有一張大字報説你是特務，你就不能申辯。大辯論就是只允許批判你，不許你答辯。[50] 因此，"四大" 對民主與法制具有極大的破壞力，是一種原始的、不負責任的、毫無顧忌的 "絕對民主"，它不受制度和法律的約束，很容易被別有用心的人加以利用，用以蠱惑人心，製造混亂，矇騙群眾，挑起事端，煽動人們的不滿和狂熱情緒，從而破壞民主生活和社會秩序，造成社會動亂。

從法律的視角來看，"四大" 作為一個整體是政治運動的產物，而不是憲法的必要內容。"四大" 之所以載入 1975 年憲法和 1978 年憲法，是對 "文化大革命" 的肯定。同時 "四大" 概念本身也不是法律語言，作為憲法權利，很不確切，與憲法規定的其他公民權利在內容上含混重複。

當然，憲法取消作為整體的 "四大"，並不等於在實際上完全禁止使用 "四大" 中的某一個方法。因為憲法不規定的事情並不一定是完全禁止的事情。反過來説，即使是不禁止的事情也不一定要規定在憲法上。憲法取消 "四大" 表明我國不提倡、更不保障 "四大"，但對 "四大" 不一定要事先一律禁止，可以事後根據 "四大" 的內容分別對待。凡是違法犯罪的一律依法懲戒。[51]

因此，1979 年 7 月 1 日，五屆人大二次會議通過的《刑法》，在第一百四十五條規定："以暴力或者其他方法，包括用 '大字報'、'小字報'，公然侮辱他人或者捏造事實誹謗他人，情節嚴重的，處三年以上有期徒刑、拘役或者剝奪政治權利。" 這一規定雖然對 1978 年憲法確認的 "四大" 權利

49　1966 年 8 月 8 日《中國共產黨中央委員會關於無產階級文化大革命的決定》，1966 年 12 月《中共中央關於抓革命、促生產的十條規定》、《關於農村無產階級文化大革命的指示》。

50　《張友漁文選》（下），法律出版社，1998 年版，第 67、42 頁。

51　《張友漁文選》（下），法律出版社，1998 年版，第 43 頁。

未加以根本否定,但給"四大"權利的行使作了法律限制,在一定程度上削弱了"四大"的影響。1980 年 1 月 6 日,鄧小平在《目前的形勢和任務》的講話中對"四大"作了徹底的否定。他說:"我們堅持發展民主和法制,這是我們黨的堅定不移的方針。但是實現民主和法制,同實現四個現代化一樣,不能用大躍進的做法,不能用'大鳴大放'的做法。就是說,一定要有步驟,有領導。否則,只能助長動亂,只能妨礙四個現代化,也只能妨礙民主和法制。'四大'即大鳴、大放、大字報、大辯論,這是載在憲法上的。現在把歷史的經驗總結一下,不能不承認,這個'四大'的做法,作為一個整體來看,從來沒有產生積極的作用。"儘管中央已經開始考慮要對 1978 年憲法進行全面修改,但還是於 1980 年 2 月在黨的十一屆五中全會上決定向全國人民代表大會建議,把"四大"從憲法中取消,提前修改了這一條。這也反映了當時我國要在憲法中清理"文化大革命"錯誤的現實緊迫性。

(三)採用憲法修正案的形式

綜觀 1979 年和 1980 年的這兩次修憲,不僅重新開始了對憲法理論的研究,衝破了憲法學的理論禁區,而且採用了合理的修憲形式,即在新中國的制憲、修憲史上第一次以直接修改部分憲法條文的形式修改憲法。

用修正案的形式修改憲法,最早始於美國。美國國會曾對憲法修改究竟採取編入式還是附加式(憲法修正案式)有過激烈的爭論,最後認為,儘管編入式的修改具有簡潔明確的特點,能夠保證憲法內容的統一和完整,而附加式的修改則必須通過與相關條文進行比較才能決定其含義,為釋憲帶來一定的麻煩,但考慮到美國憲法的制憲者們曾在憲法的原始文本上署名為證,將新增條文編入原始文本無疑與制憲代表的原意構成衝突。再者,此次修憲主要是將權利法案增補進憲法條文中,由於美國憲法的原始文本中並不含有對公民權利的表述,因此修正案的形式反而更有助於保持憲法的文意延續。

此外，國會代表們這時也已意識到，憲法修正案不但可以簡化憲法修改的工作，它還具有保持憲法連續性的優勢，可以通過文本的層累展示該國憲政的發展歷程，而這種層累的疊加也使修正案與原始文件並存於憲法典之中，形式上可能存在的規範衝突與邏輯體系的不協調反倒為憲法解釋提供了更大的空間。[52]

　　1979年在討論修憲時，對採取什麼方式修憲進行了探討。開始，具體負責修憲的烏蘭夫、姬鵬飛、彭真、胡繩等同志研究認為，可採用全國人大決議案形式，即就修憲內容由全國人大通過一個決議的形式對憲法進行補充，而不對憲法條文進行修改。根據這一意見，起草了一個決議草案。草案在涉及決議與憲法的關係時是這樣規定的："本決議與中華人民共和國憲法有抵觸的規定，依照本決議執行。"決議草案報經中央政治局同意。後來，當修憲決議草案提交五屆全國人大第二次會議討論時，代表同意草案的內容，但有些代表建議把上述內容直接修改進憲法條文，而不必另行作個決議，這便於執行。同時，會外有憲法學家對原決議草案中的關於"本決議與憲法相抵觸的規定，依本決議執行"的規定提出意見，指出這樣規定有可能違憲。憲法的法律效力高於一切法律和決議，而不是相反。專家的意見經有關途徑也反映到了大會主席團。最後，主席團對代表、專家的意見進行了研究，認為這些意見有道理，決定將決議補充憲法的形式改為直接修改憲法條文的形式，將修憲內容直接改入了憲法。

　　我國1975年與1978年兩次修憲都是以廢止舊憲法、頒佈新憲法、全面修改憲法作為修憲形式，而1979年和1980年修憲卻採用了類似憲法修正案的形式對1978年憲法作部分的和個別條文的修改。這既符合當時及時修憲的需要，又引進了新的修憲形式，對後來的修憲起到重要的啟示作用。時任全國人大常委會委員長彭真就曾指出，採取修正案這種源自美國的修憲方式，

52　韓大元、屠振宇：《憲法條文援引技術研究——圍繞憲法修正案的援引問題展開》，《政法論壇》2005年7月，第89-91頁。

要優於法國、蘇聯和中國過去的憲法修改辦法。他還強調，今後的憲法修改都只對必須進行修改的條文作修正，能用憲法解釋的就作憲法解釋，整個憲法不作修改，這樣有利於憲法的穩定，有利於國家的穩定。[53] 然而，由於 1978年憲法的過渡性特點，幾次修補，仍未能有效地保證憲法規範與社會生活之間的適應性，對憲法進行新一輪的全面修改已呼之欲出。

53　劉政：《現行憲法修改方式的確定和完善》，轉引自韓大元、屠振宇：《憲法條文援引技術研究——圍繞憲法修正案的援引問題展開》，《政法論壇》2005 年 7 月，第 93 頁。

第五章

改革開放
與 1982 年憲法

一、中國社會發展進程與憲法價值的恢復

1978 年憲法頒佈以後，特別是自中國共產黨於 1978 年底召開十一屆三中全會以後，中國社會在政治、經濟、文化等方面發生了巨大的變化。

(一) 黨和國家的工作重點發生了轉移

從五屆全國人大一次會議以來，特別是中國共產黨十一屆三中全會以來，伴隨着鄧小平在中國共產黨內的地位的確立，由他所代表的符合中國客觀實際的正確的馬克思主義路線也隨即確立起來。其中一個突出的標誌是，全黨、全國人民工作的重點由搞階級鬥爭開始轉移到社會主義現代化建設的軌道上來。

在極左思想指導下，認為我國社會的主要矛盾是無產階級與資產階級之間殊死的鬥爭，在整個社會主義社會的歷史階段，始終存在着階級、階級矛盾和階級鬥爭，存在着社會主義同資本主義兩條道路的鬥爭，存在着資本主義復辟的危險性，存在着帝國主義、社會帝國主義進行顛覆和侵略的威脅。因此，階級鬥爭必須"年年講、月月講、天天講"，甚至要"時時講、刻刻講"；無產階級必須在上層建築領域對資產階級實行全面專政；必須堅持"無產階級專政下繼續革命"的理論。

十一屆三中全會以後，糾正了長期存在的極左路線，對我國社會的主要矛盾進行了重新認識和判斷，認為我國社會的主要矛盾不是階級鬥爭，而是人民群眾日益增長的物質生活和文化生活需求與生產力水平之間的矛盾。因此，必須大力提高生產力水平來滿足人民群眾的這種需求。在這種認識和判斷下，十一屆三中全會作出將黨和國家的工作重心轉移到社會主義現代化建設上來的重大戰略決策。

從此，中國開始進入一個新的歷史時期。由於黨和國家工作重心的轉

移，又引發在思想路線、政治、經濟、文化、軍事等各方面的極為深刻的變
化，出現了許多新情況、新特點和新問題。這種變化的主要表現是：①在思
想路線方面，衝破了長期存在的教條主義和個人崇拜的嚴重束縛，重新確立
了馬克思主義的實事求是的思想路線；恢復了毛澤東思想的本來面目，在新
的歷史條件下堅持和發展了毛澤東思想。②在政治方面，結束了長期的社會
動亂，黨和國家各級組織的領導權已經基本上掌握在忠於黨和人民的幹部手
中，實現了新中國成立以來最好的安定團結、生動活潑的政治局面。③在經
濟方面，果斷地把黨和國家的工作重點轉移到了經濟建設上來，堅決消除經
濟工作中長期存在的“左”傾錯誤，認真貫徹執行調整、改革、整頓、提高
的正確方針。④在其他方面，如教育、科學、文化工作已經呈現初步繁榮景
象，黨同知識分子的關係有了很大的改善，工人、農民和知識分子這三支基
本的社會力量相互之間的團結狀況良好。

（二）黨中央對國內階級狀況進行科學分析

1956 年，生產資料私有制的社會主義改造完成以後，國內的階級狀況發
生了變化，對此，1956 年召開的黨的八大作出了正確判斷。但是，在 1957
年以後，特別是“文化大革命”開始以後，由於受極左思想的影響，搞階級
鬥爭擴大化，提出“以階級鬥爭為綱”的口號，並以此為指導思想，制定了
所謂黨在社會主義階段的基本路線。這條“以階級鬥爭為綱”的基本路線載
入了 1975 年憲法和 1978 年憲法。十一屆三中全會以來，中國共產黨正確判
斷國內的階級狀況，指出在生產資料私有制的社會主義改造完成以後，國內
的主要矛盾並不是階級鬥爭。當前，我國已經消滅了剝削制度，作為階級的
地主階級、富農階級已經消滅，作為階級的資本家階級也已經不再存在。經
過較長時間的鬥爭和教育，他們中間有勞動能力的絕大多數人已經改造成為
自食其力的勞動者。因而，今後再不需要也再不應該進行大規模的急風暴雨

式的群眾階級鬥爭，要特別防止把階級鬥爭擴大化或者人為地製造階級鬥爭的錯誤重演。基於這種判斷，黨中央果斷地停止使用"以階級鬥爭為綱"這一不適用於社會主義現階段的口號。

關於知識分子的性質問題，1956年1月，黨中央專門召開了具有歷史意義的知識分子問題會議。周恩來在《關於知識分子問題的報告》中，強調説明舊時代的知識分子，經過一系列自我改造的步驟，他們中間的絕大多數已經成為國家工作人員，已經為社會主義服務，已經是工人階級的一部分。但是，從1957年以後，受"左"傾思想的影響，反右派鬥爭被嚴重擴大化，一批知識分子被錯劃為右派分子；"文化大革命"中，林彪、"四人幫"利用"知識分子勞動化"和所謂"反對知識私有"、"知識越多越反動"等口號，認為知識分子是"臭老九"，把一切有知識的人説成是資產階級的知識分子，進而把資產階級知識分子同資產階級等同起來。1977年5月24日，鄧小平發表《尊重知識，尊重人才》的講話，指出："一定要在黨內造成一種空氣：尊重知識，尊重人才，要反對不尊重知識分子的錯誤思想。""發展科學技術，不抓教育不行。靠空講不能實現現代化，必須有知識，有人才。"隨後，黨和國家恢復了1956年對知識分子的判斷，即知識分子是工人階級的一部分。

（三）國家生活民主化的要求

1979年以後，在發揚社會主義民主、加強社會主義法制的大背景下，國家加快了民主和法制建設的步伐。例如，1979年五屆全國人大二次會議對1953年的選舉法進行了重大修改，包括將直接選舉的範圍由原來的鄉一級擴大到縣一級、改等額選舉為差額選舉、改舉手表決為無記名投票等。這次會議還通過了對地方各級人大和人民政府組織法的修改，增加了縣級以上人大常委會的設置，將革命委員會改為人民政府等。在法制建設方面，1979年制定了《刑法》、《刑事訴訟法》、《中外合資經營企業法》、《環境保護法（試行）》、《人民法院組織法》、《人民檢察院組織法》、《森林法（試行）》、《逮捕拘留條例》；1980 年制定了《學位條例》、《律師暫行條例》、《國籍法》、《婚姻法》、《中外合資經營企業所得稅法》、《個人所得稅法》；1981 年制定了《經濟合同法》、《外國企業所得稅法》、《懲治軍人違反職責罪暫行條例》；1982 年制定了《民事訴訟法（試行）》、《海洋環境保護法》、《商標法》、《文物保護法》、《食品衛生法（試行）》、《全國人大組織法》、《國務院組織法》等。在這數年間，全國人大和全國人大常委會還通過了關於國家生活中許多重大問題的決定或決議。伴隨着社會的發展，必然提出各種民主化的要求，這些要求都需要通過憲法以法律的形式加以確認。

（四）啟動國家領導體制和國民經濟體制的改革

隨着社會的發展，原有的國家領導體制的弊端逐漸暴露出來。鄧小平同志於 1980 年在中共中央政治局擴大會議上發表了《黨和國家領導制度的改革》的重要講話。講話認為，從黨和國家的領導制度、幹部制度方面來講，主要的弊端就是官僚主義現象、權力過於集中的現象、家長制現象、幹部領導職務終身制現象和形形色色的特權現象。鄧小平在講話中還歷數了這幾種現象的表現。由於現行體制導致的人浮於事、機構臃腫、效率低下、互相扯皮（編按：扯皮，此處指推諉）等，已經無法適應新形勢的要求，需要進行重大改革。

1982 年 3 月，五屆全國人大常委會第二十二次會議根據國務院的建議，作出《關於國務院機構改革問題的決議》；5 月，五屆全國人大常委會第二十三次會議通過《關於國務院部委機構改革實施方案的決議》；8 月，五屆全國人大常委會第二十四次會議通過《關於批准國務院直屬機構改革實施方案的決議》，對於國務院的領導體制和各部、委、直屬機構的設置等作出了重大的改革。

同時，伴隨着黨和國家工作重心的轉移，進行了經濟體制改革。經濟體制改革首先在農村取得了突破性成果，農民實行以家庭聯產承包為主要形式的責任制；隨後，城市的經濟體制改革也開始進入探索階段，如擴大企業自主權、企業內部進行承包經營、加強企業的民主管理、允許個體經濟的存在和適當發展等。

（五）在指導思想上已完成了撥亂反正的任務

我國從 20 世紀 50 年代後期起就出現了"左"傾的錯誤。在十年內亂期間，教條主義和個人崇拜發展到了極其嚴重的地步，造成了對社會的極大危害。由於"左"傾錯誤為時較長，影響深廣，因此指導思想的端正是經過了艱巨鬥爭的。由於"左"傾思想是打着毛澤東思想的旗號，因此，在思想領域進行撥亂反正，首先必須正確認識毛澤東思想。1977 年，鄧小平在中國共產黨十屆三中全會上發表講話，指出應當"完整準確地理解毛澤東思想"。他說："我們可以看到，毛澤東同志在一個時間，就一個條件，對某一個問題所講的話是正確的，在另外一個時間，另外一個條件，對同樣的問題講的話也是正確的；但是在不同的時間、條件對同樣的問題講的話，有時分寸不同，着重點不同，甚至一些提法也不同。所以我們不能夠只從個別詞句來理解毛澤東思想，而必須從毛澤東思想的整個體系去獲得正確的理解。"隨後，以中共中央的名義提出應當完整地、準確地理解和運用毛澤東思想的科學體系。1978 年 5 月開始，在全國範圍內展開的關於實踐是檢驗真理的唯一標準的討論，促進了人們的思想解放。同年 12 月召開的黨的十一屆三中全會，是中國共產黨歷史上的又一次偉大的歷史轉折點。它真正開始了全面的、堅決的依靠群眾和深思熟慮的撥亂反正。這次會議從根本上衝破了長期"左"傾錯誤的束縛，端正了指導思想，重新確立了馬克思主義的思想路線、政治路線和組織路線。全會對我國工作着重點的轉移、國內階級狀況的分析、經濟文化建設的方針和任務等重大問題都作出了馬克思主義的新的論斷。1979
年，鄧小平重申堅持四項基本原則，及時地批評和制止了資產階級自由化傾
向。1981 年，黨的十一屆六中全會通過《關於建國以來黨的若干歷史問題的
決議》，標誌着黨勝利地完成了指導思想上的撥亂反正。該決議實事求是地
評價了毛澤東在中國革命中的歷史地位，對重大的思想理論是非和歷史事件
作出了正確的結論，統一了全黨和全國人民的思想。1982 年 9 月召開的黨的
十二大，進一步鞏固了上述成果。

（六）社會主義建設取得新成就

　　自從黨的十一屆三中全會果斷地作出全黨、全國工作的着重點轉移到
社會主義現代化建設上來的決策之後，我國的經濟建設開始出現新的情況。
1979 年 4 月召開的中央工作會議，提出對整個國民經濟實行"調整、改革、
整頓、提高"的八字方針，堅決清除經濟工作中長期存在的"左"傾錯誤。
通過 1980 年中共中央《關於進一步加強和完善農業生產責任制的幾個問題》
的通知和 1981 年轉發《關於積極發展農村多種經營的報告》的通知等文件的
發佈，恢復和擴大了農村社隊的自主權，恢復了農民的自留地、家庭副業、
集體副業和集市貿易，逐步推行各種形式聯產計酬的生產責任制，並解決了
農村多種經營的方針問題，使農業的面貌迅速發生了顯著的變化。隨着農業
狀況的改善，對工業的內部結構也進行了調整，特別是調整了重工業的服務
方向，解決了輕重工業的比例失調問題，我國的輕工業得到了快速發展；還
調整了積累與消費的比例關係，從而使國民經濟的內部比例和人民生活同時
都有了改善。此外，在堅持獨立自主、自力更生的基礎上，我國積極地開展
對外經濟合作和技術交流。

（七）社會主義民主進一步發揚，社會主義法制進一步加強

在十年內亂期間，社會主義民主和法制遭到了嚴重破壞。粉碎"四人幫"後，經過大量的工作，社會主義民主和社會主義法制得到了恢復和發展。1978 年 12 月召開的黨的十一屆三中全會明確指出："必須有充分的民主，才能做到正確的集中。"又指出："為了保障人民民主，必須加強社會主義法制，使民主制度化、法律化。"根據民主集中制的原則，健全和發展了人民代表大會制度和選舉制度，加強了各級國家機關的建設，並在基層發展了直選的民主形式；在經濟組織中實行勞動群眾對企業事務的民主管理，使社會主義民主逐步擴展到政治生活、經濟生活、文化生活和社會生活的各個方面。與此同時，加強了最高國家權力機關的立法工作，使法律盡可能地具有穩定性、連續性和極大的權威性，做到有法可依、有法必依，保證公民在法律面前人人平等，不允許任何人有超越法律之上的特權。社會主義民主的發展和社會主義法制的加強，客觀上提出了制定一部新憲法的要求，同時也為憲法的修改提供了法制條件。

總之，隨着黨和國家把社會主義經濟建設作為全黨和全國人民的工作重心，解放思想，大膽創新，摒棄"以階級鬥爭為綱"的政治路線，全國面貌為之一新。這種變化和發展，一方面，使得 1978 年憲法的內容已經難以與社會實際相適應；另一方面，制定新憲法，反映新情況、新問題、新發展已提上議事日程，中國迫切需要有一部新憲法與變化發展了的社會實際相適應，以便進一步促進社會的穩定和發展。

二、修憲過程

憲法是全體人民共同意志、共同利益的反映和體現，同時又是國家的根

本法，具有最高的法律效力。要做到這一點，在憲法修改過程中，如何吸收全體人民參與其中，並聽取廣大人民對憲法的意見和建議，是非常重要的。我國在 1954 年憲法的制定過程中，採用了領導與群眾相結合、理論與實際相結合的方法，實踐證明是行之有效的。1982 年憲法在修改過程中，堅持了 1954 年憲法制定過程中的這些好的經驗和做法。

（一）憲法修改委員會的成立

1978 年憲法第二十二條在關於全國人大的職權中規定，全國人大有權"修改憲法"。但這部憲法沒有明確規定哪些國家機關或者政黨組織可以向全國人大提出修改憲法的建議，全國人大又組織什麼機構具體進行憲法修改的工作。

1. 中國共產黨建議修改憲法

第五屆全國人民代表大會第三次會議於 1980 年 8 月 30 日至 9 月 10 日在北京召開。在會議開幕的當天即 8 月 30 日，中國共產黨中央委員會向會議主席團提出《關於修改憲法和成立憲法修改委員會的建議》。建議中說，1978 年第五屆全國人民代表大會第一次會議通過的《中華人民共和國憲法》，由於當時歷史條件的限制和從那時以來情況的巨大變化，許多地方已經很不適應當前政治經濟生活和人民對建設現代化國家的需要。為了完善無產階級專政的國家制度，發揚社會主義民主，健全社會主義法制，鞏固和健全國家的根本制度，切實保障各族人民的權利，鞏固和發展安定團結、生動活潑的政治局面，充分調動一切積極因素，發揮社會主義制度的優越性，加速四個現代化建設事業的發展，需要對憲法作比較系統的修改。因此，建議指出，中國共產黨中央委員會建議全國人民代表大會成立憲法修改委員會，主持憲法的修改工作，並於 1981 年上半年公佈修改憲法草案，交付全民討論，以求本屆

全國人民代表大會第四次會議能夠通過，第六屆全國人民代表大會能夠按照
修改後的憲法產生並工作。中共中央的建議中還附有《中華人民共和國憲法
修改委員會名單（草案）》。

在 1978 年憲法沒有對憲法修改的建議主體作出明確規定的情況下，作為
執政黨的中國共產黨應該說是有資格向全國人民代表大會提出修改憲法的建
議的。

2. 成立憲法修改委員會

第五屆全國人大第三次會議將中國共產黨中央委員會《關於修改憲法和
成立憲法修改委員會的建議》，作為一項重要議案列入這次會議的議事日程，
與會代表就此進行了充分討論。在這次會議的最後一天即 9 月 10 日，在全體
會議上通過《關於修改憲法和成立憲法修改委員會的決議》。該決議闡明：
中華人民共和國第五屆全國人民代表大會第三次會議同意中國共產黨中央委
員會關於修改憲法和成立憲法修改委員會的建議，同意中國共產黨中央委員
會提出的中華人民共和國憲法修改委員會名單，決定由憲法修改委員會主持
修改 1978 年第五屆全國人民代表大會第五次會議制定的《中華人民共和國憲
法》，提出中華人民共和國憲法修改草案，由全國人民代表大會常務委員會公
佈，交付全國各族人民討論，再由憲法修改委員會根據討論意見修改後，提
交本屆全國人民代表大會第四次會議審議。

由於 1978 年憲法關於憲法修改程序的規定極為簡單，因此可以認為，這
一決議是對 1978 年憲法中關於憲法修改程序的解釋，並使 1978 年憲法所規
定的憲法修改程序具體化，更具有可操作性。

決議還同時通過了中共中央提出的 106 人的憲法修改委員會名單。憲法
修改委員會的主任委員為葉劍英，副主任委員為宋慶齡（女）、彭真，委員有
丁光訓等。

（二）憲法修改委員會第一階段的起草工作

　　憲法修改委員會成立後即着手開始進行緊張的憲法修改草案的起草工作。憲法修改委員會的起草工作主要分為兩個階段：第一階段為憲法修改委員會成立至全國人大常委會通過憲法修改草案並將憲法修改草案交付全民討論，時間為 1980 年 9 月 15 日至 1982 年 4 月 26 日；第二階段為憲法修改草案全民討論結束至憲法修改委員會審議和批准憲法修改草案的修正稿，時間為 1982 年 8 月 31 日至 1982 年 11 月 23 日。

1. 憲法修改委員會第一次會議

　　憲法修改委員會於 1980 年 9 月 15 日下午在北京舉行第一次全體會議，宣佈正式成立。憲法修改委員會主任委員葉劍英主持會議，並在會上作講話。

　　葉劍英在會上首先闡述了修改憲法的意義。他指出，根據中共中央的建議，五屆全國人大三次會議決定系統地修改現行憲法，成立憲法修改委員會，主持憲法的修改工作。這是我們國家政治生活中的一件大事，它標誌着我國社會主義民主和社會主義法制建設正在大踏步地前進。

　　接下來，葉劍英對修改 1978 年憲法的必要性發表了看法。他認為，我國現行憲法，基本上是本屆人大一次會議修改通過的。本屆人大二次會議、三次會議都對憲法個別條文作了修改。而本屆人大一次會議修改憲法的工作，是在粉碎“四人幫”以後不久進行的。由於當時歷史條件的限制，來不及全面地總結新中國成立 30 年來社會主義革命和社會主義建設中的經驗教訓，也來不及徹底清理和清除十年動亂中某些“左”傾錯誤思想對憲法條文的影響，以至現行憲法中還有一些反映已經過時的政治理論觀點和不符合現實客觀情況的條文規定。更重要的是，自本屆人大一次會議以來，我們國家的政治生活、經濟生活和文化生活都發生了巨大的變化，特別是黨和國家工作着重點的轉移；中共中央對國內階級狀況所作的新的科學分析；國家民主化的重大進展和進一步民主化的要求；國家領導體制和國民經濟體制正在進行和將要進行的重大改革；民族區域自治權的明確規定等等，都沒有也不可能在現行憲法中得到反映。而且，作為國家根本大法，現行憲法的許多條文規定也不夠完備、嚴謹、具體和明確。總之，現行憲法已經不能很好地適應我國社會主義現代化建設的客觀需要，立即着手對它進行全面的修改，是完全必要的。

葉劍英還對憲法修改的目標提出了要求。他說，這次修改憲法，應當在總結新中國成立以來我國社會主義革命和社會主義建設經驗的基礎上進行。經過修改的憲法，應當反映並且有利於我國社會主義的政治制度、經濟制度和文化制度的改革和完善。在新的憲法和法律的保障下，全國各族人民應當能夠更加充分地行使管理國家、管理經濟、管理文化和其他社會事務的權力。法制的民主原則、平等原則、司法獨立原則應當得到更加充分的體現。我國人民代表大會制度，包括全國人民代表大會和地方各級人民代表大會的權力和工作，它們的常務委員會的權力和工作，應當怎樣進一步健全和加強，也應當在修改後的憲法中作出適當的規定。總之，我們要努力做到，經過修改的憲法，能夠充分體現我國社會發展新時期全國各族人民的利益和願望。

葉劍英對憲法修改的具體方法也提出了明確的要求。他強調說，這次修改憲法，一定要堅持領導與群眾相結合的正確方法，採取多種形式發動人民群眾積極參加這項工作，在明年上半年公佈修改憲法草案，交付全民討論。我們這次修改憲法要認真總結新中國成立以來制定和修改憲法的歷史經驗。一定要從我國的實際情況出發，以我們自己的經驗為基礎，同時也要參考當代外國憲法，尤其是一些社會主義國家憲法，參考其中好的先進的東西。一個是"領導與群眾相結合"，一個是"本國經驗與國際經驗相結合"，這是毛澤東同志領導制定1954年我國第一部憲法時總結的兩條立憲經驗。我們應該充分重視這兩條經驗。

為了更好地開展憲法修改工作，憲法修改委員會第一次全體會議決定設立憲法修改委員會秘書處，並通過了秘書長和副秘書長名單。胡喬木為秘書長，吳冷西、胡繩、甘祠森、張友漁、葉篤義、邢亦民、王漢斌為副秘書長。

2. 憲法修改草案討論稿（初稿）

從 1980 年 9 月至 1981 年 6 月，憲法修改委員會秘書處主要進行了兩個方面的工作：一是請黨中央的各部門、國務院的各部門、最高人民法院、最高人民檢察院、各民主黨派、各人民團體和各省、自治區、直轄市，對修改 1978 年憲法提出意見。從 1980 年 10 月至 1981 年 2 月，上述各部門、各單位和各地方認真地召開了有不同人員參加的座談會，有的省、省轄市也召開了修改憲法座談會，廣泛地聽取群眾、幹部和各方面代表對修改憲法的意見，秘書處收到了大量的書面意見。二是秘書處在北京先後召開了 10 多次修改憲法座談會，直接聽取各方面代表和專家學者的意見。參加座談會的有中央各部門、各民主黨派和各人民團體的代表，有北京和一些省、直轄市、自治區的理論工作者和法學、經濟學、政治學、哲學、社會學等方面的學者，以及熟悉各方面工作的專家。[1]

憲法修改委員會秘書處根據中央 78 個部門和地方 29 個省、自治區、直轄市報送的意見和座談會的意見，研究了新中國的三部憲法及其他有關文件，也研究了舊中國的憲法，研究了世界各國的現行憲法和某些國家過去的憲法，在此基礎上，先後五次擬出憲法修改草案討論稿（初稿）。

3. 全國人大推遲審議憲法修改草案

按照 1980 年 9 月第五屆全國人大第三次會議《關於修改憲法和成立憲法修改委員會的決議》預定的憲法修改的程序和日程安排，由憲法修改委員會提出憲法修改草案，經全民討論後，提交第五屆全國人大第四次會議審議。

第五屆全國人大第四次會議於 1981 年 11 月 30 日至 12 月 13 日在北京舉

1　《十億人民直接參加國家管理的一種重要形式——彭真談全民討論憲法修改草案》，《人民日報》1982 年 5 月 21 日；蕭蔚雲：《我國現行憲法的誕生》，北京大學出版社，1986 年版，第 3 頁。

行。而此時，憲法修改委員會還無法提出一個比較完善的憲法修改草案。就此，憲法修改委員會副主任委員彭真代表憲法修改委員會向第五屆全國人大第四次會議作《關於建議推遲修改憲法完成期限的説明》。彭真在説明中指出：一年多來，憲法修改委員會秘書處做了大量的準備工作。由於憲法修改工作關係重大，牽涉各方面一系列複雜的問題，需要進行大量的調查研究，廣泛徵求各地區、各方面的意見。同時，目前國家正在進行體制改革，有些重大問題正在實踐和研究解決過程中。原來對這些情況考慮不足，規定期限過於緊迫，沒有能按期完成。為了慎重地進行憲法修改工作，盡可能把憲法修改得完善些，需要把憲法修改完成期限適當推遲。我們建議，在憲法修改委員會秘書處提出憲法修改草案初稿的基礎上，經憲法修改委員會審議修改後，仍按原決定的步驟，由全國人民代表大會常務委員會公佈，交付全國各族人民討論，再由憲法修改委員會根據討論意見修改後，提交 1982 年第五屆全國人民代表大會第五次會議審議，並建議第五屆全國人民代表大會第四次會議同意這個安排，作出相應的決議。

第五屆全國人大第四次會議經過討論，於 1981 年 12 月 13 日即會議的最後一天，在全體會議上通過《關於推遲審議憲法修改草案的決議》，同意憲法修改委員會關於憲法修改的日程安排。

該決議決定，將中華人民共和國憲法修改草案的審議工作推遲到第五屆全國人民代表大會第五次會議進行。

4. 憲法修改草案（討論稿）

從 1991 年 7 月到 1982 年 2 月，在彭真的主持下，憲法修改委員會秘書處進行了大量工作。在原憲法修改草案討論稿（初稿）的基礎上，於 1982 年 2 月提出《中華人民共和國憲法修改草案（討論稿）》。這個討論稿經中共中央書記處詳細討論並作出修改，然後又經中央政治局原則批准。秘書處再次將這一討論稿送請中央各部門和軍事領導機關以及各省、自治區、直轄市提出意見，還請專家、學者包括語言學家提出意見。這是第二次在全國範圍內徵求和聽取意見。[2]

1982年2月27日下午，憲法修改委員會在人民大會堂召開第二次全體會議，討論審議憲法修改委員會秘書處擬訂的《中華人民共和國憲法修改草案（討論稿）》。憲法修改委員會副主任委員彭真主持會議。他説，憲法修改委員會秘書處自1980年9月17日成立以來，做了大量的工作，廣泛地徵求了各地區、各部門和各方面的意見，擬出《中華人民共和國憲法修改草案（討論稿）》，請委員們就憲法修改草案討論稿進行充分討論和審議。憲法修改委員會秘書處秘書長胡喬木代表秘書處向會議作《關於憲法修改草案（討論稿）的説明》。委員們在討論和審議過程中，對該討論稿提出了許多修改意見。與此同時，全國人大常委會委員、全國政協委員、中央各部門和各省、自治區、直轄市，對該討論稿也提出了很多修改意見。這次會議認為，這個討論稿的基礎是可以的，秘書處應以該討論稿為基礎，根據各方面的意見，作進一步的修改。

5. 憲法修改草案（修改稿）

憲法修改委員會秘書處仔細地研究了各方面提出的意見，對憲法修改草案討論稿進行了大量的從內容到文字的多方面的修改，形成了憲法修改草案修改稿，修改稿又經中共中央書記處原則批准。[3]

6. 憲法修改草案

1982年4月12日，憲法修改委員會舉行第三次全體會議。會議聽取了胡喬木同志代表秘書處對憲法修改草案修改稿的説明後，進行了持續七天的

2　《十億人民直接參加國家管理的一種重要形式——彭真談全民討論憲法修改草案》，《人民日報》1982年5月21日。

3　蕭蔚雲：《我國現行憲法的誕生》，北京大學出版社，1986年版，第6頁。

熱烈討論，對憲法修改草案修改稿進行了審議。這次審議非常仔細認真，不但逐章逐條，而且逐句逐字進行推敲、斟酌，形成了《中華人民共和國憲法修改草案》。該憲法修改草案分《序言》、《總綱》、《公民的基本權利和義務》、《國家機構》、《國旗、國徽、首都》，共五個部分，除《序言》外，共有條文140條。會議於4月21日通過了給全國人大常委會《關於提請公佈〈中華人民共和國憲法修改草案〉交付全國各族人民討論的建議》。

7. 全國人大常委會通過憲法修改草案

五屆全國人大常委會第二十三次會議於1982年4月22日至5月14日舉行。在這次會議的第一天，憲法修改委員會副主任委員彭真受主任委員葉劍英的委託，代表憲法修改委員會在會議上作《關於中華人民共和國憲法修改草案的説明》。彭真首先指出，這個憲法修改草案是憲法修改委員會根據第五屆全國人大三次會議關於修改憲法和成立憲法修改委員會的決議，經過一年半的工作，廣泛徵求各地方、各部門、各方面的意見，經過認真的詳細的討論擬定的。彭真還從以下八個方面對憲法修改草案進行了説明：①憲法修改草案的總的指導思想即四項基本原則；②我國的國家性質即人民民主專政；③社會主義制度是我國的根本制度；④社會主義社會的發展是以高度發達的生產力為物質基礎的；⑤在建設高度物質文明的同時，建設高度的精神文明，是一項長期的任務；⑥提高全體人民的文化、科學、技術水平，對於建設社會主義的物質文明和精神文明，是不可或缺的條件；⑦關於公民的基本權利；⑧國家機構實行民主集中制。

彭真最後指出，憲法修改草案已於4月21日經憲法修改委員會第三次全體會議通過，請全國人大常委會公佈，交付全國各族人民討論。憲法修改委員會將根據全民討論的意見再作修改，提請第五屆全國人大第五次會議審議。

全國人大常委會對憲法修改草案經過兩天的分組討論，在4月26日的全體會議上一致通過了該草案。

（三）憲法修改草案的全民討論

中共中央關於修改憲法和成立憲法修改委員會的建議，以及全國人大第三次會議《關於修改憲法和成立憲法修改委員會的決議》中均明確規定，先由憲法修改委員會向全國人大常委會提出憲法修改草案，再由全國人大常委會公佈，交付全國各族人民討論，然後再根據全民討論中提出的修改意見，由憲法修改委員會對憲法修改草案作最後的修改。

1. 憲法修改草案的公佈

五屆全國人大常委會第二十三次會議於 1982 年 4 月 26 日通過《關於公佈〈中華人民共和國憲法修改草案〉的決議》。該決議對全民討論提出了明確的要求，並對意見上報的方式作了安排。決議指出：

（1）第五屆全國人民代表大會常務委員會第二十三次會議同意中華人民共和國憲法修改委員會的建議，決定公佈《中華人民共和國憲法修改草案》，交付全國各族人民討論。

（2）全國各級國家機關、軍隊、政黨組織、人民團體以及學校、企業事業組織和街道、農村社隊等基層單位，在 1982 年 5 月至 1992 年 8 月期間，安排必要時間，組織討論《中華人民共和國憲法修改草案》，提出修改意見，並逐級上報。

（3）全國各族人民討論《中華人民共和國憲法修改草案》中提出的修改意見，由各省、自治區、直轄市人民代表大會常務委員會以及人民解放軍總政治部、中央國家機關各部門、各政黨組織、各人民團體分別於 1982 年 8 月底以前報送憲法修改委員會，由憲法修改委員會根據所提意見對《中華人民共和國憲法修改草案》作進一步修改後，提請第五屆全國人民代表大會第五次會議審議。

2. 全民討論的動員

憲法修改草案公佈以後，為在全國範圍內掀起全民討論的熱潮，《人民日報》、《紅旗》雜誌等在全國最具影響力的，也是最具權威性的報刊，專門就此配發了社論。《人民日報》1982年4月29日發表了題為《全民動員討論憲法草案》的社論。社論說，憲法修改草案的公佈並交付全民討論，是我國人民政治生活中的一件大事。全國各族人民要立即行動起來，積極投入全民討論憲法修改草案的工作。社論在談到全民討論的意義時說，動員全國各族人民開展憲法修改草案的討論，也是對全體人民進行社會主義民主和法制教育的一次極好的機會。討論憲法修改草案就是人民行使管理國家事務、經濟和文化事業、社會事業的一種途徑和方式。通過討論，全體人民會更加懂得，我國的憲法和法律是工人階級領導全體人民，通過自己的權力機關——全國人民代表大會制定的，它們是廣大人民的意志和利益的集中體現。可以說，這次全民討論憲法草案，既是人民行使當家作主的權利，又是人民學習社會主義民主和法制的一次很好的實踐。

《人民日報》社論還要求，各級黨委和全黨同志要高度重視憲法修改草案的討論，切實加強領導，帶頭參加討論。黨委要同各有關方面密切配合，動員組織各宣傳輿論部門，對憲法修改草案的基本精神和基本內容，它的指導思想以及關於公民的基本權利和義務、國家政治經濟制度的重要規定等作通俗易懂的講解介紹，使草案內容家喻戶曉、人人明白。討論要充分發揚民主，使各族各界群眾都能暢所欲言。

《紅旗》雜誌1982年第9期發表了題為《國家政治生活中的一件大事》的社論。社論說，這次憲法修改草案的全民討論工作具有十分重要的意義。首先，全民討論是為了把新的憲法制定得更為完備；其次，對憲法修改草案的全民討論，是一次全國範圍的關於國家根本大法的學習和自我教育；最後，全民討論本身還是全體人民正確行使民主權利、開展民主生活的一次學習和訓練。總之，做好憲法修改草案的討論工作，對我們國家具有長遠的重要的意義。我們應當高度重視這一工作，在黨的領導下，積極參與到全民討論中去，共同把我們國家的根本大法修改、制定好。

1982 年 5 月，全國人大常委會副委員長、憲法修改委員會副主任委員彭真專門就全民討論憲法修改草案問題接受了記者的採訪。彭真指出，在全民討論中首先應該認真了解修改草案的內容，要注意充分發揚民主，讓大家暢所欲言。沒有"文化大革命"的經驗教訓，修改草案許多條文是寫不出來的。這個憲法修改草案的最大特點是從中國的實際情況出發；從頭到尾貫穿了一個根本原則：為最大多數人民的最大利益服務。既然要全體人民遵守憲法，就非得切實發揚社會主義民主、把修改草案交付全民討論不可。彭真特別強調，全民討論的過程，就是全體人民反覆商議的過程，也就是黨和群眾反覆商議的過程。這決不是走走形式、走走過場。全民討論也是統一全國人民意見的很好的形式。所以，組織全民討論憲法修改草案是一件很大的事情。經過討論和修改，憲法肯定會比現在更完備。

1982 年 7 月 16 日，彭真還以全國人大常委會副委員長、憲法修改委員會副主任委員的身份發表談話，號召台灣同胞、港澳同胞、海外僑胞深入討論憲法修改草案。談話指出，人民利益高於一切，一切權力屬於人民，台灣同胞、港澳同胞、海外僑胞都是中華民族大家庭的成員，都是國家的主人。我們十分珍視台灣同胞、港澳同胞、海外僑胞的意見。我們殷切希望大家行使自己的神聖權利，採取多種形式，通過各種渠道，同祖國大陸各族人民一起深入討論憲法修改草案，共商國是。

中共中央宣傳部為配合這次全民討論專門編發了《中華人民共和國憲法修改草案》的宣傳提綱。提綱共分六大部分：①國家政治生活中的大事；②關於《序言》部分；③關於《總綱》部分；④關於《公民基本權利和義務》部分；⑤關於《國家機構》部分；⑥維護憲法的尊嚴，保障憲法的實施。宣傳提綱強調，這個草案，在經過全民討論和進一步修改，經過全國人民代表大會正式通過以後，將成為新的歷史時期我國人民的一部根本大法，成為全國各族人民、一切國家機關和人民武裝力量、各政黨和各人民團體、各企業事業組織的活動準則，成為我國實現社會主義民主的制度化和進行社會主義法制建設的基礎。因此，這次憲法修改是我們國家政治生活中的一件大事。全國各族人民要在黨的領導下，積極參加草案的全民討論，共同把我們國家的根本大法修改、制定好。

此外，全國人大常委會辦公廳研究室編寫了《憲法修改草案與現行憲法的若干對比》[4]，北京大學法律系蕭蔚雲撰寫了《憲法草案與前幾部憲法的比較研究》[5]等等。這些資料為全民討論提供了參考。

3. 全民討論的基本情況

對憲法修改草案的全民討論，從 1982 年 4 月底到 8 月底，共進行了整整四個月的時間。這次憲法修改草案的全民討論是有組織的、持續進行的。全國各級國家機關、軍隊、政黨組織、人民團體以及學校、企業事業組織和街道、農村社隊等基層單位，都安排了充分的時間，組織了認真的討論。全國人民普遍地參加了討論，積極地提出各種比較重要的意見。有的省參加討論的人數佔成年人的 90%，有的佔 80%。[6]全國有幾億人參加了討論。這次全民討論的時間比 1954 年憲法的全民討論還多一個多月。參加講座的規模之大、人數之多、影響之廣，都是前所未有的。正如憲法修改委員會副主任委員彭真在第五屆全國人大第五次會議上，代表憲法修改委員會所作的《關於中華人民共和國憲法修改草案的報告》中所指出的那樣：這次全民討論"足以表明全國工人、農民、知識分子和其他各界人士管理國家事務的政治熱情的高漲"。

4　《憲法修改草案與現行憲法的若干對比》，《中國青年》1982 年第 6 期，第 4-8 頁。

5　《憲法草案與前幾部憲法的比較研究》，《北京大學學報》1982 年第 4 期，第 8-15 頁。

6　蕭蔚雲：《我國現行憲法的誕生》，北京大學出版社，1986 年版，第 7 頁。

在全民討論中，人民表現出極大的主動性。如在貴州這個相對比較偏僻的省份，就組織了有 4.26 萬多人（包括專家、學者和社會各界人士）參加的 2,286 次專門的修憲討論會。在全國僑聯召開的討論憲法修改草案會上，北京熱帶醫學研究所所長、82 歲的鍾惠瀾先生，在臨去西德講學之際，背着大背包，拄着拐杖來到會場，把對憲法的修改意見留下。在五屆全國人大五次會議的討論過程中，人民群眾還用各種形式表達自己的意見。在大會期間，每天都收到來自全國各地的大量的來信、來電，僅第一週，總計達 4,300 封，繼續提出對修改憲法的補充意見。如內蒙古呼和浩特市製鎖公司的王銀祥、吉林省石油化工設計院副總工程師何潤華給大會發電、來信，對憲法修改草案提出具體修改意見。[7]

各地在討論中普遍認為，這部憲法修改草案既符合中國的現實情況，也考慮了比較長遠的發展前景，是全國人民根本利益的集中反映。這一草案經全國人大審議通過後，必將成為中國立法史上一部較為完善的根本大法，指引全國各族人民為把我國建設成為社會主義的現代化強國而奮鬥。各地群眾在審議憲法草案有關政治制度和經濟制度的重要規定時認為，這一草案在全面總結新中國成立 30 多年正反兩方面經驗的基礎上，把四項基本原則作為立國之本寫進《序言》裏，貫穿到全部條文中，並且明確規定今後中國人民的根本任務是集中力量進行社會主義現代化建設。這就給人們以明確的方向，對於保證我國今後沿着社會主義道路前進有着十分重要的意義。群眾指出，憲法修改草案中關於國家領導人職務任期、精簡機構、擴大社會主義民主、尊重人民民主權利、加強人民代表大會制度以及國務院實行總理負責制等規定，既符合馬克思主義國家學說的基本原理，又適合中國的國情，充分反映了各族人民的共同願望和根本利益。廣大群眾還認為，修改草案中關於恢復設置國家主席和設立中央軍事委員會領導全國武裝力量的規定，標誌着我國

7　文正邦等：《共和國憲政歷程》，河南人民出版社，1994 年版，第 189-190 頁。

國家制度的進一步完善。許多群眾還説，憲法修改草案規定公民的權利與義務不可分離，這對於防止"文化大革命"中出現的無政府主義或是只要權利、不履行義務等現象的重演，將有積極的作用。[8] 同時，各地在全民討論中也對憲法修改草案提出了許多修改意見。

29 個省、自治區、直轄市和中央機關、人民解放軍總政治部，把討論情況和修改意見報送到憲法修改委員會秘書處。海外華僑和港澳同胞也紛紛報來了他們對憲法修改草案的意見。全民討論期間，憲法修改委員會秘書處還收到 2,000 多封對憲法修改草案提出意見和建議的人民來信。

4. 學者積極參與全民討論

在這次全民討論過程中，法學研究者特別是憲法學研究者和政治學研究者發揮了積極的作用。這些專家和學者的作用主要表現在三個方面：

一是北京及全國各地的法學界均組織有關學者和專家，就憲法修改草案舉行了多次專題性或者綜合性的理論研討會。例如，憲法修改草案公佈後，中國法學會籌委會和北京市法學會聯合集會邀請首都法學界的同志舉行了座談會。出席座談會的有著名法學家錢端升、張友漁、葉篤義、王斐然、韓幽桐、賈潛以及中國法學會籌委會的負責同志王一夫、梁文英、甘重斗。中國法學會籌委會楊秀峰同志主持座談會。座談會一致認為，這部憲法修改草案比 1975 年憲法和 1978 年憲法好，比 1954 年憲法有了很大的發展，是新中國成立以後已有的三部憲法的繼續，是一部比較完善、比較成熟的憲法修改草案。座談會上，大家暢所欲言，各抒己見，圍繞草案的內容和特點進行了熱烈的討論。大家在暢談認識的基礎上，還對草案提出了一些修改、補充意見。座談會結束時，楊秀峰要求，全民討論剛開始，我們的討論也是剛開始，希望這次活動結束後，法學界應該更進一步開展學習和討論，為全民討

---

8   《全民討論憲法修改草案工作結束》，《人民日報》1982 年 9 月 6 日，第 1 版。

論作出貢獻。參加首都法學界憲法修改草案座談會的還有北京市法學會常務
理事及理事，最高人民法院、公安部、中國社會科學院法學研究所、《中國法
制報》、北京大學法律系（現改稱法學院）、中國人民大學法律系（現改稱法
學院）、北京政法學院（現改稱中國政法大學）等單位的負責同志，以及法學
理論、憲法學教學研究人員等 40 餘人。

二是舉辦各種憲法修改草案的講座、報告會。受各地各級黨委、人大
常委會、人民政府、人民法院、人民檢察院、政協、各民主黨派、各人民團
體、企業事業組織、學校、人民解放軍等的邀請，法學界特別是憲法學研究
者向不同範圍的群眾作了有關憲法修改草案的講座和報告。中國人民大學法
律系的許崇德教授，曾作為憲法修改委員會秘書處的人員參加了憲法修改草
案的起草工作。他在 1983 年 2 月由浙江人民出版社出版的《新憲法講話》一
書的《作者小記》中說："回顧 1982 年初夏，憲法修改草案交付全民討論，
我抽空在北京、天津、上海、洛陽、鄭州等地講學，6 月初到達杭州，先後
應邀為浙江省人大常委會、省直機關、省市高中級人民法院、杭州大學、省
公安學校作了憲法草案的輔導報告。"並感慨地說："凡我所到之處，群眾與
幹部學習討論憲法草案的熱情，感人肺腑。"依當時的情形推論，邀請許崇
德教授作報告的單位還有不少，但許崇德教授因為要參加憲法修改委員會秘
書處的工作，同時，需要撰寫有關憲法修改方面的文章及論著，另外，從杭
州"返京之後，得了腦供血不足之症，時而眩暈"，故而不可能一一應允。其
他幾位參加憲法修改委員會秘書處工作的法學家在全國各地作報告、辦講座
的情形應當與許崇德教授相仿。雖然沒有直接參加憲法修改委員會秘書處工
作，但對法學有很深造詣的其他法學研究者，特別是憲法學研究者在全國各
地所作的有關憲法修改草案的報告及舉辦的講座的場次，當為數不少。

三是撰寫文章。在全民討論過程中，專家和學者所撰寫的文章主要有
兩類：

第一類，對憲法修改草案的指導思想、基本原則、基本精神及主要內容

進行闡述，為全民學習、討論憲法修改草案提供參考。其中，尤以作為憲法修改委員會委員的張友漁教授的文章最為典型。

張友漁教授是中國著名的法學家，時任中國社會科學院副院長兼法學研究所所長。見諸報端的有其發表在《法學研究》雜誌 1982 年第 3 期的《關於修改憲法的幾個問題》，就修改憲法的基本指導思想問題、堅持四項基本原則問題、中國人民政治協商會議的地位和作用問題、加強人民民主問題、擴大人大常委會權力問題、恢復國家主席設置問題、國務院職權問題、設立中央軍事委員會問題及地方政權和民族區域自治制度問題發表了自己的看法。還有，1982 年 5 月 17 日發表在《人民日報》上的《憲法草案的基本精神》（張友漁、許崇德合寫），以及在中國社會科學院法學研究所召開的憲法修改草案座談會上的講話《從實際出發，認真討論》。[9] 此外，以 "憲法修改草案有哪些特點" 為題接受《北京日報》記者的專訪 [10]，以 "關於憲法修改草案的幾個問題" 為題接受了《中國法制報》記者的專訪 [11]。

其他法學家特別是其中的憲法學家，也發表了大量的文章。《人民日報》、《光明日報》、《中國法制報》和《紅旗》雜誌以及專門的法學報刊，闢專版刊登有關宣傳憲法修改草案的文章。其中最具影響的是張友漁教授等著的兩本論文集，即由群眾出版社於 1982 年出版的《憲法論文集》及續集。每本論文集均收集了 30 餘篇有關憲法修改草案的報告、論文。這些報告、論文由對憲法學比較有研究的專家和學者撰寫，因而具有相當高的學術水準和政策水平。

第二類，對憲法修改草案的內容提出意見和建議。這類文章在所有有關憲法修改草案的文章中，佔據了相當的分量，表明了法學家們積極參與憲法修改草案全民討論的熱情。例如，《民主與法制》雜誌於 1982 年第 3 期發

9　張友漁等：《憲法論文集》（續編），群眾出版社，1982 年版，第 1 頁。

10　《憲法修改草案有哪些特點》，著名法學家張友漁教授答本報記者問，《北京日報》1982 年 4 月 30 日，第 2 版。

11　《張友漁對本報記者談關於憲法修改草案的幾個問題》，《中國法制報》1982 年 5 月 14 日，第 1 版。

表了許崇德的文章《修改憲法十議》，就憲法修改的指導思想、憲法的體系結構、國家的基本制度、最高國家權力機關、國家行政機關、法院和檢察機關、人民代表及國家機關工作人員、公民的基本權利、憲法的監督和實施等問題發表了自己的看法。《民主與法制》雜誌於 1982 年第 4 期發表了潘念之的文章《有關修改憲法的幾點意見》，就憲法序言、總綱、公民的基本權利和基本義務、國家機構及憲法的最高法律地位、憲法的解釋權、憲法的修改程序問題發表了自己的看法。《民主與法制》雜誌為月刊，憲法修改草案是 1982 年 4 月 26 日公佈的，因此，曹思源、許崇德和潘念之的文章是在憲法修改草案討論稿形成過程中發表的，對憲法修改草案討論稿的形成起到一定的積極作用。《西南政法學院學報》於 1981 年第 3 期發表了姚登魁、鄭全咸的文章《我國憲法結構修改芻議》，文章認為，公民的基本權利和義務，在現行憲法中，放在國家機構之後，列為第三章，這種結構佈局與我國的國體和政體的精神是不夠符合的。這一觀點後來被憲法修改草案吸收。該文章還設計了一個憲法結構體系。上述的張友漁教授等著的兩本論文集中的許多文章，都對憲法修改草案中的規定提出了自己的看法。

（四）憲法修改委員會第二階段的起草工作

憲法修改委員會秘書處從 1982 年 8 月底到 10 月底用了三個月的時間，將全民討論過程中各方面提出的修改意見，彙集成冊，並認真地分析了全民討論中反映的意見，再次對憲法修改草案進行反覆討論和修改，形成了憲法修改草案修改稿。修改稿與交付全民討論的草案相比較，從內容到文字都作了一些修改。

1982 年 11 月 4 日至 9 日，憲法修改委員會舉行了第四次全體會議。在五天的時間裏，憲法修改委員會委員逐章逐節逐條地對憲法修改草案修改稿進行細緻的討論，提出了一些修改意見。

憲法修改委員會秘書處根據憲法修改委員會第四次全體會議上各位委員提出的意見，對憲法修改草案進行反覆修正，形成了修正稿。1982年11月23日，憲法修改委員會舉行了第五次全體會議，對秘書處提交的修改稿進行最後的審議。會議批准了修改稿，並決定提請第五屆全國人大第五次會議討論通過。

（五）1982年憲法的誕生

第五屆全國人民代表大會第五次會議於1982年11月26日至12月10日在北京召開。

在11月25日上午舉行的主席團會議上，考慮到憲法修改委員會向代表大會提出憲法修改草案後即完成了它的使命，主席團會議決定：在五屆全國人大五次會議期間，在主席團領導下成立一個憲法工作小組，根據代表們在討論中提出的意見，對憲法修改草案進行必要的修改，並向主席團提出工作報告。主席團會議決定由胡繩擔任憲法工作小組的組長。

在五屆全國人大五次會議舉行的第一天即11月26日，憲法修改委員會副主任委員彭真受主任委員葉劍英的委託，代表憲法修改委員會，向會議作《關於中華人民共和國憲法修改草案的報告》。報告首先回顧了憲法修改草案起草的過程，對憲法修改的指導思想進行了闡述。接着，彭真就憲法修改草案的基本內容，聯繫全民討論中提出的意見和問題，分六個部分作了説明：①關於我國的人民民主專政制度；②關於我國的社會主義經濟制度；③關於社會主義精神文明；④關於國家機構；⑤關於國家的統一戰線和民族的團結；⑥關於獨立自主的對外政策。彭真最後説，憲法修改草案經過這次大會審議和正式通過後，就要作為具有最大權威性和最高法律效力的國家根本大法付諸實施了。它將成為我國新的歷史時期治國安邦的總章程。彭真的報告激起了全場熱烈的掌聲。參加五屆全國人大五次會議的全國人大代表，在聽取彭真關於憲法修改草案的報告後，對憲法修改草案的內容進行了數日的分片討論。1982年12月4日，五屆全國人大五次會議就憲法修改草案進行了表決。五屆全國人大代表有3,421名，出席這天大會的代表為3,040人，達到法定人數。由於1978年憲法中對憲法修改的通過程序沒有規定，大會首先通過了本次會議通過憲法的辦法。辦法規定，通過憲法採用無記名投票表決的方式，以全體代表的三分之二以上的多數通過。1954年憲法第二十九條第一款規定："憲法的修改由全國人民代表大會以全體代表的三分之二的多數通過。"辦法的這一規定與1954年憲法的規定完全相同，顯然是參考了1954年憲法的規定，而這一規定也與世界各國通過憲法修改的通行做法相一致。12月4日的大會，首先宣讀了《中華人民共和國憲法修改草案》全文。憲法修改草案除《序言》外共分四章、138條。大會接着通過了以陳志彬、杜棣華為總監票人的62名監票人名單；計票工作人員核對了出席大會的代表人數；監票人驗了票箱。下午5時開始投票。表決票為粉紅色，上面用漢、蒙古、藏、維吾爾、哈薩克、朝鮮六種文字印着"中華人民共和國憲法表決票"字樣。代表們在大會堂內的30個票箱分別投下莊嚴的一票。大會還專門為年邁體弱的代表設立了一個流動票箱。葉劍英、譚震林等代表在流動票箱投了票。投票完畢後監票人開箱清點票數。據總監票人報告，清點結果，發票3,040張，投票3,040張，投票與發票的數目相符，本次投票有效。

下午5時45分，大會執行主席習仲勳宣佈：根據總監票人報告，有效票3,040張，其中同意票3,037張，反對票沒有，棄權票3張。現在宣佈：《中華人民共和國憲法》已由本次會議通過。這時，燈火輝煌的人民大會堂裏響起了雷鳴般的掌聲。

在五屆全國人大五次會議通過新憲法的當日，本次會議主席團隨即發表公告："《中華人民共和國憲法》已由中華人民共和國第五屆全國人民代表大會第五次會議於一九八二年十二月四日通過，現予公佈施行。"

《人民日報》為這部憲法的頒佈和實施發表了三個社論。

　　新憲法通過的次日，《人民日報》發表了題為《新時期治國安邦的總章程》的社論。社論説，在經歷了"無法無天"的十年內亂以後，在完成了撥亂反正的歷史任務，全國人民齊心協力開創社會主義現代化建設新局面的時候，這部憲法的通過和實施，對於整個國家的長治久安，對於各族人民的安居樂業，對於實現工業、農業、國防和科學技術的現代化，把我國建設成為高度文明、高度民主的社會主義國家，是不可缺少的法律保證。社論還説，我國是一個10億人口的大國，要把國家治理好、建設好，沒有法是不行的，沒有憲法更是不行的。因此，新憲法一經頒佈，就要嚴肅認真地付諸實施，依法行事。而保證憲法實施，既要解決國家機關、各政黨和各社會團體與憲法的關係問題，特別是中國共產黨與憲法的關係問題，也要解決個人和憲法的關係問題，特別是各級黨政領導幹部和憲法的關係問題。保證憲法實施，還必須大張旗鼓地宣傳憲法，組織幹部和群眾廣泛深入地學習憲法，使新憲法家喻戶曉、人人皆知。

　　1982年12月24日，《人民日報》發表了題為《人人學習憲法，人人掌握憲法》的社論。社論指出，經歷十年內亂的中國各族人民，飽嚐"無法無天"之苦。現在，我們已經制定了一部好憲法。人人掌握憲法，運用憲法賦予的當家作主的權利，就能掌握自己的命運，掌握國家的命運。

　　1983年1月24日，《人民日報》發表了題為《黨員要做遵守憲法的模範》的社論。社論針對一些黨員思想中存在的"黨比憲法大"的錯誤認識，要求"所有的共產黨員都要自覺地成為維護憲法尊嚴、保證憲法實施的模範。憲法規定做的，就堅決做；憲法禁止的，就堅決不做。對於違反和破壞憲法的人和事，要進行堅決的鬥爭。共產黨員是不是嚴肅對待憲法，認真執行憲法，維護憲法，決不是小事情。這不但是有沒有法制觀念的問題，而且是黨性強不強的問題。黨章明確規定遵守國家法律是共產黨員的義務。所以，我們執行憲法，也就是遵守黨章，也就是同黨中央在政治上保持一致"。

　　《紅旗》雜誌於1982年第24期發表了題為《維護憲法的尊嚴，保證憲法的實施》的社論。社論指出，要切實保證新憲法的貫徹實施，必須抓好"知、守、護"三個字。知，就是要有計劃、有步驟地進行系統的大量的宣傳教育工作，使群眾知法。守，就是人人都要遵守憲法，這是每個公民的神聖義務，我們黨和國家的幹部特別是黨員幹部不論職位高低，決不能把自己看成是特殊公民，可以超越於憲法和法律之外。護，就是要維護憲法的尊嚴，敢於同一切違法犯罪行為進行鬥爭。

作為法制方面的權威專業報刊的《中國法制報》，也於新憲法通過的次日發表了題為《十億人民都要掌握憲法》的社論。社論認為，政法戰線作為我國人民民主專政的國家政權的一個重要組成部分，肩負着宣傳和執行憲法的重任。政法戰線上的每個同志都要帶頭學習、宣傳和遵守憲法。我們嚴格依法辦事，本身就是對憲法的一種最實際的、最有效的宣傳。在這個問題上，黨和國家、人民群眾對我們有更高的要求、更大的希望，我們不要辜負這種要求和希望。

新憲法通過以後，全國範圍內掀起了一場學習新憲法的熱潮。《人民日報》、《光明日報》、《中國法制報》及法學專業刊物上，開闢專版，由專家和學者撰文闡述新憲法的基本內容、基本精神。以《人民日報》為例，在發表一批有關憲法的文章的同時，從 1982 年 12 月中旬開始，擠出完整的版面，連續刊登《〈中華人民共和國憲法〉講話》，系統地宣講新憲法。這個講話前後共有 40 多講，由中國人民大學的部分教師撰稿，基本上按照新憲法的順序，有重點地、通俗簡明地進行講解。1983 年 3 月，為了保持全部講話的連貫性，並便利於保存和翻閱起見，人民日報出版社特把它們彙編成冊，以供廣大讀者學習新憲法的時候作為參考之用。1983 年，各地出版社出版的有關學習新憲法的論文集、講話、釋義等，達上百種之多。其中影響比較大的有：由張友漁、王叔文、蕭蔚雲、許崇德合著，由法律出版社出版的《中華人民共和國憲法講話》，該講話共 16 講，原來是中央人民廣播電台舉辦的一個專題廣播的用稿；由人民日報出版社出版的主要由中國人民大學法律系教

師撰寫的《中華人民共和國憲法講話》；由許崇德撰寫、浙江人民出版社出版
的《新憲法講話》；由吳傑、廉希聖、魏定仁編著，法律出版社出版的《中華
人民共和國憲法釋義》；由中國法學會編寫、法律出版社出版的《憲法論文
選》；由董成美編著、上海人民出版社出版的《中國憲法概論》，等等。

三、1982 年憲法的指導思想和基本特點

　　1982 年憲法是新中國成立以後的第四部憲法。這部憲法繼承和發展了
1954 年憲法的基本原則，克服了 1975 年憲法和 1978 年憲法的缺陷，總結了
30 多年來我國社會主義發展的豐富經驗，集中了全國各族人民的意志，既考
慮到當時的現實情況，又照顧到將來的發展前景，是一部有中國特色的、適
應新的歷史時期社會主義現代化建設需要的、長期穩定的憲法，也是新中國
成立以來最完善的一部憲法。

（一）1982 年憲法的指導思想

　　不同的指導思想產生不同的憲法，在國家政治生活中也會造成不同的後
果和影響。1954 年憲法較好地體現了社會主義與民主原則，規定了一條適合
中國特點的社會主義道路，保證了在一個幾億人口的大國中順利實現生產資
料私有制的社會主義改造，促進了工農業和整個國民經濟的發展，奠定了我
國今天進行現代化建設的物質基礎。在"文化大革命"中頒佈的 1975 年憲
法，拋棄了 1954 年憲法的一些基本原則，體現了所謂"無產階級專政下繼續
革命"的指導思想。1978 年憲法雖然是在粉碎"四人幫"以後制定的，但由
於當時的歷史條件的限制，它沒有能夠拋棄 1975 年憲法中的錯誤理論、政策
和口號。在指導思想中雖然加進了一些諸如實現四個現代化的內容，但基本

點仍然靠"無產階級專政下繼續革命"的理論。

1982年憲法在序言中明確規定："中國各族人民將繼續在中國共產黨領導下，在馬克思列寧主義、毛澤東思想指引下，堅持人民民主專政，堅持社會主義道路。"正如彭真同志在《關於中華人民共和國憲法修改草案的報告》中所指出的："憲法修改草案的總的指導思想是四項基本原則，這就是堅持社會主義道路，堅持人民民主專政，堅持中國共產黨的領導，堅持馬克思列寧主義、毛澤東思想。這四項基本原則是全國各族人民團結前進的共同的政治基礎，也是社會主義現代化順利進行的根本保證。"

1. 1982年憲法為什麼要以四項基本原則為指導思想

20世紀的中國發生了翻天覆地的偉大歷史變革，其中有四件最重大的歷史事件。第一件，孫中山先生領導的辛亥革命，廢除了封建帝制，創立了中華民國。從此以後，誰要再想做皇帝就不那麼容易了。但是，這次革命的成果被反動勢力篡奪了，沒有完成推翻帝國主義和封建主義壓迫和剝削的歷史任務，中國仍然沒有擺脫半殖民地、半封建的狀態。第二件，中國人民在以毛澤東為領袖的中國共產黨領導下，推翻了帝國主義、封建主義、官僚資本主義的統治，建立了中華人民共和國。100多年以來，許多先進的中國人，為了爭取國家獨立和富強，曾經提出過各種救國方案，結果都失敗了。中國共產黨成立以後，在長期的革命鬥爭中形成了馬列主義的普遍原理和中國革命的具體實際相結合的毛澤東思想，才指引革命取得了勝利。從此，結束了舊中國四分五裂、任人宰割的局面，中國人民掌握了國家的權力，成為國家的主人。第三件，在中國這樣一個大國裏，我們用三年時間恢復了遭受長期戰爭破壞的國民經濟，繼續完成了民主革命的任務。1956年順利地基本完成了生產資料私有制的社會主義改造，消滅了幾千年的剝削制度，建立起社會主義制度。第四件，經濟建設取得了重大的成就。我國的經濟發展水平同發達國家相比，雖然還比較落後，新中國成立30多年來也有失誤和曲折，但是經濟發展速度無論與過去比，還是與外國比，都是比較快的。我國已基本形成了獨立的、比較完整的而不是依賴外國的，社會主義的而不是資本主義的工業體系和國民經濟體系。農業有了較大的發展，基本上解決了吃飯穿衣問題。在工農業生產發展的基礎上，人民的物質生活和文化生活有了較大的改善。我們建設社會主義強國已經有了較為堅實的物質基礎。

從這些偉大的歷史變革中，中國人民得出的最基本的結論是：沒有中國共產黨就沒有新中國，只有社會主義才能救中國。堅持四項基本原則既反映了不以人們意志為轉移的歷史發展規律，是經過長期實踐檢驗的真理，又是中國億萬人民在長期鬥爭中作出的決定性選擇。憲法以四項基本原則為總的指導思想，這就為我國各項制度的完善規定了總原則，為我國今後的發展指明了正確的方向。

2. 四項基本原則在 1982 年憲法中的體現

四項基本原則在 1982 年憲法中的體現，主要表現在以下三個方面：

第一，憲法序言中集中、完整地規定了四項基本原則。序言首先回顧了 100 多年來中國革命的歷史，並較為詳細地描述了 20 世紀中國發生的最重大的歷史事件。在此基礎上，序言得出結論："中國新民主主義革命的勝利和社會主義事業的成就，都是中國共產黨領導中國各族人民，在馬克思列寧主義、毛澤東思想的指引下，堅持真理，修正錯誤，戰勝許多艱難險阻而取得的。"[12] 並明確規定："中國各族人民將繼續在中國共產黨的領導下，在馬克思列寧主義、毛澤東思想指引下，堅持人民民主專政，堅持社會主義道路……"

第二，憲法總綱第一條第一款規定："中華人民共和國是工人階級領導的、以工農聯盟為基礎的人民民主專政的社會主義國家。"第二款規定："社

12　1999 年通過的憲法修正案第十二條去掉此句中的"都"字。

會主義制度是中華人民共和國的根本制度。禁止任何組織或者個人破壞社會主義制度。"

　　該條明確規定我國的國家性質是人民民主專政。在這一專政的國家裏，工人階級是領導階級，農民階級是工人階級的同盟者。憲法序言還規定："社會主義的建設事業必須依靠工人、農民和知識分子，團結一切可以團結的力量。在長期的革命和建設過程中，已經結成由中國共產黨領導的，有各民主黨派和各人民團體參加的，包括全體社會主義勞動者、擁護社會主義的愛國者和擁護祖國統一的愛國者的廣泛的愛國統一戰線，這個統一戰線將繼續鞏固和發展。"因此，人民民主專政不僅具有堅強的領導者，還有廣泛的階級基礎。

　　第三，整部憲法中每一章每一節每一條的規定都體現了四項基本原則的精神，四項基本原則有如一條紅線貫穿於整部憲法之中。其中，最主要的表現是：①憲法序言將國家的根本任務規定為：集中力量進行社會主義現代化建設，逐步實現工業、農業、國防和科學技術的現代化，把我國建設成為高度文明、高度民主（1993 年憲法修正案修改為"文明、民主、富強"）的社會主義國家。②憲法第二條規定："中華人民共和國的一切權力屬於人民。人民行使國家權力的機關是全國人民代表大會和地方各級人民代表大會。"憲法第三章關於國家機構的規定，更明確具體地規定了人民代表大會制度。這些規定，確立了我國社會主義的基本政治制度是實行民主集中制的人民代表大會制度。③憲法第六條規定："中華人民共和國的社會主義經濟制度的基礎是生產資料的社會主義公有制，即全民所有制和勞動群眾集體所有制。"憲法在總綱部分用大量的條文非常具體地規定了我國的社會主義經濟制度和經濟政策。④憲法從第十九條到第二十四條具體規定了社會主義精神文明，即文化建設和思想建設的具體內容。這些規定是世界各國憲法中對精神文明的規定最為具體的。⑤憲法在第一章《總綱》及第二章《公民的基本權利和義務》中，對社會主義民主制度的基本內容作了具體的規定。⑥憲法第一章《總綱》及其他各章對社會主義法制的基本內容作了具體的規定。⑦憲法在第二章關於《公民的基本權利和義務》中，既保障公民的基本權利和自由，又要求履行義務。⑧憲法在關於民族關係的規定上，既強調國家的統一，又保護以少數民族聚居區為基礎建立的民族自治地方的自治權；既反對大民族主義，又反對地方民族主義。

　　堅持四項基本原則的核心，是堅持中國共產黨的領導和社會主義制度。憲法是黨領導人民制定的，憲法的規定既體現了人民的意志，又體現了黨的意志，是黨的意志和人民意志的統一。因此，嚴格實施憲法，維護憲法的權威和尊嚴，特別是黨員帶頭遵守憲法，實際上就是堅持黨的領導的體現。社會主義制度的具體內容在憲法中已經作了明確規定，堅持和實行這些具體制度，就是堅持社會主義制度。1975 年憲法和 1978 年憲法（尤其是前者）的具體條款中，雖然寫進了不少關於“黨的領導”和“社會主義”的詞句，但是由於這兩部憲法以錯誤的指導思想為出發點，貫穿了“無產階級專政下繼續革命”的錯誤理論，實質上損害了黨的領導和社會主義制度，而並不是加強了黨的領導和社會主義制度。例如，1978 年憲法第二條規定：“中國共產黨是全中國人民的領導核心。工人階級經過自己的先鋒隊中國共產黨實現對國家的領導。中華人民共和國的指導思想是馬克思主義、列寧主義、毛澤東思想。”第五十六條規定：“公民必須擁護中國共產黨的領導，擁護社會主義制度……”現行憲法對四項基本原則採取了不同於 1975 年憲法和 1978 年憲法的規定方法，一方面是考慮到堅持四項基本原則是中國各族人民的歷史性選擇，而不是公民的一種義務；另一方面根據我國社會所處的特定歷史階段，將社會主義制度作客觀而具體化的規定，更能夠全面地堅持黨的領導和社會主義。

（二）1982年憲法的基本特點

1982年憲法是在四項基本原則的指導下制定的，同時又是在新的歷史條件下制定的，因此其與前三部憲法比較起來，具有自己的一些特點。

1. 領導與群眾相結合

這是毛澤東在總結1954年憲法立憲經驗時概括的第一條經驗。1954年憲法之所以能夠比較符合中國的實際情況，反映當時中國社會的客觀實際，一個重要的原因就是在制定憲法的過程中，做到領導與群眾相結合。在1980年全國人大決定修改憲法和成立憲法修改委員會的決定中，對於憲法修改程序，就明確規定要將憲法修改草案交付全民討論。1982年憲法修改草案形成過程中，憲法修改委員會主任委員葉劍英及憲法修改委員會副主任委員彭真也反覆要求，秘書處在起草憲法修改草案時，要注意吸收各方面群眾的意見。如前所述，1982年憲法修改草案在起草之前，就既注意吸收各政黨、各國家機關、人民解放軍的意見，也注意吸收各人民團體、各群眾組織、企業事業組織、學校等方面的意見；既注意吸收中央國家機關的意見，也注意吸收地方國家機關的意見；既注意吸收各方面群眾的意見，也注意吸收專家學者的意見。在初稿形成以後，均召開不同範圍、不同人員參加的討論會，聽取意見。特別是從1982年4月至8月長達四個月的時間裏，就憲法修改草案在全國範圍內進行了大規模的全民討論。這次全民討論，既是聽取全國各族人民對憲法修改草案從形式、結構到內容進一步完善的意見的機會，也是由不同階層的人民反映自己利益和意志的重要形式。實踐證明，這次全民討論取得了非常好的效果。1982年憲法之所以能夠從形式、結構到內容，都堪稱新中國成立以來最好的一部憲法，與在憲法修改過程中能夠在不同階段始終做到開放性地吸收群眾意見是分不開的。以正式通過的1982年憲法與由全國人大常委會交付全民討論的憲法修改草案相比較，除了在總條文數上由140

條減少為 138 條外，還有在內容和文字表述上作了一些調整。這些調整主要是在全民討論過程中，各方面提出了意見，而由憲法修改委員會予以吸收的結果。例如，憲法草案序言在談到人民民主專政時，使用了"人民民主專政即無產階級專政"的提法。"即"在漢語裏的意思為"也就是"。既然"人民民主專政"也就是"無產階級專政"，那就沒有必要在我國提出"人民民主專政"這一概念和相應的理論。實際上，人民民主專政與無產階級專政既有相同的一面，也存在具有中國特點的一面。因此，兩者並不是完全相同的。在全民討論中，有些人提出這一問題。在正式的憲法中，將其改為"人民民主專政實質上即無產階級專政"，這就完整準確地表明了兩者之間的關係。又如，關於知識分子的地位問題，憲法草案基於將知識分子當作工人階級的一部分的認識和判斷，沒有專門對知識分子的地位進行規定。在全民討論中，有人提出，在建設社會主義的事業中，工人、農民、知識分子是三支基本的社會力量。憲法修改委員會根據這一意見，在序言中概括地加寫了："社會主義的建設事業必須依靠工人、農民和知識分子，團結一切可以團結的力量。"再如，在全民討論中，有人提出，憲法草案大大擴大了全國人大常委會的職權，但同時應考慮如何保證全國人大作為最高國家權力機關的地位問題。根據這一意見，增加了兩項規定：一是在全國人大閉會期間，全國人大常委會對全國人大制定的法律進行部分補充和修改，但"不得同該法律的基本原則相抵觸"；二是全國人大有權"改變或者撤銷全國人民代表大會常務委員會不適當的決定"。

2. 從實際出發，實事求是

在憲法修改委員會第一次會議上，憲法修改委員會主任委員葉劍英強調指出，憲法修改"一定要從我國的實際情況出發"。在憲法修改草案起草過程中，憲法修改委員會副主任委員彭真就曾多次對秘書處提出要求，一定要從中國的實際情況出發。在憲法修改草案公佈以後，記者問彭真："這個憲法修改草案的最大特點是什麼呢？"彭真答道："那就是從中國的實際情況出發。中國 960 萬平方公里加海域，10 億人口，各地政治、經濟、文化、風俗習慣等各方面的情況很不平衡。要從這個實際出發，吸收我國歷史的和外國的經驗教訓，吸收符合我國當前實際情況、適合我國當前需要的有益的東西。"

堅持實事求是原則，從中國的實際情況出發這一特點，體現在憲法的每一項規定之中。例如，憲法序言和總綱關於人民民主專政的規定。1975 年憲法和 1978 年憲法對我國的國家性質均規定為 "無產階級專政"，1982 年憲法改為 "人民民主專政"，並規定："人民民主專政實質上即無產階級專政。" 人民民主專政是無產階級專政在中國具體情況下的一種形式，反映了在中國具體國情下政權的廣泛的階級基礎和 "人民" 範圍的廣泛性，同時，也更有利於人們認識在這種政權下 "民主" 與 "專政" 的正確關係。憲法第五條第四款關於社會主義法制的集中規定 [13]，在世界各國憲法中是獨具特色的，也可以說是獨一無二的。這顯然是考慮到中國是一個實行兩千多年封建專制統治、有長期 "人治" 傳統的國家，實行法治的任務極為艱巨，而首先必須在憲法上對社會主義法制作出非常明確的規定。憲法第三十一條關於 "國家在必要時得設立特別行政區。在特別行政區內實行的制度按照具體情況由全國人民代表大會以法律規定" 的規定，顯然也是從我國台灣、香港、澳門的特殊情況出發作出的規定。憲法第四十九條第二款關於 "夫妻雙方有實行計劃生育的義務" 的規定，也是從我國人口的實際狀況出發的。憲法在國家機構部分關於國務院及地方各級行政機關均實行首長個人負責制的規定，既是從行政機關的工作特點，也是從提高我國行政機關的工作效率和責任制出發的。

3. 總結新中國成立以來正反兩個方面的歷史經驗

在 1982 年之前，我國共有四部憲法性文件，即 1949 年的《共同綱領》、

13　1999 年的憲法修正案又增加了一款，即第一款："中華人民共和國實行依法治國，建設社會主義法治國家。"因此，憲法第五條關於社會主義法制的規定共五款。

1954 年憲法、1975 年憲法和 1978 年憲法。這四部憲法性文件中，前兩部比較客觀地反映了中國的實際情況，而後兩部則受極左思想的影響，作出了諸多不符合中國實際情況的規定。特別是在"文化大革命"中，無法無天，憲法和法律在我國根本不起任何作用，致使社會秩序出現嚴重混亂，公民的權利和自由得不到保障，國家機關無法正常運行。1982 年憲法吸取了正反兩方面的經驗教訓，特別是"文化大革命"的反面教訓。

1982 年憲法序言規定，今後國家的根本任務是集中力量進行社會主義現代化建設，逐步實現工業、農業、國防和科學技術的現代化，把我國建設成為高度文明、高度民主的社會主義強國。而 1978 年憲法序言規定："全國人民在新時期的總任務是：堅持無產階級專政下的繼續革命，開展階級鬥爭、生產鬥爭和科學實驗三大革命運動，在本世紀內把我國建設成為農業、工業、國防和科學技術現代化的偉大的社會主義強國。"1982 年憲法關於國家根本任務的規定，刪除了"左"的內容。鑑於憲法和法律在我國社會實際生活中的地位，1982 年憲法序言最後一段明確規定："本憲法以法律的形式確認了中國各族人民奮鬥的成果，規定了國家的根本制度和根本任務，是國家的根本法，具有最高的法律效力。全國各族人民、一切國家機關和武裝力量、各政黨和各社會團體、各企業事業組織，都必須以憲法為根本的活動準則，並且負有維護憲法尊嚴、保證憲法實施的職責。"同時，憲法第五條對憲法和法律的地位作了明確的規定。1978 年憲法所規定的公民的政治權利中有"大鳴、大放、大辯論、大字報"即所謂的"四大"，1980 年五屆全國人大三次會議予以廢除，1982 年憲法對 1980 年全國人大的做法予以確認。1982 年憲法吸取"文化大革命"中公民的人格尊嚴得不到尊重和保障的教訓，在公民的基本權利中專門增加一條即第三十八條："中華人民共和國公民的人格尊嚴不受侵犯。禁止用任何方法對公民進行侮辱、誹謗和誣告陷害。"

4. 注意吸收外國有益的經驗

在注重本國經驗的基礎上，同時注意吸收外國憲法中的有益經驗，也是1954年憲法的一條好的立憲經驗。1982年憲法修改過程中，憲法修改委員會也採納了這一立憲經驗。

憲法是否要有序言？在起草過程中，存在兩種不同意見。秘書處起草了兩個草案，即有序言的草案和沒有序言的草案。後來一方面考慮到沒有序言，一些內容在條文中不太好寫，另一方面考慮到世界上絕大多數國家的憲法都有序言，因而，最後的憲法中採納了有序言的結構。

在憲法序言或者條文中明確規定憲法的地位，這是各國憲法通行的做法。資本主義國家如此，社會主義國家也如此。同時，也考慮到我國特定條件下作出這種規定是非常必要的。因此，在憲法序言的最後一段明確地規定了憲法的根本法地位及所具有的最高法律效力。在憲法第五條還規定了憲法所具有的最高法律效力的具體表現。

1975年憲法、1978年憲法均在第三章《公民的基本權利和義務》部分的最後一條規定："中華人民共和國對於任何由於擁護正義事業、參加革命運動、進行科學工作而受到迫害的外國人，給以居留的權利。"1982年憲法修改草案第三十一條規定："中華人民共和國對於因為爭取人類進步、維護和平事業、進行科學工作而受到迫害的外國人，給以居留的權利。"考慮到國際上通行的做法和規定，1982年憲法第三十二條第二款規定："中華人民共和國對於因為政治原因要求避難的外國人，可以給予受庇護的權利。"這一規定與原來的規定相比較，有以下不同：一是在憲法上的位置不同。原來放在《公民的基本權利和義務》部分，現在放在《總綱》部分。二是原因不同。原來是因為"由於擁護正義事業、參加革命運動、進行科學工作"或者是"爭取人類進步、維護和平事業"，現在為"政治原因"。三是權利的內容不同。原來是"居留權"，現在為"受庇護權"。

在前幾部憲法性文件制定時，傳統的社會主義理論認為，資本主義憲法在規定公民權利和自由的同時，又在憲法或者法律中限制公民的權利和自由，而社會主義憲法與它們的不同點在於，憲法規定的公民權利和自由不受限制。基於這種認識，我國的憲法中對公民權利和自由沒有任何限制。實際上，根據馬克思主義觀點，任何權利和自由都是有限制的，包括內在的自身的限制和外在的社會性的限制，世界上不存在絕對的權利和自由。1982年憲法第五十一條規定："中華人民共和國公民在行使自由和權利的時候，不得損害國家的、社會的、集體的利益和其他公民的合法的自由和權利。"

5. 既強調相對穩定性，又注重改革發展

憲法是國家的根本法，應當具有穩定性。新中國成立以來，包括1982年憲法在內，在短短的30多年間，即已經有了五部憲法性文件。憲法變動的頻率在世界上應當說是比較快的。頻繁對憲法進行修改，必然損害憲法的崇高尊嚴和權威。因此，1982年憲法在起草過程中，即考慮這部憲法要有一定的穩定性。

憲法穩定性的基礎在於其內容符合客觀實際。如前所述，1982年憲法在起草時，注意從中國的實際出發，實事求是。1982年憲法在內容與客觀實際的關係上，注意了以下三個方面：①對社會主義中國的根本制度和基本制度在憲法中作出規定。包括社會主義的基本政治制度、經濟制度、文化制度、司法制度等，這些制度都在長期的社會主義實踐中，被證明是行之有效的。例如，憲法中規定了人民民主專政制度、人民代表大會制度、社會主義經濟制度、社會主義精神文明等。②對公民的基本權利和義務在憲法中作出規定。這些基本權利和義務是在社會主義條件下所必須的，同時也是國家能夠及應該予以保障的。1982年憲法所規定的公民的基本權利和義務與前幾部憲法相比較，不僅在內容上有所豐富，而且在種類上大大拓展了。③對改革開放的已有成果予以確認。1978年底黨的十一屆三中全會召開以後，我國即

已開始進行經濟體制改革和政治體制改革，並進行對外開放，至 1982 年時，改革開放已取得了諸多成果。例如，在政治體制上，人民代表大會制度有了很大發展，包括全國人大和地方各級人大，在組織上、運作程序上、活動方式上、與其他國家機關的關係上等，都比以前有了很大的完善和發展，這些改革成果，都被 1982 年憲法所確認。這些內容既是比較穩定的成熟的社會關係，又代表了社會發展趨勢和改革的方向。因此，這些內容在相當長一段時間內能夠保持與社會實際相適應，這也就保證了憲法的穩定性。

這部憲法除確認改革開放的成果外，也預見到我國社會正處於重大改革和轉型時期，在規定上體現了改革的思想和精神。例如，憲法序言中規定：要 "不斷完善社會主義的各項制度，發展社會主義民主，健全社會主義法制……" 又如，憲法第二十七條規定："一切國家機關實行精簡的原則，實行工作責任制，實行工作人員的培訓和考核制度，不斷提高工作質量和工作效率，反對官僚主義。"憲法更多的規定是暗含着改革開放的基本精神。[14]

作為行為規範的憲法必然要伴隨着社會的變化與發展而修改、發展，不可能是一成不變的。憲法演變發展的方式是多種多樣的。1982 年憲法與前幾部憲法比較，在憲法規範適應社會實際的方式的規定上更加具體明確，更具有操作性。例如，關於憲法修改的程序，1982 年憲法第六十四條規定："憲法的修改，由全國人民代表大會常務委員會或者五分之一以上的全國人民代表大會代表提議，並由全國人民代表大會以全體代表的三分之二以上的多數通過。" 該條對提議修改憲法的主體、憲法修改權主體及通過憲法修改的法定人數作了明確的規定。此外，1982 年憲法還規定，全國人大和全國人大常委會監督憲法實施；全國人大常委會有權解釋憲法。因此，全國人大及全國人大常委會即可以通過修改憲法、解釋憲法及在監督憲法實施過程中，使憲法規範與社會實際相適應，或者闡明憲法的基本精神。1982 年以後，我國在

14　1993 年憲法修正案第三條增加規定："堅持改革開放。"

政治、經濟、文化等方面取得了巨大的社會進步和發展,社會實際發生了翻天覆地的變化。一方面,1992年憲法在修改時,已經預見到了這些變化和發展;另一方面,全國人大及全國人大常委會通過上述方式主要是憲法修改程序,使憲法規範與社會實際之間保持一致性。[15]

6. 原則性和靈活性相結合的原則

1982年憲法對作為我國基本指導思想的四項基本原則(中國共產黨的領導、馬克思列寧主義、毛澤東思想的指引[16]、人民民主專政制度、社會主義制度)、我國的根本政治制度即人民代表大會制度、作為我國經濟制度基礎的社會主義公有制即全民所有制和勞動群眾集體所有制、社會主義精神文明、公民的基本權利和義務等原則性問題,作了非常明確的規定,這是絲毫動搖不得的。

但是,憲法也考慮到一些特殊情況,對這些特殊情況作了一些特殊規定,體現了靈活性的一面。例如,憲法第三十一條規定:"國家在必要時得設立特別行政區。在特別行政區內實行的制度按照具體情況由全國人民代表大會以法律規定。"應該說,這是1982年憲法最具有靈活性的規定。台灣、香港、澳門由於歷史原因而長期與祖國分離,為了實現祖國統一,需要在這些地區實行特殊的制度。而為了使這種特殊的制度在憲法上有所根據,具有合法基礎,就需要對相應的問題在憲法上作出規定。因此,憲法第三十一條相對於憲法的其他條款而言,是一個特別條款。從法理上說,憲法在整個中華人民共和國範圍內都是有效的,既然憲法以四項基本原則為基本的指導思想,那麼在整個中華人民共和國範圍內都應當實行社會主義制度。但是,全國人大根據憲法第三十一條的規定,有權決定在什麼地區需要建立特別行政

15　全國人大分別於1988年、1993年、1999年三次以憲法修正案的方式,對憲法不適應社會實際的內容進行修改或者在改革開放的新形勢下增加必要的內容,共通過了17條憲法修正案。

16　1999年的憲法修正案在指導思想上增加了"鄧小平理論"。

區，以及在特別行政區實行什麼制度。事實上，全國人大根據憲法的這一規定分別於 1990 年和 1993 年制定了香港基本法和澳門基本法。根據這兩個基本法的規定，香港在 1997 年 7 月 1 日以後、澳門在 1999 年 12 月 20 日以後，分別建立了特別行政區，在特別行政區保留原有資本主義制度和生活方式不變。憲法的靈活性還表現在其他一些方面。如全國人大及全國人大常委會有國家立法權，而地方一定層級以上的人大和人大常委會在不與憲法、法律、行政法規相抵觸的前提下，有權制定地方性法規；中國是一個統一的多民族國家，在少數民族聚居的地區實行民族區域自治制度，民族自治地方享有憲法和民族區域自治法規定的自治權，其中包括根據本民族的政治、經濟、文化特點制定自治條例和單行條例的權力；在堅持社會主義公有制是社會主義經濟制度基礎的前提下，鼓勵個體經濟的發展 [17]，等等。

四、1982 年憲法的發展

　　憲法既具有法律的屬性，又具有較強的政治性。

　　憲法的政治性在法的各種表現形式中是比較突出的。1954 年憲法在形式上較少運用政治詞語和政治術語，而實際上，由於這部憲法比較客觀地反映了當時中國的具體國情，對於人民政權的鞏固、國家的發展，起到了積極的促進作用。1975 年憲法和 1978 年憲法中，或者使用大量的政治術語和政治詞語組合成憲法條文，或者直接引用毛澤東的語錄作為憲法條文，似乎只有如此，憲法的政治性才表現得充分。實際上，恰巧相反，這兩部憲法在政治上並沒有發揮預期的作用。1982 年憲法繼承了 1954 年憲法的特點，吸取了 1975 年憲法和 1978 年憲法的教訓，較少使用政治詞語，而實際上這部憲法

17　1988 年的憲法修正案增加了關於 "私營經濟" 法律地位的規定；1999 年的憲法修正案更規定："個體經濟、私營經濟等非公有制經濟是社會主義市場經濟的重要組成部分。"

的政治性是最強的。

　　1982 年憲法是在發揚社會主義民主，加強社會主義法制的背景下制定的。因此，這部憲法的法的特性表現得最為明顯和充分。可以說，是在幾部憲法中最為突出的。在這方面，其與前幾部憲法相比較，主要有以下發展：

（一）憲法結構的發展

　　1982 年憲法在結構上與前幾部憲法相比較，有以下三個方面的發展變化：

1. 將《公民的基本權利和義務》置於《國家機構》之前

　　1954 年憲法、1975 年憲法、1978 年憲法的結構均為：《序言》、《第一章　總綱》、《第二章　國家機構》、《第三章　公民的基本權利和義務》、《第四章　國旗、國徽、首都》。1982 年憲法將《公民的基本權利和義務》一章置於《國家機構》一章之前，變為：《序言》、《第一章　總綱》、《第二章　公民的基本權利和義務》、《第三章　國家機構》、《第四章　國旗、國徽、首都》。在憲法結構上作此改變的基本考慮有兩點：一是公民在國家中的地位。憲法所要調整的關係主要是國家與公民之間的關係，公民在不同的情形下在國家中有着不同的地位，而表明公民在國家中的地位的主要依據是公民的基本權利和義務。公民在行使選舉權、被選舉權等政治參與方面的權利時，促成國家政治意志的形成；公民在行使作為單個個人的權利時，是一種權利主體的地位，而國家處於義務主體的地位；公民在履行義務時，是作為義務主體的地位，而國家是作為權利主體的地位。因此，公民在國家中主要處於一種積極的、能動的地位。國家在法律上的主要外在物化表現是國家機構。國家機構及其工作人員所行使的權力來源於人民的委託和授予，而人民是公民中的主體部分。將《公民的基本權利和義務》一章置於《國家機構》

之前，表明在我國更加重視公民的基本權利和自由。在我國特定的歷史背景下，這種改變具有更為重要的現實意義和深遠的歷史意義。二是世界上大多數國家的憲法結構都是《公民的基本權利和義務》在前，而《國家機構》在後，特別是第二次世界大戰以後制定的憲法更是如此。

2. 恢復國家主席的設置

1954 年憲法在《國家機構》部分設置了《第二節　中華人民共和國主席》，共有八個條文。該節規定，國家主席根據全國人大及全國人大常委會的決定，行使職權；對外代表中華人民共和國；統率全國武裝力量，擔任國防委員會主席；在必要時召開最高國務會議，並擔任最高國務會議主席。1975 年憲法和 1978 年憲法取消了國家主席的設置。原來由國家主席行使的職權改由中共中央主席、全國人大常委會委員長行使。1982 年憲法恢復設置了國家主席。

1982 年憲法設置國家主席的基本考慮有三點：一是國家主席制度對於中國人民來說，已經是一種比較熟悉的制度；二是國家主席制度在人民代表大會制度體制內是一種比較好的制度安排；三是不設國家主席，應由國家主席行使的一些職權不好安排，1975 年憲法和 1978 年憲法的安排，或者造成黨政不分，或者造成與行使者的身份不符。

1982 年憲法關於國家主席的規定，相對於 1954 年憲法來說，既是恢復，又是在新形勢下的一種發展。與 1954 年憲法的相同點是，國家主席必須根據全國人大及全國人大常委會的決定行使職權，對外代表中華人民共和國；不同點在於，1982 年憲法中的國家主席已不再統率全國武裝力量、擔任國防委員會主席，以及在必要時召開最高國務會議，並擔任最高國務會議主席。總體而言，1982 年憲法所規定的國家主席是一個虛職，而 1954 年憲法規定的國家主席是一個實職。

3. 增設中央軍事委員會

1982 年憲法在《國家機構》中設置了《第四節　中央軍事委員會》，共兩個條文，即第九十三、第九十四條。憲法第九十三條規定："中央軍事委員會領導全國武裝力量。" 1954 年憲法、1975 年憲法和 1978 年憲法則都沒有這一機構的設置。1954 年憲法規定由國家主席統率武裝力量，1975 年憲法和 1978 年憲法規定由中共中央主席統率武裝力量。如前所述，1982 年憲法所設置的國家主席已不再統率武裝力量，而由中共中央主席統率武裝力量又會造成黨政不分。因此，就有必要設置一個專門統率武裝力量的國家機關，中央軍事委員會也就應運而生。

（二）憲法規範的發展

1954 年憲法是在我國正常發展時期制定的，因此，這部憲法的規範性較強。而如前所述，1975 年憲法和 1978 年憲法是在"文化大革命"與"左"傾的錯誤還沒有肅清的非常時期制定的，其中引用了大量的政治術語和政治詞語或者毛澤東的語錄，其規範性比較差。1982 年憲法是在加強社會主義法制的要求和背景下制定的，因此其規範性與前幾部憲法相比較，特別是與 1975 年憲法、1978 年憲法相比較，應當說有大大加強。其主要的表現是：

1. 條文數量大大增加

1954 年憲法為 106 條，1975 年憲法為 30 條，1978 年憲法為 60 條。從這幾部憲法的實際作用看，1954 年憲法最好，1978 憲法次之，1975 年憲法最差。可見，在我國，憲法的條款與憲法的實際作用兩者之間暗合。當然，並不能從極端的角度說，憲法的條款數越多、憲法越長，憲法的作用就越大、實際效果就越好。憲法是國家的根本法，需要對國家的性質、國家的根本制度及由此所決定的政治、經濟、文化諸方面的基本制度,作宏觀的總括性的規定,以便能夠為普通法律的制定提供依據和基礎。憲法要完成這一使命,條款數太少,是不可能做到的。一定的條款數是憲法完成這一使命的基礎和前提。同時,憲法條款數的多寡,取決於多種因素。1987 年美國憲法共七個條文,加上以後通過的 27 條憲法修正案,美國憲法一共也就 34 條。但美國是一個聯邦制國家,除聯邦憲法外,組成聯邦的各州還有自己的憲法。另外,美國憲法的每一條實際上是一章的內容。中國有自己的國情,中國是單一制國家,同時根據我國的法律習慣和傳統,每一條文規定一個相對獨立的內容,而不是像美國憲法那樣規定一章的內容。

1982 年憲法共 138 條,比 1954 年憲法增加 32 條,比 1975 年憲法增加 108 條,比 1978 年憲法增加 78 條。1982 年憲法的這一條款數是比較恰當的:一是將需要由憲法規定的內容作了詳略得當的規定;二是我國是單一制國家,同時又是一個多民族的國家,這就需要對單一制下中央與地方的關係、中央及地方國家機關等作較為明確的規定,還需要對各民族之間的關係及相應的制度作出規定;三是我國憲法的每一條文的內容不能過於集中,規定某一方面的內容,需要分解成若干條文,便於理解和執行。

2. 條文結構合理

憲法的每一條文規定一個相對獨立的問題,就此問題而言,憲法應當作比較全面的規定。1982 年憲法的條文即是按照這一思路來設定的。

例如,憲法第五條是關於社會主義法制的規定。這一條文共五款。第一款是:中華人民共和國依法治國,建設社會主義法治國家;第二款是關於社會主義法制的宏觀和總體的規定:"國家維護社會主義法制的統一和尊嚴。"以下各款是關於國家維護社會主義法制的統一和尊嚴的具體表現和要求。第三款是對規範性法律文件的要求:"一切法律、行政法規和地方性法規都不得同憲法相抵觸。"第四款是對國家機關和其他社會組織的要求:"一切國家機關和武裝力量、各政黨和各社會團體、各企業事業組織都必須遵守憲法和法律。一切違反憲法和法律的行為，必須予以追究。"第五款是強調憲法和法律的權威性："任何組織或者個人都不得有超越憲法和法律的特權。"

又如，憲法第三十六條是關於宗教信仰自由的規定。這一條文共四款。第一款是關於宗教信仰自由的總體規定："中華人民共和國公民有宗教信仰自由。"以下各款是國家關於宗教信仰自由的具體政策。第二款是關於宗教信仰自由特性的規定，即宗教信仰自由是公民個人的私事："任何國家機關、社會團體和個人不得強制公民信仰宗教或者不信仰宗教，不得歧視信仰宗教的公民和不信仰宗教的公民。"第三款是關於宗教活動界限的規定："國家保護正常的宗教活動。任何人不得利用宗教進行破壞社會秩序、損害公民身體健康、妨礙國家教育制度的活動。"第四款是關於宗教組織與國外宗教機構的關係的規定："宗教團體和宗教事務不受外國勢力的支配。"即我國實行宗教自治的原則。

3. 條文表述嚴謹

憲法是法的一種表現形式，具有法的一般特性，必須在法的範疇內發揮作為國家根本法的作用。因此，憲法條文的表述也應當像普通法律規範那樣嚴謹。與前三部憲法相比較，1982 年憲法是做得最好的。

例如，1954 年憲法第二十四條規定，全國人大任期屆滿的兩個月以前，全國人大常委會必須完成下屆全國人大代表的選舉。如果遇到不能進行選舉的非常情況，全國人大可以延長任期到下屆全國人大舉行第一次會議為止。1975 年憲法第十六條規定，全國人大每屆任期五年，在特殊情況下，任期可以延長。全國人大會議每年舉行一次，在必要的時候，可以提前或者延期。1978 年憲法第二十一條規定，全國人大每屆任期五年，如果遇到特殊情況，可以延長本屆全國人大的任期，或者提前召開下屆全國人大。全國人大會議每年舉行一次，在必要的時候，可以提前或者延期。這三部憲法關於這一問題的規定的共同缺陷是：①沒有規定由什麼主體提議延期；②沒有規定由什麼主體決定延期；③延期是因出現了不可抗力的特殊情況，而對於特殊情況消除後的多長時間內必須舉行下次會議也沒有作出規定；④後兩部憲法甚至規定，全國人大會議可以提前召開，既然導致全國人大不能按期舉行會議的原因是出現了不可抗力的特殊情況，這些情況是人們在事前所不可能預料的，因此提前召開之說是不能成立的。1966年7月7日全國人大常委會第三十三次會議就是根據1954年憲法第二十四條的規定，作出了關於第三屆全國人大第二次會議改期召開的決定。這一改期，後來則不了了之，一直到1975年1月才舉行了四屆全國人大一次會議。1982年憲法第六十條吸取了歷史經驗，對此作了比較完備的規定：全國人大任期屆滿的兩個月以前，全國人大常委會必須完成下屆全國人大代表的選舉。如果遇到不能進行選舉的非常情況，由全國人大常委會以全體組成人員的2/3以上的多數通過，可以推遲本屆全國人大的任期。在非常情況結束後一年內，必須完成下屆全國人大代表的選舉。

又如，關於宗教信仰自由的規定，1975年憲法和1978年憲法都規定，公民有信仰宗教的自由和不信仰宗教、宣傳無神論的自由。實際上，宗教信仰自由的內涵中已經包括了信仰宗教和不信仰宗教兩方面的自由。因此，沒有必要再寫明：公民有不信仰宗教、宣傳無神論的自由。同時，憲法在《公民的基本權利和義務》的標題下所作出的規定的基本出發點是，保障公民進行某種行為的自由，而不是不進行這種行為的自由。1982年憲法改變了前兩部憲法的規定方法，更符合憲法規定權利和自由的內涵及宗教信仰自由的內涵。

再如，1978年憲法第四十五條規定了公民的政治自由："公民有言論、通信、出版、集會、結社、遊行、示威、罷工的自由，有運用'大鳴、大放、大辯論、大字報'的權利。"首先，"大鳴、大放、大辯論、大字報"並不是嚴謹的法律用語，法律上無法給出一個準確的定義。其次，通信自由並不屬於政治權利的範疇，而屬於人身自由的範疇，當某個公民被法院依法剝奪政治權利時，其作為人應當具有通信的自由，只是通信的內容即通信秘密應當受到一定程度的限制。基於這種考慮，1982年憲法所規定的公民的政治自由為言論、出版、集會、結社、遊行、示威。

前述的1982年憲法關於憲法修改程序、外國人的受庇護權等的規定與前三部憲法相比較，在條文的表述上都更為嚴謹。

4. 用語更法律化

憲法是法的一種表現形式，在文字用語上就應當"法言法語"。如前所述，1975年憲法和1978年憲法因使用大量的政治術語和政治詞彙或者直接使用毛澤東的語錄，其法律規範性大大降低。1982年憲法重視和強調用語的法律化，使其具有法的規範性，在內容上更為明確具體。如憲法條文中使用"禁止……"、"國家保障……"、"國家維護……"、"……不得……"、"……必須……"、"國家保護……"、"國家依靠法律規定……"、"由法律規定……"、"在法律規定的範圍內……"、"……不受侵犯"、"中華人民共和國公民有……權利（或者義務）"、"……應當……"等等。這些用語的最大特點是明確性，允許做什麼，禁止做什麼，權利是什麼，義務是什麼，清清楚楚，一目了然。1982年憲法中沒有採用1975年憲法和1978年憲法中的那些比喻性的用語，如規定中國人民解放軍是"生產隊"、"工農子弟兵"、"柱石"、"宣傳隊"，要防禦社會帝國主義、帝國主義及其"走狗"的顛覆和侵略，等等。

此外，1982年憲法較多地使用肯定式的句子，如"社會主義制度是中華人民共和國的根本制度"、"中華人民共和國的一切權力屬於人民"、"中華人民共和國的國家機構實行民主集中制的原則"、"凡具有中華人民共和國國籍的人都是中華人民共和國公民"，等等。

（三）憲法內容的發展

憲法內容的發展是 1982 年憲法體現毛澤東所説的 "搞憲法就是搞科學" 的主要表現。總體上説，1982 年憲法所規定的內容更為豐富，符合中國的具體情況，與時代相適應，有了較大的發展。

1. 關於憲法的序言

1982 年憲法序言由 13 個自然段構成，其主要內容是：①回顧了 20 世紀以來中國發生的翻天覆地變革中的四件大事；②規定了四項基本原則和今後國家的根本任務；③規定了國家的一些基本方針、政策，如台灣回歸祖國問題、愛國統一戰線問題、民族關係問題、對外關係問題等；④確認了憲法的法律地位。

與 1978 年憲法序言相比較，1982 年憲法序言不僅在文字的數量上有所增加，而且在內容上有很大變化。其主要變化是：①剔除了 1978 年憲法中 "左" 的內容，以及一些錯誤的口號、觀點和表述方式；②把四項基本原則完整地寫入憲法序言；③準確地把國家今後的根本任務寫入憲法序言；④將中國人民政治協商會議的法律地位和作用寫入憲法序言；⑤將憲法的根本法地位寫入憲法序言。

2. 關於總綱

1982 年憲法總綱共 32 條，比 1978 年憲法總綱多 13 條。1982 年憲法總綱的主要內容是：①國家的性質和根本制度；②人民代表大會制度；③民族關係和民族區域自治制度；④社會主義法制；⑤經濟制度和經濟政策；⑥社會主義精神文明；⑦計劃生育；⑧環境保護；⑨國家機關的活動宗旨；⑩懲治犯罪；⑪國防；⑫行政區劃；⑬特別行政區制度；⑭保護外國人合法權益。

與 1978 年憲法總綱比較，1982 年憲法的變化主要是：①將 "無產階級專政"改為"人民民主專政";②增加了有關"民主集中制原則"的具體內容;③增加了社會主義法制的內容;④在經濟制度和經濟政策部分,根據改革開放的新情況、新要求作了較大的改變,如增加了集體所有制經濟表現形式、個體經濟、土地所有權、外國企業和其他外國經濟組織等問題的規定;⑤增加了有關社會主義精神文明的規定;⑥增加了行政區劃和關於特別行政區的規定;⑦將外國人的受庇護權由《公民的基本權利和義務》部分移至《總綱》部分。同時,1982年憲法總綱剔除了1978年憲法中有關"語錄"或者"口號"式的規定。

3. 關於公民的基本權利和義務

1982年憲法關於公民基本權利和義務的規定共24條,比1978年憲法增加了八條。如前所述,這部分內容原來在國家機構之後,1982年憲法將其放到國家機構之前。同時,在內容上比原來也有所增加。其主要內容是:①確定中華人民共和國公民的標準;②平等權;③政治權利和自由;④宗教信仰自由;⑤人身自由;⑥社會經濟權利;⑦文化教育權利;⑧特殊主體的權利保護;⑨公民的基本義務。

1982年憲法所規定的公民基本權利和自由,與1978年憲法相比較,不但在種類上有所增加,而且在內容上更為豐富:①增加了"公民在法律面前一律平等"的規定,將1954年憲法的"法律上"改為"法律面前";②增加了權利和義務的一致性的規定;③對公民行使選舉權、被選舉權的條件作了更具體的規定;④更準確地規定了公民的政治自由;⑤對宗教信仰自由作了更具體、更準確的規定;⑥對人身自由作了更具體的規定;⑦增加了"公民的人格尊嚴不受侵犯"的規定;⑧增加了關於"公民的通信自由和通信秘密受法律保護"的規定;⑨對公民的勞動權作了具體的規定,並規定勞動也是公民的一項基本義務;⑩增加了退休人員生活受保障權的規定;⑪增加了公民獲得國家賠償權利的規定;⑫增加了公民行使權利和自由的限制性規定。

1982年憲法關於公民基本義務的規定的主要變化是：①增加了公民有勞動的義務的規定；②增加了公民有受教育的義務的規定；③增加了公民有遵守憲法和法律的義務的規定；④增加了公民有維護祖國的安全、榮譽和利益義務的規定；⑤增加了公民有依法納稅義務的規定；⑥刪除了公民必須擁護中國共產黨領導、擁護社會主義制度義務的規定。

4. 關於國家機構

1982年憲法關於國家機構的規定共79條，比1978年憲法增加了55條，是整部憲法中條文增加最多的部分。從節的數量比較，1982年憲法比1978年憲法增加了兩節，即《第二節 國家主席》和《第四節 中央軍事委員會》。從總體上說，1982年憲法的內容更為具體。

《第一節 全國人大》部分的主要發展是：①關於全國人大任期和會期的規定更具體；②關於全國人大的職權更細緻；③擴大了全國人大常委會的職權，包括立法權和監督憲法實施的權力，這是1982年憲法關於國家機構部分的最突出的發展和變化；④在全國人大下設立常設的專門委員會，協助全國人大及其常委會行使職權；⑤增加了關於全國人大代表受法律保護的規定，如人身自由受特別保障權、各種會議上的言論免責權等。

《第二節 國家主席》的規定相對於1978年憲法是新增加的部分。與1954年憲法關於國家主席的規定相比較，其主要變化是：①擔任國家主席的資格條件中關於年齡的規定增加了10歲，即由35週歲改為45週歲；②刪除了國家主席的實質性的權力，如統率武裝力量的權力、召開最高國務會議的權力；③增加了國家主席、副主席都缺位時的代理規定。

《第三節 國務院》部分的主要發展是：①增加規定國務院的領導體制為總理負責制；②在國務院的職權中，增加規定有權根據憲法和法律的規定制定行政法規；③增加規定國務院各部、各委員會實行部長、主任負責制，各部、委有權根據法律、行政法規制定規章；④國務院增設審計機關。

《第四節　中央軍事委員會》的規定是新增加的內容。本節共兩個條文，主要規定了中央軍委的性質、地位、組成、領導體制。

《第五節　地方各級人大和政府》部分，除行政機關的名稱原稱謂具有濃厚"文化大革命"色彩的"革命委員會"，1978年憲法改為"人民政府"，以及1982年憲法關於它們的組織和職權的規定更具體外，其主要發展是：①縣級以上地方各級人大設常委會；②增加規定省、自治區、直轄市人大及其常委會在不與憲法、法律、行政法規相抵觸的前提下有權制定地方性法規；③增加規定縣級以上地方各級人民政府實行首長個人負責制；④增加規定縣級以上各級人民政府設立審計機關；⑤增加規定居民委員會和村民委員會的性質及主要任務。

《第六節　民族自治地方的自治機關》部分的主要發展是：①作為民族區域自治制度的重要組成部分，1982年憲法增加關於民族自治機關組織的規定，如民族自治地方的人大常委會中應當有實行區域自治的民族的公民擔任主任或者副主任，自治區主席、自治州州長、自治縣縣長由實行區域自治的民族的公民擔任；②除原有的民族自治地方的人大有權制定自治條例和單行條例外，增加規定了其他多項自治權。

《第七節　人民法院和人民檢察院》部分的主要發展是：①增加規定了人民法院的司法審判原則；②增加規定了人民法院上下級之間的關係為審判監督關係；③增加規定了人民檢察院的檢察工作原則；④增加規定了上下級人民檢察院之間的關係為領導關係；⑤增加規定了公、檢、法三機關之間在辦理刑事案件時的分工負責、互相配合、互相制約的關係。

此外，1982年憲法為了防止國家領導人事實上的終身制，避免因此而導致國家政策的中斷，借鑑其他國家憲法的規定，明確規定了一定範圍的領導人連續任職不得超過兩屆。

五、憲法運行機制與功能

　　1982年憲法是在中國共產黨和國家重視法制，從而大力加強社會主義法制，發揚社會主義民主，以及社會成員的權利意識、民主意識、主體意識、公民意識大大增強的背景下制定並實施的。因此，這部憲法有着實施的良好的社會基礎和社會環境。同時，如前所述，這部憲法在內容上比較客觀地反映了中國的社會實際，也具備了實施的正當性基礎；這部憲法的規範性大大強於前三部憲法，也使這部憲法具備了實施的規範基礎。從總體上說，這部憲法自頒佈以後的實施狀況是良好的。

（一）依據憲法設立相應的國家機關

　　1982年憲法自1982年12月4日五屆全國人大五次會議主席團公佈之日起生效。從理論上說，該憲法所規定的國家機關應當隨即設立並開始運作。但是，中央一級的某些國家機關在憲法通過的當時並沒有建立起來，如國家主席、中央軍事委員會，這就需要解決憲法規定的國家機關與現實中的國家機關的職權的關係問題，或者說涉及1982年憲法與1978年憲法效力的銜接問題。為了解決這一問題，在1982年憲法通過的同一天，五屆全國人大五次會議通過了《關於本屆全國人民代表大會常務委員會職權的決議》。決議規定：在第六屆全國人大第一次會議根據本次會議通過的《中華人民共和國憲法》選出中華人民共和國主席、副主席和下屆全國人大常委會以前，本屆全國人大常委會和全國人大常委會委員長、副委員長繼續分別按照1978年五屆全國人大第一次會議通過的《中華人民共和國憲法》第二十五條和第二十六條的規定行使職權。1978年憲法第二十五條規定的是全國人大常委會的職權，第二十六條規定的是全國人大常委會委員長的職權。全國人大的這一決議實質上是要解決在國家主席產生以前，按照1982年憲法應由國家主席行使的職權的行使主體問題。按照 1978 年憲法第十九條的規定，中華人民共和國武裝力量由中共中央主席統率；而按照 1982 年憲法的規定，由中華人民共和國中央軍事委員會領導全國武裝力量。決議沒有涉及在中央軍事委員會成立以前武裝力量統率權的歸屬問題。可以推論，在中華人民共和國中央軍事委員會成立以前，武裝力量統率權實際上是由中國共產黨中央軍事委員會來行使的。

六屆全國人大一次會議於 1983 年 6 月 6 日至 21 日召開。在這次會議上，按照 1982 年憲法選舉產生新的國家機構，其中包括新設立的國家主席和中央軍事委員會。會議選舉李先念為國家主席、烏蘭夫為國家副主席；鄧小平為中央軍事委員會主席、葉劍英等為副主席。已有的國家機關按照憲法規定進一步健全並完善，如全國人大在這次會議上成立了八個協助全國人大和全國人大常委會工作的專門委員會。至此，1982 年憲法所規定的中央國家機構已經完全建立起來，具備了按照 1982 年憲法進行運作的組織基礎。

地方國家機構在 1982 年憲法通過以前已經比較健全。這是因為，1979 年 7 月 1 日五屆全國人大二次會議通過了《關於修正〈中華人民共和國憲法〉若干規定的決議》，根據這一決議和實踐的需要，全國人大於同日通過了新的《中華人民共和國地方各級人民代表大會和地方各級人民政府組織法》。該地方組織法對地方各級人大、人大常委會及地方各級人民政府的組織、職權等作了具體的規定。同日，全國人大還通過了《中華人民共和國人民法院組織法》和《中華人民共和國人民檢察院組織法》。根據 1979 年 7 月 1 日由全國人大新修改的選舉法，1980 年和 1981 年在全國範圍內進行了縣級以下的直接選舉和縣級以上的間接選舉。通過選舉產生新的地方各級人大、人大常委會、人民政府、人民法院和人民檢察院。五屆全國人大五次會議還根據 1982 年憲法，於 1982 年 12 月 10 日對地方組織法進行修改。這樣，在 1982 年憲法通過的當時，地方國家機構已經比較完整，可以直接根據新憲法和地方組織法、人民法院組織法、人民檢察院組織法規定的各自的職權進行工作。

（二）國家機關依據憲法而運作

　　1982 年憲法對中央及地方各國家機關的職權作了規定。這些國家機關嚴格按照憲法規定的程序行使自己的職權，使這部憲法在我國政治生活、經濟生活、文化生活、社會生活等各方面，發揮了前三部憲法所不可比擬的積極作用。

　　在組織上，中央及地方各國家機關按照憲法進行組織和活動。如按照憲法規定，全國人大每屆任期五年，地方各級人大每屆任期或者五年或者三年。1982 年憲法實施以來，全國人大和地方各級人大按照憲法的規定進行改選並召開會議。以全國人大為例，1982 年憲法通過以來，1983 年舉行了六屆全國人大一次會議，1988 年舉行了七屆全國人大一次會議，1993 年舉行了八屆全國人大一次會議，1998 年舉行了九屆全國人大一次會議。按照憲法規定，全國人大及地方各級人大每年至少舉行一次會議。自 1982 年憲法通過以來，各級人大均能夠按照這一規定舉行會議。按照憲法規定，全國人大常委會和地方縣級以上人大常委會至少每兩個月舉行一次會議，各級人大常委會也都能夠按照憲法的規定舉行會議。全國人大及地方各級人大組織產生其他國家機關，包括行政機關、審判機關和檢察機關。

　　在中國，長期以來國家權力機關的地位不高，被戲稱為“橡皮圖章”。1982 年憲法通過以後，這種情況發生了很大改觀，全國人大和地方各級人大開始真正作為國家權力機關發揮作用，行使權力。以全國人大及其常委會為例，按法定程序任免了中央各國家機關的主要領導人，組織產生了其他國家機關；對國家生活中的重大問題進行決策，如國家預算和決算問題、國民經濟發展計劃和社會發展計劃、批准重慶市為直轄市；決定香港和澳門成立特別行政區，並通過了《香港特別行政區基本法》和《澳門特別行政區基本法》，由基本法規定了兩個特別行政區保留原有的資本主義制度和生活方式；於 1988 年、1993 年、1999 年通過修改憲法，使原有的憲法規範與社會實際保持一致性；通過解釋法律，使法律能夠及時適用於社會實際生活；對國務院、中央軍事委員會、最高人民法院、最高人民檢察院工作進行監督，聽取工作報告並進行審議；全國人大常委會還組織監督組，就已經制定的法律的執行情況進行執法監督檢查等。地方各級人大及其常委會也按照憲法的規定行使了屬於自己的職權，並根據本地區的特點，創造了一些積極有益的做法，如幹部述職和評議制度等，對幹部的工作進行監督。

此外，各級行政機關和司法機關根據憲法的規定，行使了各自的職權。

（三）依據憲法制定規範性法律文件

1982年憲法與前三部的最大不同點在於，這部憲法更注重加強社會主義法制。除規定憲法是國家根本法，具有最高的法律效力外，還確立了一個新的立法體制：全國人大制定和修改刑事的、民事的、國家機構的和其他的基本法律；全國人大常委會制定和修改除全國人大制定的基本法律以外的其他法律，並在全國人大閉會期間，修改由全國人大制定的基本法律；國務院根據憲法和法律制定行政法規；省、自治區、直轄市人大和人大常委會，省、自治區人民政府所在地的市人大和人大常委會，國務院批准的較大的市人大和人大常委會在不與憲法、法律、行政法規相抵觸的前提下，制定地方性法規；國務院各部門，省、自治區、直轄市人民政府，省、自治區人民政府所在地的市人民政府，國務院批准的較大的市人民政府根據法律、行政法規或者地方性法規，制定規章；自治區、自治州、自治縣人大依據本民族的特點制定自治條例和單行條例。

根據1982年憲法所確立的上述立法體制，我國的立法工作有了巨大的進展。以全國人大和全國人大常委會為例，經過1982年憲法通過以來的各屆人大各次會議的努力，已經初步建立了與社會主義市場經濟相適應的法律體系。

第一，在國家機構立法方面，制定了《全國人民代表大會組織法》、《地方各級人大和地方各級人民政府組織法》、《國務院組織法》、《人民法院組織法》、《人民檢察院組織法》、《選舉法》、《全國人民代表大會議事規則》、《全國人民代表大會常務委員會議事規則》、《人民代表法》、《民族區域自治法》、《國旗法》、《國徽法》、《香港特別行政區基本法》、《澳門特別行政區基本法》以及《村民委員會組織法》、《居民委員會組織法》等。

第二，在民商事立法方面，制定了《民法通則》、《合同法》、《商標法》、《保險法》、《公司法》、《票據法》、《證券法》、《海商法》等。

第三，在經濟立法方面，制定了《全民所有制工業企業法》、《集體所有制企業法》、《私營企業法》、《企業破產法》、《中外合資經營企業法》、《外資企業法》、《中外合作經營企業法》、《台灣同胞投資保護法》、《反不正當競爭法》、《廣告法》、《個人所得稅法》、《中外合資經營企業所得稅法》、《外商投資企業和外國企業所得稅法》、《對外貿易法》、《預算法》、《註冊會計師法》、《審計法》、《仲裁法》、《合夥企業法》、《產品質量法》、《價格法》、《稅收徵收管理法》、《中國人民銀行法》、《商業銀行法》、《土地管理法》等。

第四，在刑事立法方面，1997 年對 1979 年刑法作了重大修改。

第五，在行政管理立法方面，制定了《森林法》、《草原法》、《漁業法》、《礦產資源法》、《水法》、《水土保持法》、《環境保護法》、《野生動物保護法》、《海洋環境保護法》、《大氣污染防治法》、《水污染防治法》、《固體廢物污染環境防治法》、《教育法》、《義務教育法》、《高等教育法》、《教師法》、《藥品管理法》、《食品衛生法》、《傳染病防治法》、《體育法》、《兵役法》、《軍事設施保護法》、《國防法》、《治安管理處罰條例》、《中國公民出境入境管理法》、《外國人入境出境管理法》、《關於勞動教養的補充規定》、《海關法》、《檔案法》、《保密法》、《鐵路法》、《航空法》、《電力法》、《國籍法》、《律師法》、《統計法》、《會計法》、《郵政法》、《進出口商品檢驗法》、《進出境動植物檢疫法》、《計量法》、《標準化法》、《技術監督法》、《城市房地產管理法》、《礦山安全法》、《未成年人保護法》、《婦女權益保障法》、《母嬰保

健法》、《殘疾人保障法》、《收養法》、《海上交通安全法》、《文物保護法》、
《菸草專賣法》、《國家賠償法》、《行政處罰法》、《行政復議法》等。

第六，在司法程序立法方面，制定了《刑事訴訟法》、《民事訴訟法》、
《行政訴訟法》等。

第七，在公民基本權利和義務立法方面，制定了《集會遊行示威法》、
《選舉法》、《專利法》、《繼承法》、《著作權法》、《勞動法》、《消費者權益保
護法》等。

此外，根據上述法律，國務院及其他有權制定規範性文件的國家機關制
定了大量的行政法規、地方性法規、行政規章及自治條例和單行條例。

（四）改革開放孕育着憲法的新發展

現行憲法是在 1982 年頒佈的，而 1982 年正處於中國改革開放的初期
階段，無論是經濟體制改革，還是政治體制改革，以及對外開放，都剛剛起
步。從總體上說，我國正在從計劃經濟體制向社會主義市場經濟體制轉變過
程的初始階段。與此相適應，我國社會在政治、經濟、文化等各方面，正在
進行社會轉型。例如，關於發揚社會主義民主、加強社會主義法制，在 1982
年的當時，我國社會一方面正在對 "文化大革命" 中的極左的做法進行反思
和撥亂反正，另一方面已經開始認識到發揚社會主義民主、加強社會主義法
制的重要性，而對於如何發揚民主、加強法制，以及在制度創新的基礎上如
何進一步落實，還處在探索階段。因此，這部憲法的一些規定，既是與我國
社會當時的發展階段相適應的，也是與我國社會當時對諸多事物、現象的認
識水平相適應的，其中，以憲法關於經濟制度、經濟政策的規定最為明顯、
典型。換言之，1982 年憲法無論是在內容規定上，還是在憲法規範上，無不
存在着社會發展當時的印記。

1982 年以後，中國社會在政治、經濟、文化等方面發生了翻天覆地的歷

史性變化。有人用"社會轉型"來表述這種變化的幅度和力度，這是非常恰當的。社會實際的這種巨大變化，必然導致憲法規範的變遷，或者説為憲法規範的發展提供了社會基礎。如前所述，這部憲法一方面反映了我國社會當時的現實狀況，另一方面也反映了改革開放的精神，它並沒有排斥憲法規範的發展，而是預見到了憲法規範將隨着社會實際的變化而發展的趨勢。

六、社會變革與憲法的不斷完善

（一）1988 年憲法修正案

我國經濟體制改革確定什麼樣的目標模式，是關係整個社會主義現代化建設全局的一個重大問題。這個問題的核心，是正確認識和處理計劃與市場的關係。傳統的觀念認為，市場經濟是資本主義特有的東西，計劃經濟才是社會主義經濟的基本特徵。黨的十一屆三中全會以來，隨着改革的不斷深入，逐漸改變了傳統的觀念，形成了新的認識，對改革和發展起到了重要作用。1982 年憲法在總結新中國成立 30 多年社會主義建設經驗和教訓的基礎上對計劃經濟模式作了基本肯定，但為適應社會主義經濟體制改革的需要，1982 年憲法又突出了市場手段的重要性。憲法第十五條規定："國家在社會主義公有制基礎上實行計劃經濟。國家通過經濟計劃的綜合平衡和市場調節的輔助作用，保證國民經濟按比例地協調發展。"

隨着經濟體制改革的進一步深入，市場機制的作用日益受到重視。黨的十二大提出計劃經濟為主，市場調節為輔；黨的十二屆三中全會指出商品經濟是社會經濟發展不可逾越的階段，我國社會主義經濟是公有制基礎上的有計劃商品經濟；黨的十三大提出社會主義有計劃商品經濟的體制應該是計劃與市場內在統一的體制。根據黨的十三大精神，適應經濟體制改革的需要，1982 年憲法及時總結憲法實施中的經驗，對促進市場經濟發育的私營經濟的補充作用予以充分肯定。

1987 年開始出現房地產熱和開發區熱。為了使土地買賣合法，1988 年 2 月，中共中央正式提出修改憲法的建議。因為 1982 年憲法在規定經濟制度時有一個嚴重的缺陷，那就是憲法的第六條，該條規定：“中華人民共和國的社會主義經濟制度的基礎是生產資料的公有制，即全民所有制和勞動群眾集體所有制。社會主義公有制消滅人剝削人的制度，實行各盡所能，按勞分配的原則。”這條規定明確地指出只有全民所有制和勞動群眾集體所有制才是合法的，憲法只承認公有制經濟合法。

1988 年 3 月 31 日，在第七屆全國人大第一次會議上審議了憲法修正案草案，12 天後予以通過。1988 年 4 月 12 日，第七屆全國人民代表大會第一次會議通過了兩條修正案，其中，第一條修正案規定：“國家允許私營經濟在法律規定的範圍內存在和發展。私營經濟是社會主義公有制經濟的補充。國家保護私營經濟合法的權利和利益，對私營經濟實行引導、監督和管理。”該規定明確了私營經濟的憲法地位，為推動社會主義市場經濟體制的建立奠定了堅實的法律依據。第二條修正案規定，憲法第十條第四款“任何組織或者個人不得侵佔、買賣、出租或者以其他形式非法轉讓土地”，修改為“任何組織或者個人不得侵佔、買賣或者以其他形式非法轉讓土地。土地的使用權可以依照法律的規定轉讓”。據此，憲法第一次在法律上承認了土地使用權的商品化。隨後，1990 年 5 月 19 日，由國務院頒佈和實施的《中華人民共和國城鎮國有土地使用權出讓和轉讓暫行條例》，則成為土地使用權上市交易的具體規則。

（二）1993年憲法修正案

1992年初，鄧小平同志視察南方談話中指出：計劃經濟不等於社會主義，資本主義也有計劃；市場經濟不等於資本主義，社會主義也有市場。計劃和市場都是經濟手段。計劃多一點還是市場多一點，不是社會主義與資本主義的本質區別。這個精闢論斷，從根本上解除了把計劃經濟和市場經濟看作屬於社會基本制度範疇的思想束縛，使我們在計劃與市場關係問題上的認識有了新的重大突破。黨的十四大明確提出建立社會主義市場經濟的理論，並指出，社會主義市場經濟體制是同社會主義基本制度結合在一起的。建立、完善社會主義市場經濟體制，是一個長期發展的過程，是一項艱巨複雜的社會系統工程。既要做持久的努力，又要有緊迫感；既要堅定方向，又要從實際出發，區別不同情況，積極推進。

為保證和促進社會主義市場經濟體制的建立，現行憲法根據經濟體制改革中取得的最新經驗和認識，及時地肯定了社會主義市場經濟體制的法律地位。在總結11年來憲法實施經驗的基礎上，1993年3月28日，第八屆全國人民代表大會第一次會議通過了憲法修正案，將憲法第十五條"國家在社會主義公有制基礎上實行計劃經濟"，修改為"國家實行社會主義市場經濟"。以此為基礎，憲法修正案還涉及社會主義市場經濟體制建立、完善和保障措施的若干規定。

憲法修正案的上述規定意義重大。它不僅僅是憲法條文的簡單修改和變動，更是憲法實施要求的真實反映。現行憲法是我國的根本大法，它規定了國家的根本制度和根本任務，具有最高法律效力。我國的經濟體制改革也是在遵守憲法關於國家經濟制度和經濟活動原則的法律規定的基礎上進行的。因此，我國的經濟體制改革是一種依法改革活動，而不是非法的改革活動。經濟體制改革的指導思想和各項具體的經濟體制改革措施都是按照憲法和法律的有關規定進行的。現行憲法修正案之所以將"國家在社會主義公有制基礎上實行計劃經濟"修改為"國家實行社會主義市場經濟",直接的修憲原因是由於在憲法實施的過程中逐漸地認識到,憲法關於"國家在社會主義公有制基礎上實行計劃經濟"的法律規定並不能完全適應社會主義經濟體制改革的需要。所以,結合社會主義經濟體制改革的具體實際,參照實行市場經濟體制的一些法治國家的憲法規定,現行憲法及時地肯定了社會主義市場經濟的法律地位。如果憲法不能及時地肯定社會主義經濟體制改革的成果,對社會主義市場經濟體制的法律地位不予明確,社會主義市場經濟體制的建立就不可能獲得合法的依據,社會主義經濟體制改革的進行可能就會矛盾重重。所以說,憲法修正案的上述規定來源於憲法實施的實踐,同時又較好地適應了憲法實施、維護憲法尊嚴的要求,為有效地實施憲法,促進社會主義市場經濟體制改革的順利進行提供了最基本的法律依據。

社會主義市場經濟的一個重要特徵,就是市場經濟是建立在嚴格、規範和健全的法治基礎之上的。市場經濟的運行必須嚴格地符合市場經濟所具有的客觀規律,其中價值規律可以對資源通過市場調節進行有效、準確和及時的合理配置。要遵循市場經濟本身所具有的客觀規律,任何人為、主觀、不符合市場經濟要求的做法都可能阻礙市場經濟體制的正常運行,人治必然會導致市場經濟發展的停止。這是市場經濟建立和發展的必然規律。所以,不尊重法治,忽視憲法和法律在建立社會主義市場經濟體制中的法律權威,就不可能建立社會主義市場經濟體制,同樣也就不可能推動經濟體制改革的不斷深入和良性發展。

由於現行憲法及時地肯定了社會主義市場經濟的法律地位,因此,根據憲法的規定進行經濟體制改革和建立社會主義市場經濟體制,不僅可以使市場經濟體制的建立和發展獲得充分的憲法依據,而且可以強化憲法本身的法律權威。在建立社會主義市場經濟體制的過程中,不應該脫離憲法的有關規定來制定市場經濟體制運行的法律或法規。超前立法或者是確立市場經濟運行法律規範體系應該限制在憲法允許的範圍內,那種"突破立法界限"以及

"大膽立法"的思想不利於市場經濟法律規則的產生，相反還會破壞社會主義法制統一原則，削弱憲法作為國家根本大法的權威地位。所以，認真地實施憲法，依照憲法的法律規定來深化經濟體制的改革，既可以保證社會主義法治原則得到遵守，又能夠有效地確立社會主義市場經濟法律規則體系，促進社會主義市場經濟穩步、有效地向前發展。

　　1993年憲法修正案除了確立了社會主義市場經濟的法律地位，還根據我國社會主義民主和法制建設的具體情況，對一些基本法律制度作了修改。如憲法修正案第三條規定，憲法序言第七自然段後兩句："今後國家的根本任務是集中力量進行社會主義現代化建設。中國各族人民將繼續在中國共產黨領導下，在馬克思列寧主義、毛澤東思想指引下，堅持人民民主專政，堅持社會主義道路，不斷完善社會主義的各項制度，發展社會主義民主，健全社會主義法制，自力更生，艱苦奮鬥，逐步實現工業、農業、國防和科學技術的現代化，把我國建設成為高度文明、高度民主的社會主義國家。"修改為："我國正處於社會主義初級階段。國家的根本任務是，根據建設有中國特色社會主義的理論，集中力量進行社會主義現代化建設。中國各族人民將繼續在中國共產黨領導下，在馬克思列寧主義、毛澤東思想指引下，堅持人民民主專政，堅持社會主義道路，堅持改革開放，不斷完善社會主義的各項制度，發展社會主義民主，健全社會主義法制，自力更生，艱苦奮鬥，逐步實現工業、農業、國防和科學技術的現代化，把我國建設成為富強、民主、文明的社會主義國家。"此條修正案突出強調了中國特色社會主義理論在社會主義建設新的歷史時期的重要歷史地位，該規定為1999年憲法修正案將鄧小平理論寫入憲法作了很好的理論鋪墊。

　　憲法修正案第四條肯定了中國共產黨領導的多黨合作和政治協商制度。即在現行憲法序言第十自然段末尾增加："中國共產黨領導的多黨合作和政治協商制度將長期存在和發展。"

　　為了全面確立社會主義市場經濟體制的合法性，圍繞着"國家實行社會

主義市場經濟"的規定，1993 年憲法修正案對我國經濟制度中若干內容作了
適應社會主義市場經濟要求的調整和變動，主要的特點是仍然堅持國有經濟
在國民經濟中的主導地位，強化國有企業和集體企業的民主管理以及重視經
濟立法和宏觀調控的作用。上述內容主要表現在憲法修正案第五、第七、第
八、第九和第十條中。例如，憲法修正案第五條規定，憲法第七條："國營經
濟是社會主義全民所有制經濟，是國民經濟中的主導力量。國家保障國營經
濟的鞏固和發展。"修改為："國有經濟，即社會主義全民所有制經濟，是國
民經濟中的主導力量。國家保障國有經濟的鞏固和發展。"憲法修正案第七
條規定，憲法第十五條："國家在社會主義公有制基礎上實行計劃經濟。國家
通過經濟計劃的綜合平衡和市場調節的輔助作用，保證國民經濟按比例地協
調發展。""禁止任何組織或者個人擾亂社會經濟秩序，破壞國家經濟計劃。"
修改為："國家實行社會主義市場經濟。""國家加強經濟立法，完善宏觀調
控。""國家依法禁止任何組織或者個人擾亂社會經濟秩序。"憲法修正案第
八條規定，憲法第十六條："國營企業在服從國家的統一領導和全面完成國家
計劃的前提下，在法律規定的範圍內，有經營管理的自主權。""國營企業依
照法律規定，通過職工代表大會和其他形式，實行民主管理。"修改為："國
有企業在法律規定的範圍內有權自主經營。""國有企業依照法律規定，通過
職工代表大會和其他形式，實行民主管理。"憲法修正案第九條規定，憲法
第十七條："集體經濟組織在接受國家計劃指導和遵守有關法律的前提下，有
獨立進行經濟活動的自主權。""集體經濟組織依照法律規定實行民主管理，
由它的全體勞動者選舉和罷免管理人員，決定經營管理的重大問題。"修改
為："集體經濟組織在遵守有關法律的前提下，有獨立進行經濟活動的自主
權。""集體經濟組織實行民主管理，依照法律規定選舉和罷免管理人員，決
定經營管理的重大問題。"憲法修正案第十條規定，憲法第四十二條第三款：
"勞動是一切有勞動能力的公民的光榮職責。國營企業和城鄉集體經濟組織的
勞動者都應當以國家主人翁的態度對待自己的勞動。國家提倡社會主義勞動

競賽，獎勵勞動模範和先進工作者。國家提倡公民從事義務勞動。"修改為："勞動是一切有勞動能力的公民的光榮職責。國有企業和城鄉集體經濟組織的勞動者都應當以國家主人翁的態度對待自己的勞動。國家提倡社會主義勞動競賽，獎勵勞動模範和先進工作者。國家提倡公民從事義務勞動。"

1993 年憲法修正案還對農村中的家庭聯產承包責任制的合法性予以肯定，為廣大農村的經濟繁榮和穩定，為廣大農民自農村經濟體制改革以來獲得的各種合法權益提供了憲法上的保障。這一政策表現在憲法修正案第六條中，該條憲法修正案規定，憲法第八條第一款："農村人民公社、農業生產合作社和其他生產、供銷、信用、消費等各種形式的合作經濟，是社會主義勞動群眾集體所有制經濟。參加農村集體經濟組織的勞動者，有權在法律規定的範圍內經營自留地、自留山、家庭副業和飼養自留畜。"修改為："農村中的家庭聯產承包為主的責任制和生產、供銷、信用、消費等各種形式的合作經濟，是社會主義勞動群眾集體所有制經濟。參加農村集體經濟組織的勞動者，有權在法律規定的範圍內經營自留地、自留山、家庭副業和飼養自留畜。"

此外，在 1993 年憲法修改中，憲法修正案第十一條還對地方人民代表大會的任期作了符合我國目前地方人大實踐的調整，該條憲法修正案規定，憲法第九十八條："省、直轄市、設區的市的人民代表大會每屆任期五年。縣、不設區的市、市轄區、鄉、民族鄉、鎮的人民代表大會每屆任期三年。"修改為："省、直轄市、縣、市、市轄區的人民代表大會每屆任期五年。鄉、民族鄉、鎮的人民代表大會每屆任期三年。"

實踐證明，1988 年和 1993 年這兩次修改憲法對我國改革開放和現代化建設都發揮了重要的促進和保障作用。

（三）1999 年憲法修正案

1. 1999 年憲法修正案的產生經過

1997 年 9 月，中國共產黨第十五次全國代表大會在北京召開。大會的主題是：高舉鄧小平理論偉大旗幟，把建設中國特色社會主義事業全面推向 21世紀。在這次舉世矚目的具有跨世紀意義的盛會上，不僅確立了鄧小平理論的指導思想地位，而且明確肯定了"依法治國、建設社會主義法治國家"的治國方略，同時還對我國現階段的所有制結構形式和分配形式有了新的認識。十五大報告指出：公有制為主體、多種所有制經濟共同發展，是我國社會主義初級階段的一項基本任務。非公有制經濟是我國社會主義市場經濟的重要組成部分。對個體、私營等非公有制經濟要繼續鼓勵、引導，使之健康發展。堅持按勞分配為主體、多種分配形式並存的制度。與此同時，十五大報告還強調，堅持把農業放在經濟工作的首位。為此，應當長期穩定以家庭聯產承包為主的責任制，完善統分結合的雙層經營體制，逐步壯大集體經濟實力。很顯然，黨的十五大對上述問題所產生的新的認識，是基於社會主義現代化建設的實踐得出的經驗總結，是中國共產黨在領導全國人民建設社會主義市場經濟的過程中所形成的符合社會主義市場經濟要求的嶄新認識，也是指導我國社會主義現代化建設各項事業的大政方針和行動綱領。這些認識在現行憲法中並沒有得到完全的體現，所以，如何將黨的十五大所確立的基本精神及時地用根本大法的形式肯定下來，使之成為我國面向 21 世紀的基本國策，這樣修改憲法的主張就相應地在全國人民中反映出來。

（1）十五大之後社會各界對修憲的醞釀和建議。十五大召開之後，社會各界在認真學習十五大報告精神的基礎上，結合依法治國的要求，相繼產生了修改憲法的動議。焦點集中在如何將十五大報告所確立的關於我國現階段的基本經濟制度和分配形式、農村集體經濟經營機制，尤其是對鄧小平理論的歷史地位和指導思想的新的認識用憲法的形式肯定下來，使它們成為憲法所保障的基本制度和法律原則。

1997 年中共十五大召開之後，武漢大學管理學院教授李崇淮即有了建議中共中央修改憲法的想法。80 歲高齡的李崇淮曾任民主建國會中央副主席、兩屆全國人大代表，他把自己的具體建議寫成建議案，遞交民建中央。1997 年 12 月，在民建中央主席成思危主持下，民建中央經反覆研究提出四條修憲建議，並以民建中央的名義送交有關部門：把"鄧小平理論"明確寫入憲法；把十五大確定的"依法治國"的方略寫進憲法；把十五大提出的"多種經濟形式共同發展"的基本經濟制度寫入憲法；把個體私有經濟是"社會主義公有制經濟的補充"確定為"非公有制經濟是社會主義市場經濟的重要組成部分"。

在 1998 年全國政協九屆一次會議上，蕭灼基委員以委員名義提出第 1178 號提案，即《根據十五大精神修改憲法的建議》。該建議列述四條：寫入鄧小平理論；寫入初級階段的基本經濟制度和非公有制經濟是"重要組成部分"；寫入按生產要素進行分配；寫入保障私有財產。王曦委員提交三條建議是：寫入鄧小平理論；寫入依法治國、建設社會主義法治國家；寫入非公有制經濟是"重要組成部分"（提案第 1284 號）。徐創風委員提交了四件提案，其中有兩件就是建議修憲（第 879、第 880 號）。一件是專項建議寫入初級階段的基本經濟制度，一件是建議部分修改憲法第八十九條。

與此同時，憲法學界的專家學者也就修改憲法的問題展開了熱烈討論。黃慧鵬在 1998 年 6 月 9 日《深圳法制報》上發表題為《十五大報告與現行憲法的差異及修憲建議》的文章。黃慧鵬認為，1982 年憲法所體現的黨的"一個中心、兩個基本點"的基本路線是不能變的，但隨着改革開放的深入和現實情況的變化，憲法的某些規定表現出歷史的局限性，要根據實際情況的變化和十五大的精神作出修改。史坤娥在 1998 年第 2 期《山東法學》上撰寫《關於憲法經濟制度修改的若干建議》一文，該文比較了憲法規定與黨的十五大報告中的提法的不同之處，認為憲法應當在社會主義經濟制度所包含的經濟體制、分配制度和經濟政策等方面作出及時修改。曹疊雲在 1998 年 6 月 9 日《深圳法制報》上發表了題為《時代呼喚重新修改憲法》的文章。他還認為，憲法的權威來自憲法的科學性，穩定性是相對的。如果社會的發展已經衝破了憲法的規範，那就不能視而不見，讓憲法拖社會發展的後腿。他認為，根據十五大的精神，應當將鄧小平理論寫進憲法，將其上升到指導思想的高度。還有一些學者認為，修改憲法應當把 "私有財產神聖不可侵犯原則" 寫進憲法[18]，但是，也有很多學者反對這種看法[19]。

在專家和學者們紛紛撰文發表對修改憲法的看法和意見的同時，中國社會科學院法學研究所在所長劉海年的主持下成立了修改憲法研究小組，研究如何向中央有關部門提出修改憲法的建議。著名憲法學家張慶福和憲法學博士李忠於 1997 年 12 月通過《社科要報》向中央有關部門提出《關於對憲法進行適當修改的建議》，內容涉及將鄧小平理論、基本經濟制度和分配形式、依法治國等通過憲法修改方式寫進憲法，以實現我國憲法的自我完善。

可以説，自黨的十五大召開之後，到中共中央向全國人大常委會提出修改憲法的建議，對現行憲法依據黨的十五大的基本精神進行必要修改一直成為社會各界關注的理論熱點。

（2）中共中央就修憲徵求意見。1997 年召開的中國共產黨第十五次全國代表大會，高舉鄧小平理論偉大旗幟，總結我國改革和建設的新經驗，對建設中國特色社會主義事業的跨世紀發展作出全面部署。中共中央提出應當以黨的十五大報告為依據，對憲法的部分內容作適當修改，並提出修改的原則，即只對需要修改的並已成熟的問題作出修改，可改可不改的問題不作修改。為此，中共中央成立了憲法修改小組，李鵬任組長，組織草擬了關於修

18　《非公有制經濟呼喚修憲》，《中國經濟時報》1998 年 2 月 4 日。

19　黃如桐：《是否一定要把 "私有財產神聖不可侵犯" 寫進我國憲法》，《當代法學》1998 年第 4 期，第 5-8 頁。

改憲法部分內容的初步意見。經中共中央政治局常委審定並經中央政治局會議原則通過後，於 1998 年 12 月 5 日發給各省、自治區、直轄市黨委，中央各部委，國家機關各部委黨組（黨委），軍委總政治部，各人民團體黨組和中央委員、中央候補委員徵求意見。12 月 21 日，江澤民主持中共中央召開的黨外人士座談會，就中共中央提出的修改憲法部分內容的初步意見，徵求各民主黨派中央、全國工商聯負責人和無黨派民主人士代表的意見。12 月 22 日和 24 日，李鵬主持中共中央憲法修改小組召開的法律專家和經濟專家座談會，就憲法修改問題徵求意見。中共中央認真研究了各方面的意見，對下發徵求意見的初步意見又作了修改，經中共中央政治局常委會議和政治局會議討論通過，形成了中共中央《關於修改中華人民共和國憲法部分內容的建議》。1999 年 1 月 22 日，中共中央向全國人大常委會提出《關於修改中華人民共和國憲法部分內容的建議》。九屆全國人大常委會第七次會議討論了中共中央的建議，依照中華人民共和國憲法第六十四條的規定，提出《關於中華人民共和國憲法修正案（草案）》，提請九屆全國人大二次會議審議。

在黨外人士座談會上，徵求了各民主黨派中央、全國工商聯負責人和無黨派民主人士對修改憲法部分內容的意見。

江澤民指出：憲法是國家的根本大法，在國家生活中具有極其重要的作用。1982 年制定的我國現行憲法，規定了我們國家的根本制度和根本任務，確定了四項基本原則和改革開放的基本方針，是新時期治國安邦的總章程。憲法具有最大的權威性和最高的法律效力。全國各族人民、一切國家機關和武裝力量、各政黨和社會團體、各企業事業組織，都必須以憲法為根本的活動準則，並且負有維護憲法尊嚴、保證憲法實施的職責。憲法是法律體系的核心和基礎，是依法治國的根本依據。

江澤民指出，我們講依法治國，建設社會主義法治國家，首先是依據憲法治理國家、建設國家。改革開放以來，我國經濟建設和各項事業的發展，都離不開憲法的保證和推動。我國社會主義民主法制建設取得的重大進展和成就，也無不閃耀着憲法精神的光輝。這些年來的實踐表明，現行憲法，對於加強我國社會主義民主法制建設，維護國家的安定團結，保障改革開放和現代化建設的順利進行，起了十分重要的作用，是一部符合我國國情的好憲法。

江澤民說，隨着客觀實際的變化，憲法本身也需要向前發展。根據我國政治、經濟和社會生活等各方面發展的需要，總結改革開放和社會主義現代化建設發展的實踐經驗，對憲法個別同現實脫節的內容進行修改，是必要的。這種修改，將使憲法更加完備，更加符合實際，有利於維護憲法的權威，更好地發揮憲法的作用。這一點，已經為 1988 年和 1993 年的兩次修憲所證明。

李鵬在聽取法律界和經濟界的專家、學者對修改憲法的意見時指出，憲法是國家的根本法，具有最高的法律效力。依法治國，首先是依憲治國。通過這次對憲法部分內容的修改，不僅要使廣大幹部、群眾進一步深刻領會和認真貫徹落實十五大精神，而且要在全社會更加牢固地樹立起憲法的權威，切實做到以憲法為根本的活動準則，維護憲法的尊嚴，保證憲法的實施。

（3）九屆人大二次會議討論和通過憲法修正案。1999 年 3 月 5 日，第九屆全國人民代表大會第二次會議在北京舉行。3 月 10 日，田紀雲副委員長就憲法修正案草案作了說明。隨後，人大代表對憲法修正案草案展開了充分的討論。3 月 14 日上午，九屆全國人大二次會議主席團在人民大會堂舉行第三次會議。會議通過了憲法修正案草案，決定將憲法修正案草案印發各代表團審議後，提請大會表決。

九屆全國人大二次會議期間，代表們對全國人大常委會提出的中華人民共和國憲法修正案草案進行了認真審議，充分肯定了這次修改憲法的必要性和重要性。主席團會議根據代表們的審議意見，提出提請大會表決的憲法修正案草案，並向代表們作出說明。經主席團常務主席會議研究，委託全國人大法律委員會起草了大會主席團《關於憲法修正案草案審議情況的說明稿》。

會議首先聽取並通過了全國人大法律委員會代擬的《大會主席團關於中華人民共和國憲法修正案草案審議情況的說明》。説明中説，代表們在審議中普遍認為，根據中共中央的建議，全國人大常委會提出《中華人民共和國憲法修正案（草案）》，對憲法部分內容作適當修改，把改革開放和社會主義現代化建設的新經驗在憲法中肯定下來，這是完全必要和適時的。代表們同意這次修改憲法的原則，認為只對需要修改的並已成熟的問題作出修改，可改可不改的問題不作修改，有利於維護憲法的穩定和權威。代表們普遍對憲法修正案草案表示贊成，同意交付本次大會全體會議表決通過。

會後，主席團的這個説明印發給全體代表。會議經表決，通過了《中華人民共和國憲法修正案（草案）》。這個草案印發各代表團審議，提請大會表決。

1999 年 3 月 15 日，第九屆全國人大二次會議閉幕大會開始進行最後一項議程：表決《中華人民共和國憲法修正案（草案）》。在 2,858 張表決票中，有效票為 2,856 張，贊成票 2,811 張，反對票 21 張，棄權票 24 張。李鵬委員長隨即宣佈：通過《中華人民共和國憲法修正案》。

這樣，現行憲法的第三次修正案正式產生了。

2. 1999 年憲法修正案的立法目的和意義

這次修憲總的指導思想是，根據黨的十五大精神和實踐發展，只對需要修改並已成熟的問題作出修改，可改可不改的問題不作修改。根據《中共中央關於修改憲法部分內容的建議》，由全國人大常委會提出的憲法修正案草案，雖然只有六條，但意義十分重大。

（1）強化憲法權威是弘揚鄧小平理論的重要舉措。在 1999 年憲法修改中，憲法修正案第十二條規定，憲法序言第七自然段："中國新民主主義革命的勝利和社會主義事業的成就，都是中國共產黨領導中國各族人民，在馬克思列寧主義、毛澤東思想的指引下，堅持真理，修正錯誤，戰勝許多艱難險阻而取得的。我國正處於社會主義初級階段。國家的根本任務是，根據建設有中國特色社會主義的理論，集中力量進行社會主義現代化建設。中國各族人民將繼續在中國共產黨領導下，在馬克思列寧主義、毛澤東思想指引下，堅持人民民主專政，堅持社會主義道路，堅持改革開放，不斷完善社會主義的各項制度，發展社會主義民主，健全社會主義法制，自力更生，艱苦奮鬥，逐步實現工業、農業、國防和科學技術的現代化，把我國建設成為富強、民主、文明的社會主義國家。"修改為："中國新民主主義革命的勝利和社會主義事業的成就，是中國共產黨領導中國各族人民，在馬克思列寧主義、毛澤東思想的指引下，堅持真理，修正錯誤，戰勝許多艱難險阻而取得的。我國將長期處於社會主義初級階段。國家的根本任務是，沿着建設有中國特色社會主義的道路，集中力量進行社會主義現代化建設。中國各族人民將繼續在中國共產黨領導下，在馬克思列寧主義、毛澤東思想、鄧小平理論指引下，堅持人民民主專政，堅持社會主義道路，堅持改革開放，不斷完善社會主義的各項制度，發展社會主義市場經濟，發展社會主義民主，健全社會主義法制，自力更生，艱苦奮鬥，逐步實現工業、農業、國防和科學技術的現代化，把我國建設成為富強、民主、文明的社會主義國家。"根據上述規定，鄧小平理論成為與馬克思列寧主義、毛澤東思想相並列的指導我們進行社會主義現代化建設的憲法原則。此項規定意義重大。

第一，鄧小平理論是憲法實施的一項重要指導原則。憲法是我國的根本大法，它規定了國家的根本制度和根本任務，是一切國家機關和公民的基本行為準則。現行憲法在規定我國國體、政體、國家結構形式和社會主義民主與法制建設的基本內容以及我國在新的歷史時期的根本任務時，都緊緊地圍繞着憲法序言所確定的四項基本原則這個根本指導思想而展開，是一部適合我國社會主義初級階段具體國情的社會主義性質的根本大法。四項基本原則既是社會主義革命和社會主義建設事業取得輝煌成就的行動指南，也是指引我國社會主義現代化建設不斷走向勝利的根本綱領。

馬克思列寧主義是經過實踐證明符合我國社會主義革命和社會主義建設具體要求的正確的指導思想。它在同中國實際相結合的過程中，有兩次歷史性的飛躍，產生了兩大理論成果。第一次飛躍的理論成果是被實踐證明了的關於中國革命和建設的正確的理論原則和經驗總結，它的主要創立者是毛澤東，因此，這一理論被稱為毛澤東思想。第二次飛躍的理論成果是建設中國特色的社會主義理論，它的主要創立者是鄧小平，這一理論被稱為鄧小平理論。這兩大理論成果都是黨和人民實踐經驗和集體智慧的結晶。

此次修憲將鄧小平理論寫進憲法，並將鄧小平理論作為實施憲法的一項重要指導原則來對待，可以使我國憲法關於國家根本制度和根本任務的規定更加具有時代色彩，更加符合改革開放和社會主義現代化建設的要求。

第二，鄧小平理論是我國現行憲法的理論基礎。作為我國實施憲法的一項重要指導原則，鄧小平理論是一個完整的思想理論體系。它的基本出發點是解放思想、實事求是，有中國特色的社會主義政治、經濟、文化等方面的思想、觀點和主張是鄧小平理論的組成部分，改革開放是鄧小平理論的核心精神。鄧小平理論的基本精神在我國現行憲法中得到了全面和完整的體現，是我國現行憲法的理論基礎。

第三，實施憲法是堅持鄧小平理論的根本保證。鄧小平理論作為我國憲法的理論基礎和實施憲法的一項重要原則，不僅它自身的豐富和發展會不斷推動我國憲法的自我完善，鄧小平理論在指導憲法實施的實踐中與憲法作為根本大法的地位也是相輔相成的。一方面，強化憲法權威有助於弘揚鄧小平理論的基本精神；另一方面，只有實施憲法，才能從根本上保證鄧小平理論能夠在實踐中起到當代馬克思主義的指導思想作用。

首先，鄧小平理論作為實施憲法的一項重要的指導原則，本身就是憲法的組成部分。因此，憲法能否在實踐中得到具體的貫徹實施，也直接關係到鄧小平理論能否對改革開放的實踐活動起到明確的理論指導作用。

其次，現行憲法的制定和修改充分體現了鄧小平理論的基本精神，現行憲法中所確立的國家根本制度和根本任務本身就是鄧小平理論的重要內容。
如 1993 年憲法修正案對社會主義市場經濟憲法地位的肯定，1999 年憲法修
正案將"依法治國、建設社會主義法治國家"，"在法律規定範圍內的個體
經濟、私營經濟等非公有制經濟，是社會主義市場經濟的重要組成部分"以
及"農村集體經濟組織實行家庭承包經營為基礎、統分結合的雙層經營體制"
等寫進憲法，這些都充分表明了這樣一個最基本的事實。也就是説，鄧小平
理論作為中國當代的馬克思主義，它的思想、觀點和主張以及理論體系不僅
僅是黨的政策，而且已經通過憲法的規定成為一項基本國策。它不僅具有指
導思想的作用，更具有對社會主義現代化建設實踐具體的指導作用。堅持以
鄧小平理論為指導與貫徹實施憲法是相輔相成、不可分割的，是社會主義初
級階段我國社會主義民主和法制實踐活動的重要特徵之一。任何孤立或者是
對立堅持鄧小平理論與實施憲法的關係的言行都是片面的、錯誤的和不合憲
的，必須予以抵制。

　　當前，堅持以鄧小平理論為指導，貫徹實施憲法的各項規定，重要的一
條就是要樹立憲法作為根本大法的法律權威。憲法是法律，違反了憲法就應
當受到法律的制裁。憲法沒有權威，"依法治國"就無法展開，"社會主義法
治國家"也就會成為空中樓閣，所以依法治國的核心就是依憲治國。應當通
過強化憲法的權威來堅持鄧小平理論對社會主義建設事業各個方面活動的指
導作用，應當通過具體的實施憲法的活動來保證鄧小平理論的基本原則和精
神在實踐中得到具體的體現，並對改革開放的實踐活動起到應有的指引、規
範和推動作用。

　　(2) 憲法是"依法治國"的基礎。在 1999 年憲法修改中，憲法修正案第
十三條規定，憲法第五條增加一款，作為第一款："中華人民共和國實行依法
治國，建設社會主義法治國家。"此項規定將黨的十五大提出的"依法治國，
建設社會主義法治國家"的治國方略寫入憲法，這標誌着我國社會主義法制
建設又邁上一個新台階。

新中國成立以後，我國社會主義法制建設的大政方針曾經有過巨大的變化。新中國成立初期，在廢除舊法制的基礎上建立了社會主義的法制。但是，由於受"左"傾思潮的影響，特別是"文化大革命"，社會主義法制建設的成就幾乎喪失殆盡。黨的十一屆三中全會撥亂反正，確立了加強社會主義法制建設在建設社會主義事業中的歷史地位，並提出了社會主義法制建設的"十六字"方針，即"有法可依、有法必依、執法必嚴、違法必究"。20多年來，在社會主義法制建設"十六字"方針的指引下，我國在立法、執法、司法、法律監督和法律教育等社會主義法制建設的各個領域都取得了巨大成就。黨的十四大提出了建立社會主義市場經濟的宏偉藍圖，我國的社會主義法制建設也適應建立社會主義市場經濟的要求而發生了巨大變化。在充分保障社會主義市場經濟健康發展的基礎上產生依法治國、建設社會主義法治國家的治國方略。

1996 年伊始，江澤民圈定了"關於依法治國、建設社會主義法制國家的理論和實踐問題"作為中共中央 1996 年第一次法制講座的題目。2 月 8 日，在中央就此專題舉辦的法制講座會上，江澤民又發表《依法治國，保障國家長治久安》的講話。他指出："加強社會主義法制，依法治國，是鄧小平同志建設有中國特色社會主義理論的重要組成部分，是我們黨和政府管理國家事務的重要方針。實行和堅持依法治國，就是使國家各項工作逐步走上法制化和規範化；就是廣大人民群眾在黨的領導下依照憲法和法律的規定，通過各種途徑和形式參與管理國家，管理經濟文化事業，管理社會事務；就是逐步實現社會主義民主的法制化，法律化。"[20] 這篇講話所確認的依法治國和對建設社會主義法制國家的肯定，是我國社會主義法制建設新的里程碑，對我國政治制度和法律制度的發展具有重要的現實意義和深遠的歷史意義。

在江澤民明確提出要實行和堅持依法治國後，依法治國作為治國方略得

20　劉海年、李步雲、李林主編：《依法治國，建設社會主義法治國家》，社會科學文獻出版社，1996 年版，前言第 2 頁。

到了制度化的肯定。在八屆全國人大四次會議上審議通過的《國民經濟和社會發展"九五"計劃和 2010 年遠景目標綱要》中，明確規定"依法治國，建設社會主義法制國家"。僅僅一年多的時間，以江澤民同志為核心的黨中央對依法治國作為鄧小平理論的組成部分，以及建設社會主義法治國家被明確作為鄧小平理論的組成部分作了充分肯定，並且突出社會主義法治國家的重要地位，強調法治對於社會主義建設事業的重要意義。在黨的十五大工作報告中，"建設社會主義法治國家"共出現兩次，"依法治國"共出現六次，"依法……"共出現 16 次。這些名詞術語在黨的十五大報告中多次反覆地出現，並不僅僅具有數量上的意義。從建設社會主義法制"十六字"方針的出台，到依法治國、建設社會主義法制國家，它代表了我們黨在將依法治國、建設社會主義法治國家作為治國方略這一問題認識上的逐步成熟，也是鄧小平理論關於社會主義法制問題的基本觀點。實行和堅持依法治國、建設社會主義法治國家的治國方略，就是要在加強社會主義法制建設的過程中，尊重憲法和法律的權威，反對一切形式的人治，讓人民群眾真正地成為社會主義國家的主人。

依法治國是黨領導人民治理國家的基本方略，是發展社會主義市場經濟的客觀需要，是社會文明進步的標誌，是國家長治久安的重要保障。依法治國把堅持黨的領導、發揚人民民主和嚴格依法辦事統一起來，從制度和法律上保證黨的基本路線和基本方針的貫徹實施，保證黨始終發揮總攬全局、協調各方的領導核心作用。

十五大報告指出，在我國，所謂依法治國，就是廣大人民群眾在黨的領導下，依照憲法和法律規定，通過各種途徑和形式管理國家事務，管理經濟文化事業，管理社會事務，保證國家各項工作都依法進行，逐步實行社會主義民主的制度化、法律化，使這種制度和法律不因領導人的改變而改變，不因領導人看法和注意力的改變而改變。上述規定揭示了依法治國的基本內涵，是指導我們建設社會主義法治國家的根本方針。在新的歷史時期，依法治國是依照憲法和法律治國，並且首先是依照憲法治國。憲法是我國的根本大法，它規定了國家的根本制度和根本任務，是一切組織和公民個人的行動指南，具有最高的法律效力和法律權威。依法治國首先要求全面準確地實施憲法。憲法是一切法律、法規的基礎，不實施憲法，依法治國就喪失了法律正當性的大前提。我國現行憲法第五條規定，一切法律、行政法規和地方性法規都不得同憲法相抵觸。依據違憲的法律、法規是不可能實現法治的，同樣，不實施憲法也是不可能保障法律、法規符合憲法要求的。因此，依法治國的核心是依憲治國。

黨的十一屆三中全會提出加強我國社會主義法制建設的"十六字"方針，即"有法可依、有法必依、執法必嚴、違法必究"。"十六字"方針的實質內涵就是要依法治國。

隨着改革開放的不斷深入，我國的社會主義法制建設也得到突飛猛進的發展。從1982年現行憲法制定和頒佈以來，我國在立法、執法、司法、守法和法律監督等領域都取得了可喜的成就。17年來，在實施我國現行憲法的過程中，成績是主要的，但是也存在着一些值得憲法學界認真加以研究的問題。最主要的問題就是如何確立一套行之有效的實施憲法的具體法律制度。這套制度的核心內容就是憲法監督制度的建立和完善。17年來，我們在這一方面有不少成功的經驗，主要是強化了各級人民代表大會作為國家權力機關對"一府兩院"的監督作用，人民當家作主的權利得到了比較充分的保障。但是，在實施憲法的過程中，還存在着對憲法作為根本大法的權威作用不夠尊重的消極因素，憲法的作用還沒有充分發揮出來。一些違反憲法的行為得不到及時有效的糾正；幹部和群眾的憲法意識還有待進一步提高；有的甚至認為憲法可有可無，可遵守可不遵守，等等。這些消極因素都或多或少地影響了憲法實施的效果。黨的十五大報告高度重視社會主義法制建設，提出了依法治國、建設社會主義法治國家的治國方略，並將其作為鄧小平理論的重要組成部分予以充分肯定。根據黨的十五大報告的精神，依法治國的重要內容就是依照憲法治理國家，憲法是社會主義法律體系的核心和基礎。不實施憲法，就無法有效地貫徹依法治國的原則，也很難實現建設社會主義法治國家的戰略目標。因此，面向 21 世紀，我國社會主義法制建設的重要任務之一，就是在保障憲法得到有效實施的基礎上，健全和完善各項社會主義法律制度。

黨的十五大突出強調依法治國，並不是對黨的十一屆三中全會以來我國社會主義法制建設經驗的簡單概括和總結，而是突出強調了要加強公民和全社會的憲法意識。社會主義法治國家也不是傳統意義上的法治國家，而是建立在現代憲法基礎之上現代化的社會主義法治國家。這樣的法治實質上就是社會主義憲政，是社會主義民主建設和社會主義法制建設兩個方面的統一。

此次修改憲法將黨的十五大提出的“依法治國，建設社會主義法治國家”的治國方略寫入憲法，這充分表明了憲法是實行依法治國的前提，憲法是“法治”的基礎。我們所要進行的依法治國是在憲法下的依法治國，我們所要建設的社會主義法治國家也是以尊重憲法的權威為核心的法治國家。沒有憲法，就不可能有法治；不實施憲法，也就不可能建設社會主義法治國家，所以，依法治國的核心是依憲治國。

（3）實施憲法是健全社會主義市場經濟體制的重要保證。1999 年憲法修正案在 1988 年憲法修正案和 1993 年憲法修正案的基礎上，對健全和完善社會主義市場經濟體制的措施又作了進一步規定，其中最主要的特徵就是在憲法修正案中確認了多種經濟成分以及多種分配形式的合法性。其中，憲法修正案第十四條規定，憲法第六條：“中華人民共和國的社會主義經濟制度的基礎是生產資料的社會主義公有制，即全民所有制和勞動群眾集體所有制。”“社會主義公有制消滅人剝削人的制度，實行各盡所能，按勞分配的原則。”修改為：“中華人民共和國的社會主義經濟制度的基礎是生產資料的社會主義公有制，即全民所有制和勞動群眾集體所有制。社會主義公有制消滅人剝削人的制度，實行各盡所能、按勞分配的原則。”“國家在社會主義初級階段，堅持公有制為主體、多種所有制經濟共同發展的基本經濟制度，堅持按勞分配為主體、多種分配方式並存的分配制度。"憲法修正案第十六條規定，憲法第十一條："在法律規定範圍內的城鄉勞動者個體經濟，是社會主義公有制經濟的補充。國家保護個體經濟的合法的權利和利益。""國家通過行政管理，指導、幫助和監督個體經濟。""國家允許私營經濟在法律規定的範圍內存在和發展。私營經濟是社會主義公有制經濟的補充。國家保護私營經濟的合法的權利和利益，對私營經濟實行引導、監督和管理。"修改為："在法律規定範圍內的個體經濟、私營經濟等非公有制經濟，是社會主義市場經濟的重要組成部分。""國家保護個體經濟、私營經濟的合法的權利和利益。國家對個體經濟、私營經濟實行引導、監督和管理。"上述規定意義重大，進一步深化了我國經濟體制改革的力度，為充分調動市場主體的積極性，保證市場體制的公平和有效運作提供了良好的法律環境。

社會主義市場經濟的建立和完善，單純地依靠經濟手段是不夠的。市場行為是一種理性行為，也是市場主體的民主行為。因此，沒有民主制度的保障，市場主體就無法充分地參與市場活動；沒有對市場活動的有效監督，就不可能從制度上防止政府對市場的過度干預和行政權介入市場活動。憲法作為民主制度和監督制度發揮有效作用的法律保證，可以有效地阻止各種阻撓市場活動進行的障礙因素，可以充分調動市場主體的活力，促進市場活動的產生、發展和完善。從另一方面來說，市場主體民主意識的提高和增強也有助於憲法中關於民主制度和監督制度的法律規範的有效實施，從而提高憲法的法律權威性。我國現行憲法規定了國家政權機關的組織形式以及各級國家機關的活動原則，各級國家機關能不能按照憲法的要求去行使職權，不僅關係憲法和法律規定能否得到有效實施的問題，而且涉及國家機關行使職權是否會侵犯憲法所賦予公民、法人享有的各項權利，這些權利是公民、法人作為市場主體進行市場行為所必須具備的。沒有這些權利，公民、法人作為市場主體所從事的各項活動可能就不會受到法律的有效保護。所以，根據憲法的規定，堅持依法行政原則，就可以避免政府在市場經濟體制下對市場主體所進行的市場行為的非法干預，以及對公民、法人正當民事和經濟權利的侵犯。執法者和仲裁者的不公正是最大的不公正，也是實行依憲治國所不允許的。所以，為了保證市場經濟體制不斷地得到完善和發展，就應該給市場主體的各種合法權益以憲法的保護。個體經濟和私營經濟等非公有制經濟經實踐證明，它們是社會主義市場經濟不可分割的組成部分，必須與公有制經濟獲得同等的法律主體地位。如果個體經濟和私營經濟等非公有制經濟在參與社會主義市場經濟運作的過程中不能獲得與公有制經濟一樣的平等的法律地位，那麼，市場經濟就不可能在公平競爭的法則下進行，市場本身所具有的調節經濟活動的作用就無法產生。所以，隨着社會主義市場經濟體制不斷完善，個體經濟和私營經濟等非公有制經濟作為社會主義市場經濟的組成部分這一客觀的事實就必須得到憲法的確認。如果憲法不從根本經濟制度上確認個體經濟和私營經濟等非公有制經濟在社會主義市場經濟中的合法地位，那麼，不僅個體經濟和私營經濟等非公有制經濟對社會主義市場經濟的健全可能產生巨大的促進作用無法得到發揮，而且由於個體經濟和私營經濟等非公有制經濟可能受到不平等的市場待遇而最終被市場經濟排斥在外，從而會在根本上動搖社會主義市場經濟賴以存在的經濟基礎。對於在市場經濟中所產生的合法的利益如果不加以同等保護，市場主體進入市場的積極性就會受到嚴重的挫折；對於在市場交易中所獲得的合法的收益如果不作為公民的合法財產看待，就不可能促進市場主體不斷地擴大參與市場競爭能力。

基於社會主義市場經濟對市場主體的平等保護和對通過市場交易獲得的正當利益的合法性承認的需要，1999年修改憲法，明確地將個體經濟和私營經濟等非公有制經濟視為社會主義市場經濟的組成部分，同時肯定了國家在社會主義初級階段，堅持公有制經濟為基礎、多種所有制經濟共同發展的基本經濟制度，堅持按勞分配為主體、多種分配形式並存的分配制度。這些規定的實質意義，就是通過憲法的規定來保障市場主體在參與市場活動的過程中，真正地具有平等的法律地位，並且能夠獲得同等的法律保護，防止缺少憲法依據的經濟現象滋生。將非公有制經濟作為社會主義市場經濟的組成部分和承認多種分配形式並存用憲法的形式肯定下來，就可以通過實施憲法來保障市場主體的合法權益。在健全社會主義市場經濟體制的過程中，無論是建立社會主義市場經濟法律體系，加強社會主義民主制度建設，還是提高全民的憲法意識，都必須圍繞着憲法的規定來進行。也就是說，有效地實施憲法是綱，而其他的依法活動是目，不實施憲法就不可能造就與市場經濟體制相適應的社會主義法治。

（4）憲法穩定了農村集體經濟經營體制。在 1999 年憲法修改中，憲法修正案第十五條對農村集體經濟經營體制作了新的規定，即憲法第八條第一款：“農村中的家庭聯產承包為主的責任制和生產、供銷、信用、消費等各種形式的合作經濟，是社會主義勞動群眾集體所有制經濟。參加農村集體經濟組織的勞動者，有權在法律規定的範圍內經營自留地、自留山、家庭副業和飼養自留畜。”修改為：“農村集體經濟組織實行家庭承包經營為基礎、統分結合的雙層經營體制。農村中的生產、供銷、信用、消費等各種形式的合作經濟，是社會主義勞動群眾集體所有制經濟。參加農村集體經濟組織的勞動者，有權在法律規定的範圍內經營自留地、自留山、家庭副業和飼養自留畜。”上述規定對於穩定我國農村經濟體制的成就，促進農村生產力的發展有着非常深遠的意義。

新中國成立以後，我國農村集體經濟經營體制經過了幾次變化。新中國成立初期，在農村土改工作的基礎上，國家鼓勵農民進行生產、供銷和信用合作，先後成立了農業生產互助組、初級農業合作社和高級農業合作社。1954 年憲法第八條規定：“國家依照法律保護農民的土地所有權和其他生產資料所有權。”“國家指導和幫助個體農民增加生產，並且鼓勵他們根據自願的原則組織生產合作、供銷合作和信用合作。”

（5）憲法有效地避免了與立法實踐的不一致。此次憲法修正案第十七條規定，憲法第二十八條：“國家維護社會秩序，鎮壓叛國和其他反革命的活動，制裁危害社會治安、破壞社會主義經濟和其他犯罪的活動，懲辦和改造犯罪分子。”修改為：“國家維護社會秩序，鎮壓叛國和其他危害國家安全的犯罪活動，制裁危害社會治安、破壞社會主義經濟和其他犯罪的活動，懲辦和改造犯罪分子。”此條修正案用“危害國家安全”代替了“反革命”，修改詞語雖然很少，但是卻反映了我們在立法指導思想上的一個根本觀念的變化。

　　“反革命”一詞是一個政治性的概念，之所以被寫進憲法是與新中國成立初期社會主義革命和社會主義建設的具體國情以及後來的極左思想的影響有關。尤其是“文化大革命”期間，我們黨的指導思想是堅持“以階級鬥爭為綱”，並遵循“無產階級專政下繼續革命”的理論。所以，造成了從1954年憲法到1982年憲法，都沒有完全消除“反革命”這一政治性的概念對國家政權建設和基本政治制度的影響。如1954年憲法第十九條規定：“中華人民共和國保衛人民民主制度，鎮壓一切叛國的和反革命的活動，懲辦一切賣國賊和反革命分子。”“國家依照法律在一定時期內剝奪封建地主和官僚資本家的政治權利，同時給以生活出路，使他們在勞動中改造成為自食其力的公民。”1975年憲法第十四條規定：“國家保衛社會主義制度，鎮壓一切叛國的和反革命的活動，懲辦一切賣國賊和反革命分子。”“國家依照法律在一定時期內剝奪地主、富農、反動資本家和其他壞分子的正當權利，同時給以生活出路，使他們在勞動中改造成為自食其力的公民。”1978年憲法第十八條規定：“國家保衛社會主義制度，鎮壓一切叛國的和反革命的活動，懲辦一切賣國賊和反革命分子，懲辦新生資產階級分子和其他壞分子。”“國家依照法律剝奪沒有改造好的地主、富農、反動資本家的政治權利，同時給以生活出路，使他們在勞動中改造成為守法的自食其力的公民。”1982年憲法第二十八條規定：“國家維護社會秩序，鎮壓叛國和其他反革命的活動，制裁危害社會治安、破壞社會主義經濟和其他犯罪的活動，懲辦和改造犯罪分子。”

　　很顯然，隨着我國社會主義法制建設的不斷發展和逐漸完善，繼續以

"反革命"這一具有特殊的政治性色彩的詞語來形容那些破壞國家安全的違法犯罪行為，是與依法治國的要求不相適應的。一是不利於摒棄"以階級鬥爭為綱"的思想對我國社會主義法制建設可能帶來的消極影響，二是也與國際慣例相悖。1997年3月，八屆人大五次會議修改《刑法》，已將"反革命罪"改為"危害國家安全罪"。當時即在國際、國內產生了良好的反應。這次修憲將第二十八條中的鎮壓"反革命的活動"改為鎮壓"危害國家安全的犯罪活動"，即解決與《刑法》及現實生活脫節的問題。綜觀世界各國，基本上都有"危害國家安全"條款的設置。這一修改再次體現了我國切實保障公民基本權利和實行民主法治的精神，也使我國的刑事制度更加完善和接近國際通例。懲治"危害國家安全"的犯罪，就是堅持"以行為論罪"的原則。憲法的這一修改有效地避免了憲法規定與立法實踐之間的不一致，符合依法治國，健全社會主義法律體系的目標要求。

（四）2004年憲法修正案

2003年3月27日，中共中央政治局常委會會議研究和部署修改憲法工作，確定了這次修改憲法總的原則；強調在整個修改憲法過程中，要切實加強黨的領導，充分發揚民主，廣泛聽取各方面的意見，嚴格依法辦事；成立了以吳邦國為組長的中央憲法修改小組，在中央政治局常委會領導下工作。4月，中央請各省、自治區、直轄市在調查研究的基礎上提出修改憲法的建議上報中央。5月、6月，中央憲法修改小組先後召開六次座談會，聽取地方、部門和部分企業負責人、專家的意見。在此基礎上擬訂出《中共中央關於修改憲法的建議》徵求意見稿，由中央下發一定範圍徵求意見；同時，胡錦濤總書記於8月28日主持召開各民主黨派中央、全國工商聯的負責人和無黨派人士座談會，吳邦國委員長於9月12日召開部分理論工作者、法學專家和經濟學專家座談會，徵求意見。在徵求意見過程中，各地方、各部門、各方面提出了許多很好的意見和建議，而且意見和建議比較集中。根據各地方、各部門、各方面的意見對《中共中央關於修改憲法的建議》徵求意見稿進一步修改後，形成《中共中央關於修改憲法的建議（草案）》。《中共中央關於修改憲法的建議》經中央政治局常委會會議和中央政治局會議多次討論研究，提請黨的十六屆三中全會審議通過後，由黨中央提請全國人大常委會依照法定程序提出憲法修正案（草案）的議案。12 月 22 日至 27 日，十屆全國人大常委會第六次會議將《中共中央關於修改憲法的建議》列入議程。常委會組成人員以高度負責的精神，對《中共中央關於修改憲法的建議》進行了認真討論，一致贊成中央確定的這次修改憲法總的原則，認為以馬克思列寧主義、毛澤東思想、鄧小平理論和"三個代表"重要思想為指導，貫徹黨的十六大精神，根據我國改革開放和社會主義現代化建設事業發展的需要，修改憲法部分內容，十分必要，非常及時。會議根據常委會組成人員的共同意見，依照憲法第六十四條規定的修改憲法的特別程序，以《中共中央關於修改憲法的建議》為基礎，形成並全票通過了全國人大常委會《關於提請審議憲法修正案（草案）的議案》和《憲法修正案（草案）》，決定提請十屆全國人大二次會議審議。[21]

2004 年 3 月 14 日，第十屆全國人民代表大會第二次會議通過了《中華人民共和國憲法修正案》。這次憲法修改，是新中國憲法的第九次修改，也是現行憲法的第四次修改。主要涉及 13 項內容：

（1）確立"三個代表"重要思想在國家政治和社會生活中的指導地位。憲法修正案將憲法序言第七自然段中"在馬克思列寧主義、毛澤東思想、鄧小平理論指引下"，修改為"在馬克思列寧主義、毛澤東思想、鄧小平理論和'三個代表'重要思想指引下"，並將"沿着建設有中國特色社會主義的道路"修改為"沿着中國特色社會主義道路"。

21　見王兆國 2004 年 3 月 8 日在第十屆全國人民代表大會第二次會議上所作的《關於〈中華人民共和國憲法修正案（草案）〉的説明》。

（2）增加推動物質文明、政治文明和精神文明協調發展的內容。憲法修正案在憲法序言第七自然段中"逐步實現工業、農業、國防和科學技術的現代化"之後，增加"推動物質文明、政治文明和精神文明協調發展"的內容。

（3）在統一戰線的表述中增加社會主義事業的建設者。憲法序言第十自然段第一句明確規定："社會主義的建設事業必須依靠工人、農民和知識分子，團結一切可以團結的力量。"黨的十六大明確提出，在社會變革中出現的新的社會階層"都是中國特色社會主義事業的建設者"。據此，憲法修正案在憲法關於統一戰線的表述中增加"社會主義事業的建設者"，將憲法序言中這一自然段第二句關於統一戰線的表述修改為："在長期的革命和建設過程中，已經結成由中國共產黨領導的，有各民主黨派和各人民團體參加的，包括全體社會主義勞動者、社會主義事業的建設者、擁護社會主義的愛國者和擁護祖國統一的愛國者的廣泛的愛國統一戰線，這個統一戰線將繼續鞏固和發展。"統一戰線包括"勞動者"、"建設者"和兩種"愛國者"。

（4）完善土地徵用制度。憲法修正案將憲法第十條第三款"國家為了公共利益的需要，可以依照法律規定對土地實行徵用"，修改為"國家為了公共利益的需要，可以依照法律規定對土地實行徵收或者徵用並給予補償"。這樣修改，主要的考慮是：徵收和徵用既有共同之處，又有不同之處。共同之處在於，都是為了公共利益需要，都要經過法定程序，都要依法給予補償。不同之處在於，徵收主要是所有權的改變，徵用只是使用權的改變。

（5）進一步明確國家對發展非公有制經濟的方針。根據黨的十六大關於"必須毫不動搖地鼓勵、支持和引導非公有制經濟發展"，"依法加強監督和管理，促進非公有制經濟健康發展"的精神，憲法修正案將憲法第十一條第二款"國家保護個體經濟、私營經濟的合法的權利和利益。國家對個體經濟、私營經濟實行引導、監督和管理"，修改為"國家保護個體經濟、私營經濟等非公有制經濟的合法的權利和利益。國家鼓勵、支持和引導非公有制經濟的發展，並對非公有制經濟依法實行監督和管理"。這樣修改，全面、準確地體現了黨的十六大關於對非公有制經濟既鼓勵、支持、引導，又依法監督、管理，以促進非公有制經濟健康發展的精神。

（6）完善對私有財產保護的規定。根據黨的十六大關於"完善保護私人財產的法律制度"的精神，憲法修正案將憲法第十三條"國家保護公民的合法的收入、儲蓄、房屋和其他合法財產的所有權"、"國家依照法律規定保護公民的私有財產的繼承權"，修改為"公民的合法的私有財產不受侵犯"，"國家依照法律規定保護公民的私有財產權和繼承權"，"國家為了公共利益的需要，可以依照法律規定對公民的私有財產實行徵收或者徵用並給予補償"。

（7）增加建立健全社會保障制度的規定。根據黨的十六大精神，憲法修正案在憲法第十四條中增加一款，作為第四款："國家建立健全同經濟發展水平相適應的社會保障制度。"

（8）增加尊重和保障人權的規定。憲法修正案在憲法第二章《公民的基本權利和義務》頭一條即第三十三條中增加一款，作為第三款："國家尊重和保障人權。"在憲法中作出尊重和保障人權的宣示，體現了社會主義制度的本質要求，有利於推進我國社會主義人權事業的發展，有利於我們在國際人權事業中進行交流和合作。

（9）完善全國人民代表大會組成的規定。憲法修正案在憲法第五十九條第一款關於全國人民代表大會組成的規定中增加"特別行政區"，將這一款修改為："全國人民代表大會由省、自治區、直轄市、特別行政區和軍隊選出的代表組成。各少數民族都應當有適當名額的代表。"

（10）關於緊急狀態的規定。1982年憲法對"戒嚴"作了規定，但沒有具體規定"緊急狀態"。在緊急狀態下採取的非常措施，通常要對公民的權利和自由不同程度地加以限制。多數國家憲法中都有關於"緊急狀態"的規定。因此，憲法修正案將憲法第六十七條規定的全國人大常委會職權第二十項"決定全國或者個別省、自治區、直轄市的戒嚴"，修改為"決定全國或者個別省、自治區、直轄市進入緊急狀態"，並相應地將憲法第八十條規定的中華人民共和國主席根據全國人大常委會的決定"發佈戒嚴令",修改為"宣佈進入緊急狀態";將憲法第八十九條規定的國務院職權第十六項"決定省、自治區、直轄市的範圍內部分地區的戒嚴",修改為"依照法律規定決定省、自治區、直轄市的範圍內部分地區進入緊急狀態"。

(11) 關於國家主席職權的規定。憲法修正案將憲法第八十一條中"中華人民共和國主席代表中華人民共和國,接受外國使節",修改為"中華人民共和國主席代表中華人民共和國,進行國事活動,接受外國使節"。

(12) 修改鄉鎮政權任期的規定。憲法修正案把鄉、鎮人大的任期由三年改為五年,將憲法第九十八條"省、直轄市、縣、市、市轄區的人民代表大會每屆任期五年,鄉、民族鄉、鎮的人民代表大會每屆任期三年",修改為"地方各級人民代表大會每屆任期五年"。這樣修改,各級人大任期一致,有利於協調各級經濟社會發展規劃、計劃和人事安排。

(13) 增加對國歌的規定。憲法修正案將憲法第四章的章名"國旗、國徽、首都"修改為"國旗、國歌、國徽、首都";在這一章第一百三十六條中增加一款,作為第二款:"中華人民共和國國歌是《義勇軍進行曲》。"

七、新時代的憲法發展

2018年3月11日,《中華人民共和國憲法修正案》表決通過。這是我國進入新時代以後,全國人大以修正案的方式第五次對現行憲法進行修改,共通過了21條修正案。

(一) 2018年憲法修改的背景和過程

如前所述,憲法只有不斷適應新形勢、吸納新經驗、確認新成果,不斷完善憲法所規定的制度，與社會實際保持一致性，才能具有持久生命力，才能完成調整和規範社會生活的功能。1982 年憲法公佈施行後，分別於 1988 年、1993 年、1999 年、2004 年進行了四次修改。從現行憲法頒行以來前四次憲法修改所間隔的時間看，通常為五年至六年修改一次。本次修改是自 2004 年第四次修改後時隔 14 年的修正，相對前四次修改，本次修改是間隔時間最長的一次。

自 2004 年憲法修改以來，黨和國家事業又有了許多重要發展變化。特別是黨的十八大以來，以習近平同志為核心的黨中央團結帶領全黨全國各族人民毫不動搖堅持和發展中國特色社會主義，創立了習近平新時代中國特色社會主義思想，統籌推進“五位一體”總體佈局、協調推進“四個全面”戰略佈局，推進黨的建設新的偉大工程，推動黨和國家事業取得歷史性成就、發生歷史性變革。黨的十九大對新時代堅持和發展中國特色社會主義作出重大戰略部署，確定了新的奮鬥目標。新時代、新方位、新思想、新使命、新目標，決定了我們又一次面臨推動憲法與時俱進、完善發展的歷史節點。

進入新時代，中國特色社會主義事業發展對修改憲法提出迫切要求。隨着改革開放的全面深入，特別是我國社會進入了新時代，憲法的某些具體規定確實已經不適應實際情況，有必要應當及時修改，否則，必然會阻礙改革開放的繼續深入和我國社會的全面發展，最終憲法也會因不適應客觀實際而失去權威。只有與時俱進，不斷完善，才能更好地維護憲法的穩定，更好地維護憲法的尊嚴和權威。

黨的十九屆二中全會指出，我國憲法必須隨着黨領導人民建設中國特色社會主義實踐的發展而不斷完善發展。這是我國憲法發展的一個顯著特點，也是一條基本規律。既保持憲法連續性、穩定性、權威性，又推動憲法與時俱進、完善發展，是我國憲法發展的必由之路。

對憲法進行適當修改，由憲法及時確認黨和人民創造的偉大成就和寶貴經驗，以更好發揮憲法的規範、引領、推動、保障作用，是實踐發展的必然要求，是新時代堅持和發展中國特色社會主義的必然要求。把黨和人民在實踐中取得的重大理論創新、實踐創新、制度創新成果上升為憲法規定，有利於更好發揮憲法在新時代堅持和發展中國特色社會主義中的重大作用，有利於促進全黨全國各族人民思想更加統一、行動更加有力，奮發有力地貫徹落實習近平新時代中國特色社會主義思想和黨的十九大作出的戰略決策和工作部署，共同開創黨和國家事業發展新局面。

　　黨中央決定對憲法進行適當修改，是經過反覆考慮、綜合方方面面情況作出的，既順應黨和人民事業發展要求，又遵循憲法法律發展規律，是事業需要、人心所向。我們要從政治上、大局上、戰略上充分認識這次憲法修改是事關全局的重大政治活動和重大立法活動，是黨中央從新時代堅持和發展中國特色社會主義全局和戰略高度作出的重大決策，也是推進全面依法治國、推進國家治理體系和治理能力現代化的重大舉措。在黨中央集中統一領導下，在廣察民情、廣納民意、廣聚民智的基礎上，把黨的十九大確定的重大理論觀點和重大方針政策特別是習近平新時代中國特色社會主義思想載入國家根本法，體現黨和國家事業發展的新成就、新經驗、新要求，在保持連續性、穩定性、權威性的基礎上推動我國憲法又一次與時俱進，必將為新時代堅持和發展中國特色社會主義提供有力憲法保障，更好地凝聚起全黨全國各族人民的意志和力量，為實現“兩個一百年”奮鬥目標和中華民族偉大復興中國夢而不懈奮鬥。

　　2017 年 10 月，黨的十九大在新的歷史起點上對新時代堅持和發展中國特色社會主義作出重大戰略部署，提出了一系列重大政治論斷，確立了習近平新時代中國特色社會主義思想在全黨的指導地位，確定了新的奮鬥目標，對黨和國家事業發展具有重大指導和引領意義。

　　在黨的十九大文件起草和形成過程中，在全黨全國上下學習貫徹黨的十九大精神過程中，許多地方、部門和單位都提出，應該對我國現行憲法作出必要的修改完善，把黨和人民在實踐中取得的重大理論創新、實踐創新、制度創新成果通過國家根本法確認下來，使之成為全國各族人民的共同遵循，成為國家各項事業、各方面工作的活動準則。

2017 年 9 月 29 日，習近平總書記主持召開中央政治局會議，決定啟動憲法修改工作，成立憲法修改小組。憲法修改小組由張德江任組長，王滬寧、栗戰書任副組長。

2017 年 11 月 13 日，黨中央發出徵求對修改憲法部分內容意見的通知，請各地區、各部門、各方面在精心組織討論、廣泛聽取意見的基礎上提出憲法修改建議。

《中共中央關於修改憲法部分內容的建議》起草和完善期間，習近平總書記多次主持中央政治局常委會會議、中央政治局會議，審議草案稿，為下一階段工作提出要求、指明方向。

2017 年 12 月 12 日，中共中央辦公廳發出通知，就黨中央修憲建議草案稿下發黨內一定範圍徵求意見。各地區、各部門、各方面反饋書面報告 118 份，共提出修改意見 230 條。

2017 年 12 月 15 日，習近平總書記主持召開黨外人士座談會，當面聽取各民主黨派中央、全國工商聯負責人和無黨派人士代表的意見和建議。黨外人士提交了書面發言稿 10 份。座談會上，習近平總書記強調，憲法是人民的憲法，憲法修改要廣察民情、廣納民意、廣聚民智，充分體現人民的意志。

憲法修改小組舉行了 13 次工作班子會議、四次全體會議，對各方面意見和建議匯總梳理、逐一研究。

從各方面提出的數千條建議，到黨中央的 21 條修憲建議，黨中央慎之又慎，堅持對憲法作部分修改、不作大改，確保憲法的連續性、穩定性、權威性。

2018 年 1 月 2 日至 3 日，根據黨中央安排，張德江主持召開四場座談會，分別聽取中央和國家機關有關部門黨委（黨組）負責同志、智庫和專家學者，以及各省、區、市人大常委會黨組負責同志對黨中央修憲建議草案稿的意見和建議。與會同志提交書面材料 52 份。

2018 年 1 月 18 日至 19 日，黨的十九屆二中全會期間，黨中央修憲建議草案在充分吸收與會同志的意見和建議，並作進一步修改完善後獲得通過。用一次中央全會專門討論憲法修改問題，這在我們黨的歷史上還是第一次，充分表明以習近平同志為核心的黨中央對憲法修改的高度重視，對依法治國、依憲治國的高度重視。

2018 年 1 月 26 日，中共中央向全國人大常委會提出《中國共產黨中央委員會關於修改憲法部分內容的建議》。

2018 年 1 月 29 日至 30 日，十二屆全國人大常委會召開第三十二次會議，中共中央政治局常委、憲法修改小組副組長栗戰書受中共中央委託，就黨中央修憲建議向全國人大常委會作了說明。會議討論了黨中央修憲建議，全票通過了全國人大常委會關於提請審議憲法修正案草案的議案和憲法修正案草案，決定提請十三屆全國人大一次會議審議。

2018 年 2 月 24 日，中央政治局就我國憲法和推進全面依法治國舉行第四次集體學習。習近平總書記強調，要堅持黨的領導、人民當家作主、依法治國有機統一，加強憲法實施和監督，把國家各項事業和各項工作全面納入依法治國、依憲治國的軌道，把實施憲法提高到新的水平。

為了加強人大在推進憲法實施中的作用，黨的十九屆三中全會提出將全國人大法律委員會更名為全國人大憲法和法律委員會。根據黨的十九屆三中全會的決定，全國人大會議把這項內容納入了憲法修正案。

2018 年 3 月 5 日，受十二屆全國人大常委會委託，十二屆全國人大常委會副委員長兼秘書長王晨向大會作關於憲法修正案草案的說明。

（二）2018 年憲法修改的基本原則

黨中央確定的這次憲法修改的總體要求是，高舉中國特色社會主義偉大旗幟，全面貫徹黨的十九大精神，堅持以馬克思列寧主義、毛澤東思想、鄧小平理論、"三個代表"重要思想、科學發展觀、習近平新時代中國特色社會主義思想為指導，堅持黨的領導、人民當家作主、依法治國有機統一，把黨的十九大確定的重大理論觀點和重大方針政策特別是習近平新時代中國特色社會主義思想載入國家根本法，體現黨和國家事業發展的新成就、新經驗、新要求，在總體保持我國憲法連續性、穩定性、權威性的基礎上推動憲法與時俱進、完善發展，為新時代堅持和發展中國特色社會主義、實現"兩個一百年"奮鬥目標和中華民族偉大復興的中國夢提供有力憲法保障。

為了貫徹和體現上述總體要求，這次憲法修改遵循了以下原則：

一是堅持黨對憲法修改的領導。堅持黨中央集中統一領導，增強政治意識、大局意識、核心意識、看齊意識，堅定中國特色社會主義道路自信、理論自信、制度自信、文化自信，堅定不移走中國特色社會主義政治發展道路和中國特色社會主義法治道路，把堅持黨中央集中統一領導貫穿於憲法修改全過程，確保憲法修改的正確政治方向。

我國歷次憲法修改，都是由中共中央作出修改憲法的決定，並成立憲法修改小組，中共中央在廣泛徵求黨內外、各界、各級意見的基礎上，形成憲法修改建議草案。此次特別召開黨的十九屆二中全會專門討論憲法修改建議，形成《中共中央關於修改憲法部分內容的建議（草案）》。黨的十九屆三中全會採納了關於將全國人大"法律委員會"更名為"憲法和法律委員會"的建議，納入到正式的憲法修正案草案之中。

二是嚴格依法按程序推進憲法修改。憲法第六十四條規定，憲法修正案的提出主體為全國人大常委會或者全國人大五分之一以上的代表。在黨中央領導下，通過歷次憲法修改實踐，已經形成了符合憲法精神、行之有效的修憲工作程序和機制。先形成《中共中央關於修改憲法部分內容的建議（草案）》，經黨中央全會審議和通過，再由全國人大常委會依法形成《中華人民共和國憲法修正案（草案）》，並提請全國人大審議和通過。

　　三是充分發揚民主，廣泛凝聚共識。憲法修改關係全局，影響廣泛而深遠，既要適應黨和人民事業發展要求，又要遵循憲法法律發展規律。做好憲法修改工作，必須貫徹科學立法、民主立法、依法立法的要求，充分發揚民主，廣泛凝聚共識，注重從政治上、大局上、戰略上分析問題，注重從憲法發展的客觀規律和內在要求上思考問題。如前所述，此次憲法修改，中共中央順應民心決定進行修改；在廣泛徵求各方面意見的基礎上形成修改建議；在不同範圍內，廣泛徵求對修改建議的意見；專門召開十九屆二中全會，廣泛討論對憲法修改建議的意見，最終形成中共中央正式的憲法修改的建議；十九屆三中全會在聽取意見的基礎上，又增加了關於全國人大憲法和法律委員會的修改條款；即使對沒有接受的憲法修改建議，也一一進行研究，作出答覆。

　　四是堅持對憲法作部分修改、不作大改。實踐證明，我國現行憲法是一部好憲法，其基本符合我國社會發展的需要。因此，對各方面普遍要求修改、實踐證明成熟、具有廣泛共識、需要在憲法上予以體現和規範、非改不可的，進行必要的、適當的修改；對不成熟、有爭議、有待進一步研究的，不作修改；對可改可不改、可以通過有關法律或者憲法解釋予以明確的，原則上不作修改，保持憲法的連續性、穩定性、權威性。

（三）2018年憲法修正案的主要內容

1. 在序言部分增加科學發展觀、習近平新時代中國特色社會主義思想

　　憲法序言第七自然段中"在馬克思列寧主義、毛澤東思想、鄧小平理論和'三個代表'重要思想指引下"，修改為"在馬克思列寧主義、毛澤東思想、鄧小平理論、'三個代表'重要思想、科學發展觀、習近平新時代中國特色社會主義思想指引下"。

這一修改的主要原因是“科學發展觀”，特別是“習近平新時代中國特色社會主義思想”的重要地位。增加“科學發展觀、習近平新時代中國特色社會主義思想”與“馬克思列寧主義、毛澤東思想、鄧小平理論和‘三個代表’”並列作為國家政治和社會生活的指導思想，固化理論成果，確立指導地位，反映了全國各族人民的共同意願，體現了黨的主張和人民意志的統一，明確了全黨全國人民為實現中華民族偉大復興而奮鬥的共同思想基礎，意義深遠。

科學發展觀是黨的十六大以來，以胡錦濤同志為主要代表的中國共產黨人推進馬克思主義中國化的重大成果，黨的十八大黨章修正案已經將其確立為黨的指導思想。

習近平新時代中國特色社會主義思想，是中國特色社會主義進入新時代的最新理論成果，是開啟新征程的指導思想和行動指南。黨的十八大以來，中國共產黨堅持以馬克思列寧主義、毛澤東思想、鄧小平理論、“三個代表”重要思想、科學發展觀為指導，堅持解放思想、實事求是、與時俱進、求真務實，堅持辯證唯物主義和歷史唯物主義，緊密結合新的時代條件和實踐要求，以全新的視野深化對共產黨執政規律、社會主義建設規律、人類社會發展規律的認識，進行艱辛理論探索，取得重大理論創新成果，形成了習近平新時代中國特色社會主義思想。這一重大思想的核心要義，就是堅持和發展中國特色社會主義，具體體現在它從理論和實踐結合上系統回答了新時代堅持和發展什麼樣的中國特色社會主義、怎樣堅持和發展中國特色社會主義這個重大時代課題，回答了新時代堅持和發展中國特色社會主義的總目標、總任務、總體佈局、戰略佈局和發展方向、發展方式、發展動力、戰略步驟、外部條件、政治保證等基本問題，並且根據新的實踐，對經濟、政治、法治、科技、文化、教育、民生、民族、宗教、社會、生態文明、國家安全、國防和軍隊、“一國兩制”和祖國統一、統一戰線、外交、黨的建設等各方面作出理論分析和政策指導，為更好堅持和發展中國特色社會主義提供了思想武器和行動指南。

2. 確認了習近平新時代中國特色社會主義思想的科學內涵

習近平新時代中國特色社會主義思想最重要、最核心的是其科學內涵，貫徹落實習近平新時代中國特色社會主義思想，關鍵是實施這一思想的科學內涵。此次憲法修改，將指導新時代的這一思想的科學內涵載入了作為國家根本法的憲法之中。

憲法序言第七自然段在"自力更生，艱苦奮鬥"前增寫"貫徹新發展理念"。"創新、協調、綠色、開放、共享"的新發展理念是黨的十八大以來，以習近平同志為核心的黨中央推動我國經濟發展實踐的理論結晶，是習近平新時代中國特色社會主義經濟思想的主要內容，把"新發展理念"寫入憲法，既確認這一重要理論成果，又能更好地發揮新發展理念在決勝全面小康、建設社會主義現代化強國征程中的重要指導作用。

憲法序言第七自然段"推動物質文明、政治文明和精神文明協調發展，把我國建設成為富強、民主、文明的社會主義國家"，修改為"推動物質文明、政治文明、精神文明、社會文明、生態文明協調發展，把我國建設成為富強民主文明和諧美麗的社會主義現代化強國，實現中華民族偉大復興"，在憲法第八十九條增加"生態文明建設"相關內容。形成了經濟建設、政治建設、文化建設、社會建設、生態文明建設"五位一體"的總體佈局，這是黨對社會主義建設規律認識的深化，是對中國特色社會主義事業總體佈局的豐富和完善。

把我國建設成為富強民主文明和諧美麗的社會主義現代化強國，實現中華民族偉大復興，是黨的十九大確立的奮鬥目標。作這樣的修改，在表述上與黨的十九大報告相一致，有利於引領全黨全國人民把握規律、科學佈局，在新時代不斷開創黨和國家事業發展新局面，齊心協力為實現"兩個一百年"奮鬥目標、實現中華民族偉大復興的中國夢而不懈奮鬥。

　　充實完善我國革命和建設發展歷程的內容。憲法修正案將憲法序言第十自然段中"在長期的革命和建設過程中",修改為"在長期的革命、建設、改革過程中";將憲法序言第十二自然段中"中國革命和建設的成就是同世界人民的支持分不開的",修改為"中國革命、建設、改革的成就是同世界人民的支持分不開的"。作這些修改,黨和人民團結奮鬥的光輝歷程就更加完整。

　　充實完善愛國統一戰線和民族關係的內容。憲法修正案將憲法序言第十自然段中"包括全體社會主義勞動者、社會主義事業的建設者、擁護社會主義的愛國者和擁護祖國統一的愛國者的廣泛的愛國統一戰線",修改為"包括全體社會主義勞動者、社會主義事業的建設者、擁護社會主義的愛國者、擁護祖國統一和致力於中華民族偉大復興的愛國者的廣泛的愛國統一戰線"。主要考慮是:實現中華民族偉大復興的中國夢已經成為團結海內外中華兒女的最大公約數。實現中國夢,需要凝聚各方面的力量共同奮鬥。只有把全體社會主義勞動者、社會主義事業的建設者、擁護社會主義的愛國者、擁護祖國統一和致力於中華民族偉大復興的愛國者都團結起來、凝聚起來,實現中國夢才能獲得強大、持久、廣泛的力量支持。將憲法序言第十一自然段中"平等、團結、互助的社會主義民族關係已經確立,並將繼續加強",修改為"平等團結互助和諧的社會主義民族關係已經確立,並將繼續加強"。與此相適應,將憲法第一章《總綱》第四條第一款中"維護和發展各民族的平等、團結、互助關係",修改為"維護和發展各民族的平等團結互助和諧關係"。主要考慮是:鞏固和發展平等團結互助和諧的社會主義民族關係,是黨的十八大以來以習近平同志為核心的黨中央反覆強調的一個重要思想。作這樣的修改,有利於鑄牢中華民族共同體意識,加強各民族交往交流交融,促進各民族和睦相處、和衷共濟、和諧發展。

　　充實和平外交政策方面的內容。憲法修正案在憲法序言第十二自然段"中國堅持獨立自主的對外政策,堅持互相尊重主權和領土完整、互不侵犯、互不干涉內政、平等互利、和平共處的五項原則",後增加"堅持和平發展道路，堅持互利共贏開放戰略"；將"發展同各國的外交關係和經濟、文化的交流"，修改為"發展同各國的外交關係和經濟、文化交流，推動構建人類命運共同體"。作這樣的修改，有利於正確把握國際形勢的深刻變化，順應和平、發展、合作、共贏的時代潮流，統籌國內、國際兩個大局，統籌發展、安全兩件大事，為我國發展拓展廣闊的空間、營造良好的外部環境，為維護世界和平、促進共同發展作出更大貢獻。

3. 將"健全社會主義法制"修改為"健全社會主義法治"

憲法序言第七自然段中"健全社會主義法制"修改為"健全社會主義法治"。實現了黨依法治國理念和方式的新飛躍，有利於推進全面依法治國，建設中國特色社會主義法治體系，加快實現國家治理體系和治理能力現代化，為黨和國家事業發展提供根本性、全局性、穩定性、長期性的制度保障。這一修改的主要原因是：

第一，新時代法治建設的新挑戰是實現規則之治和良法之治。法治可以分為三個層次：第一個層次是通過制憲機關的制憲活動和立法機關的立法活動，形成具有實施基礎的憲法和法律體系；第二個層次是國家機關在行使職權時嚴格依據憲法和法律、遵照憲法和法律的規定，保證憲法和法律至上，即實現規則之治；第三個層次是法律的規定應當具有正當性和合理性，即實現良法之治。

在法治的上述三個層次中，"法制"主要指的是第一個層次，即制度建設。截至 2017 年底，我國法律已有 263 餘部，行政法規近 800 部，地方性法規有 1.2 萬餘部，部門規章有 2,700 餘部，地方政府規章有一萬部左右，還有司法解釋 3,000 多件（含司法解釋性質文件），有法可依問題在我國基本上已經解決了。我國新時代法治建設的主要任務是完成法治的後兩個層次的任務，即重點保證規則之治和良法之治的實現。實現國家治理現代化和全面推進依法治國都在於完成這兩大任務，因此，必須將"法制"改為"法治"。也正因為如此，黨的十八屆四中全會決定把長期以來堅持的我國法制建設的基本原則，由“有法可依、有法必依、執法必嚴、違法必究”改為“科學立法、嚴格執法、公正司法、全民守法”。

第二，為了保持憲法文本表述的一致性。1999年憲法修正案將“中華人民共和國實行依法治國，建設社會主義法治國家”載入憲法。在同一個憲法文本之中，表述同一個涵義的概念應當保持統一性。

第三，為了貫徹落實黨中央關於法治建設的部署。在黨的十八屆四中全會決定中普遍使用的是“法治”。建設中國特色社會主義法治體系，建設社會主義法治國家。這就是，在中國共產黨領導下，堅持中國特色社會主義制度，貫徹中國特色社會主義法治理論。形成完備的法律規範體系、高效的法治實施體系、嚴密的法治監督體系、有力的法治保障體系，形成完善的黨內法規體系。堅持依法治國、依法執政、依法行政共同推進，堅持法治國家、法治政府、法治社會一體建設。

黨的十九大報告關於堅持全面依法治國部分使用的也是“法治”。全面依法治國是中國特色社會主義的本質要求和重要保障。必須把黨的領導貫徹落實到依法治國全過程和各方面，堅定不移走中國特色社會主義法治道路，完善以憲法為核心的中國特色社會主義法律體系，建設中國特色社會主義法治體系，建設社會主義法治國家，發展中國特色社會主義法治理論，堅持依法治國、依法執政、依法行政共同推進，堅持法治國家、法治政府、法治社會一體建設，堅持依法治國和以德治國相結合，依法治國和依規治黨有機統一，深化司法體制改革，提高全民族法治素養和道德素質。

4.增加憲法宣誓制度

憲法第二十七條增加一款，作為第三款：“國家工作人員就職時應當依照法律規定公開進行憲法宣誓。”

王晨副委員長在關於憲法修正案草案的說明中指出：“將憲法宣誓制度在

憲法中確定下來，有利於促使國家工作人員樹立憲法意識、恪守憲法原則、弘揚憲法精神、履行憲法使命，也有利於彰顯憲法權威，激勵和教育國家工作人員忠於憲法、遵守憲法、維護憲法，加強憲法實施。"作為憲法實施的重要形式，憲法宣誓是推進憲法從文本走向現實的一場莊嚴的儀式，是政治文明和法治進步的重要標誌。

2015 年 7 月 1 日，第十二屆全國人大常委會第十五次會議通過了《關於實行憲法宣誓制度的決定》。該決定規定了憲法宣誓的範圍、要求和程序，同時也規定了宣誓誓詞："我宣誓：忠於中華人民共和國憲法，維護憲法權威，履行法定職責，忠於祖國、忠於人民，恪盡職守、廉潔奉公，接受人民監督，為建設富強民主文明和諧美麗的社會主義現代化強國努力奮鬥！"

在憲法中確立憲法宣誓制度，是世界上大多數有成文憲法的國家所普遍採取的一種方式。據統計，在 193 個有成文憲法的國家中，規定相關國家公職人員必須宣誓擁護或效忠憲法的有 176 個。各國關於憲法宣誓的主體、內容、程序的規定不盡相同，一般都在有關人員開始履行職務之前或就職時舉行宣誓。憲法宣誓是世界上大多數國家憲法制度的一項重要內容。

5. 在正文增加中國共產黨的領導

憲法第一條第二款"社會主義制度是中華人民共和國的根本制度"，後增寫"中國共產黨領導是中國特色社會主義最本質的特徵"。全國人大常委會副委員長王晨在憲法修正案（草案）說明中指出，中國共產黨是執政黨，是國家的最高政治領導力量。中國共產黨領導是中國特色社會主義最本質的特徵，是中國特色社會主義制度的最大優勢。憲法從社會主義制度的本質屬性角度，對堅持和加強黨的全面領導進行規定，有利於在全體人民中強化黨的領導意識，有效把黨的領導落實到國家工作全過程和各方面，確保黨和國家事業始終沿着正確方向前進。

關於中國共產黨的領導，《共同綱領》和我國歷部憲法規定的基本情況是：① 1949 年《共同綱領》在序言中規定 "以工人階級為領導"，沒有直接出現 "中國共產黨領導" 字眼；② 1954 年憲法在序言中明確規定了 "中國共產黨領導"；③ 1975 年憲法不僅在序言中規定了 "中國共產黨領導"，而且在正文第二、第十五、第十六、第十七條規定了中國共產黨領導，尤其是第二十六條在關於公民的基本權利和義務中規定 "公民的基本權利和義務是，擁護中國共產黨的領導"；④ 1978 年憲法與 1975 年憲法的規定模式完全相同；⑤ 1982 年憲法在序言中有五處明確規定了 "中國共產黨的領導"，在正文中沒有直接規定中國共產黨的領導。

此次憲法修改，在原有憲法序言規定中國共產黨領導的基礎上，正文中明確增加中國共產黨的領導，進一步明確中國共產黨在國家中的領導地位的憲法依據，回答了中國共產黨如何實現對國家的全面領導，強化了對社會主義制度的認識，明確揭示了中國共產黨的領導。

6. 增加了社會主義核心價值觀

憲法第二十四條第二款中 "國家提倡愛祖國、愛人民、愛勞動、愛科學、愛社會主義的公德"，修改為 "國家倡導社會主義核心價值觀，提倡愛祖國、愛人民、愛勞動、愛科學、愛社會主義的公德"。憲法修正案在憲法總綱部分原有的社會主義道德之前，增加規定國家倡導社會主義核心價值觀。憲法修正案增加這一規定，對於捍衛、弘揚、彰顯社會核心價值觀，具有極其重大的意義。

7. 修改了國家主席的任期制度

憲法第七十九條第三款 "中華人民共和國主席、副主席每屆任期同全國人民代表大會每屆任期相同，連續任職不得超過兩屆"，修改為 "中華人民共和國主席、副主席每屆任期同全國人民代表大會每屆任期相同"。

對國家主席、副主席任職規定上作出修改，是着眼於健全黨和國家領導

體制，在憲法上作出制度安排。這一修改，不意味着改變黨和國家領導幹部
退休制，也不意味着領導幹部職務終身制。

8. 擴大地方立法權主體

憲法第一百條增加一款，作為第二款："設區的市的人民代表大會和它們
的常務委員會，在不同憲法、法律、行政法規和本省、自治區的地方性法規
相抵觸的前提下，可以依照法律規定制定地方性法規，報本省、自治區人民
代表大會常務委員會批准後施行。"增加設區的市的地方立法權，有利於設
區的市為加強社會治理、促進經濟社會發展，在不與上位法相衝突的前提下
結合本地實際制定地方法規，促進有效治理。

實際上，2015 年 3 月，第十二屆全國人民代表大會第三次會議對《中華
人民共和國立法法》進行了修改，已經賦予了設區的市立法權。此次憲法修
改是確認 2015 年立法法的修改。立法法第七十條第二款規定，設區的市的人
民代表大會及其常務委員會根據本市的具體情況和實際需要，在不同憲法、
法律、行政法規和本省、自治區的地方性法規相抵觸的前提下，可以對城鄉
建設與管理、環境保護、歷史文化保護等方面的事項制定地方性法規，法律
對設區的市制定地方性法規的事項另有規定的，從其規定。設區的市的地方
性法規須報省、自治區的人民代表大會常務委員會批准後施行。省、自治區
的人民代表大會常務委員會對報請批准的地方性法規，應當對其合法性進行
審查，同憲法、法律、行政法規和本省、自治區的地方性法規不抵觸的，應
當在四個月內予以批准。全國人大關於修改《中華人民共和國立法法》的決
定中還規定，廣東省東莞市和中山市、甘肅省嘉峪關市、海南省三沙市，比
照適用本決定有關賦予設區的市地方立法權的規定。

憲法和立法法賦予設區的市立法權，其基本考慮是：

第一，地方發展的需要。改革開放以來，地方經濟社會發生了巨大變
化，許多設區的市規模相當大，屬於特大城市的設區的市有 87 個；屬於大型

城市的設區的市有 82 個，大型、特大型城市加起來近 60%。管理這樣一個人口眾多的區域，特別是隨着城鎮化建設的發展，與其相關的土地、人口、環境、城鄉建設與管理、社會治理等問題日益複雜，當然需要依靠法治來管理。中國幅員遼闊，各地發展很不平衡，情況不一，法律的統一規定還需要結合各地的實際去貫徹，各地有各地的情況，各地都希望結合本地的情況進行城鄉建設管理。

第二，各地環境保護的需要。國家的環境保護職責最終分解到了各個地方，而每個地方的環境保護現實情況不同，這也需要各地權力機關根據具體情況制定相應的法律規範。

第三，地方歷史文化保護和傳承的需要。目前，地方文化保護在地方建設中越來越重要，但又並非所有的地方歷史文化都屬於國家保護的範圍，這也需要各地根據現實情況制定地方法規。

第四，落實憲法關於中央與地方關係的需要。我國是單一制國家，各地的情況又很不一樣，在處理中央和地方國家機關的關係時，遵循在中央統一領導下，充分發揮地方主動性、積極性的原則。擴大地方立法權就是發揮地方主動性、積極性的具體表現。

為了保證國家法制的統一性，又能夠讓地方按照自己的具體情況進行治理，在賦予設區的市的立法權的同時，也作出了一定的限制：①必須根據本市的具體情況和實際需要；②在不同憲法、法律、行政法規和本省、自治區的地方性法規相抵觸的前提下制定；③可以對城鄉建設與管理、環境保護、歷史文化保護等方面的事項制定地方性法規；④須報省、自治區的人民代表大會常務委員會批准後施行。

9. 在國家機構體系中增加設立監察委員會

深化國家監察體制改革是一項事關全局的重大政治體制、監督體制改革，是強化黨和國家自我監督的重大決策部署。憲法修正案在憲法第三章

《國家機構》第六節後增加一節，專門就監察委員會作出規定，以憲法的形式明確國家監察委員會和地方各級監察委員會的性質、地位、名稱、人員組成、任期任屆、監督方式、領導體制、工作機制等等，為監察委員會行使職權提供了憲法依據。這些規定，為設立監察委員會、制定監察法提供憲法依據，體現了中國特色社會主義政治發展道路和法治發展道路的一致性，為監察委員會履職盡責提供了依據和遵循，是國家治理體系的重大完善，也是國家治理能力現代化的重大進步。

第五次憲法修正案 21 條修改中有 11 條涉及監察委員會。主要規定有：①縣級以上各級人民代表大會具有選舉、罷免本級監察委員會主任的權力；②縣級以上各級人民代表大會常務委員會根據本級監察委員會主任提請，任免本級監察委員會副主任、委員；③縣級以上各級人民代表大會常務委員會組成人員不得擔任監察機關職務；④縣級以上各級人民代表大會常務委員會監督本級監察委員會工作；⑤國務院不再行使領導和管理監察工作的權利；⑥監察委員會主任任期與本級人大任期相同，國家監察委員會主任連續任職不超過兩屆。自此，"一府一委兩院"格局在憲法中予以確定。

2016 年 9 月，習近平同志在中國共產黨第十八屆中央紀律檢查委員會第六次全體會議上指出："要堅持黨對黨風廉政建設和反腐敗工作的統一領導，擴大監察範圍，整合監察力量，健全國家監察組織架構，形成全面覆蓋國家機關及其公務員的國家監察體系。" 10 月，中國共產黨第十八屆中央委員會第六次全體會議審議通過《中國共產黨黨內監督條例》，明確規定："各級黨委應當支持和保證同級人大、政府、監察機關、司法機關等對國家機關及公職人員依法進行監督。" 11 月 7 日，中共中央辦公廳印發《關於在北京市、山西省、浙江省開展國家監察體制改革試點方案》。根據該方案，中央部署在三省市設立各級監察委員會，從體制機制、制度建設上先行先試、探索實踐，為在全國推開積累經驗。

該方案強調，國家監察體制改革是事關全局的重大政治改革，是國家監察制度的頂層設計。深化國家監察體制改革的目標，是建立黨統一領導下的國家反腐敗工作機構。實施組織和制度創新，整合反腐敗資源力量，擴大監察範圍，豐富監察手段，實現對行使公權力的公職人員監察全面覆蓋，建立集中統一、權威高效的監察體系，履行反腐敗職責，深入推進黨風廉潔建設和反腐敗鬥爭，構建不敢腐、不能腐、不想腐的有效機制。

為了貫徹落實黨中央的部署，2016 年 12 月 25 日，十二屆全國人大常委會通過《關於在北京市、山西省、浙江省開展國家監察體制改革試點工作的決定》。其主要內容是：①設立監察委員會，行使監察職權。②試點地區人民政府的監察廳（局）、預防腐敗局及人民檢察院查處貪污賄賂、失職瀆職以及預防職務犯罪等部門的相關職能整合至監察委員會。③試點地區監察委員會由本級人民代表大會產生。監察委員會主任由本級人民代表大會選舉產生；監察委員會副主任、委員由監察委員會主任提請本級人民代表大會常務委員會任免。④監察委員會對本級人民代表大會及其常務委員會和上一級監察委員會負責，並接受監督。⑤試點地區監察委員會按照管理權限，對本地區所有行使公權力的公職人員依法實施監察。⑥履行監督、調查、處置職責，監督檢查公職人員依法履職、秉公用權、廉潔從政以及道德操守情況，調查涉嫌貪污賄賂、濫用職權、玩忽職守、權力尋租、利益輸送、徇私舞弊以及浪費國家資財等職務違法和職務犯罪行為並作出處置決定，對涉嫌職務犯罪的，移送檢察機關依法提起公訴。⑦監察委員會可以採取談話、訊問、詢問、查詢、凍結、調取、查封、扣押、搜查、勘驗檢查、鑑定、留置等措施。⑧暫時調整或者暫時停止適用《中華人民共和國行政監察法》，《中華人民共和國刑事訴訟法》第三、第十八、第一百四十八條以及第二編第二章第十一節關於檢察機關對直接受理的案件進行偵查的有關規定，《中華人民共和國人民檢察院組織法》第五條第二項，《中華人民共和國檢察官法》第六條第三項，《中華人民共和國地方各級人民代表大會和地方各級人民政府組織法》第五十九條第五項關於縣級以上的地方各級人民政府管理本行政區域內的監察工作的規定。其他法律中規定由行政監察機關行使的監察職責，一併調整由監察委員會行使。

黨的十九大報告提出，深化國家監察體制改革，將試點工作在全國推開，組建國家、省、市、縣監察委員會，同黨的紀律檢查機關合署辦公，實現對所有行使公權力的公職人員監察全覆蓋。制定國家監察法，依法賦予監察委員會職責權限和調查手段，用留置取代"兩規"措施。

2017 年 10 月，中共中央辦公廳印發《關於在全國各地推開國家監察體制改革試點方案》。該方案強調，黨的十九大對深化國家監察體制改革作出重大決策部署。在總結北京市、山西省、浙江省改革試點工作經驗基礎上，在全國各地推開改革試點，是貫徹落實黨的十九大精神，推動全面從嚴治黨向縱深發展的重大戰略舉措，對於健全中國特色國家監察體制，強化黨和國家自我監督具有重要意義。在今年年底明年年初召開的省、市、縣人民代表大會上產生三級監察委員會，使改革與地方人大換屆工作緊密銜接，有利於加快改革步伐，確保改革有序深入推進。

2017 年 11 月 4 日，十二屆全國人大常委會第三十次會議審議通過了《全國人民代表大會常務委員會關於在全國各地推開國家監察體制改革試點工作的決定》，國家監察體制改革由試點三省市推展至全國。

在憲法中增加《監察委員會》一節，是對國家監察體制改革成果的深刻總結，具有堅實的政治基礎、理論基礎、實踐基礎和充分的法理支撐。習近平總書記強調，要堅持改革決策和立法決策相統一、相銜接，做到重大改革於法有據，使改革和法治同步推進。深化國家監察體制改革，是強化黨和國家自我監督、堅持和加強黨的領導的重大決策部署，是事關全局的重大政治體制改革。以習近平同志為核心的黨中央從歷史文化中汲取智慧、從治國理政中總結經驗，積極推進理論和實踐創新，堅持加強頂層設計和"摸着石頭過河"相結合，在從試點向全面推開拓展、從局部向全局發展中引領改革持續深化。截至 2018 年 2 月底，全國省、市、縣三級監察委員會全部組建完成，並就監察委員會的職責定位、領導體制、工作機制、權限手段、監督保障等方面作了積極深入的探索，取得豐碩成果，積累寶貴經驗。

修改憲法確認國家監察體制改革的成果，主要有以下原因：

第一，增設監察委員會屬於憲法上國家機構體系和國家權力結構的變化。增設監察委員會，就中央層面而言，是在原有的中央國家機構體系中增加了一個獨立的居於全國人大及其常委會之下而與國家主席、國務院、中央軍事委員會、最高人民法院、最高人民檢察院相平行的國家機關，相應的，改變了憲法上原有的國家機構體系、國家權力的配置及國家機關之間的相互關係，在體制層面豐富了我國的人民代表大會制度。在地方層面亦是如此。那麼，必須修改憲法明確監察委員會的憲法性質、地位、職權。在原有國家權力中劃分出監察權，也需要明確這一權力的性質及與其他國家權力的關係。

第二，監察委員會在性質上不同於行政監察機關，《國家監察法》並不是對《行政監察法》的修改。監察委員會是獨立於行政機關，與行政機關相平行的國家機關，其職能的內涵與外延也遠遠大於行政監察機關。在國家層面設立的國家監察委員會，在國家機構體系中也應當是這一格局。監察委員會與行政監察機關屬於完全不同性質的機關，《國家監察法》與《行政監察法》所規範的組織、職權、程序等存在根本性差異。

第三，先修改憲法，規定監察委員會在國家機構體系中的性質、地位、職權、與其他國家機關之間的關係等，再依據憲法制定《國家監察法》，設立國家及地方各級監察委員會，是國家治理現代化和依憲治國的必然要求，符合"重大改革必須於法有據"的改革思維。

10. 將"全國人大法律委員會"更名為"全國人大憲法和法律委員會"

憲法修正案第四十四條規定，憲法第七十條第一款："全國人民代表大會設立民族委員會、法律委員會、財政經濟委員會、教育科學文化衛生委員會、外事委員會、華僑委員會和其他需要設立的專門委員會。"修改為："全國人民代表大會設立民族委員會、憲法和法律委員會、財政經濟委員會、教育科學文化衛生委員會、外事委員會、華僑委員會和其他需要設立的專門委員會。"

黨的十九大報告要求，加強憲法實施和監督，推進合憲性審查工作，維護憲法權威。習近平總書記在 2018 年中央政治局第四次學習會上提出，要完善憲法監督制度，積極穩妥推進合憲性審查工作，加強備案審查制度和能力建設。全國人大及其常委會和國家有關監督機關要擔負起憲法和法律監督職責，加強對憲法和法律實施情況的監督檢查，健全監督機制和程序，堅決糾正違憲違法行為。決勝全面建成小康社會、開啟全面建設社會主義現代化國家新征程、實現中華民族偉大復興的中國夢，推進國家治理體系和治理能力現代化、提高黨長期執政能力，必須更加注重發揮憲法的重要作用。加強憲法實施和監督，把國家各項事業和各項工作全面納入依法治國、依憲治國的軌道，把實施憲法提高到新的水平。

黨的十八屆四中全會決定按照依法治國首先是依憲治國、依法執政首先是依憲執政的邏輯，要求健全憲法實施和監督制度，完善全國人大及其常委會憲法監督制度，健全憲法解釋程序機制。加強備案審查制度和能力建設，把所有規範性文件納入備案審查範圍，依法撤銷和糾正違憲違法的規範性文件，禁止地方制發帶有立法性質的文件。

中共中央關於《深化黨和國家機構改革方案》決定，為弘揚憲法精神，增強憲法意識，維護憲法權威，加強憲法實施和監督，推進合憲性審查工作，將"全國人大法律委員會"更名為"全國人大憲法和法律委員會"。

2018 年 6 月，十三屆全國人大常委會第三次會議表決通過了《關於全國人大憲法和法律委員會職責問題的決定》，該決定規定，憲法和法律委員會在繼續承擔統一審議法律草案工作的基礎上，增加推動憲法實施、開展憲法解釋、推進合憲性審查、加強憲法監督、配合憲法宣傳等工作職責。可見，其主要職責是推進合憲性審查工作。合憲性審查即依據憲法對憲法以下的法律文件是否符合憲法的審查，其是監督憲法實施的基本方式。這一機制對於確保憲法的全面有效實施是不可或缺的，是現代、成熟國家的基本標誌，是國家治理現代化的重要組成部分。

全國人大憲法和法律委員會名義上雖說是由法律委員會更名而來，但實際上可以理解為是全國人大新設立的一個專門委員會。這一舉措對於推進我國的合憲性審查工作，保證我國憲法監督制度的實效性，將發揮重要的作用。

新中國憲法
發展大事記

1949 年

1 月 6 日至 8 日，中共中央政治局舉行會議，決定在北平解放後召開七屆二中全會，並在會上"通過準備提交政治協商會議的共同綱領的草案"。

3 月 5 日至 13 日，召開中共七屆二中全會，會議的精神構成了共同綱領的理論基礎和政策基礎。

6 月 15 日，新政治協商會議籌備會在北平開幕。

6 月 30 日，毛澤東發表《論人民民主專政》。

9 月 17 日，新政協籌備會舉行第二次全體會議，將"新政協"定名為"中國人民政治協商會議"，原則通過了常委會提出的《中國人民政治協商會議組織法（草案）》。

9 月 27 日，第一次全體會議討論並通過《中國人民政治協商會議組織法》、《中華人民共和國中央人民政府組織法》。

9 月 29 日，第一次全體會議通過《中國人民政治協商會議共同綱領》。

9 月 30 日，政協第一屆全體會議選舉產生中國人民政治協商會議第一屆全國委員會，選舉產生中華人民共和國中央人民政府主席、副主席、委員。

10 月 1 日，中華人民共和國中央人民政府委員會就職，決議宣告中華人民共和國中央人民政府成立，接受《中國人民政治協商會議共同綱領》為中央人民政府的施政方針。

10 月 9 日，中國人民政治協商會議第一屆全國委員會第一次會議在北京舉行。

10 月 21 日，中央人民政府政務院正式成立。

12 月 2 日，中央人民政府委員會舉行第四次會議，決定每年 10 月 1 日為國慶日。

1950 年

5 月 1 日，《中華人民共和國婚姻法》公佈施行。

6 月 28 日，中央人民政府委員會第八次會議通過《中華人民共和國土地改革法》，6 月 30 日頒佈施行。

9 月 20 日，公佈中華人民共和國國徽圖案。

10 月 26 日，人民解放軍進駐拉薩，大陸上的重大軍事行動完全結束。

1951 年

2 月 21 日，中央人民政府頒佈《中華人民共和國懲治反革命條例》。

5 月 23 日，中央人民政府和西藏地方政府在北京簽訂《關於和平解放西藏辦法的協議》，宣告西藏和平解放。

1952 年

8 月 9 日，中央人民政府頒佈《中華人民共和國民族區域自治實施綱要》。

11 月 15 日，中央人民政府委員會第十九次會議通過了 "關於改變大行政區人民政府（軍政委員會）機構與任務的決定"。

12 月 24 日，中國人民政治協商會議全國委員會常務委員會召開擴大會議，中共中央向會議提議：由政協全國委員會向中央人民政府建議，於 1953 年召開全國人民代表大會，制定憲法。

1953 年

1 月 13 日，政協全國委員會常務委員會擴大會議向中央人民政府委員會提出關於召開全國人民代表大會、制定憲法的建議。同日，中央人民政府委員會舉行第二十次會議，討論了政協全國委員會常務委員會擴大會議的提議，通過了關於召開全國人民代表大會及地方各級人民代表大會的決議。會議還通過了中華人民共和國憲法起草委員會的組成名單。

1 月 20 日，中央人民政府委員會第二十次會議通過《關於召開全國人民代表大會及地方各級人民代表大會的決議》。

2 月 11 日，中央人民政府委員會第二十二次會議審議通過《中華人民共和國全國人民代表大會及地方各級人民代表大會選舉法》。

9 月 18 日，中央人民政府委員會第二十八次會議決定推遲召開全國人民代表大會。

9 月 25 日，《人民日報》發表的慶祝國慶四週年的口號中，正式公佈過渡時期總路線。

1954年

1月7日至3月9日,憲法起草小組工作。

3月23日,憲法起草委員會第一次全體會議舉行。

4月15日,中央選舉委員會、政務院發佈《對於召開省、市、縣人民代表大會的幾個問題的決定》。

5月27日,憲法起草委員會第二次全體會議舉行。

5月28日,憲法起草委員會第三次全體會議舉行。

5月29日,憲法起草委員會第四次全體會議舉行。

5月31日,憲法起草委員會第五次全體會議舉行。

6月8日,憲法起草委員會第六次全體會議舉行。

6月11日,憲法起草委員會第七次全體會議舉行。

6月14日,中央人民政府委員會第三十次會議審議了憲法起草委員會6月11日提出的《關於憲法起草工作的報告》。並做成決議,通過並公佈了起草委員會起草的《中華人民共和國憲法草案》。

6月19日,中央人民政府委員會第三十二次會議決定撤銷大行政區一級行政機構。

9月8日,憲法起草委員會第八次會議舉行。

9月9日,中央人民政府委員會第三十四次會議討論通過了憲法草案,並決定將之提交全國人民代表大會。

9月12日,憲法起草委員會第九次全體會議舉行,通過《中華人民共和國憲法草案的報告(草稿)》以及"五法"的歷次修改稿。

9月14日,中央人民政府委員會召開臨時會議,對憲法草案作了兩處修改。

9月15日,第一屆全國人民代表大會第一次會議在懷仁堂開幕,劉少奇作《關於憲法草案的報告》。

9月20日,第一屆全國人民代表大會第一次會議通過憲法。

1955年

9月30日,撤銷新疆省建制,成立新疆維吾爾自治區。

10月4日至11日,中共七屆六中(擴大)全會通過《關於農業合作化問題的決議》。

1956 年

1 月 14 日至 20 日，中共中央召開關於知識分子問題會議，周恩來作《關於知識分子問題的報告》，指出知識分子中的絕大部分已經是工人階級的一部分。

1 月 15 日，北京舉行大會慶祝北京第一個實現工商業全行業公私合營。隨後，除西藏等少數民族地區外，基本實現了全行業公私合營。

1 月 25 日，最高國務會議提出《1956 年到 1969 年全國農業發展綱要草案》。

4 月 25 日，毛澤東在中共中央政治局擴大會議上作《論十大關係》的報告。

5 月 2 日，毛澤東在最高國務會議上提出"百花齊放，百家爭鳴"的方針。

5 月 12 日，全國人大常委會通過《關於調整國務院所屬組織機構的決議》，決定設立國家經濟委員會、國家技術委員會等機構。

9 月 15 日至 27 日，中共八大在北京召開。

11 月 16 日，一屆全國人大常委會舉行第五十一次會議，對國務院機構和領導成員作了調整和加強。

12 月 29 日，一屆全國人大常委會舉行第五十二次會議，同意國務院對 1956 年國家預算所作的調整，並決定發行經濟建設公債總額六億元。

1957 年

1 月 10 日，中共中央發出《關於成立中央經濟工作五人小組的通知》。中共中央政治局決定，由陳雲任組長的五人小組統一領導國家經濟工作。

2 月 27 日至 3 月 1 日，毛澤東召集最高國務會議第十一次（擴大）會議，發表《如何處理人民內部的矛盾》的講話。

10 月 15 日，中共中央發出《關於劃分右派分子標準的通知》。

1958 年

3 月，廣西壯族自治區成立。

4 月 18 日，新華社報道，12 個少數民族在國家的幫助下，創造和改進了文字。

10 月，寧夏回族自治區成立。

1959 年

3 月 10 日，西藏地方政府和上層反動集團陰謀同帝國主義和外國干涉勾結，實現所謂西藏獨立，在拉薩發動武裝叛亂。

4 月 18 日至 28 日，二屆全國人大一次會議在北京舉行。

7 月 2 日至 8 月 16 日，中共中央在廬山先後召開政治局擴大會議和八屆八中全會，即廬山會議。

9 月 11 日至 13 日，二屆全國人大常委會舉行擴大的第六、第七、第八次會議，通過《關於中印邊界問題的決議》。

1960 年

3 月 9 日，中共中央發出《關於城市人民公社問題的指示》，要求全國各地採取積極的態度建立城市人民公社，上半年普遍試點，下半年全面推廣。

3 月 30 日至 4 月 10 日，二屆全國人大二次會議在北京舉行。

1961 年

3 月 15 日至 23 日，中共中央在廣州召開工作會議，討論通過《農村人民公社工作條例（草案）》（即“農業六十條”）。

5 月 21 日至 6 月 12 日，中共中央在北京召開工作會議，制定《農村人民公社工作條例（修正草案）》，取消了原草案中公共食堂和供給制的規定，決定對幾年來受批判處分的黨員幹部進行甄別平反。

6 月 1 日至 28 日，中共中央召開文藝座談會，討論《關於當前文學藝術工作的意見》（即“文藝十條”的初稿）。

6 月 19 日，中共中央發出《關於城鄉手工業若干政策問題的規定（試行草案）》（即“手工業三十五條”）、《關於改進商業工作的若干規定（試行草案）》（即“商業四十條”）。

7 月 19 日，中共中央發出《關於自然科學工作中若干政策問題的批示》，同意《關於當前自然科學工作中若干政策問題的請示報告》和《關於自然科學研究機構當前工作的十四條意見（草案）》（即“科研十四條”）。

8 月 23 日至 9 月 16 日，中共中央作出《關於當前工業問題的指示》，討論通過《國營工業企業工作條例（草案）》（即"工業七十條"），擬定《教育部直屬高等學校暫行工作條例（草案）》（即"高教六十條"）。

1962 年

3 月 27 日至 4 月 16 日，二屆全國人大三次會議在北京舉行。

4 月 30 日，中共中央批轉文化部黨組和全國文聯黨組共同提出的《關於當前文學藝術工作若干問題的意見（草案）》（即"文藝八條"）在全國施行。

12 月 18 日，中共中央、國務院發佈《關於認真提倡計劃生育的指示》。

12 月 26 日，《中蒙兩國邊界條約》在北京簽訂。

1963 年

9 月 6 日至 27 日，中共中央在北京舉行工作會議，討論了農村工作、1964 年國民經濟計劃和工業發展的方針等問題，制定《關於農村社會主義教育運動中一些具體政策的規定（草案）》（即"後十條"）。

11 月 17 日至 12 月 3 日，二屆全國人大四次會議在北京舉行。

1964 年

1 月，國務院計劃生育委員會成立。

12 月 20 日至 1965 年 1 月 4 日，第三屆全國人民代表大會第一次會議在北京舉行。

1965 年

1 月 14 日，中共中央發出《農村社會主義教育運動中目前提出的一些問題》（即"二十三條"）。

5 月 22 日，三屆全國人大常委會第九次會議，決定取消人民解放軍軍銜制度。

1966 年

5 月 16 日，中共中央政治局擴大會議在北京通過了毛澤東主持起草的指導"文化大革命"的綱領性文件《中國共產黨中央委員會通知》（即"五一六通知"）。

5 月 28 日，中共中央成立中央文化革命小組（簡稱"中央文革"）。

7 月 7 日，全國人大常委會和全國政協常委會決定第三屆全國人民代表大會第二次會議和政協第四屆全國委員會第二次會議不定期延期召開。

8 月 30 日，政協全國委員會停止辦公。

1967 年

1 月 12 日至 31 日，在中央文革策劃下，山西、貴州、黑龍江、山東發生群眾組織奪取省委、省人民委員會權力的活動，成立奪權機構革命委員會。

1 月 13 日，中共中央、國務院頒佈《關於在無產階級文化大革命中加強公安工作的若干規定》（即"公安六條"）。

2 月 5 日，成立"上海人民公社"，後改名為"上海市革命委員會"。

3 月 19 日，中央軍委作出《關於集中力量執行支左、支農、支工、軍管、軍訓任務的決定》。從此，軍隊開始介入地方的"文化大革命"。

6 月 12 日，國務院、中央軍委決定對全國鐵路系統實行全面軍事管制。

1968 年

9 月 5 日，西藏、新疆兩個自治區革命委員會成立。自此，全國 29 個省、市、自治區（除台灣省外）都建立了革命委員會。

10 月 13 日至 31 日，中共八屆十二中全會在北京召開，作出了把劉少奇開除出黨、撤銷一切職務的決定。

12 月 22 日，《人民日報》發表毛澤東的指示，要求知識青年到農村去。此後，全國掀起了上山下鄉的高潮。

1969 年

4 月 1 日至 24 日，中國共產黨第九次全國代表大會在北京召開。

11 月 12 日，中華人民共和國主席、中共中央副主席劉少奇因遭受迫害，在河南開封含冤逝世。

1970 年

3 月 8 日，毛澤東的修憲建議裏第一次明確提出不設國家主席。關於是否設立國家主席的問題展開爭議。

3 月 9 日，中共中央政治局開始修憲準備工作，成立了康生、張春橋、吳法憲、李作鵬、紀登奎五人組成的憲法修改工作小組。

7 月 17 日，中共中央成立“修改中華人民共和國憲法起草委員會”。

8 月 23 日至 9 月 6 日，中共中央九屆二中全會在廬山召開，審查了憲法草案。9 月 6 日，基本通過《中華人民共和國憲法修改草案》，建議全國人大常委會進行必要籌備工作，在適當時候召開四屆全國人大，決定動員全國人民就憲法草案進行討論、修改。

1971 年

10 月 25 日，第二十六屆聯合國大會通過中華人民共和國在聯合國的一切合法權利，並立即把國民黨集團的代表從聯合國一切機構中驅逐出去的提案。

1972 年

8 月 21 日，中共中央、中央軍委發出通知，要求參加地方“三支兩軍”的軍隊人員中的大多數人撤回。

12 月 18 日，全國政協機關成立臨時領導小組，恢復日常工作。

1973 年

8 月 24 日至 28 日，中共第十次全國代表大會召開。

9 月 12 日，中共中央政治局召開會議，再次提出召開四屆人大與修改憲法問題，決定成立由康生擔任組長，張春橋為代組長的憲法修改小組。

1974 年

10 月 11 日，中共中央發出通知，決定在近期召開四屆人大修改憲法。

1975 年

1 月 8 日至 10 日，中共第二屆二中全會討論通過《中華人民共和國憲法修改草案》、《關於修改憲法的報告》等文件。

1 月 13 日至 17 日，第四屆全國人民代表大會第一次會議召開。四屆人大通過修改後的《中華人民共和國憲法》。

3 月 17 日，四屆全國人大常委會第二次會議決定特赦釋放在押的全部戰犯。

1976 年

9 月 9 日，中共中央主席、中央軍委主席、第四屆全國政協名譽主席毛澤東逝世。中共中央、全國人大常委會、國務院、中央軍委發佈《告全黨全軍全國各族人民書》。

1977 年

7 月 16 日至 21 日，中共十屆三中全會在北京舉行，一致通過關於追認華國鋒任中共中央主席、中央軍委主席的決議；關於恢復鄧小平職務的決議；關於王洪文、張春橋、江青、姚文元反黨集團的決議。

1978 年

2 月 18 日至 23 日，中共第十一屆中央委員會第二次全體會議在京舉行，通過《中華人民共和國憲法修改草案》與《關於修改憲法的報告》，決定將之提請第五屆全國人大第一次會議審議。

2 月 26 日，第五屆全國人民代表大會第一次會議在京舉行。

3 月 1 日，葉劍英在第五屆全國人大第一次會議上作《關於修改憲法的報告》。

3 月 5 日，第五屆全國人大第一次會議通過 1978 年憲法。

12 月 13 日，鄧小平在中央工作會議閉幕會上發表《解放思想，實事求是，團結一致向前看》的重要講話。

12 月 22 日，中國共產黨第十一屆三中全會提出"有法可依、有法必依、執法必嚴、違法必究"。

1979 年

2 月 23 日，第五屆全國人大第六次會議決定設立"法制委員會"，協助全國人大常委會加強法制工作。法制委員會由 80 人組成，彭真任委員會主任。

第五屆全國人大常委會第六次會議通過《逮捕拘留條例》、《森林法（試行）》。

6 月 30 日，第五屆全國人大第二次會議討論通過《關於修改憲法若干規定的決議草案》。

7 月 1 日，第五屆全國人大第二次會議審議了全國人大常委會提出的關於修正 1978 年憲法的議案，這是 1978 年憲法的兩次修改中的第一次。

第五屆人大第二次會議一次性通過七部加強民主法制建設、促進經濟發展的重要法律，它們分別是：《全國人大和地方各級人民代表大會選舉法》、《地方各級人民代表大會和地方各級人民政府組織法》、《人民法院組織法》、《人民檢察院組織法》、《刑法》、《刑事訴訟法》、《中外合資經營企業法》。

9 月 13 日，第五屆全國人大常委會第十一次會議原則通過《環境保護法（試行）》。

9 月，第五屆全國人大常委會第十一次會議決定恢復設立司法部。

11 月 29 日，第五屆全國人大常委會第十二次會議通過《關於建國以來制定的法律、法令效力問題的決議》。

第五屆全國人大常委會第十二次會議批准《國務院關於勞動教養的補充規定》。

1980 年

1 月 16 日，鄧小平在《目前的形勢和任務》的講話中指出，根據長期實踐，"大鳴、大放、大辯論、大字報"作為一個整體，從來沒有產生積極的作用。黨中央準備提請全國人大常委會和全國人大審議，把它取消。

2 月 9 日，國務院發佈《國務院關於改革海關管理體制的決定》。

2 月 12 日，第五屆全國人大常委會第十三次會議通過《關於刑事訴訟法實施問題的決定》。

2 月 23 日至 29 日，中國共產黨第十一屆中央委員會決定向全國人大建議，把 1978 年憲法第四十五條中關於公民"有運用'大鳴、大放、大辯論、大字報'的權利"的規定，予以取消。

4 月 16 日，第五屆全國人大常委會第十四次會議通過《關於建議修改（憲法）第四十五條的議案》，取消原第四十五條中關於公民"有運用'大鳴、大放、大辯論、大字報'的權利"的規定。

6 月 4 日，國務院發佈《革命烈士褒揚條例》。

7 月 26 日，國務院發佈《國務院關於中外合營企業建設用地的暫行規定》、《中外合資經營企業勞動管理規定》。

9 月 10 日，第五屆全國人大第三次會議修改 1978 年憲法，大會通過《關於修改〈中華人民共和國憲法〉第四十五條的決議》。

第五屆全國人大第三次會議通過《關於修改憲法和成立憲法修改委員會的決議》，同意中共中央關於修改憲法和成立憲法修改委員會的建議。

第五屆全國人大第三次會議通過《國籍法》，同日公佈實施。

第五屆全國人大第三次會議通過並施行《中外合資經營企業所得稅法》、《個人所得稅法》，中外合營企業可以就納稅爭議提起訴訟，這是我國自 1978 年以後最早的行政訴訟立法例。

9 月 15 日，憲法修改委員會舉行首次會議，宣佈正式成立。

1981 年

2 月 24 日，國務院發佈《國務院關於在國民經濟調整時期加強環境保護工作的人大常委會決定》。

3 月 2 日，第五屆全國人大常委會舉行第十七次會議，聽取民政部長、全國縣級直接選舉工作辦公室主任程子華作《關於全國縣級直接選舉工作情況的報告》。

6 月 10 日，第五屆全國人大常委會第十九次會議通過了《全國人大常委會關於加強法律解釋工作的決議》、《懲治軍人違反職責罪暫行條例》、《關於死刑案件核准問題的決定》、《關於處理逃跑或者重新犯罪的勞改犯和勞教人員的決定》。

7月7日，國務院發佈《國務院關於城鎮非農業個體經濟若干政策性規定》。

9月10日，第五屆全國人大常委會第二十次會議通過《關於刑事案件辦案期限問題的決定》。

10月13日，國務院、中央軍委發佈《國務院、中央軍委關於軍隊幹部退休的暫行規定》。

1982 年

3月2日，在第五屆全國人大常委會第二十二次會議上，聽取《關於國務院機構改革問題的報告》。

3月8日，第五屆全國人大常委會第二十二次會議通過《關於國務院機構改革問題的決議》。

4月26日，第五屆全國人大常委會第二十三次會議一致通過《關於公佈〈中華人民共和國憲法修改草案〉的決議》，決定公佈憲法修改草案，交付全國各族人民討論。

8月23日，第五屆全國人大常委會第二十四次會議通過《商標法》、《海洋環境保護法》。

11月4日至9日，憲法修改委員會召開第四次全體會議。

11月19日，第五屆全國人大常委會第二十五次會議通過《關於本屆人民公社、鎮人民代表大會任期的決議》。

12月4日，第五屆全國人大第五次會議全文宣讀憲法修改草案，以無記名投票方式通過《中華人民共和國憲法》。

第五屆全國人大第五次會議通過《關於中華人民共和國國歌的決議》，恢復《義勇軍進行曲》為中華人民共和國國歌，撤銷本屆全國人大第一次會議1978年3月5日通過的關於中華人民共和國國歌的決定。

第五屆全國人大第五次會議通過《關於本屆全國人大常委會職權的決議》。

12月10日，第五屆全國人大第五次會議通過了《全國人大組織法》、《國務院組織法》，修改《全國人大和地方各級人民代表大會選舉法》、《地方各級人民代表大會和地方各級人民政府組織法》。

1983 年

9 月 2 日，第六屆全國人大常委會第二次會議作出《關於嚴懲嚴重危害社會治安的犯罪分子的決定》和《關於迅速審判嚴重危害社會治安的犯罪分子的程序的決定》，全國開始"嚴打"。

第六屆全國人大常委會第二次會議修改《中外合資經營企業所得稅法》、《人民法院組織法》、《人民檢察院組織法》，通過《關於國家安全機關行使公安機關的偵查、拘留、預審和執行逮捕的職權的決定》。

10 月 12 日，中共中央、國務院發佈《中共中央、國務院關於實行政社分開建立鄉政府的通知》。

1984 年

5 月 31 日，第六屆全國人大第二次會議通過《民族區域自治法》。

7 月 14 日，深圳市中級人民法院對深圳市蛇口區環境監測站與香港凱達企業有限公司環境污染案作出判決，開啟了"官告民"訴訟的探索。

10 月 20 日，中國共產黨第十二屆中央委員會第三次全體會議通過《中共中央關於經濟體制改革的決定》。

1984 年，《國家機關工作人員法》起草工作開始。

1985 年

4 月 10 日，第六屆全國人大第三次會議通過《關於授權國務院在經濟體制改革和對外開放方面可以制定暫行的規定或者條例的決定》。

11 月 6 日，最高人民法院下發《關於人民法院審理經濟行政案件不應進行調解的通知》。

11 月 22 日，第六屆全國人大常委會第十三次會議通過《中國公民出境入境管理法》、《外國人入境出境管理法》。

11 月，第六屆全國人大常委會第十三次會議作出《關於在公民中基本普及法律常識的決議》。此後，全國人大常委會先後於 1991 年、1996 年、2001 年分別作出《關於深入開展法制宣傳教育的決議》、《關於繼續開展法制宣傳教育的決議》、《關於進一步開展法制宣傳教育的決議》。

1986 年

4 月 12 日，第六屆全國人大第四次會議通過《民法通則》，自 1987 年 1 月 1 日起施行。

4 月 18 日至 22 日，香港基本法起草委員會第二次全體會議，通過《香港特別行政區基本法結構（草案）》、《香港特別行政區基本法起草委員會工作規則》、《關於設立香港特別行政區基本法起草委員專題小組的決定》。

5 月 12 日，中華人民共和國居民身份證開始在北京頒發。

6 月 25 日，第六屆全國人大常委會第十六次會議通過頒佈《土地管理法》。

9 月 27 日至 10 月 8 日，司法部舉行首次全國律師資格統一考試。

10 月 30 日，國務院發佈《國務院關於清理非常設機構的通知》。

11 月 7 日，據《人民日報》報道：經國務院批准，法制建設試點工作將在廣州、重慶、西安、武漢、大連、瀋陽、哈爾濱七個經濟體制改革的綜合試點城市展開。

11 月 29 日至 12 月 2 日，香港特別行政區基本法起草委員會第三次全體會議在北京舉行，通過了會議公報，決定於 1987 年 4 月召開第四次全體會議。

12 月 2 日，第六屆全國人大常委會第十八次會議通過《國境衛生檢疫法》、《郵政法》、《企業破產法（試行）》，修訂《地方各級人民代表大會和地方各級人民政府組織法》、《全國人大和地方各級人民代表大會選舉法》、《人民法院組織法》。

第六屆全國人大常委會第十八次會議決定恢復設立監察部。

12 月，行政基本法的起草工作開始，後因社會條件和立法技術均不成熟，行政立法研究組經與全國人大法工委協商後，決定先起草《行政訴訟法》。

1987 年

1 月 22 日，第六屆全國人大常委會第十九次會議通過《關於加強法制教育維護安定團結的決定》。

9月5日，第六屆全國人大常委會第二十二次會議通過《大氣污染防治法》、《檔案法》。

10月25日，中國共產黨第十三次全國代表大會提出政治體制改革。

11月24日，第六屆全國人大常委會第二十三次會議通過《村民委員會組織法（試行）》、《全國人大常委會議事規則》，批准《全國人大常委會法制工作委員會關於對1978年底以前頒佈的法律進行清理的情況和意見的報告》。

1988 年

1月15日，《中華人民共和國政府和葡萄牙共和國政府關於澳門問題的聯合聲明》，自即日起宣告生效。

2月28日，中共中央向全國人大常委會提出關於修改《憲法》個別條款的建議。

3月5日至12日，第六屆全國人大常委會第二十五次會議在北京召開。會議通過了根據中共中央關於修改憲法個別條款的建議提出的全國人大常委會關於《憲法》修正案草案，並決定將草案提請七屆全國人大第一次會議審議。

3月14日，最高人民法院、最高人民檢察院發佈公告，不再追訴去台人員在中華人民共和國成立前的犯罪行為。

4月12日，中華人民共和國憲法修正案第一、第二條由七屆全國人大第一次會議通過並公佈施行。

4月13日，通過《全國人大關於設立海南省的決定》、《全國人大關於建立海南經濟特區的決議》、《全國人大關於成立中華人民共和國澳門特別行政區基本法起草委員會的決定》。

6月15日，國家計劃委員會正式成立。

6月24日，第七屆全國人大常委會首次向中外記者舉行新聞發佈會。宣佈全國人大常委會將建立旁聽制度，同時建立新聞發佈會和記者招待會制度。

6月25日至7月1日，第七屆全國人大常委會舉行第二次會議，通過了關於海南省人民代表會議代行海南省人民代表大會職權的決定。

7月21日，中共中央辦公廳、國務院辦公廳發出《關於解決公司政企不分問題的通知》。

7 月 28 日，國務院發佈《關於地方實行財政包乾辦法的決定》。

9 月 5 日，公佈《保守國家秘密法》，自 1989 年 5 月 1 日起施行。

1989 年

3 月 20 日至 4 月 5 日，第七屆全國人大第二次會議在北京舉行。會議審議通過《行政訴訟法》、《全國人大議事規則》；審議國務院關於建議授權深圳市人民代表大會及其常務委員會制定深圳經濟特區法規的議案。

5 月 29 日至 7 月 6 日，七屆全國人大常委會第八次會議在京召開。會議對《集會遊行示威法（草案）》進行初步審議後，決定全文公佈，廣泛徵求意見。

9 月 7 日，最高人民法院、最高人民檢察院發佈《關於不再追訴去台人員在中華人民共和國成立後當地人民政權建立前的犯罪行為的公告》。

10 月 31 日，第七屆全國人大常委會第十次會議通過《集會遊行示威法》。

12 月 20 日至 26 日，第七屆全國人大常委會第十一次會議在北京舉行。會議通過《城市居民委員會組織法》、《環境保護法》、《城市規劃法》。

12 月 30 日，中共中央發出《關於堅持和完善中國共產黨領導的多黨合作和政治協商制度的意見》的文件。

1990 年

2 月 18 日，國務院公佈施行《法規規章備案規定》。

3 月 20 日至 4 月 4 日，第七屆全國人大第三次會議在北京人民大會堂舉行。會議通過了接受鄧小平辭去中央軍委主席職務的請求的決定。

4 月 4 日，會議通過《香港特別行政區基本法》及其三個附件和區旗、區徽圖案等。通過《關於設立香港特別行政區的決定》、《關於香港特別行政區基本法的決定》、《關於香港特別行政區第一屆政府和立法會產生辦法的決定》、《關於批准香港特別行政區基本法起草委員會關於設立全國人大常委會香港特別行政區基本法委員會的建議的決定》。

4 月 15 日，發佈《中國人民解放軍立法程序暫行條例》。

6 月 21 日至 28 日，第七屆全國人大常委會第十四次會議在北京舉行。會議通過

《國旗法》，通過全國人大常委會關於《香港特別行政區基本法》英文本的決定。

9月29日，中國政府正式簽署聯合國《兒童權利公約》。

12月20日至28日，第七屆全國人大常委會第十七次會議在北京人民大會堂舉行。在28日全體會議上，經表決通過《殘疾人保障法》、《締結條約程序法》。

1991 年

2月25日至3月2日，七屆全國人大常委會第十八次會議在北京舉行。會議通過《國徽法》、《關於加強社會治安綜合治理的決定》、《關於深入開展法制宣傳教育的決議》。

3月18日，中國政府正式簽署《兒童生存、保護和發展世界宣言》、《執行九十年代兒童生存、保護和發展世界宣言行動計劃》。

8月27日至9月4日，七屆全國人大常委會第二十一次會議在北京人民大會堂舉行。會議通過《未成年人保護法》。

1992 年

1月18日至2月21日，鄧小平視察武昌、深圳、珠海、上海等地，發表著名的南方談話。

2月20日至25日，七屆全國人大常委會第二十四次會議在北京舉行。會議通過《領海及毗連區法》。

3月20日至4月3日，第七屆全國人大第五次會議在北京人民大會堂舉行。會議通過《關於興建長江三峽工程的決議》、《全國人大和地方各級人民代表大會代表法》、《工會法》、《婦女權益保障法》。

4月16日，經國務院批准，公安部發佈《集會遊行示威法實施條例》，自即日施行。

6月23日至7月1日，第七屆全國人大常委會第二十六次會議在北京人民大會堂舉行。會議通過了《人民警察警銜條例》和授權深圳立法權的決定。

1993 年

1 月 14 日，中共中央、國務院決定：中央紀律檢查委員會和中華人民共和國監察部合署辦公。

2 月 14 日，中共中央向第七屆全國人大常委會建議修改中華人民共和國憲法的部分內容。

2 月 15 日至 23 日，第七屆全國人大常委會第三十次會議在北京人民大會堂舉行。會議審議通過《國家安全法》。

3 月 15 日至 31 日，第八屆全國人大第一次會議在北京人民大會堂舉行。會議表決通過《關於國務院機構改革方案的決定》；審議和通過《憲法修正案》、《澳門特別行政區基本法》。會議還通過《關於批准澳門特別行政區基本法起草委員會〈關於設立全國人大常務委員會澳門特別行政區基本法委員會的建議〉的決定》、《關於澳門特別行政區第一屆政府立法會和司法機關產生辦法的決定》。

6 月 21 日，最高人民檢察院發出《關於檢察機關接受人民代表大會及其常務委員會監督若干問題的規定》的通知。

6 月 22 日至 7 月 2 日，第八屆全國人大常委會第二次會議在北京舉行，審議通過《全國人大關於香港特別行政區籌備委員會預備工作委員會的決定》。

8 月 14 日，國務院公佈《國家公務員暫行條例》，自 1993 年 10 月 1 日起施行。

8 月 26 日至 9 月 2 日，第八屆人大常委會第三次會議在北京舉行。會議審議通過《全國人大常委會關於加強法律實施情況檢查監督的若干規定》。

11 月 14 日，中共十四屆三中全會通過《中共中央關於建立社會主義市場經濟體制若干問題的決定》。

12 月 15 日，國務院通過《國務院關於實行分稅制財政管理體制的決定》，決定自 1994 年 1 月 1 日起對各省、自治區、直轄市以及計劃單列市實行分稅制財政管理體制。

1994 年

5 月 5 日至 12 日，第八屆全國人大常委會第七次會議在北京召開。會議通過《國家賠償法》、《關於修改治安管理處罰條例的決定》。

6月28日至7月5日，第八屆全國人大常委會第八次會議在北京召開。會議通過《城市房地產管理法》、《全國人大常委會關於批准〈中華人民共和國政府和老撾人民民主共和國政府邊界制度條約〉的決定》。

1995年

2月21日至28日，第八屆全國人大常委會第十二次會議在北京舉行。會議通過全國人大常委會關於修改《全國人大和地方各級人民代表大會選舉法》和《地方各級人民代表大會和地方各級人民政府組織法》的決定，通過《法官法》、《檢察官法》、《人民警察法》，通過關於修改《稅收徵收管理法》的決定。

1996年

1月26日，全國人大香港特別行政區籌備委員會在北京宣告成立。

2月28日至3月1日，第八屆全國人大常委會第十八次會議在北京舉行。會議通過《戒嚴法》、核安全公約的決定。

3月5日至17日，八屆全國人大第四次會議在北京人民大會堂開幕。17日通過公佈了《行政處罰法》，自1996年10月1日起施行。

5月7日至15日，第八屆全國人大常委會第十九次會議在北京舉行。通過了全國人大常委會《關於國籍法在香港特別行政區實施的幾個問題的解釋》和《關於批准聯合國海洋法公約的決定》；通過了全國人大常委會《關於繼續開展法制宣傳教育的決議》等。

7月29日，中華人民共和國宣佈：從1996年7月30日起，中國開始暫停核試驗。

8月23日至29日，第八屆全國人大常委會第二十一次會議在北京人民大會堂舉行。29日，會議通過《老年人權益保障法》、《煤炭法》、《關於修改礦產資源法的決定》。會議還通過全國人大常委會關於批准中國和哈薩克斯坦、吉爾吉斯斯坦、俄羅斯、塔吉克斯坦關於在邊境地區加強軍事領域信任的協定的決定。

12月16日，國務院對全國人大香港特別行政區籌備委員會報請國務院任命香港特別行政區第一任行政長官作出決定，並發佈國務院第207號令，任命董建華為中華人民共和國香港特別行政區第一任行政長官，於 1997 年 7 月 1 日就職。

12 月 24 日至 30 日，全國人大常委會在京召開第二十三次會議。會議通過《中華人民共和國香港特別行政區駐軍法》。

1997 年

1 月 2 日，國務院發佈《出版管理條例》，自 1997 年 2 月 1 日起施行。

2 月 19 至 25 日，第八屆全國人大常委會第二十四次會議召開。會議通過了關於根據《香港特別行政區基本法》第 160 條處理香港原有法律的決定等。

3 月 1 日至 14 日，第八屆全國人大第五次會議在北京舉行。會議通過《國防法》、《關於批准設立重慶直轄市的決定》。

5 月 6 日至 9 日，第八屆全國人大常委會第二十五次會議在北京召開。會議通過《行政監察法》。

6 月 28 日，國務院通過了《國務院關於授權香港特別行政區政府接收原香港政府資產的決定》，並根據香港特別行政區有關法律自主地進行管理。

6 月 30 日至 7 月 1 日，中英兩國政府香港政權交接儀式在香港會議展覽中心舉行。中國對香港恢復行使主權，中華人民共和國香港特別行政區正式成立。

10 月 27 日，中國政府簽署《經濟、社會及文化權利國際公約》。

1998 年

4 月 7 日，香港特別行政區臨時立法會舉行最後一次會議，審議通過了九部法案以及議員提出的多項動議。

4 月 10 日，全國人大澳門特別行政區籌備委員會第七次全體會議通過《關於設立推薦法官的獨立委員會的決定》、《關於澳門特別行政區公共機構的徽記、印章、旗幟問題的決定》、《第一屆立法會具體產生辦法》。

5 月 5 日，澳門特別行政區籌備委員會在北京宣告成立。

5 月 24 日，香港特別行政區舉行第一屆立法會選舉。

5 月 25 日，香港特別行政區第一屆立法會選舉產生。

12 月 29 日，全國人大常委會通過《全國人大常委會關於修改〈兵役法〉的決定》,自公佈之日起施行;通過《全國人大常委會關於新疆維吾爾自治區生產建設兵團設置人民法院和人民檢察院的決定》;通過《全國人大常委會關於設立全國人大常委會預算工作委員會的決定》。

1999 年

1 月 16 日,全國人大澳門特別行政區籌備委員會第五次全體會議通過《澳門特別行政區第一任行政長官人選的產生辦法》、《澳門特別行政區區旗、區徽使用暫行辦法》。

1 月 22 日,中國共產黨中央委員會提出修改憲法部分內容的建議。

1 月 30 日,全國人大常委會第七次會議審議了中共中央提出的修憲建議,提出了憲法修正案草案,提請第九屆全國人大第二次會議審議。

2 月 27 日,全國人大法工委發言人就 2 月 26 日香港特別行政區終審法院的有關判詞發表談話,認為特區法院 2 月 26 日的判詞對於澄清 1 月 29 日的判詞是必要的。

3 月 5 日至 15 日,第九屆全國人大第二次會議舉行。

3 月 15 日,《憲法修正案》公佈,"中華人民共和國實行依法治國,建設社會主義法治國家"寫入憲法。

4 月 29 日,全國人大常委會通過《行政復議法》,自 1999 年 10 月 1 日起施行。

6 月 26 日,全國人大常委會發佈《全國人大常委會關於〈香港特別行政區基本法〉第二十二條第四款和第二十四條第二款第三項的解釋》。

6 月 28 日,全國人大常委會通過《澳門特別行政區駐軍法》,自 1999 年 12 月 20 日起施行。

7 月 3 日,澳門特別行政區籌備委員會第九次全體會議通過《全國人大澳門特別行政區籌備委員會關於澳門特別行政區第一任行政長官在 1999 年 12 月 19 日前開展工作的決定》、《全國人大澳門特別行政區籌備委員會關於澳門特別行政區有關人員就職宣誓事宜的規定》、《全國人大澳門特別行政區司法機關具體產生辦法》。

10 月 30 日,全國人大常委會通過《全國人大常委會關於取締邪教組織、防範和懲治邪教活動的決定》。

12 月 18 日,國務院發佈《國務院關於授權澳門特別行政區政府接收原澳門政府資產的決定》。

12 月 20 日，澳門特別行政區成立慶祝大會在澳門舉行。第九屆人大常委會舉行第十三次全體會議，李鵬委員長宣佈澳門特別行政區基本法委員會成立；澳門特別行政區第一屆立法會舉行回歸後的第一次會議，通過《回歸法》。

2000 年

4 月 25 日，全國人大常委會發佈《關於撤銷成克傑第九屆全國人大常委會副委員長職務的公告》。

2001 年

6 月 30 日，全國人大常委會通過《全國人大常委會關於修改〈檢察官法〉的決定》、《全國人大常委會關於修改〈法官法〉的決定》。

8 月 25 日，全國人大常委會通過《全國人大常委會關於我國加入世界貿易組織的決定》。

2002 年

3 月 30 日，首次國家司法考試在全國統一舉行。

8 月 29 日，全國人大常委會通過《農村土地承包法》。

12 月 30 日，中共中央發出《中共中央關於做好農戶承包地使用權流轉工作的通知》。

2003 年

3 月 10 日，第十屆全國人大第一次會議通過《關於國務院機構改革方案的決定》。

3 月 15 日，第十屆全國人大代表以無記名投票方式，選舉胡錦濤為中華人民共和國主席，選舉江澤民為中華人民共和國中央軍事委員會主席，選舉吳邦國為第十屆全國人大常委會委員長，選舉曾慶紅為中華人民共和國副主席。

8 月 15 日，第十屆人大常委會第六次委員長會議通過了對法規備案審查工作程序的修改，增加了對備案法規有選擇進行主動審查的程序，施行法規審查工作的被動審查和主動審查相結合。

8 月 27 日，全國人大常委會通過《行政許可法》，自 2004 年 7 月 1 日起施行。

10 月 11 日，中共十六屆三中全會通過《中共中央關於完善社會主義市場經濟體制若干問題的決定》、《中共中央關於修改憲法部分內容的建議》，並決定將後者提交全國人大常委會審議。

2004 年

3 月 14 日，第十屆全國人大第二次會議通過 14 條憲法修正案，"國家尊重和保障人權" 寫入憲法。

4 月 6 日，全國人大常委會公告《全國人大常委會關於〈中華人民共和國香港特別行政區基本法〉附件一第七條和附件二第三條的解釋》，對香港特別行政區行政長官的產生辦法和立法會的產生辦法的相關問題進行了解釋；全國人大常委會通過《全國人大常委會關於香港特別行政區 2007 年行政長官和 2008 年立法會產生辦法有關問題的決定》，決定 2007 年香港特別行政區第三任行政長官的選舉，不實行由普選產生的辦法。

5 月，全國人大常委會法工委增設法規審查備案室，隸屬全國人大常委會法工委，是與國家法室、行政法室、刑法室、民法室等並列的局級單位，負責法規備案，審查下位法是否違法違憲。

10 月 27 日，全國人大常委會通過《全國人大常委會關於修改〈中華人民共和國全國人大和地方各級人民代表大會選舉法〉的決定》、《全國人大常委會關於縣、鄉兩級人民代表大會代表選舉時間的決定》。

2005 年

3 月 8 日，第十屆全國人大第三次會議作出關於接受江澤民辭去中華人民共和國中央軍事委員會主席職務的請求的決定。

3 月 14 日，全國人大通過《反分裂國家法》，自公佈之日起施行。

4 月 27 日，全國人大常委會通過《公務員法》，自 2006 年 1 月 1 日起施行；通過《全國人大常委會關於〈香港特別行政區基本法〉第五十三條第二款的解釋》。

10 月 27 日，全國人大常委會通過《全國人大常委會關於修改〈婦女權益保障法〉的決定》，自 2005 年 12 月 1 日起施行；通過《全國人大常委會關於修改〈個人所得稅法〉的決定》，自 2006 年 1 月 1 日起施行。

12 月 16 日，第十屆全國人大常委會第四十次委員長會議對 2000 年出台的《行政法規、地方性法規、自治條例和單行條例、經濟特區法規備案審查工作程序》進行第二次修訂，並通過《司法解釋備案審查工作程序》。

12 月 29 日，全國人大常委會通過《全國人大常委會關於廢止〈中華人民共和國農業稅條例〉的決定》。

2006 年

6 月 29 日，全國人大常委會修改《義務教育法》，自 2006 年 9 月 1 日起施行。

7 月 14 日，《關於內地與香港特別行政區法院相互認可和執行當事人協議管轄的民商事案件判決的安排》在香港簽署。

8 月 27 日，全國人大常委會通過《中華人民共和國各級人民代表大會常務委員會監督法》，自 2007 年 1 月 1 日起施行。

10 月 31 日，全國人大常委會第二十四次會議通過關於修改《人民法院組織法》的決定，將死刑案件的核准權收歸最高人民法院統一行使。

12 月 29 日，全國人大常委會通過《未成年人保護法》。

2007 年

1 月 28 日，安徽省第十屆人大第五次會議審議通過《安徽省各級人民代表大會常務委員會監督條例》，明確規定受監督的國家機關或者工作人員，拒不接受質詢和詢問，或者接受質詢和詢問時態度惡劣或者虛假答覆的，人大常務委員會將追究其責任。該條例於 3 月 1 日起正式實行。

4 月 27 日，全國人大常委會通過《第十一屆全國人大少數民族代表名額分配方案》、《第十一屆全國人大代表名額分配方案》。

6 月 29 日，全國人大常委會通過《勞動合同法》，2007 年 1 月 1 日實施；全國人大常委會通過《全國人大常委會關於修改〈中華人民共和國個人所得稅法〉的決定》,規定"對儲蓄存款利息所得開徵、減徵、停徵個人所得稅及其具體辦法,由國務院規定"。

10月21日,中國共產黨第十七次全國代表大會勝利閉幕,"尊重和保障人權"寫入黨章。

11月18日,香港特別行政區進行第三屆區議會選舉。

12月29日,第十屆全國人大常委會第三十一次會議通過《全國人大常委會關於香港特別行政區2012年行政長官和立法會產生辦法及有關普選問題的決定》,會議認為2017年香港特別行政區第五任行政長官的選舉可以實行由普選產生的辦法;在行政長官由普選產生以後,香港特別行政區立法會的選舉可以實行全部議員由普選產生的辦法。

2008年

3月5日至18日,第十一屆全國人大在北京召開。3月15日,大會選舉胡錦濤為中華人民共和國主席、中華人民共和國中央軍事委員會主席,選舉吳邦國為第十一屆全國人大常委會委員長,選舉習近平為中華人民共和國副主席。同日,大會通過《關於國務院機構改革方案的決定》。

4月20日,全國人大常委會委員長會議決定今後全國人大常委會審議的法律草案,一般都予以公開,向社會廣泛徵求意見。

4月24日,第十一屆全國人大常委會通過《殘疾人保障法》,自2008年7月1日起施行。

5月22日,《深圳市近期改革綱要(徵求意見稿)》發佈,規定"在區政府換屆中試行區長差額選舉,由同級人大差額選舉出區長、副區長,為以後條件成熟時進行市長差額選舉積累經驗"。

6月26日,第十一屆全國人大常委會第三次會議通過《全國人大常委會關於批准〈殘疾人權利公約〉的決定》。

7月31日,全國人大法律委員會、全國人大常委會法制工作委員會對開展法律清理工作進行了部署。

2009 年

5 月 25 日，最高人民法院公佈《關於在執行附加刑剝奪政治權利期間犯新罪應如何處理的批復》。

8 月 27 日，第十一屆全國人大常委會第十次會議通過《人民武裝警察法》、《全國人民代表大會常務委員會關於積極應對氣候變化的決議》。

2010 年

3 月 14 日，第十一屆全國人大第三次會議修改《選舉法》。

6 月 24 日，四川省德陽市羅江縣在國內率先試點基層人大代表專職化工作。

6 月 25 日，第十一屆全國人大常委會第十五次會議修改《行政監察法》。

7 月 21 日，針對陝西省國土廳礦權糾紛案否定陝西兩級法院判決一事，最高人民法院新聞發言人孫軍工表示，對於法院的生效判決，行政部門不能干擾生效判決的正常履行。

8 月 28 日，第十一屆全國人大常委會第十六次會議修改《香港特別行政區基本法附件一香港特別行政區行政長官的產生辦法》、《香港特別行政區基本法附件二香港特別行政區立法會的產生辦法和表決程序》。

2011 年

3 月 10 日，時任全國人大常委會委員長吳邦國宣佈中國特色社會主義法律體系已經形成。

8 月 26 日，第十一屆全國人大常委會第二十二次會議通過對《中華人民共和國香港特別行政區基本法》第十三條第一款和第十九條的解釋。

10 月 29 日，第十一屆全國人大常委會第二十三次會議修改《兵役法》、《居民身份證法》，通過《全國人大常委會關於加強反恐怖工作有關問題的決定》。新修訂的《居民身份證法》規定，公民申領、換領、補領居民身份證應當登記指紋信息。

12 月 31 日，第十一屆全國人大常委會第二十四次會議通過《全國人大常委會關於〈中華人民共和國澳門特別行政區基本法〉附件一第七條和附件二第三條的解釋》。

2012 年

2 月 29 日，第十一屆全國人大常委會第二十五次會議修改《清潔生產促進法》、《全國人民代表大會常務委員會關於澳門特別行政區 2013 年立法會產生辦法和 2014 年行政長官產生辦法有關問題的決定》。

3 月 14 日，第十一屆全國人大五次會議通過了關於修改刑事訴訟法的決定。"尊重和保障人權"正式寫入修訂後的刑訴法。

4 月 27 日，第十一屆全國人大常委會第二十六次會議通過《軍人保險法》，通過《第十二屆全國人民代表大會代表名額分配方案》、《第十二屆全國人民代表大會少數民族代表名額分配方案》、《台灣省出席第十二屆全國人民代表大會代表協商選舉方案》。

6 月 30 日，第十一屆全國人大常委會第二十七次會議修改《中國人民解放軍選舉全國人民代表大會和縣級以上地方各級人民代表大會代表的辦法》、《澳門特別行政區基本法附件一澳門特別行政區行政長官的產生辦法》、《澳門特別行政區基本法附件二澳門特別行政區立法會的產生辦法》。

9 月 10 日，中國政府發表《關於釣魚島及其附屬島嶼領海基線的聲明》，宣佈中華人民共和國釣魚島及其附屬島嶼的領海基線。

11 月 15 日，中國共產黨第十八次全國代表大會在北京閉幕。

12 月 28 日，第十一屆全國人大常委會第三十次會議通過《全國人民代表大會常務委員會關於加強網絡信息保護的決定》。

2013 年

3 月 10 日，《國務院機構改革和職能轉變方案》全文公佈。

3 月 14 日，十二屆全國人大一次會議在北京人民大會堂舉行第四次全體會議，習近平當選中華人民共和國主席、中華人民共和國中央軍事委員會主席。李源潮當選中華人民共和國副主席，張德江當選全國人民代表大會常務委員會委員長。

3 月 15 日，十二屆全國人大一次會議在北京人民大會堂舉行第五次全體會議。

8 月 30 日，第十二屆全國人大常委會第四次會議授權國務院在中國（上海）自由貿易試驗區等國務院決定的試驗區內暫時停止實施有關法律規定。

11 月 15 日，十八屆三中全會通過《中共中央關於全面深化改革若干重大問題的決定》。

12 月 28 日，第十二屆全國人大常委會第六次會議通過《關於調整完善生育政策的決議》，同意啟動實施一方是獨生子女的夫婦可生育兩個孩子的政策。

2014 年

2 月 27 日，第十二屆全國人大常委會第七次會議通過《全國人大常委會關於設立南京大屠殺死難者國家公祭日的決定》、《全國人大常委會關於確定中國人民抗日戰爭勝利紀念日的決定》。

8 月 31 日，第十二屆全國人大常委會第十次會議通過《全國人民代表大會常務委員會關於香港特別行政區行政長官普選問題和 2016 年立法會產生辦法的決定》。

10 月 20 日至 23 日，中國共產黨第十八屆中央委員會第四次全體會議於北京舉行，審議通過《中共中央關於全面推進依法治國若干重大問題的決定》。

10 月 24 日，第十二屆全國人大常委會第十一次會議通過《關於〈中華人民共和國民法通則〉第九十九條第一款、〈中華人民共和國婚姻法〉第二十二條的解釋》，明確公民在父姓和母姓之外選取姓氏如何適用法律；修改《行政訴訟法》；決定 12 月 4 日為國家憲法日。

12 月 28 日，第十二屆全國人大常委會第十二次會議任命了第四任澳門特別行政區基本法委員會組成人員。

2015 年

3 月 15 日，第十二屆全國人大第三次會議修改《立法法》。

6 月 18 日，香港特別行政區立法會就特區政府提出的行政長官普選法案進行表決。法案未能獲得香港基本法規定的全體議員三分之二多數支持而被否決。

11 月 7 日，中共中央總書記、國家主席習近平同台灣方面領導人馬英九在新加坡會面，就進一步推進兩岸關係和平發展交換意見。這是 1949 年以來兩岸領導人的首次會面。

12 月 27 日，第十二屆全國人大常委會第十八次會議修改《人口與計劃生育法》，新修訂的《人口與計劃生育法》規定，國家提倡一對夫妻生育兩個子女。

2016 年

2 月 26 日，第十二屆全國人大常委會在人民大會堂首次舉行憲法宣誓儀式，張德江委員長主持並監誓。

4 月 28 日，第十二屆全國人大常委會第二十次會議通過《境外非政府組織境內活動管理法》。

8 月 30 日，中共中央發佈《關於遼寧拉票賄選案查處情況及其教訓警示的通報》。

9 月 14 日，第十二屆全國人大常委會第二十三次會議決定成立遼寧省第十二屆人民代表大會第七次會議籌備組。

2017 年

3 月 15 日，第十二屆全國人大第五次會議通過《民法總則》、《關於第十三屆全國人民代表大會代表名額和選舉問題的決定》、《香港特別行政區選舉第十三屆全國人民代表大會代表的辦法》、《澳門特別行政區選舉第十三屆全國人民代表大會代表的辦法》。

4 月 27 日，第十二屆全國人大常委會第二十七次會議修改《測繪法》，通過《關於延長人民陪審員制度改革試點期限的決定》、《第十三屆全國人民代表大會代表名額分配方案》、《第十三屆全國人民代表大會少數民族代表名額分配方案》、《台灣省出席第十三屆全國人民代表大會代表協商選舉方案》。同日，國務院辦公廳轉發《國務院國資委以管資本為主推進職能轉變方案》。

9 月 1 日，第十二屆全國人大常委會第二十九次會議通過《國歌法》。

11 月 4 日，第十二屆全國人大常委會第三十次會議通過《關於在全國各地推開國家監察體制改革試點工作的決定》，並決定在《香港特別行政區基本法》、《澳門特別行政區基本法》附件三中增加全國性法律《國歌法》。

11 月 5 日，中央軍委印發《關於全面深入貫徹軍委主席負責制的意見》。

12 月 22 日，國務院修改《行政法規制定程序條例》、《規章制定程序條例》，決定環境保護稅全部作為地方收入。

12 月 27 日，第十二屆全國人大常委會第三十一次會議批准《內地與香港特別行政區關於在廣深港高鐵西九龍站設立口岸實施"一地兩檢"的合作安排》。

2018 年

1 月 19 日，十九屆二中全會通過《中共中央關於修改憲法部分內容的建議》。

2 月 28 日，十九屆三中全會通過《中共中央關於深化黨和國家機構改革的決定》。

3 月 11 日，第十三屆全國人大第一次會議通過《中華人民共和國憲法修正案》。

3 月 13 日，第十三屆全國人大第一次會議通過《關於設立第十三屆全國人民代表大會專門委員會的決定》。

3 月 17 日，第十三屆全國人大第一次會議選舉習近平為中華人民共和國主席、中華人民共和國中央軍事委員會主席；選舉王岐山為中華人民共和國副主席；通過關於國務院機構改革方案的決定。

3 月 20 日，第十三屆全國人大第一次會議通過《中華人民共和國監察法》。

3 月 21 日，中共中央印發《深化黨和國家機構改革方案》。

4 月 27 日，第十三屆全國人大常委會第二次會議通過《人民陪審員法》、《英雄烈士保護法》、《全國人民代表大會常務委員會關於國務院機構改革涉及法律規定的行政機關職責調整問題的決定》。

6 月 22 日，第十三屆全國人大常委會第三次會議通過《全國人民代表大會常務委員會關於全國人民代表大會憲法和法律委員會職責問題的決定》。

中華人民共和國憲法（1982 年）

（1982 年 12 月 4 日第五屆全國人民代表大會第五
次會議通過　1982 年 12 月 4 日全國人民代表大會
公告公佈施行）

序　言

中國是世界上歷史最悠久的國家之一。中國各族人民共同創造了光輝燦爛的文化，具有光榮的革命傳統。

一八四〇年以後，封建的中國逐漸變成半殖民地、半封建的國家。中國人民為國家獨立、民族解放和民主自由進行了前仆後繼的英勇奮鬥。

二十世紀，中國發生了翻天覆地的偉大歷史變革。

一九一一年孫中山先生領導的辛亥革命，廢除了封建帝制，創立了中華民國。但是，中國人民反對帝國主義和封建主義的歷史任務還沒有完成。

一九四九年，以毛澤東主席為領袖的中國共產黨領導中國各族人民，在經歷了長期的艱難曲折的武裝鬥爭和其他形式的鬥爭以後，終於推翻了帝國主義、封建主義和官僚資本主義的統治，取得了新民主主義革命的偉大勝利，建立了中華人民共和國。從此，中國人民掌握了國家的權力，成為國家的主人。

中華人民共和國成立以後，我國社會逐步實現了由新民主主義到社會主義的過渡。生產資料私有制的社會主義改造已經完成，人剝削人的制度已經消滅，社會主義制度已經確立。工人階級領導的、以工農聯盟為基礎的人民民主專政，實質上即無產階級專政，得到鞏固和發展。中國人民和中國人民解放軍戰勝了帝國主義、霸權主義的侵略、破壞和武裝挑釁，維護了國家的獨立和安全，增強了國防。經濟建設取得了重大的成就，獨立的、比較完整的社會主義工業體系已經基本形成，農業生產顯著提高。教育、科學、文化等事業有了很大的發展，社會主義思想教育取得了明顯的成效。廣大人民的生活有了較大的改善。

中國新民主主義革命的勝利和社會主義事業的成就，都是中國共產黨領導中國各族人民，在馬克思列寧主義、毛澤東思想的指引下，堅持真理，修正錯誤，戰勝許多艱難險阻而取得的。今後國家的根本任務是集中力量進行社會主義現代化建設。中國各族人民將繼續在中國共產黨領導下，在馬克思列寧主義、毛澤東思想指引下，堅持人民民主專政，堅持社會主義道路，不斷完善社會主義的各項制度，發展社會主義民主，健全社會主義法制，自力更生，艱苦奮鬥，逐步實現工業、農業、國防和科學技術的現代化，把我國建設成為高度文明、高度民主的社會主義國家。

在我國，剝削階級作為階級已經消滅，但是階級鬥爭還將在一定範圍內長期存在。中國人民對敵視和破壞我國社會主義制度的國內外的敵對勢力和敵對分子，必須進行鬥爭。

台灣是中華人民共和國的神聖領土的一部分。完成統一祖國的大業是包括台灣同胞在內的全中國人民的神聖職責。

社會主義的建設事業必須依靠工人、農民和知識分子，團結一切可以團結的力量。在長期的革命和建設過程中，已經結成由中國共產黨領導的，有各民主黨派和各人民團體參加的，包括全體社會主義勞動者、擁護社會主義的愛國者和擁護祖國統一的愛國者的廣泛的愛國統一戰線，這個統一戰線將繼續鞏固和發展。中國人民政治協商會議是有廣泛代表性的統一戰線組織，過去發揮了重要的歷史作用，今後在國家政治生活、社會生活和對外友好活動中，在進行社會主義現代化建設、維護國家的統一和團結的鬥爭中，將進一步發揮它的重要作用。

中華人民共和國是全國各族人民共同締造的統一的多民族國家。平等、團結、互助的社會主義民族關係已經確立，並將繼續加強。在維護民族團結的鬥爭中，要反對大民族主義，主要是大漢族主義，也要反對地方民族主義。國家盡一切努力，促進全國各民族的共同繁榮。

中國革命和建設的成就是同世界人民的支持分不開的。中國的前途是同世界的前途緊密地聯繫在一起的。中國堅持獨立自主的對外政策，堅持互相尊重主權和領土完整、互不侵犯、互不干涉內政、平等互利、和平共處的五項原則，發展同各國的外交關係和經濟、文化的交流；堅持反對帝國主義、霸權主義、殖民主義，加強同世界各國人民的團結，支持被壓迫民族和發展中國家爭取和維護民族獨立、發展民族經濟的正義鬥爭，為維護世界和平和促進人類進步事業而努力。

本憲法以法律的形式確認了中國各族人民奮鬥的成果，規定了國家的根本制度和根本任務，是國家的根本法，具有最高的法律效力。全國各族人民、一切國家機關和武裝力量、各政黨和各社會團體、各企業事業組織，都必須以憲法為根本的活動準則，並且負有維護憲法尊嚴、保證憲法實施的職責。

第一章　總　綱

第一條　中華人民共和國是工人階級領導的、以工農聯盟為基礎的人民民主專政的社會主義國家。

社會主義制度是中華人民共和國的根本制度。禁止任何組織或者個人破壞社會主義制度。

第二條　中華人民共和國的一切權力屬於人民。

人民行使國家權力的機關是全國人民代表大會和地方各級人民代表大會。

人民依照法律規定，通過各種途徑和形式，管理國家事務，管理經濟和文化事業，管理社會事務。

第三條　中華人民共和國的國家機構實行民主集中制的原則。

全國人民代表大會和地方各級人民代表大會都由民主選舉產生，對人民負責，受人民監督。

國家行政機關、審判機關、檢察機關都由人民代表大會產生，對它負責，受它監督。

中央和地方的國家機構職權的劃分，遵循在中央的統一領導下，充分發揮地方的主動性、積極性的原則。

第四條　中華人民共和國各民族一律平等。國家保障各少數民族的合法的權利和利益，維護和發展各民族的平等、團結、互助關係。禁止對任何民族的歧視和壓迫，禁止破壞民族團結和製造民族分裂的行為。

國家根據各少數民族的特點和需要，幫助各少數民族地區加速經濟和文化的發展。

各少數民族聚居的地方實行區域自治，設立自治機關，行使自治權。各民族自治地方都是中華人民共和國不可分離的部分。

各民族都有使用和發展自己的語言文字的自由，都有保持或者改革自己的風俗習慣的自由。

第五條　國家維護社會主義法制的統一和尊嚴。

一切法律、行政法規和地方性法規都不得同憲法相抵觸。

一切國家機關和武裝力量、各政黨和各社會團體、各企業事業組織都必須遵守憲法和法律。一切違反憲法和法律的行為，必須予以追究。

任何組織或者個人都不得有超越憲法和法律的特權。

第六條　中華人民共和國的社會主義經濟制度的基礎是生產資料的社會主義公有制，即全民所有制和勞動群眾集體所有制。

社會主義公有制消滅人剝削人的制度，實行各盡所能，按勞分配的原則。

第七條　國營經濟是社會主義全民所有制經濟，是國民經濟中的主導力量。國家保障國營經濟的鞏固和發展。

第八條　農村人民公社、農業生產合作社和其他生產、供銷、信用、消費等各種形式的合作經濟，是社會主義勞動群眾集體所有制經濟。參加農村集體經濟組織的勞動者，有權在法律規定的範圍內經營自留地、自留山、家庭副業和飼養自留畜。

城鎮中的手工業、工業、建築業、運輸業、商業、服務業等行業的各種形式的合作經濟，都是社會主義勞動群眾集體所有制經濟。

國家保護城鄉集體經濟組織的合法的權利和利益，鼓勵、指導和幫助集體經濟的發展。

第九條　礦藏、水流、森林、山嶺、草原、荒地、灘塗等自然資源，都屬於國家所有，即全民所有；由法律規定屬於集體所有的森林和山嶺、草原、荒地、灘塗除外。

國家保障自然資源的合理利用，保護珍貴的動物和植物。禁止任何組織或者個人用任何手段侵佔或者破壞自然資源。

第十條　城市的土地屬於國家所有。

農村和城市郊區的土地，除由法律規定屬於國家所有的以外，屬於集體所有；宅基地和自留地、自留山，也屬於集體所有。

國家為了公共利益的需要，可以依照法律規定對土地實行徵用。

任何組織或者個人不得侵佔、買賣、出租或者以其他形式非法轉讓土地。

一切使用土地的組織和個人必須合理地利用土地。

第十一條　在法律規定範圍內的城鄉勞動者個體經濟，是社會主義公有制經濟的補充。國家保護個體經濟的合法的權利和利益。

國家通過行政管理，指導、幫助和監督個體經濟。

第十二條　社會主義的公共財產神聖不可侵犯。

國家保護社會主義的公共財產。禁止任何組織或者個人用任何手段侵佔或者破壞國家的和集體的財產。

第十三條　國家保護公民的合法的收入、儲蓄、房屋和其他合法財產的所有權。

國家依照法律規定保護公民的私有財產的繼承權。

第十四條　國家通過提高勞動者的積極性和技術水平，推廣先進的科學技術，完善經濟管理體制和企業經營管理制度，實行各種形式的社會主義責任制，改進勞動組織，以不斷提高勞動生產率和經濟效益，發展社會生產力。

國家厲行節約，反對浪費。

國家合理安排積累和消費，兼顧國家、集體和個人的利益，在發展生產的基礎上，逐步改善人民的物質生活和文化生活。

第十五條　國家在社會主義公有制基礎上實行計劃經濟。國家通過經濟計劃的綜合平衡和市場調節的輔助作用，保證國民經濟按比例地協調發展。

禁止任何組織或者個人擾亂社會經濟秩序，破壞國家經濟計劃。

第十六條　國營企業在服從國家的統一領導和全面完成國家計劃的前提下，在法律規定的範圍內，有經營管理的自主權。

國營企業依照法律規定，通過職工代表大會和其他形式，實行民主管理。

第十七條　集體經濟組織在接受國家計劃指導和遵守有關法律的前提下，有獨立進行經濟活動的自主權。

集體經濟組織依照法律規定實行民主管理，由它的全體勞動者選舉和罷免管理人員，決定經營管理的重大問題。

第十八條　中華人民共和國允許外國的企業和其他經濟組織或者個人依照中華人民共和國法律的規定在中國投資，同中國的企業或者其他經濟組織進行各種形式的經濟合作。

在中國境內的外國企業和其他外國經濟組織以及中外合資經營的企業，都必須遵守中華人民共和國的法律。它們的合法的權利和利益受中華人民共和國法律的保護。

第十九條　國家發展社會主義的教育事業，提高全國人民的科學文化水平。

國家舉辦各種學校，普及初等義務教育，發展中等教育、職業教育和高等教育，並且發展學前教育。

國家發展各種教育設施，掃除文盲，對工人、農民、國家工作人員和其他勞動者進行政治、文化、科學、技術、業務的教育，鼓勵自學成才。

國家鼓勵集體經濟組織、國家企業事業組織和其他社會力量依照法律規定舉辦各種教育事業。

國家推廣全國通用的普通話。

第二十條　國家發展自然科學和社會科學事業，普及科學和技術知識，獎勵科學研究成果和技術發明創造。

第二十一條　國家發展醫療衛生事業，發展現代醫藥和我國傳統醫藥，鼓勵和支持農村集體經濟組織、國家企業事業組織和街道組織舉辦各種醫療衛生設施，開展群眾性的衛生活動，保護人民健康。

國家發展體育事業，開展群眾性的體育活動，增強人民體質。

第二十二條　國家發展為人民服務、為社會主義服務的文學藝術事業、新聞廣播電視事業、出版發行事業、圖書館博物館文化館和其他文化事業，開展群眾性的文化活動。

國家保護名勝古跡、珍貴文物和其他重要歷史文化遺產。

第二十三條　國家培養為社會主義服務的各種專業人才，擴大知識分子的隊伍，創造條件，充分發揮他們在社會主義現代化建設中的作用。

第二十四條　國家通過普及理想教育、道德教育、文化教育、紀律和法制教育，通過在城鄉不同範圍的群眾中制定和執行各種守則、公約，加強社會主義精神文明的建設。

國家提倡愛祖國、愛人民、愛勞動、愛科學、愛社會主義的公德，在人民中進行愛國主義、集體主義和國際主義、共產主義的教育，進行辯證唯物主義和歷史唯物主義的教育，反對資本主義的、封建主義的和其他的腐朽思想。

第二十五條　國家推行計劃生育，使人口的增長同經濟和社會發展計劃相適應。

第二十六條　國家保護和改善生活環境和生態環境，防治污染和其他公害。

國家組織和鼓勵植樹造林，保護林木。

第二十七條　一切國家機關實行精簡的原則，實行工作責任制，實行工作人員的培訓和考核制度，不斷提高工作質量和工作效率，反對官僚主義。

　　一切國家機關和國家工作人員必須依靠人民的支持，經常保持同人民的密切聯繫，傾聽人民的意見和建議，接受人民的監督，努力為人民服務。

　　第二十八條　國家維護社會秩序，鎮壓叛國和其他反革命的活動，制裁危害社會治安、破壞社會主義經濟和其他犯罪的活動，懲辦和改造犯罪分子。

　　第二十九條　中華人民共和國的武裝力量屬於人民。它的任務是鞏固國防，抵抗侵略，保衛祖國，保衛人民的和平勞動，參加國家建設事業，努力為人民服務。

　　國家加強武裝力量的革命化、現代化、正規化的建設，增強國防力量。

　　第三十條　中華人民共和國的行政區域劃分如下：

　　（一）全國分為省、自治區、直轄市；

　　（二）省、自治區分為自治州、縣、自治縣、市；

　　（三）縣、自治縣分為鄉、民族鄉、鎮。

　　直轄市和較大的市分為區、縣。自治州分為縣、自治縣、市。

　　自治區、自治州、自治縣都是民族自治地方。

　　第三十一條　國家在必要時得設立特別行政區。在特別行政區內實行的制度按照具體情況由全國人民代表大會以法律規定。

　　第三十二條　中華人民共和國保護在中國境內的外國人的合法權利和利益，在中國境內的外國人必須遵守中華人民共和國的法律。

　　中華人民共和國對於因為政治原因要求避難的外國人，可以給予受庇護的權利。

第二章　公民的基本權利和義務

　　第三十三條　凡具有中華人民共和國國籍的人都是中華人民共和國公民。

　　中華人民共和國公民在法律面前一律平等。

　　任何公民享有憲法和法律規定的權利，同時必須履行憲法和法律規定的義務。

　　第三十四條　中華人民共和國年滿十八週歲的公民，不分民族、種族、性別、職業、家庭出身、宗教信仰、教育程度、財產狀況、居住期限，都有選舉權和被選舉權；但是依照法律被剝奪政治權利的人除外。

第三十五條　中華人民共和國公民有言論、出版、集會、結社、遊行、示威的自由。

第三十六條　中華人民共和國公民有宗教信仰自由。

任何國家機關、社會團體和個人不得強制公民信仰宗教或者不信仰宗教，不得歧視信仰宗教的公民和不信仰宗教的公民。

國家保護正常的宗教活動。任何人不得利用宗教進行破壞社會秩序、損害公民身體健康、妨礙國家教育制度的活動。

宗教團體和宗教事務不受外國勢力的支配。

第三十七條　中華人民共和國公民的人身自由不受侵犯。

任何公民，非經人民檢察院批准或者決定或者人民法院決定，並由公安機關執行，不受逮捕。

禁止非法拘禁和以其他方法非法剝奪或者限制公民的人身自由，禁止非法搜查公民的身體。

第三十八條　中華人民共和國公民的人格尊嚴不受侵犯。禁止用任何方法對公民進行侮辱、誹謗和誣告陷害。

第三十九條　中華人民共和國公民的住宅不受侵犯。禁止非法搜查或者非法侵入公民的住宅。

第四十條　中華人民共和國公民的通信自由和通信秘密受法律的保護。除因國家安全或者追查刑事犯罪的需要，由公安機關或者檢察機關依照法律規定的程序對通信進行檢查外，任何組織或者個人不得以任何理由侵犯公民的通信自由和通信秘密。

第四十一條　中華人民共和國公民對於任何國家機關和國家工作人員，有提出批評和建議的權利；對於任何國家機關和國家工作人員的違法失職行為，有向有關國家機關提出申訴、控告或者檢舉的權利，但是不得捏造或者歪曲事實進行誣告陷害。

對於公民的申訴、控告或者檢舉，有關國家機關必須查清事實，負責處理。任何人不得壓制和打擊報復。

由於國家機關和國家工作人員侵犯公民權利而受到損失的人，有依照法律規定取得賠償的權利。

第四十二條　中華人民共和國公民有勞動的權利和義務。

國家通過各種途徑，創造勞動就業條件，加強勞動保護，改善勞動條件，並在發展生產的基礎上，提高勞動報酬和福利待遇。

勞動是一切有勞動能力的公民的光榮職責。國營企業和城鄉集體經濟組織的勞動者都應當以國家主人翁的態度對待自己的勞動。國家提倡社會主義勞動競賽，獎勵勞動模範和先進工作者。國家提倡公民從事義務勞動。

國家對就業前的公民進行必要的勞動就業訓練。

第四十三條　中華人民共和國勞動者有休息的權利。

國家發展勞動者休息和休養的設施，規定職工的工作時間和休假制度。

第四十四條　國家依照法律規定實行企業事業組織的職工和國家機關工作人員的退休制度。退休人員的生活受到國家和社會的保障。

第四十五條　中華人民共和國公民在年老、疾病或者喪失勞動能力的情況下，有從國家和社會獲得物質幫助的權利。國家發展為公民享受這些權利所需要的社會保險、社會救濟和醫療衛生事業。

國家和社會保障殘廢軍人的生活，撫恤烈士家屬，優待軍人家屬。

國家和社會幫助安排盲、聾、啞和其他有殘疾的公民的勞動、生活和教育。

第四十六條　中華人民共和國公民有受教育的權利和義務。

國家培養青年、少年、兒童在品德、智力、體質等方面全面發展。

第四十七條　中華人民共和國公民有進行科學研究、文學藝術創作和其他文化活動的自由。國家對於從事教育、科學、技術、文學、藝術和其他文化事業的公民的有益於人民的創造性工作，給以鼓勵和幫助。

第四十八條　中華人民共和國婦女在政治的、經濟的、文化的、社會的和家庭的生活等各方面享有同男子平等的權利。

國家保護婦女的權利和利益，實行男女同工同酬，培養和選拔婦女幹部。

第四十九條　婚姻、家庭、母親和兒童受國家的保護。

夫妻雙方有實行計劃生育的義務。

父母有撫養教育未成年子女的義務，成年子女有贍養扶助父母的義務。

禁止破壞婚姻自由，禁止虐待老人、婦女和兒童。

第五十條　中華人民共和國保護華僑的正當的權利和利益，保護歸僑和僑眷的合法的權利和利益。

第五十一條　中華人民共和國公民在行使自由和權利的時候，不得損害國家的、社會的、集體的利益和其他公民的合法的自由和權利。

第五十二條　中華人民共和國公民有維護國家統一和全國各民族團結的義務。

第五十三條　中華人民共和國公民必須遵守憲法和法律，保守國家秘密，愛護公共財產，遵守勞動紀律，遵守公共秩序，尊重社會公德。

第五十四條　中華人民共和國公民有維護祖國的安全、榮譽和利益的義務，不得有危害祖國的安全、榮譽和利益的行為。

第五十五條　保衛祖國、抵抗侵略是中華人民共和國每一個公民的神聖職責。

依照法律服兵役和參加民兵組織是中華人民共和國公民的光榮義務。

第五十六條　中華人民共和國公民有依照法律納稅的義務。

第三章　國家機構

第一節　全國人民代表大會

第五十七條　中華人民共和國全國人民代表大會是最高國家權力機關。它的常設機關是全國人民代表大會常務委員會。

第五十八條　全國人民代表大會和全國人民代表大會常務委員會行使國家立法權。

第五十九條　全國人民代表大會由省、自治區、直轄市和軍隊選出的代表組成。各少數民族都應當有適當名額的代表。

全國人民代表大會代表的選舉由全國人民代表大會常務委員會主持。

全國人民代表大會代表名額和代表產生辦法由法律規定。

第六十條　全國人民代表大會每屆任期五年。

全國人民代表大會任期屆滿的兩個月以前，全國人民代表大會常務委員會必須完成下屆全國人民代表大會代表的選舉。如果遇到不能進行選舉的非常情況，由全國人民代表大會常務委員會以全體組成人員的三分之二以上的多數通過，可以推遲選舉，延長本屆全國人民代表大會的任期。在非常情況結束後一年內，必須完成下屆全國人民代表大會代表的選舉。

第六十一條　全國人民代表大會會議每年舉行一次，由全國人民代表大會常務委員會召集。如果全國人民代表大會常務委員會認為必要，或者有五分之一以上的全國人民代表大會代表提議，可以臨時召集全國人民代表大會會議。

全國人民代表大會舉行會議的時候，選舉主席團主持會議。

第六十二條　全國人民代表大會行使下列職權：

（一）修改憲法；

（二）監督憲法的實施；

（三）制定和修改刑事、民事、國家機構的和其他的基本法律；

（四）選舉中華人民共和國主席、副主席；

（五）根據中華人民共和國主席的提名，決定國務院總理的人選；根據國務院總理的提名，決定國務院副總理、國務委員、各部部長、各委員會主任、審計長、秘書長的人選；

（六）選舉中央軍事委員會主席；根據中央軍事委員會主席的提名，決定中央軍事委員會其他組成人員的人選；

（七）選舉最高人民法院院長；

（八）選舉最高人民檢察院檢察長；

（九）審查和批准國民經濟和社會發展計劃和計劃執行情況的報告；

（十）審查和批准國家的預算和預算執行情況的報告；

（十一）改變或者撤銷全國人民代表大會常務委員會不適當的決定；

（十二）批准省、自治區和直轄市的建置；

（十三）決定特別行政區的設立及其制度；

（十四）決定戰爭和和平的問題；

（十五）應當由最高國家權力機關行使的其他職權。

第六十三條　全國人民代表大會有權罷免下列人員：

（一）中華人民共和國主席、副主席；

（二）國務院總理、副總理、國務委員、各部部長、各委員會主任、審計長、秘書長；

　　（三）中央軍事委員會主席和中央軍事委員會其他組成人員；

　　（四）最高人民法院院長；

　　（五）最高人民檢察院檢察長。

　　第六十四條　憲法的修改，由全國人民代表大會常務委員會或者五分之一以上的全國人民代表大會代表提議，並由全國人民代表大會以全體代表的三分之二以上的多數通過。

　　法律和其他議案由全國人民代表大會以全體代表的過半數通過。

　　第六十五條　全國人民代表大會常務委員會由下列人員組成：

　　委員長，

　　副委員長若干人，

　　秘書長，

　　委員若干人。

　　全國人民代表大會常務委員會組成人員中，應當有適當名額的少數民族代表。

　　全國人民代表大會選舉並有權罷免全國人民代表大會常務委員會的組成人員。

　　全國人民代表大會常務委員會的組成人員不得擔任國家行政機關、審判機關和檢察機關的職務。

　　第六十六條　全國人民代表大會常務委員會每屆任期同全國人民代表大會每屆任期相同，它行使職權到下屆全國人民代表大會選出新的常務委員會為止。

　　委員長、副委員長連續任職不得超過兩屆。

　　第六十七條　全國人民代表大會常務委員會行使下列職權：

　　（一）解釋憲法，監督憲法的實施；

　　（二）制定和修改除應當由全國人民代表大會制定的法律以外的其他法律；

　　（三）在全國人民代表大會閉會期間，對全國人民代表大會制定的法律進行部分補充和修改，但是不得同該法律的基本原則相抵觸；

　　（四）解釋法律；

　　（五）在全國人民代表大會閉會期間，審查和批准國民經濟和社會發展計劃、國家預算在執行過程中所必須作的部分調整方案；

（六）監督國務院、中央軍事委員會、最高人民法院和最高人民檢察院的工作；

（七）撤銷國務院制定的同憲法、法律相抵觸的行政法規、決定和命令；

（八）撤銷省、自治區、直轄市國家權力機關制定的同憲法、法律和行政法規相抵觸的地方性法規和決議；

（九）在全國人民代表大會閉會期間，根據國務院總理的提名，決定部長、委員會主任、審計長、秘書長的人選；

（十）在全國人民代表大會閉會期間，根據中央軍事委員會主席的提名，決定中央軍事委員會其他組成人員的人選；

（十一）根據最高人民法院院長的提請，任免最高人民法院副院長、審判員、審判委員會委員和軍事法院院長；

（十二）根據最高人民檢察院檢察長的提請，任免最高人民檢察院副檢察長、檢察員、檢察委員會委員和軍事檢察院檢察長，並且批准省、自治區、直轄市的人民檢察院檢察長的任免；

（十三）決定駐外全權代表的任免；

（十四）決定同外國締結的條約和重要協定的批准和廢除；

（十五）規定軍人和外交人員的銜級制度和其他專門銜級制度；

（十六）規定和決定授予國家的勳章和榮譽稱號；

（十七）決定特赦；

（十八）在全國人民代表大會閉會期間，如果遇到國家遭受武裝侵犯或者必須履行國際間共同防止侵略的條約的情況，決定戰爭狀態的宣佈；

（十九）決定全國總動員或者局部動員；

（二十）決定全國或者個別省、自治區、直轄市的戒嚴；

（二十一）全國人民代表大會授予的其他職權；

第六十八條　全國人民代表大會常務委員會委員長主持全國人民代表大會常務委員會的工作，召集全國人民代表大會常務委員會會議。副委員長、秘書長協助委員長工作。

委員長、副委員長、秘書長組成委員長會議，處理全國人民代表大會常務委員會的重要日常工作。

第六十九條　全國人民代表大會常務委員會對全國人民代表大會負責並報告工作。

第七十條　全國人民代表大會設立民族委員會、法律委員會、財政經濟委員會、教育科學文化衛生委員會、外事委員會、華僑委員會和其他需要設立的專門委員會。在全國人民代表大會閉會期間，各專門委員會受全國人民代表大會常務委員會的領導。

各專門委員會在全國人民代表大會和全國人民代表大會常務委員會領導下，研究、審議和擬訂有關議案。

第七十一條　全國人民代表大會和全國人民代表大會常務委員會認為必要的時候，可以組織關於特定問題的調查委員會，並且根據調查委員會的報告，作出相應的決議。

調查委員會進行調查的時候，一切有關的國家機關、社會團體和公民都有義務向它提供必要的材料。

第七十二條　全國人民代表大會代表和全國人民代表大會常務委員會組成人員，有權依照法律規定的程序分別提出屬於全國人民代表大會和全國人民代表大會常務委員會職權範圍內的議案。

第七十三條　全國人民代表大會代表在全國人民代表大會開會期間，全國人民代表大會常務委員會組成人員在常務委員會開會期間，有權依照法律規定的程序提出對國務院或者國務院各部、各委員會的質詢案。受質詢的機關必須負責答覆。

第七十四條　全國人民代表大會代表，非經全國人民代表大會會議主席團許可，在全國人民代表大會閉會期間非經全國人民代表大會常務委員會許可，不受逮捕或者刑事審判。

第七十五條　全國人民代表大會代表在全國人民代表大會各種會議上的發言和表決，不受法律追究。

第七十六條　全國人民代表大會代表必須模範地遵守憲法和法律，保守國家秘密，並且在自己參加的生產、工作和社會活動中，協助憲法和法律的實施。

全國人民代表大會代表應當同原選舉單位和人民保持密切的聯繫，聽取和反映人民的意見和要求，努力為人民服務。

第七十七條　全國人民代表大會代表受原選舉單位的監督。原選舉單位有權依照法律規定的程序罷免本單位選出的代表。

第七十八條　全國人民代表大會和全國人民代表大會常務委員會的組織和工作程序由法律規定。

第二節　中華人民共和國主席

第七十九條　中華人民共和國主席、副主席由全國人民代表大會選舉。

有選舉權和被選舉權的年滿四十五週歲的中華人民共和國公民可以被選為中華人民共和國主席、副主席。

中華人民共和國主席、副主席每屆任期同全國人民代表大會每屆任期相同，連續任職不得超過兩屆。

第八十條　中華人民共和國主席根據全國人民代表大會的決定和全國人民代表大會常務委員會的決定，公佈法律，任免國務院總理、副總理、國務委員、各部部長、各委員會主任、審計長、秘書長，授予國家的勳章和榮譽稱號，發佈特赦令，發佈戒嚴令，宣佈戰爭狀態，發佈動員令。

第八十一條　中華人民共和國主席代表中華人民共和國，接受外國使節；根據全國人民代表大會常務委員會的決定，派遣和召回駐外全權代表，批准和廢除同外國締結的條約和重要協定。

第八十二條　中華人民共和國副主席協助主席工作。

中華人民共和國副主席受主席的委託，可以代行主席的部分職權。

第八十三條　中華人民共和國主席、副主席行使職權到下屆全國人民代表大會選出的主席、副主席就職為止。

第八十四條　中華人民共和國主席缺位的時候，由副主席繼任主席的職位。

中華人民共和國副主席缺位的時候，由全國人民代表大會補選。

中華人民共和國主席、副主席都缺位的時候，由全國人民代表大會補選；在補選以前，由全國人民代表大會常務委員會委員長暫時代理主席職位。

第三節　國務院

第八十五條　中華人民共和國國務院，即中央人民政府，是最高國家權力機關的執行機關，是最高國家行政機關。

第八十六條　國務院由下列人員組成：

總理，

副總理若干人，

國務委員若干人，

各部部長，

各委員會主任，

審計長，

秘書長。

國務院實行總理負責制。各部、各委員會實行部長、主任負責制。

國務院的組織由法律規定。

第八十七條　國務院每屆任期同全國人民代表大會每屆任期相同。

總理、副總理、國務委員連續任職不得超過兩屆。

第八十八條　總理領導國務院的工作。副總理、國務委員協助總理工作。

總理、副總理、國務委員、秘書長組成國務院常務會議。

總理召集和主持國務院常務會議和國務院全體會議。

第八十九條　國務院行使下列職權：

（一）根據憲法和法律，規定行政措施，制定行政法規，發佈決定和命令；

（二）向全國人民代表大會或者全國人民代表大會常務委員會提出議案；

（三）規定各部和各委員會的任務和職責，統一領導各部和各委員會的工作，並且領導不屬於各部和各委員會的全國性的行政工作；

（四）統一領導全國地方各級國家行政機關的工作，規定中央和省、自治區、直轄市的國家行政機關的職權的具體劃分；

（五）編制和執行國民經濟和社會發展計劃和國家預算；

（六）領導和管理經濟工作和城鄉建設；

（七）領導和管理教育、科學、文化、衛生、體育和計劃生育工作；

（八）領導和管理民政、公安、司法行政和監察等工作；

（九）管理對外事務，同外國締結條約和協定；

（十）領導和管理國防建設事業；

（十一）領導和管理民族事務，保障少數民族的平等權利和民族自治地方的自治權利；

（十二）保護華僑的正當的權利和利益，保護歸僑和僑眷的合法的權利和利益；

（十三）改變或者撤銷各部、各委員會發佈的不適當的命令、指示和規章；

（十四）改變或者撤銷地方各級國家行政機關的不適當的決定和命令；

（十五）批准省、自治區、直轄市的區域劃分，批准自治州、縣、自治縣、市的建置和區域劃分；

（十六）決定省、自治區、直轄市的範圍內部分地區的戒嚴；

（十七）審定行政機構的編制，依照法律規定任免、培訓、考核和獎懲行政人員；

（十八）全國人民代表大會和全國人民代表大會常務委員會授予的其他職權。

第九十條　國務院各部部長、各委員會主任負責本部門的工作；召集和主持部務會議或者委員會會議、委務會議，討論決定本部門工作的重大問題。

各部、各委員會根據法律和國務院的行政法規、決定、命令，在本部門的權限內，發佈命令、指示和規章。

第九十一條　國務院設立審計機關，對國務院各部門和地方各級政府的財政收支，對國家的財政金融機構和企業事業組織的財務收支，進行審計監督。

審計機關在國務院總理領導下，依照法律規定獨立行使審計監督權，不受其他行政機關、社會團體和個人的干涉。

第九十二條　國務院對全國人民代表大會負責並報告工作；在全國人民代表大會閉會期間，對全國人民代表大會常務委員會負責並報告工作。

第四節　中央軍事委員會

第九十三條　中華人民共和國中央軍事委員會領導全國武裝力量。

中央軍事委員會由下列人員組成：

主席，

副主席若干人，

委員若干人。

中央軍事委員會實行主席負責制。

中央軍事委員會每屆任期同全國人民代表大會每屆任期相同。

第九十四條　中央軍事委員會主席對全國人民代表大會和全國人民代表大會常務委員會負責。

第五節　地方各級人民代表大會和地方各級人民政府

第九十五條　省、直轄市、縣、市、市轄區、鄉、民族鄉、鎮設立人民代表大會和人民政府。

地方各級人民代表大會和地方各級人民政府的組織由法律規定。

自治區、自治州、自治縣設立自治機關。自治機關的組織和工作根據憲法第三章第五節、第六節規定的基本原則由法律規定。

第九十六條　地方各級人民代表大會是地方國家權力機關。

縣級以上的地方各級人民代表大會設立常務委員會。

第九十七條　省、直轄市、設區的市的人民代表大會代表由下一級的人民代表大會選舉；縣、不設區的市、市轄區、鄉、民族鄉、鎮的人民代表大會代表由選民直接選舉。

地方各級人民代表大會代表名額和代表產生辦法由法律規定。

第九十八條　省、直轄市、設區的市的人民代表大會每屆任期五年。縣、不設區的市、市轄區、鄉、民族鄉、鎮的人民代表大會每屆任期三年。

第九十九條　地方各級人民代表大會在本行政區域內，保證憲法、法律、行政法規的遵守和執行；依照法律規定的權限，通過和發佈決議，審查和決定地方的經濟建設、文化建設和公共事業建設的計劃。

縣級以上的地方各級人民代表大會審查和批准本行政區域內的國民經濟和社會發展計劃、預算以及它們的執行情況的報告；有權改變或者撤銷本級人民代表大會常務委員會不適當的決定。

民族鄉的人民代表大會可以依照法律規定的權限採取適合民族特點的具體措施。

第一百條　省、直轄市的人民代表大會和它們的常務委員會，在不同憲法、法律、行政法規相抵觸的前提下，可以制定地方性法規，報全國人民代表大會常務委員會備案。

第一百零一條　地方各級人民代表大會分別選舉並且有權罷免本級人民政府的省長和副省長、市長和副市長、縣長和副縣長、區長和副區長、鄉長和副鄉長、鎮長和副鎮長。

縣級以上的地方各級人民代表大會選舉並且有權罷免本級人民法院院長和本級人民檢察院檢察長。選出或者罷免人民檢察院檢察長，須報上級人民檢察院檢察長提請該級人民代表大會常務委員會批准。

第一百零二條　省、直轄市、設區的市的人民代表大會代表受原選舉單位的監督；縣、不設區的市、市轄區、鄉、民族鄉、鎮的人民代表大會代表受選民的監督。

地方各級人民代表大會代表的選舉單位和選民有權依照法律規定的程序罷免由他們選出的代表。

第一百零三條　縣級以上的地方各級人民代表大會常務委員會由主任、副主任若干人和委員若干人組成，對本級人民代表大會負責並報告工作。縣級以上的地方各級人民代表大會選舉並有權罷免本級人民代表大會常務委員會的組成人員。

縣級以上的地方各級人民代表大會常務委員會的組成人員不得擔任國家行政機關、審判機關和檢察機關的職務。

第一百零四條　縣級以上的地方各級人民代表大會常務委員會討論、決定本行政區域內各方面工作的重大事項；監督本級人民政府、人民法院和人民檢察院的工作；撤銷本級人民政府的不適當的決定和命令；撤銷下一級人民代表大會的不適當的決議；依照法律規定的權限決定國家機關工作人員的任免；在本級人民代表大會閉會期間，罷免和補選上一級人民代表大會的個別代表。

第一百零五條　地方各級人民政府是地方各級國家權力機關的執行機關，是地方各級國家行政機關。

地方各級人民政府實行省長、市長、縣長、區長、鄉長、鎮長負責制。

第一百零六條　地方各級人民政府每屆任期同本級人民代表大會每屆任期相同。

第一百零七條　縣級以上地方各級人民政府依照法律規定的權限，管理本行政區域內的經濟、教育、科學、文化、衛生、體育事業、城鄉建設事業和財政、民政、公安、民族事務、司法行政、監察、計劃生育等行政工作，發佈決定和命令，任免、培訓、考核和獎懲行政工作人員。

鄉、民族鄉、鎮的人民政府執行本級人民代表大會的決議和上級國家行政機關的決定和命令，管理本行政區域內的行政工作。

省、直轄市的人民政府決定鄉、民族鄉、鎮的建置和區域劃分。

第一百零八條　縣級以上的地方各級人民政府領導所屬各工作部門和下級人民政府的工作，有權改變或者撤銷所屬各工作部門和下級人民政府的不適當的決定。

第一百零九條　縣級以上的地方各級人民政府設立審計機關。地方各級審計機關依照法律規定獨立行使審計監督權，對本級人民政府和上一級審計機關負責。

第一百一十條　地方各級人民政府對本級人民代表大會負責並報告工作。縣級以上的地方各級人民政府在本級人民代表大會閉會期間，對本級人民代表大會常務委員會負責並報告工作。

地方各級人民政府對上一級國家行政機關負責並報告工作。全國地方各級人民政府都是國務院統一領導下的國家行政機關，都服從國務院。

第一百一十一條　城市和農村按居民居住地區設立的居民委員會或者村民委員會是基層群眾性自治組織。居民委員會、村民委員會的主任、副主任和委員由居民選舉。居民委員會、村民委員會同基層政權的相互關係由法律規定。

居民委員會、村民委員會設人民調解、治安保衛、公共衛生等委員會，辦理本居住地區的公共事務和公益事業，調解民間糾紛，協助維護社會治安，並且向人民政府反映群眾的意見、要求和提出建議。

第六節　民族自治地方的自治機關

第一百一十二條　民族自治地方的自治機關是自治區、自治州、自治縣的人民代表大會和人民政府。

第一百一十三條　自治區、自治州、自治縣的人民代表大會中，除實行區域自治的民族的代表外，其他居住在本行政區域內的民族也應當有適當名額的代表。自治區、自治州、自治縣的人民代表大會常務委員會中應當有實行區域自治的民族的公民擔任主任或者副主任。

第一百一十四條　自治區主席、自治州州長、自治縣縣長由實行區域自治的民族的公民擔任。

第一百一十五條　自治區、自治州、自治縣的自治機關行使憲法第三章第五節規定的地方國家機關的職權，同時依照憲法、民族區域自治法和其他法律規定的權限行使自治權，根據本地方實際情況貫徹執行國家的法律、政策。

第一百一十六條　民族自治地方的人民代表大會有權依照當地民族的政治、經濟和文化的特點，制定自治條例和單行條例。自治區的自治條例和單行條例，報全國人民代表大會常務委員會批准後生效。自治州、自治縣的自治條例和單行條例，報省或者自治區的人民代表大會常務委員會批准後生效，並報全國人民代表大會常務委員會備案。

第一百一十七條　民族自治地方的自治機關有管理地方財政的自治權。凡是依照國家財政體制屬於民族自治地方的財政收入，都應當由民族自治地方的自治機關自主地安排使用。

第一百一十八條　民族自治地方的自治機關在國家計劃的指導下，自主地安排和管理地方性的經濟建設事業。

國家在民族自治地方開發資源、建設企業的時候，應當照顧民族自治地方的利益。

第一百一十九條　民族自治地方的自治機關自主地管理本地方的教育、科學、文化、衛生、體育事業，保護和整理民族的文化遺產，發展和繁榮民族文化。

第一百二十條　民族自治地方的自治機關依照國家的軍事制度和當地的實際需要，經國務院批准，可以組織本地方維護社會治安的公安部隊。

第一百二十一條　民族自治地方的自治機關在執行職務的時候，依照本民族自治地方自治條例的規定，使用當地通用的一種或者幾種語言文字。

第一百二十二條　國家從財政、物資、技術等方面幫助各少數民族加速發展經濟建設和文化建設事業。

國家幫助民族自治地方從當地民族中大量培養各級幹部、各種專業人才和技術工人。

第七節　人民法院和人民檢察院

第一百二十三條　中華人民共和國人民法院是國家的審判機關。

第一百二十四條　中華人民共和國設立最高人民法院、地方各級人民法院和軍事法院等專門人民法院。

最高人民法院院長每屆任期同全國人民代表大會每屆任期相同，連續任職不得超過兩屆。人民法院的組織由法律規定。

第一百二十五條　人民法院審理案件，除法律規定的特別情況外，一律公開進行。被告人有權獲得辯護。

第一百二十六條　人民法院依照法律規定獨立行使審判權，不受行政機關、社會團體和個人的干涉。

第一百二十七條　最高人民法院是最高審判機關。

最高人民法院監督地方各級人民法院和專門人民法院的審判工作，上級人民法院監督下級人民法院的審判工作。

第一百二十八條　最高人民法院對全國人民代表大會和全國人民代表大會常務委員會負責。地方各級人民法院對產生它的國家權力機關負責。

第一百二十九條　中華人民共和國人民檢察院是國家的法律監督機關。

第一百三十條　中華人民共和國設立最高人民檢察院、地方各級人民檢察院和軍事檢察院等專門人民檢察院。

最高人民檢察院檢察長每屆任期同全國人民代表大會每屆任期相同，連續任職不得超過兩屆。

人民檢察院的組織由法律規定。

第一百三十一條　人民檢察院依照法律規定獨立行使檢察權，不受行政機關、社會團體和個人的干涉。

第一百三十二條　最高人民檢察院是最高檢察機關。

最高人民檢察院領導地方各級人民檢察院和專門人民檢察院的工作，上級人民檢察院領導下級人民檢察院的工作。

第一百三十三條　最高人民檢察院對全國人民代表大會和全國人民代表大會常務委員會負責。地方各級人民檢察院對產生它的國家權力機關和上級人民檢察院負責。

第一百三十四條　各民族公民都有用本民族語言文字進行訴訟的權利。人民法院和人民檢察院對於不通曉當地通用的語言文字的訴訟參與人，應當為他們翻譯。

在少數民族聚居或者多民族共同居住的地區，應當用當地通用的語言進行審理；起訴書、判決書、布告和其他文書應當根據實際需要使用當地通用的一種或者幾種文字。

第一百三十五條　人民法院、人民檢察院和公安機關辦理刑事案件，應當分工負責，互相配合，互相制約，以保證準確有效地執行法律。

第四章　國旗、國徽、首都

第一百三十六條　中華人民共和國國旗是五星紅旗。

第一百三十七條　中華人民共和國國徽，中間是五星照耀下的天安門，周圍是穀穗和齒輪。

第一百三十八條　中華人民共和國首都是北京。

中華人民共和國憲法修正案（1-2）

（1988年4月12日第七屆全國人民代表大會第一次會議通過）

　　第一條　憲法第十一條增加規定：“國家允許私營經濟在法律規定的範圍內存在和發展。私營經濟是社會主義公有制經濟的補充。國家保護私營經濟的合法的權利和利益，對私營經濟實行引導、監督和管理。”

　　第二條　憲法第十條第四款“任何組織或者個人不得侵佔、買賣、出租或者以其他形式非法轉讓土地。”修改為：“任何組織或個人不得侵佔、買賣或者以其他形式非法轉讓土地。土地的使用權可以依照法律的規定轉讓。”

中華人民共和國憲法修正案（3-11）

（1993年3月29日第八屆全國人民代表大會第一次會議通過）

　　第三條　憲法序言第七自然段後兩句："今後國家的根本任務是集中力量進行社會主義現代化建設。中國各族人民將繼續在中國共產黨領導下，在馬克思列寧主義、毛澤東思想指引下，堅持人民民主專政，堅持社會主義道路，不斷完善社會主義的各項制度，發展社會主義民主，健全社會主義法制，自力更生，艱苦奮鬥，逐步實現工業、農業、國防和科學技術的現代化，把我國建設成為高度文明、高度民主的社會主義國家。"修改為："我國正處於社會主義初級階段。國家的根本任務是，根據建設有中國特色社會主義的理論，集中力量進行社會主義現代化建設。中國各族人民將繼續在中國共產黨領導下，在馬克思列寧主義、毛澤東思想指引下，堅持人民民主專政，堅持社會主義道路，堅持改革開放，不斷完善社會主義的各項制度，發展社會主義民主，健全社會主義法制，自力更生，艱苦奮鬥，逐步實現工業、農業、國防和科學技術的現代化，把我國建設成為富強、民主、文明的社會主義國家。"

　　第四條　憲法序言第十自然段末尾增加："中國共產黨領導的多黨合作和政治協商制度將長期存在和發展。"

　　第五條　憲法第七條："國營經濟是社會主義全民所有制經濟，是國民經濟中的主導力量。國家保障國營經濟的鞏固和發展。"修改為："國有經濟，即社會主義全民所有制經濟，是國民經濟中的主導力量。國家保障國有經濟的鞏固和發展。"

　　第六條　憲法第八條第一款："農村人民公社、農業生產合作社和其他生產、供銷、信用、消費等各種形式的合作經濟，是社會主義勞動群眾集體所有制經濟。參加農村集體經濟組織的勞動者，有權在法律規定的範圍內經營自留地、自留山、家庭副業和飼養自留畜。"修改為："農村中的家庭聯產承包為主的責任制和生產、供銷、信用、消費等各種形式的合作經濟，是社會主義勞動群眾集體所有制經濟。參加農村集體經濟組織的勞動者，有權在法律規定的範圍內經營自留地、自留山、家庭副業和飼養自留畜。"

　　第七條　憲法第十五條："國家在社會主義公有制基礎上實行計劃經濟。國家通過經濟計劃的綜合平衡和市場調節的輔助作用，保證國民經濟按比例地協調發展。""禁止任何組織或者個人擾亂社會經濟秩序，破壞國家經濟計劃。"修改為："國家實行社會主義市場經濟。""國家加強經濟立法，完善宏觀調控。""國家依法禁止任何組織或者個人擾亂社會經濟秩序。"

第八條　憲法第十六條："國營企業在服從國家的統一領導和全面完成國家計劃的前提下，在法律規定的範圍內，有經營管理的自主權。""國營企業依照法律規定，通過職工代表大會和其他形式，實行民主管理。"修改為："國有企業在法律規定的範圍內有權自主經營。""國有企業依照法律規定，通過職工代表大會和其他形式，實行民主管理。"

第九條　憲法第十七條："集體經濟組織在接受國家計劃指導和遵守有關法律的前提下，有獨立進行經濟活動的自主權。""集體經濟組織依照法律規定實行民主管理，由它的全體勞動者選舉和罷免管理人員，決定經營管理的重大問題。"修改為："集體經濟組織在遵守有關法律的前提下，有獨立進行經濟活動的自主權。""集體經濟組織實行民主管理，依照法律規定選舉和罷免管理人員，決定經營管理的重大問題。"

第十條　憲法第四十二條第三款："勞動是一切有勞動能力的公民的光榮職責。國營企業和城鄉集體經濟組織的勞動者都應當以國家主人翁的態度對待自己的勞動。國家提倡社會主義勞動競賽，獎勵勞動模範和先進工作者。國家提倡公民從事義務勞動。"修改為："勞動是一切有勞動能力的公民的光榮職責。國有企業和城鄉集體經濟組織的勞動者都應當以國家主人翁的態度對待自己的勞動。國家提倡社會主義勞動競賽，獎勵勞動模範和先進工作者。國家提倡公民從事義務勞動。"

第十一條　憲法第九十八條："省、直轄市、設區的市的人民代表大會每屆任期五年。縣、不設區的市、市轄區、鄉、民族鄉、鎮的人民代表大會每屆任期三年。"修改為："省、直轄市、縣、市、市轄區的人民代表大會每屆任期五年。鄉、民族鄉、鎮的人民代表大會每屆任期三年。"

中華人民共和國憲法修正案（12-17）

（1999年3月15日第九屆全國人民代表大會第二次會議通過）

第十二條　憲法序言第七自然段："中國新民主主義革命的勝利和社會主義事業的成就，都是中國共產黨領導中國各族人民，在馬克思列寧主義、毛澤東思想的指引下，堅持真理，修正錯誤，戰勝許多艱難險阻而取得的。我國正處於社會主義初級階段。國家的根本任務是，根據建設有中國特色社會主義的理論，集中力量進行社會主義現代化建設。中國各族人民將繼續在中國共產黨領導下，在馬克思列寧主義、毛澤東思想指引下，堅持人民民主專政，堅持社會主義道路，堅持改革開放，不斷完善社會主義的各項制度，發展社會主義民主，健全社會主義法制，自力更生，艱苦奮鬥，逐步實現工業、農業、國防和科學技術的現代化，把我國建設成為富強、民主、文明的社會主義國家。"修改為："中國新民主主義革命的勝利和社會主義事業的成就，是中國共產黨領導中國各族人民，在馬克思列寧主義、毛澤東思想的指引下，堅持真理，修正錯誤，戰勝許多艱難險阻而取得的。我國將長期處於社會主義初級階段。國家的根本任務是，沿着建設有中國特色社會主義的道路，集中力量進行社會主義現代化建設。中國各族人民將繼續在中國共產黨領導下，在馬克思列寧主義、毛澤東思想、鄧小平理論指引下，堅持人民民主專政，堅持社會主義道路，堅持改革開放，不斷完善社會主義的各項制度，發展社會主義市場經濟，發展社會主義民主，健全社會主義法制，自力更生，艱苦奮鬥，逐步實現工業、農業、國防和科學技術的現代化，把我國建設成為富強、民主、文明的社會主義國家。"

第十三條　憲法第五條增加一款，作為第一款，規定："中華人民共和國實行依法治國，建設社會主義法治國家。"

第十四條　憲法第六條："中華人民共和國的社會主義經濟制度的基礎是生產資料的社會主義公有制，即全民所有制和勞動群眾集體所有制。""社會主義公有制消滅人剝削人的制度，實行各盡所能，按勞分配的原則。"修改為："中華人民共和國的社會主義經濟制度的基礎是生產資料的社會主義公有制，即全民所有制和勞動群眾集體所有制。社會主義公有制消滅人剝削人的制度，實行各盡所能、按勞分配的原則。""國家在社會主義初級階段，堅持公有制為主體、多種所有制經濟共同發展的基本經濟制度，堅持按勞分配為主體、多種分配方式並存的分配制度。"

　　第十五條　憲法第八條第一款："農村中的家庭聯產承包為主的責任制和生產、供銷、信用、消費等各種形式的合作經濟，是社會主義勞動群眾集體所有制經濟。參加農村集體經濟組織的勞動者，有權在法律規定的範圍內經營自留地、自留山、家庭副業和飼養自留畜。"修改為："農村集體經濟組織實行家庭承包經營為基礎、統分結合的雙層經營體制。農村中的生產、供銷、信用、消費等各種形式的合作經濟，是社會主義勞動群眾集體所有制經濟。參加農村集體經濟組織的勞動者，有權在法律規定的範圍內經營自留地、自留山、家庭副業和飼養自留畜。"

　　第十六條　憲法第十一條："在法律規定範圍內的城鄉勞動者個體經濟，是社會主義公有制經濟的補充。國家保護個體經濟的合法的權利和利益。""國家通過行政管理，指導、幫助和監督個體經濟。""國家允許私營經濟在法律規定的範圍內存在和發展。私營經濟是社會主義公有制經濟的補充。國家保護私營經濟的合法的權利和利益，對私營經濟實行引導、監督和管理。"修改為："在法律規定範圍內的個體經濟、私營經濟等非公有制經濟，是社會主義市場經濟的重要組成部分。""國家保護個體經濟、私營經濟的合法的權利和利益。國家對個體經濟、私營經濟實行引導、監督和管理。"

　　第十七條　憲法第二十八條："國家維護社會秩序，鎮壓叛國和其他反革命的活動，制裁危害社會治安、破壞社會主義經濟和其他犯罪的活動，懲辦和改造犯罪分子。"修改為："國家維護社會秩序，鎮壓叛國和其他危害國家安全的犯罪活動，制裁危害社會治安、破壞社會主義經濟和其他犯罪的活動，懲辦和改造犯罪分子。"

中華人民共和國憲法修正案（18-31）

（2004年3月14日第十屆全國人民代表大會第二次會議通過）

　　第十八條　憲法序言第七自然段中"在馬克思列寧主義、毛澤東思想、鄧小平理論指引下"修改為"在馬克思列寧主義、毛澤東思想、鄧小平理論和'三個代表'重要思想指引下"，"沿着建設有中國特色社會主義的道路"修改為"沿着中國特色社會主義道路"，"逐步實現工業、農業、國防和科學技術的現代化"之後增加"推動物質文明、政治文明和精神文明協調發展"。這一自然段相應地修改為："中國新民主主義革命的勝利和社會主義事業的成就，是中國共產黨領導中國各族人民，在馬克思列寧主義、毛澤東思想的指引下，堅持真理，修正錯誤，戰勝許多艱難險阻而取得的。我國將長期處於社會主義初級階段。國家的根本任務是，沿着中國特色社會主義道路，集中力量進行社會主義現代化建設。中國各族人民將繼續在中國共產黨領導下，在馬克思列寧主義、毛澤東思想、鄧小平理論和'三個代表'重要思想指引下，堅持人民民主專政，堅持社會主義道路，堅持改革開放，不斷完善社會主義的各項制度，發展社會主義市場經濟，發展社會主義民主，健全社會主義法制，自力更生，艱苦奮鬥，逐步實現工業、農業、國防和科學技術的現代化，推動物質文明、政治文明和精神文明協調發展，把我國建設成為富強、民主、文明的社會主義國家。"

　　第十九條　憲法序言第十自然段第二句"在長期的革命和建設過程中，已經結成由中國共產黨領導的，有各民主黨派和各人民團體參加的，包括全體社會主義勞動者、擁護社會主義的愛國者和擁護祖國統一的愛國者的廣泛的愛國統一戰線，這個統一戰線將繼續鞏固和發展。"修改為："在長期的革命和建設過程中，已經結成由中國共產黨領導的，有各民主黨派和各人民團體參加的，包括全體社會主義勞動者、社會主義事業的建設者、擁護社會主義的愛國者和擁護祖國統一的愛國者的廣泛的愛國統一戰線，這個統一戰線將繼續鞏固和發展。"

　　第二十條　憲法第十條第三款"國家為了公共利益的需要，可以依照法律規定對土地實行徵用。"修改為："國家為了公共利益的需要，可以依照法律規定對土地實行徵收或者徵用並給予補償。"

第二十一條 憲法第十一條第二款"國家保護個體經濟、私營經濟的合法的權利和利益。國家對個體經濟、私營經濟實行引導、監督和管理。"修改為："國家保護個體經濟、私營經濟等非公有制經濟的合法的權利和利益。國家鼓勵、支持和引導非公有制經濟的發展，並對非公有制經濟依法實行監督和管理。"

第二十二條 憲法第十三條"國家保護公民的合法的收入、儲蓄、房屋和其他合法財產的所有權。""國家依照法律規定保護公民的私有財產的繼承權。"修改為："公民的合法的私有財產不受侵犯。""國家依照法律規定保護公民的私有財產權和繼承權。""國家為了公共利益的需要，可以依照法律規定對公民的私有財產實行徵收或者徵用並給予補償。"

第二十三條 憲法第十四條增加一款，作為第四款："國家建立健全同經濟發展水平相適應的社會保障制度。"

第二十四條 憲法第三十三條增加一款，作為第三款："國家尊重和保障人權。"第三款相應地改為第四款。

第二十五條 憲法第五十九條第一款"全國人民代表大會由省、自治區、直轄市和軍隊選出的代表組成。各少數民族都應當有適當名額的代表。"修改為："全國人民代表大會由省、自治區、直轄市、特別行政區和軍隊選出的代表組成。各少數民族都應當有適當名額的代表。"

第二十六條 憲法第六十七條全國人民代表大會常務委員會職權第二十項"（二十）決定全國或者個別省、自治區、直轄市的戒嚴"修改為"（二十）決定全國或者個別省、自治區、直轄市進入緊急狀態"。

第二十七條 憲法第八十條"中華人民共和國主席根據全國人民代表大會的決定和全國人民代表大會常務委員會的決定，公佈法律，任免國務院總理、副總理、國務委員、各部部長、各委員會主任、審計長、秘書長，授予國家的勳章和榮譽稱號，發佈特赦令，發佈戒嚴令，宣佈戰爭狀態，發佈動員令。"修改為："中華人民共和國主席根據全國人民代表大會的決定和全國人民代表大會常務委員會的決定，公佈法律，任免國務院總理、副總理、國務委員、各部部長、各委員會主任、審計長、秘書長，授予國家的勳章和榮譽稱號，發佈特赦令，宣佈進入緊急狀態，宣佈戰爭狀態，發佈動員令。"

　　第二十八條　憲法第八十一條"中華人民共和國主席代表中華人民共和國,接受外國使節;根據全國人民代表大會常務委員會的決定,派遣和召回駐外全權代表,批准和廢除同外國締結的條約和重要協定。"修改為:"中華人民共和國主席代表中華人民共和國,進行國事活動,接受外國使節;根據全國人民代表大會常務委員會的決定,派遣和召回駐外全權代表,批准和廢除同外國締結的條約和重要協定。"

　　第二十九條　憲法第八十九條國務院職權第十六項"(十六)決定省、自治區、直轄市的範圍內部分地區的戒嚴"修改為"(十六)依照法律規定決定省、自治區、直轄市的範圍內部分地區進入緊急狀態"。

　　第三十條　憲法第九十八條"省、直轄市、縣、市、市轄區的人民代表大會每屆任期五年。鄉、民族鄉、鎮的人民代表大會每屆任期三年。"修改為:"地方各級人民代表大會每屆任期五年。"

　　第三十一條　憲法第四章章名"國旗、國徽、首都"修改為"國旗、國歌、國徽、首都"。憲法第一百三十六條增加一款,作為第二款:"中華人民共和國國歌是《義勇軍進行曲》。"

中華人民共和國憲法修正案（32-52）

（2018年3月11日第十三屆全國人民代表大會第一次會議通過）

　　第三十二條　憲法序言第七自然段中"在馬克思列寧主義、毛澤東思想、鄧小平理論和'三個代表'重要思想指引下"修改為"在馬克思列寧主義、毛澤東思想、鄧小平理論、'三個代表'重要思想、科學發展觀、習近平新時代中國特色社會主義思想指引下"；"健全社會主義法制"修改為"健全社會主義法治"；在"自力更生，艱苦奮鬥"前增寫"貫徹新發展理念"；"推動物質文明、政治文明和精神文明協調發展，把我國建設成為富強、民主、文明的社會主義國家"修改為"推動物質文明、政治文明、精神文明、社會文明、生態文明協調發展，把我國建設成為富強民主文明和諧美麗的社會主義現代化強國，實現中華民族偉大復興"。這一自然段相應修改為："中國新民主主義革命的勝利和社會主義事業的成就，是中國共產黨領導中國各族人民，在馬克思列寧主義、毛澤東思想的指引下，堅持真理，修正錯誤，戰勝許多艱難險阻而取得的。我國將長期處於社會主義初級階段。國家的根本任務是，沿着中國特色社會主義道路，集中力量進行社會主義現代化建設。中國各族人民將繼續在中國共產黨領導下，在馬克思列寧主義、毛澤東思想、鄧小平理論、'三個代表'重要思想、科學發展觀、習近平新時代中國特色社會主義思想指引下，堅持人民民主專政，堅持社會主義道路，堅持改革開放，不斷完善社會主義的各項制度，發展社會主義市場經濟，發展社會主義民主，健全社會主義法治，貫徹新發展理念，自力更生，艱苦奮鬥，逐步實現工業、農業、國防和科學技術的現代化，推動物質文明、政治文明、精神文明、社會文明、生態文明協調發展，把我國建設成為富強民主文明和諧美麗的社會主義現代化強國，實現中華民族偉大復興。"

　　第三十三條　憲法序言第十自然段中"在長期的革命和建設過程中"修改為"在長期的革命、建設、改革過程中"；"包括全體社會主義勞動者、社會主義事業的建設者、擁護社會主義的愛國者和擁護祖國統一的愛國者的廣泛的愛國統一戰線"修改為"包括全體社會主義勞動者、社會主義事業的建設者、擁護社會主義的愛國者、擁護祖國統一和致力於中華民族偉大復興的愛國者的廣泛的愛國統一戰線"。這一自然段相應修改為："社會主義的建設事業必須依靠工人、農民和知識分子，團結一切可以團結的力量。在長期的革命、建設、改革過程中，已經結成由中國共產黨領導的，有各民主黨派和各人民團體參加的，包括全體社會主義勞動者、社會主義事業的建設者、擁護社會主義的愛國者、擁護祖國統一和致力於中華民族偉大復興的愛國者的廣泛的愛國統一戰線，這個統一戰線將繼續鞏固和發展。中國人民政治協商會議是有廣泛代表性的統一戰線組織，過去發揮了重要的歷史作用，今後在國家政治生活、社會生活和對外友好活動中，在進行社會主義現代化建設、維護國家的統一和團結的鬥爭中，將進一步發揮它的重要作用。中國共產黨領導的多黨合作和政治協商制度將長期存在和發展。"

第三十四條　憲法序言第十一自然段中"平等、團結、互助的社會主義民族關係已經確立，並將繼續加強。"修改為："平等團結互助和諧的社會主義民族關係已經確立，並將繼續加強。"

第三十五條　憲法序言第十二自然段中"中國革命和建設的成就是同世界人民的支持分不開的"修改為"中國革命、建設、改革的成就是同世界人民的支持分不開的"；"中國堅持獨立自主的對外政策，堅持互相尊重主權和領土完整、互不侵犯、互不干涉內政、平等互利、和平共處的五項原則"後增加"堅持和平發展道路，堅持互利共贏開放戰略"；"發展同各國的外交關係和經濟、文化的交流"修改為"發展同各國的外交關係和經濟、文化交流，推動構建人類命運共同體"。這一自然段相應修改為："中國革命、建設、改革的成就是同世界人民的支持分不開的。中國的前途是同世界的前途緊密地聯繫在一起的。中國堅持獨立自主的對外政策，堅持互相尊重主權和領土完整、互不侵犯、互不干涉內政、平等互利、和平共處的五項原則，堅持和平發展道路，堅持互利共贏開放戰略，發展同各國的外交關係和經濟、文化交流，推動構建人類命運共同體；堅持反對帝國主義、霸權主義、殖民主義，加強同世界各國人民的團結，支持被壓迫民族和發展中國家爭取和維護民族獨立、發展民族經濟的正義鬥爭，為維護世界和平和促進人類進步事業而努力。"

第三十六條　憲法第一條第二款"社會主義制度是中華人民共和國的根本制度。"後增寫一句，內容為："中國共產黨領導是中國特色社會主義最本質的特徵。"

第三十七條　憲法第三條第三款"國家行政機關、審判機關、檢察機關都由人民代表大會產生，對它負責，受它監督。”修改為：“國家行政機關、監察機關、審判機關、檢察機關都由人民代表大會產生，對它負責，受它監督。”

第三十八條　憲法第四條第一款中“國家保障各少數民族的合法的權利和利益，維護和發展各民族的平等、團結、互助關係。”修改為：“國家保障各少數民族的合法的權利和利益，維護和發展各民族的平等團結互助和諧關係。”

第三十九條　憲法第二十四條第二款中“國家提倡愛祖國、愛人民、愛勞動、愛科學、愛社會主義的公德”修改為“國家倡導社會主義核心價值觀，提倡愛祖國、愛人民、愛勞動、愛科學、愛社會主義的公德”。這一款相應修改為：“國家倡導社會主義核心價值觀，提倡愛祖國、愛人民、愛勞動、愛科學、愛社會主義的公德，在人民中進行愛國主義、集體主義和國際主義、共產主義的教育，進行辯證唯物主義和歷史唯物主義的教育，反對資本主義的、封建主義的和其他的腐朽思想。”

第四十條　憲法第二十七條增加一款，作為第三款：“國家工作人員就職時應當依照法律規定公開進行憲法宣誓。”

第四十一條　憲法第六十二條“全國人民代表大會行使下列職權”中增加一項，作為第七項“（七）選舉國家監察委員會主任”，第七項至第十五項相應改為第八項至第十六項。

第四十二條　憲法第六十三條“全國人民代表大會有權罷免下列人員”中增加一項，作為第四項“（四）國家監察委員會主任”，第四項、第五項相應改為第五項、第六項。

第四十三條　憲法第六十五條第四款“全國人民代表大會常務委員會的組成人員不得擔任國家行政機關、審判機關和檢察機關的職務。”修改為：“全國人民代表大會常務委員會的組成人員不得擔任國家行政機關、監察機關、審判機關和檢察機關的職務。”

第四十四條　憲法第六十七條“全國人民代表大會常務委員會行使下列職權”中第六項“（六）監督國務院、中央軍事委員會、最高人民法院和最高人民檢察院的工作”修改為“（六）監督國務院、中央軍事委員會、國家監察委員會、最高人民法院和最高人民檢察院的工作”；增加一項，作為第十一項“（十一）根據國家監察委員會主任的提請，任免國家監察委員會副主任、委員”，第十一項至第二十一項相應改為第十二項至第二十二項。

憲法第七十條　第一款中"全國人民代表大會設立民族委員會、法律委員會、財政經濟委員會、教育科學文化衛生委員會、外事委員會、華僑委員會和其他需要設立的專門委員會。"修改為："全國人民代表大會設立民族委員會、憲法和法律委員會、財政經濟委員會、教育科學文化衛生委員會、外事委員會、華僑委員會和其他需要設立的專門委員會。"

第四十五條　憲法第七十九條第三款"中華人民共和國主席、副主席每屆任期同全國人民代表大會每屆任期相同，連續任職不得超過兩屆。"修改為："中華人民共和國主席、副主席每屆任期同全國人民代表大會每屆任期相同。"

第四十六條　憲法第八十九條"國務院行使下列職權"中第六項"（六）領導和管理經濟工作和城鄉建設"修改為"（六）領導和管理經濟工作和城鄉建設、生態文明建設"；第八項"（八）領導和管理民政、公安、司法行政和監察等工作"修改為"（八）領導和管理民政、公安、司法行政等工作"。

第四十七條　憲法第一百條增加一款，作為第二款："設區的市的人民代表大會和它們的常務委員會，在不同憲法、法律、行政法規和本省、自治區的地方性法規相抵觸的前提下，可以依照法律規定制定地方性法規，報本省、自治區人民代表大會常務委員會批准後施行。"

第四十八條　憲法第一百零一條第二款中"縣級以上的地方各級人民代表大會選舉並且有權罷免本級人民法院院長和本級人民檢察院檢察長。"修改為："縣級以上的地方各級人民代表大會選舉並且有權罷免本級監察委員會主任、本級人民法院院長和本級人民檢察院檢察長。"

第四十九條　憲法第一百零三條第三款"縣級以上的地方各級人民代表大會常務委員會的組成人員不得擔任國家行政機關、審判機關和檢察機關的職務。"修改為："縣級以上的地方各級人民代表大會常務委員會的組成人員不得擔任國家行政機關、監察機關、審判機關和檢察機關的職務。"

第五十條　憲法第一百零四條中"監督本級人民政府、人民法院和人民檢察院的工作"修改為"監督本級人民政府、監察委員會、人民法院和人民檢察院的工作"。這一條相應修改為："縣級以上的地方各級人民代表大會常務委員會討論、決定本行政區域內各方面工作的重大事項；監督本級人民政府、監察委員會、人民法院和人民檢察院的工作；撤銷本級人民政府的不適當的決定和命令；撤銷下一級人民代表大會的不適當的決議；依照法律規定的權限決定國家機關工作人員的任免；在本級人民代表大會閉會期間，罷免和補選上一級人民代表大會的個別代表。"

第五十一條　憲法第一百零七條第一款"縣級以上地方各級人民政府依照法律規定的權限，管理本行政區域內的經濟、教育、科學、文化、衛生、體育事業、城鄉建設事業和財政、民政、公安、民族事務、司法行政、監察、計劃生育等行政工作，發佈決定和命令，任免、培訓、考核和獎懲行政工作人員。"修改為："縣級以上地方各級人民政府依照法律規定的權限，管理本行政區域內的經濟、教育、科學、文化、衛生、體育事業、城鄉建設事業和財政、民政、公安、民族事務、司法行政、計劃生育等行政工作，發佈決定和命令，任免、培訓、考核和獎懲行政工作人員。"

第五十二條　憲法第三章"國家機構"中增加一節，作為第七節"監察委員會"；增加五條，分別作為第一百二十三條至第一百二十七條。內容如下：

第七節　監察委員會

第一百二十三條　中華人民共和國各級監察委員會是國家的監察機關。

第一百二十四條　中華人民共和國設立國家監察委員會和地方各級監察委員會。

監察委員會由下列人員組成：

主任，

副主任若干人，

委員若干人。

監察委員會主任每屆任期同本級人民代表大會每屆任期相同。國家監察委員會主任連續任職不得超過兩屆。

監察委員會的組織和職權由法律規定。

第一百二十五條　中華人民共和國國家監察委員會是最高監察機關。

國家監察委員會領導地方各級監察委員會的工作，上級監察委員會領導下級監察委員會的工作。

第一百二十六條　國家監察委員會對全國人民代表大會和全國人民代表大會常

務委員會負責。地方各級監察委員會對產生它的國家權力機關和上一級監察委員會負責。

第一百二十七條　監察委員會依照法律規定獨立行使監察權,不受行政機關、社會團體和個人的干涉。

監察機關辦理職務違法和職務犯罪案件,應當與審判機關、檢察機關、執法部門互相配合,互相制約。

第七節相應改為第八節,第一百二十三條至第一百三十八條相應改為第一百二十八條至第一百四十三條。

後　記

　　1999 年，為了紀念新中國成立 50 週年，河北人民出版社組織編寫了一套叢書，由我主編的《新中國憲法發展史》是其中的一本。2009 年，為慶祝新中國成立 60 週年，廣東人民出版社策劃了《輝煌歷程——慶祝新中國成立 60 週年重點書系》，《新中國憲法發展 60 年》是其中的一本，本書較系統地介紹了新中國憲法發展 60 年的歷程。又過了 10 年。10 年來，國家政治、經濟、文化與社會生活發生了深刻的變化，特別是黨的十八大以來國家發展進入新時代，憲法承載着人民對未來美好生活的期待。《新中國憲法發展 70 年》記載了共和國憲法 70 年的不平凡的歷程，以憲法制定、憲法修改、憲法實施為主線，揭示了從制憲到行憲的內在邏輯。70 年來，憲法在國家治理體系的現代化進程中發揮了越來越重要的作用，面向中國實踐的憲法學理論也得到了完善。為了從整體上展示共和國憲法發展 70 年的歷程，及時地反映憲法制度發展的新變化，本書作者們對《新中國憲法發展 60 年》一書進行了必要的修訂。本次修訂的主要內容是：在框架與體例上保持了原書的體例，以保持連續性；根據 2009 年以來憲法制度與理論的發展補充了新內容、新資料；對原書的一些資料或表述上的不妥之處進行了修訂等。我們希望每 10 年對本書進行修訂，不斷充實內容，為 2049 年出版《新中國憲法發展 100 年》奠定良好的基礎。

本書的修訂分工如下：

引言 韓大元（中國人民大學法學院教授）

第一章 莫紀宏（中國社會科學院國際法學研究所教授）

第二章 韓大元

第三章 范毅（南京財經大學法學院教授）

第四章 李一達（中國人民大學法學院博士後）、范毅

第五章 胡錦光（中國人民大學法學院教授）

附錄：新中國憲法發展大事記 錢坤（中國人民大學法學院博士生）

在本書的校對、查找資料過程中，中國人民大學法學院博士生錢坤同學協助主編做了大量的工作，特此表示感謝。

韓大元

2019 年 1 月 5 日